蔡曉濱 —— 著

巨流下
的
叛逆者

改變民初歷史的九位革命家

目　次

叛逆者的輓歌──代序

　　這本書，是關於叛逆者的輓歌。

　　誠然，叛逆是革故鼎新，是鳳凰涅槃。思想、觀念、文化、價值……所有形而上的種種叛逆，都是人類進步的不竭動力，都是撬動歷史車輪不斷前行的寶貴槓桿。

　　革命黨人的叛逆，是叛逆行為的另類。革命的義旗一旦張揚，指向所在，必定是血流成河，屍積如山，生命財產毀於一旦，文化積澱付之一炬，人民顛沛流離，社會動盪不安。

　　毛澤東有句形象的名言：「革命不是請客吃飯，不是做文章，不是繪畫繡花，不能那樣雅致，那樣從容不迫，文質彬彬，那樣溫良恭儉讓。革命是暴動，是一個階級推翻另一個階級的暴烈的行動。」

　　而實際生活中，誰不喜歡請客吃飯呢？誰不欣賞繪畫繡花呢？文質彬彬、從容不迫的儀態，總是讓人賞心悅目；革命的暴烈的行動，帶給人們的似乎只有毛骨悚然，心緒不寧。

　　革命黨人豪邁的叛逆宣言，甚至可以成就一個當代的傑出政治學者和政治領袖。1964年，中國爆炸了第一顆原子彈，中國總理周恩來欣喜地發表談話：我們也有了核武器，不怕帝國主義、修正主義的核訛詐。無論打常規戰爭還是核戰爭，我們都奉陪到底。你們美國、蘇聯加起來才四億人，而我們中國有八億人口。一對一拼到底，你們都死光了，我們還有四億人口，照樣建設社會主義。

　　這番「宏論」，讓正在哈佛大學讀博士研究生的亨利‧基辛格

驚詫不已。他深感有必要重新選擇和制定美國的國際戰略。基辛格
將他的這些思考，寫成了博士論文。他的導師，在翻閱了這篇論文
的最初十幾頁之後，便大筆一揮，批為「Ａ⁺」。這部《選擇的必
要》博士論文正式出版後，廣受關注和好評，也奠定了基辛格最初
的學術和政治地位。這是基辛格進入白宮大門的最好的一塊「敲門
磚」。

　　人類歷史在追求民主、平等、公平、正義的道路上之所以不
斷祭起「革命」的通天大纛，皆是因為，在現代文明尚不完全成熟
的年代裡，武力不但是奪取政權的必需，也是維護政權的必需。亞
當・斯密曾對政府職能下過一個經典定義。他說：「按照自然自由
的制度，君主只有三種應盡職責；這三種職責雖然極其重要，但都
簡單清楚，易於理解。第一，保護社會不受其他獨立社會的侵犯；
第二，盡可能保護社會中的成員不受其他成員的侵害和壓迫，這就
是說，要設立公正的司法機構；第三，建設和維護某些公共事業和
公共設施──這些工程不是為了任何個人或小團體的私益，因為只
為他們的利益必將得不償失，若為整個社會利益則能創造比投入更
大的效益。」

　　亞當・斯密的遠見卓識，幾個世紀以來，一直是人類追求現代
文明的圭臬。

　　蘇聯解體、東歐劇變之後，美國歷史學家法蘭西斯・福山興奮
地寫下了《歷史的終結》一書，他預言，社會主義與資本主義的爭
鬥已見分曉；社會主義將在人們的視野中逐漸消解、消失。《歷史
的終結》出版十幾年後，世界似乎並沒有按照福山描繪的路徑向前
推進。然而福山絲毫不懷疑他的判斷。他堅持認為：「任何現代化
的國家都需要建立自由民主制度，這是唯一能夠帶來穩定良好的政
治與經濟秩序的制度。如果說我的觀點有什麼改變的話，那就是我

更清晰地瞭解到，創造現代自由民主制度的過程有多麼艱難。」

喬治・索羅斯在他75歲的時候，覺得有必要給這個世界一點正面的忠告。這個屢在資本市場上創造金融奇跡的操盤大鱷，不喜歡人們稱他為經濟學家，而更願意人們將他看作一個哲學家。他寫下了《對謬誤時代的建言》這本風格獨特的「教科書」，其中不乏肺腑之言。索羅斯說：

> 對於一個開放的社會來說，民主制度是最適合的政治制度。在這種制度中，人們能自由選擇和變革本國政府。與其他政府形式相比，民主政府能儘量避免鑄成大錯。
>
> 因此，一個開放的社會，其主要優點在於，它允許人們應對不確定的事實，並且在滿足各種社會需求的同時確保人民擁有最大程度的自由。開放社會尤其支援思想解放和言論自由。

智者們的結論顯而易見，開放、民主、自由，必定帶來社會穩定，必定能有效溝通，在國家與國家之間，在國內不同階層、不同利益群體之間，形成最大限度的共識，促成最大限度的統一行動和統一意志。

民粹主義者，或者說，極端民族主義者往往不這樣認為。他們將民族利益、將當下執政權力的法理性、正當性無限擴大，不許變革、不許改良，甚至不許討論。有一浪得虛名的媒體人在某高校的一次演講中，居然能說出這樣的言論：中國共產黨經過二十八年鬥爭，經過第一、二次國內革命戰爭，經過八年抗戰，經過三年解放戰爭，死傷了幾千萬人，才打下江山，奪取政權。誰若是要讓共產黨下臺，他必須也付出同樣的代價！

這簡直匪夷所思，不可理喻。這是多麼狹隘的權力觀，這是多麼血腥、僵化的思維方式。歷史和人民才是最終的裁判者和鑒定人。

北京大學哲學教授何懷宏，將革命黨人的「嗜血之好」稱為「新話語」。他尖銳指出：

> 20世紀的中國，更有不惜大規模流血也要達到理想目標、無論如何也要奪取勝利的「新話語」存在。這種「新話語」為集體暴力提供了一種中國歷史上從未有過的「正當理由」和意識形態旗幟。

作為作者，我真切希望，國共兩黨的這些人傑鬼雄，僅僅活在他們的時代裡，僅僅活在逝去的歲月中……在人類走向現代文明的漫漫長途中，暴力、戰爭、毀滅、相互殘殺，應該儘快從歷史和辭典中悉數刪除。

為叛逆的革命黨人唱響輓歌吧！現代文明社會，「革命」將漸行漸遠，改革和改良，將是達成社會共識的重要途徑和永恆手段。

喪鐘為誰而鳴？約翰·鄧恩在佈道辭中說，沒有人是自成一體、與世隔絕的孤島，每一個人都是廣袤大陸的一部分。如果海浪沖掉了一塊岩石，歐洲就少了一角。如同一個海岬失掉一角，如同你的朋友或者你自己的領地失掉一塊。每個人的死亡都是我的哀傷，因為我是人類的一員。所以，不要問喪鐘為誰而鳴，它就是為你而鳴！

自由民主的火炬，將永遠照耀人類前行的腳步。

蔡曉濱

2013年冬日於青島

孫中山

一個人的革命

孫中山・一個人的革命

　　孫中山是中國近代史上的一位傳奇人物。這個精力充沛的矮個子的體內，大約有著太多的「不安分」的基因，他一生絲毫不停歇地為自己的理想奔走、呼號、踐行、抗爭，他折騰出的最大聲響是影響並導致了辛亥革命。這場頗具偶然色彩的士兵嘩變，最終迫使延續了兩千多年的封建帝制壽終正寢，中華民國橫空出世。中國歷史由此發生了根本逆轉。基於如此的偉大功績，中國國民黨鄭重其事地尊稱孫中山為「國父」。

　　孫中山是一個矛盾的組合體。在一般人的眼中，他的率性、固執、衝動，以及童心般的幼稚和天真，的確讓人難以理解。他是時代和社會的叛逆者。只是他的叛逆，留下了太多的思索和遺憾。

　　1866年11月12日，孫中山誕生於廣東香山縣翠亨村。

　　孫中山幼時譜名德明，乳名帝象。稍長取名文，字載之。初號日新，後改逸仙。年輕時代，「中山」二字與他毫無關係，是從事反抗清政府的革命活動後，由中山樵之名衍化而來。

　　孫文的家鄉香山縣翠亨村，與中國內地封閉的農村頗不一樣。這裡風氣開化，民風豪爽，加之地處邊界，交通便利（距澳門僅37公里），多有不安於現狀的年輕人，乘舟泛楫，飄洋海外。孫文將這種雲遊天下、闖蕩世界的原因歸咎於家鄉土地的瘠薄和生活的貧困。孫文曾說過：

> 文鄉居香山之東，負山瀕海，地多砂磧，土質磽劣，不宜於耕；故鄉人多游賈於四方，通商之後頗稱富饒。

長孫文9歲的哥哥孫眉，在家鄉沒有讀過幾年書。1871年16歲時，即隨舅舅楊文納遠渡檀香山。先是在一華僑的菜園裡做工，後轉到夏威夷人開設的牧場裡工作。積累了一定資金後，孫眉跑到茂宜島上墾荒耕種，自己當起了牧場主；又興辦商貿，開米鋪，建雜貨店，財源廣進，被當地人稱為「茂宜王」。富裕起來的孫眉，租用鐵殼機帆船，回香山招工雇人，去檀香山為他打工。村裡的青壯男人不少隨他而去。

　　孫文也纏著父母，要跟哥哥去檀香山創業。父母一是擔心孫文年齡太小，二是憂懼海外生活環境，孫文的兩個叔叔就是命撒海外，客死他鄉。孫文第一次離家出洋的願望就這樣被父母阻止了。

　　孫文幼時算不上是一個聰慧的孩子。他9歲發蒙，入本村馮氏宗祠從塾師王先生讀書。讀的是《三字經》《千字文》《幼學故事瓊林》等基礎課程。據說王先生很喜歡這個用功的好學生，曾經對孫文的父親說：「此子養至成年，能為非常事業；小事不屑為，為亦無益。」當然，這都是孫文成名後別人的回憶，可信程度究竟幾何，值得一疑。

　　孫文不足13歲那年的1879年4月，財大氣粗的哥哥租了一條2000噸的英國鐵殼汽船「格蘭諾克」號，到澳門載運中國僑民。孫文聽說後，執意要隨船去檀香山。父母經不住他的死纏硬磨，只好同意。孫文便同母親一道，先乘帆船去澳門，然後由澳門乘「格蘭諾克」號赴檀香山。

　　這一次旅行，以及在檀香山的經歷，對孫文來說，是一次痛苦的精神之旅。可以這樣說，由此開啟了孫文改造社會，改變世界的思想閘門。

　　而立之年的孫文，在給友人的信中，仍舊忘不了第一次走出國門帶給他的深切感受和巨大衝擊：「十三歲隨母往夏威仁島（今譯

夏威夷），始見輪舟之奇、滄海之闊，自是有慕西學之心，窮天地
之想。」

　　最讓孫文印象深刻的，是西方國家工業基礎的雄厚和科學技術
的發達。孫文寫道：

> 感觸極深，但比機器和汽輪更令我難忘的是船上的一根鐵
> 樑，它是連著船兩邊，使船更加堅固。在我看來，這是一件
> 很重大的事情。我記得，我那時想，這麼重的一根鐵樑，多
> 少人才能把它裝配好呢，最先想到的是那位發明這根大鐵樑
> 的天才和發明了應用它的機械方法。外國人所能做到的東
> 西，我們中國人不能做，我立刻覺得中國總有不對的地方
> 了。外國既能製造這些堅硬的金屬的大樑，並且還能把它裝
> 配好，這不是說明他們在別的方面有優於中國人的經驗嗎？

　　孫文在檀香山開始接受完全的西式教育。哥哥將他送進了火
魯奴奴英國基督教聖公會主辦的意奧蘭尼學校。這是夏威夷歷史上
最早的一所學校。學校講授西方政治學說、自然科學、聖經、英語
等課程。新鮮的學科，靈活的教法，嚴明的校紀，清晰的責任，讓
這個來自古老東方私塾中的學生大開眼界、驚喜不已。孫文頓時覺
得，跟著一個老夫子，搖頭晃腦、囫圇吞棗地背了三年課文的讀書
生涯是多麼混沌和可笑。

　　孫文在意奧蘭尼讀書期間，應該算是一個用功的好學生。同學
們尤其佩服他的中文根基。同窗唐雄回憶：

> 孫公在檀讀英文時，而中文根底頗深，西文課餘有暇，常不
> 喜與同學遊戲，自坐一隅，輒讀古文，吟哦不絕，有時筆之

於紙，文成既毀，不知所書為何。且為人沉默寡言，不苟言
笑，好讀史乘⋯⋯

　　平心而論，唯讀了三年私塾的孫文，中文的確好不到哪裡去。
但對於唐雄這樣的海外華僑子弟來說，能背誦《三字經》《千字
文》這樣文章的人，就應該算是學問家了。復旦大學歷史學教授朱
維錚，對孫文的學養有一個獨到的評價。他說：「他對中國歷史和
傳統學知甚少，而且也不是學者，略有知識也大半得自耳食，這都
毋庸諱言。」
　　孫文在西學的浸淫下愈走愈遠。他甚至想皈依基督教，信奉耶
穌。哥哥孫眉罵他「任性妄為，貽家庭羞」。孫眉曾將一部分財產
分給孫文，希望他能幹出一番產業，光祖耀宗。此刻，見孫文「固
執著國外的洋風異俗，離叛了中國正道」，竟決定將財產收回，將
孫文趕回了香山老家。
　　已經打開的心扉是很難再封閉如初的。閉塞的翠亨村令孫文如
陷井底。儘管18歲時，在父母之命、媒妁之言下，與盧慕貞女士結
婚，但新婚不久，孫文便來到香港，輾轉於多處學校，學軍事，學
法律。最終，孫文定下心來，研習西方醫學。他想起了早年在檀香
山時，一位中國牧師對他轉述的范文正公的一句話：「不為良相，
當為良醫。」孫文的理想是，先救治人的身體之病，再醫治人的心
靈之病。他事後寫道：「由是以學堂為鼓吹之地，借醫術為入世之
媒，十年如一日。」
　　據文獻記載，孫文就學的香港西醫書院要求極嚴，全面移植英
國醫科大學五年制學制，與孫文一起入學的十二名學生，畢業時，
只有孫文和江英華完成了學業，獲得了學校頒發的行醫執照，港督
羅便臣爵士親自出席典禮並講話。英文執照中有「Dr. Sun Yat-sen」

字樣，應為孫逸仙醫生。有後來不察細究者，以文會意，翻譯為孫逸仙博士，以致此說以訛傳訛，廣為流布，連孫文本人也懶得糾正了。甚至可以說，孫文是樂見這類「訛傳」四處散播。「孫博士」一說竟叫了幾十年，尤其是在俄國人那兒，「孫博士」讓孫文身分大增。

西醫書院畢業後，孫文在澳門、廣州兩地行醫，主攻外科和肺病，收入頗豐。殷實的生活，令孫文那顆不甘安於現狀的心又騷動起來。

香港寬鬆的政治、社會環境和暢通的資訊管道，讓孫文在港讀書期間廣泛結交各界朋友，鼓吹改革和變法。孫文此刻採取的是積極入世的態度，他從「修齊治平」的傳統價值觀念出發，期望以自己的努力，「為天地立心，為生民立命，為往世繼絕學，為萬世開太平」。

孫文選擇了上書。他將自己的改革和變法的想法，條陳於箋，上達手握權柄和影響決策之人，以期由紙上的計畫變為實際的行動。顯然，入世之初，孫文還是想在體制內變革，而且，僅僅是將自己置於謀士的地位，還沒有登上前臺，粉墨表演的精神準備。

孫文的這種上書行為，居然有三次之多。

孫文的第一份政見書是寫給香山知縣李徵庸的。1889年前後，23歲的孫文將自己欲在家鄉翠亨村進行改革的設想，上書知縣李徵庸，請求予以支持。沒想到李徵庸毫不理會，政見書如石沉大海，遝無信訊。當然，此次碰壁，並沒有澆滅孫文入世的熱情，他馬上謀劃了在更大範圍內變革的設想，即鄉村縣政的革新。於是，便有了緊隨其後的第二次上書。

第二次，孫文上書給了鄭藻如。鄭藻如，香山濠頭鄉人。1851年鄉試中舉人，曾先後任江南製造局會辦、津海關道。1881年後出使美國、西班牙、祕魯，後因身體欠佳回國鄉居，官至二品。可以

說，鄭藻如是一名開明士紳，德高望重。鄭觀應編撰的《盛世危言》，就曾請鄭藻如訂正。

孫文先向鄭藻如陳述了自己的知識背景和變革的迫切心情：

> 竊維立身當推己以及人，行道貴由近而致遠。某留心經濟之學十有餘年矣，遠至歐洲時局之變遷，上至歷朝制度之沿革，大則兩間之天道人事，小則泰西之格致語言，多有旁及。

此時的孫文，年少氣盛，風華正茂，當然是自視甚高，睥視天下。他接著說道：

> 方今國家風氣大開，此材當不淪落。某之翹首以期用世者非一日矣，每欲上書總署，以陳時勢之得失。第以所學雖有師承，而見聞半資典籍；運籌縱悉於胸，而決策未嘗施諸實事：則坐而言者，未必可起而行。此其力學十餘年，而猶躊躇審慎，未敢遽求知於當道者，恐躬之不逮也。

話雖說得謙恭，但孫文還是將自己擬就的《策略》，比做歷史上貫山的《至言》和杜牧之的《罪言》，「質之當世，未為遲也」。

孫文在《策略》中力主三項改革。一、鼓勵農民，發展農桑；二、立會設局，勸戒吸食鴉片；三、辦學校，興教育。孫文對教育尤其看重，主張男女平等，同受教育，設「男女蒙館」，「使天下無不學之人」。

孫文在同鄉好友的幫助下，將這篇《策略》交到了鄭藻如手中。結果如何？不見任何文字記載。有一點可以肯定，就是這些改

革方略，並沒有在香山縣實施。也就是說，第二次上書又失敗了。

　　屢敗屢戰，應該是孫文性格的最準確的描摹。兩次上書失利，還是沒有泯滅孫文的入世熱情，反而更激發了他的鬥志，他要向更高層次上書，在更大範圍內嘗試革新。經過幾年的準備，孫文孤注一擲，寫出了《上李鴻章書》。說「孤注一擲」一點不為過，孫文不僅是傾注了所有心血，甚至連全部家產也搭了進去。

　　1894年1月，孫文完成了《上李鴻章書》初稿，又經半年，6月修改完畢。對這篇洋洋8000言的上書，孫文仍不放心，記憶體疑慮。他專程跑到上海，找到自己的好朋友、改良派幹將鄭觀應，並通過鄭觀應認識了我國最早的現代報人之一王韜，請王韜把脈《上李鴻章書》，「王韜也重新替他加以修正」。

　　孫文在上書中，向李鴻章提出了四項改良主張：

> 竊嘗深維歐洲富強之本，不盡在於船堅炮利、壘固兵強，而在於人能盡其才，地能盡其利，物能盡其用，貨能暢其流——此四事者，富國之大經，治國之大本也。

　　孫文以極大的熱情，向李鴻章介紹他的治國四策。在「人盡其才」中，他提出要「教養有道」、「鼓勵有方」、「任使得法」。在「地盡其利」中，他認為必須做到「農政有官，農務有學，耕耨有器」。在「物盡其用」和「貨暢其流」中，孫文生動而詳盡地描寫了西方各國的機械化、無關卡、低稅率給社會生活帶來的活力和驚喜。

　　孫文對自己的治國四策沾沾自喜，信心十足。他認為，照此辦理，中國必能迅速崛起：

夫人能盡其才則百事興，地能盡其力則民食足，物能盡其用
則材力豐，貨能暢其流則財源裕。故曰：此四者，富強之大
經，治國之大本也。……竊以中國之人民材力，而能步武泰
西，參行新法，其時不過二十年，必能駕歐洲而上之。

當然，孫文不會放過向李鴻章推介自己的機會：

竊文籍隸粵東，世居香邑，曾於香港考授英國醫士。幼嘗遊
學外洋，於泰西之語言文字，政治禮俗，與夫天算地輿之
學，格物化學之理，皆略有所窺；而尤留心於其富國強兵之
道，化民成俗之規；至於時局變遷之故，睦鄰交際之宜，輒
能洞其閫奧。

平心而論，在那樣一個封閉的時代，孫文這樣通曉西學，瞭
解外洋的人才，實在不是太多。孫文自己也承認，「之所以偏重於
請願上書等方法，冀九重之或一垂聽，政府之或一奮起也」。果若
此，他便是天下激變、中國崛起的功臣也！

正是基於這種考慮，孫文對如何遞上《上李鴻章書》，讓它產
生最大的影響力頗為重視。他與好友陳少白商量了許久，做了許多
物資和人際關係上的準備。

孫文首先央求了致休官員、澳門海防同知魏恒。魏恒欣然致書
盛宦懷，請他將孫文推薦給其堂兄盛宣懷，然後由盛宣懷將孫文介
紹給李鴻章。孫文持魏恒書信至上海，見到了盛宦懷。盛宦懷遂寫
了一封致盛宣懷的引薦信，「求吾哥俯賜吹植」。

王韜不僅幫著孫文修正了《上李鴻章書》，他還有一個朋友叫
羅豐祿，就在李鴻章幕下當文案。王韜也寫了封信給羅豐祿，讓孫

文到天津後，去見李鴻章幕下的這個老夫子。

鄭觀應與盛宣懷交情不淺。他也積極推薦孫文。他在給盛宣懷的信中說：

> 敝邑有孫逸仙者，少年英俊，曩在香港考取英國醫士，留心西學，有志農桑生植之要求，……茲欲北遊津門，上書傅相，一白其胸中之素蘊。弟特教以尺函為其介，俾叩謁臺端，尚祈進而教之，則同深紉佩矣。

鄭觀應還向盛宣懷透露，孫文已自備旅資，準備周遊歐洲各國，學習農業技術和科學，藝成歸國後，打算招募農工，開墾新疆、海南、臺灣等地。

孫文的確是有此準備的。他認為他的上書一定會引起李鴻章的關注和重視，一定會委以他變革的重任。他甚至關掉了在廣州的診所，變賣了家產，攜資北上，謁見李鴻章。大有破釜沉舟，背水一戰的氣概。

懷揣著三封推介信，見到了羅豐祿老夫子。陪同孫文去天津的陳少白說：「老夫子把孫先生的大文章送到李鴻章那邊去，李鴻章是否看過，就不得而知了。」孫文上書的時間的確有點不是時候。此其時也，中日甲午海戰即將開打，戰雲密佈，舉國驚憂，李鴻章正忙於對外交涉和軍事部署。儘管有盛宣懷懇求一見的親筆信函，可身兼數職的國之重臣，實在無暇去見這樣一個名不見經傳的西醫大夫。李鴻章悻悻地說過一句：「打仗完了以後再見吧。」聽說孫文想去國外考察農業，李鴻章讓屬下拿了一批款子，以資旅費。

孫文徹底絕望了。儘管他對李鴻章頗有好感，寄於厚望，稱李為「中國的俾斯麥」。但李的冷漠，嚴重刺傷了孫文。他掉頭而

去。由天津而上海，由上海而出洋。他沒有去歐洲，而是去了他最熟悉、朋友最多的夏威夷。

五個月後，1894年11月24日，檀香山興中會創立。這是孫文設立的第一個反清復漢組織。中國歷史，自此翻開嶄新一頁。無論後人怎樣評價，孫文掀開的這一頁，將中華民族引向了一條不同以往的前行軌道。

有人將孫文上書與六年前（1888年）康有為「上皇帝書」做比較，認為康有為力倡的是國家政治的改良，立意高，影響大；而孫文的治國四策，多有士子官員談及，無甚新意。其實，問題不在於上書的內容而在於上書的行為。正是因為康有為的「上皇帝書」，讓他名噪一時，響遍中國。這正是孫文期待的結果，以上書做為進身之階，幻想能夠一鳴驚人，天下盡知。

歷史學家馬勇精闢地指出，中國聖賢一直告誡當權者要禮賢下士，對那些地位比較低的讀書人要格外尊重，絕不能居高臨下，盛氣凌人。中國聖賢為什麼這樣反覆告誡呢？道理很簡單，儘管這些讀書人還處在比較低的層面，沒有功名沒有地位，但是他們的內心卻是異常豐富異常脆弱，經不起任何蔑視、輕視、忽視，或白眼。否則，其後果就不堪設想。

馬勇分析了近代中國的幾個下層革命者，差不多都有從被輕視而反叛的經歷。他說，如果不是李鴻章陰差陽錯錯過了與孫中山見上一面，如果能夠把他安置在自己的幕府中，那麼中國近代的歷史必將改寫；如果北大校長蔣夢麟能夠接受李大釗的建議，給北大圖書館管理員毛潤之增加幾塊大洋，相信毛先生大概也就在那兒安心整理圖書抄抄目錄卡片；如果胡適之、張申府當年不是那麼以北大名教授的身分無視毛先生的存在，而是像北師大講師梁漱溟那樣以相對比較平等的身分寒暄幾句，估計後來的歷史都會重寫，歷史的

走向都會因這些偶然性而改變。

歷史無法假設。歷史不可能重新再來一遍。事實是，孫文由李鴻章的崇拜者變為反對者，他由此對這個漠視他的體制徹底失望。他要打爛這個體制，開創全新的世界。他最初的主張是：驅逐韃虜，恢復中國，創立合眾政府。

嚴格意義上講，孫文是一個即興革命家。他常常心血來潮，率性行事，朝令夕改，左右搖擺。他投身革命，倡言改革，是被時代的大潮所裹挾，被沸騰的民意所牽引，只是他更富於激情，更激進行事而已。

孫文熱衷於武裝起義。他的想法幼稚而簡單：只要募集到足夠的資金，購置槍枝彈藥，然後聯絡一批堅定的革命分子，選擇一個城市祕密起事，一舉佔領該城，就能由點及面，逐城推進，最終推翻滿清政府的統治，建立共和政權。

國民黨史筆鄒魯，記錄了孫文攻取廣州的設想和戰鬥部署：

> 初，總理之意，以為克復廣州，發難之人，貴精而不貴多。昔太平天國時劉麗川以七人而取上海，今之廣州，雖不能與昔之上海相比，然若得敢死者百人，則事便可濟。蓋當日城中重要衙署，實僅都統、總督、巡撫、水提等數處，雖皆各有武備，第以承平日久，防衛早弛。擬以五人為一隊，配備槍械炸彈，由府署後攻入官眷住房，將其長官或誅或執，使全城無發號施令之人。更以同志預伏城中衝要處，倘城外兵隊聞變入援，既於要路劫擊之，援軍不知虛實，必不敢前。更將橫街小巷鋪屋轟塌，使諸軍通行不便。如是，以二十人進攻衙署，二三十人伏衝要以禦援軍，二三十人圍攻旗界，任務已完之隊，則分頭放火，以壯聲勢，事無不成者。

細讀之下，忍俊不禁。這簡直是兒戲，甚至連兒戲都不如。

孫文的這種主張和戰略，就是在興中會內部也不是完全被大家接受。他從檀香山到香港，參與領導港澳興中會時，興中會領導人之一謝纘泰就對孫文心存疑慮：

> 我同孫逸仙博士和其他一些人的第一次見面是在1895年3月
> 13日，那時我們兩黨早經聯合。孫氏的言貌，當時對我並未
> 構成良好的印象。我有過一種奇怪的感覺，覺得對他還是以
> 躲開一點為妙。

後來，謝纘泰在日記中多次提及孫文。1895年5月23日的日記中說：「孫逸仙看來是一個輕率的莽漢，他會為建立『個人』的聲望而不惜冒生命的危險，他提出的都是易招物議的事情，他以為自己沒有什麼幹不了的──事事一帆風順──大炮！」

6月23日，謝纘泰又寫道：「孫念念不忘『革命』，而且有時全神貫注，以致一言一行都顯得奇奇怪怪！他早晚會發瘋的。我也是一個認為不能把領導運動這個重大責任信託給他的人……。」

孫文的個人魅力和革命激情就是這樣與眾不同，儘管香港興中會有許多人不信任他，看不上他，他還是說服了大家，同意發動廣州起義。按照孫文的提議，大家做了分工，有籌款的，有購買軍火的，有組織隊伍的，有負責運輸的……，一場轟轟烈烈的起義就這樣按部就班的準備起來。

廣州起義最終流產了。

失敗在經驗不足，更失敗在保密不嚴。

孫文制定的廣州起義的時間是1895年10月26日。按照分工，孫文坐鎮廣州，聯絡西江、汕頭等方面的義軍，指揮會黨和民團首領

攻佔廣州府署官衙；楊衢雲、朱貴全等香港興中會成員負責募集經費，購買槍支彈藥，征招起義隊伍，並在約定的時間內準時將槍械和起義軍由香港運往廣州。

起義之前，孫文命興中會會員朱淇起草討滿檄文及安民告示。朱淇做事不密，他寫的這些東西，被他的哥哥、廣州西關清平局書記朱湘生看到了。起義造反，這可是滿門抄斬之罪。朱湘生嚇破了膽，趕緊向省河緝捕統帶李家焯告密。李即刻報告給兩廣總督譚鐘麟。譚聽罷哈哈大笑：「孫乃狂士，好作大言，焉敢造反？」但派出去的密探回報：興中會及各個會黨的確會在近幾天內有大的動作。清軍於是嚴加戒備。

26日一早，廣州的興中會骨幹分子聚集在起義總機關待命行動，而西江、汕頭向廣州進發的起義隊伍卻遭到了清軍的阻擋，無法前進。孫文明白，援軍不到，起事之謀已敗。他當即決定起義展期。各興中會成員急忙動手消除種種形跡，毀文件，藏軍械，並接連致電香港，讓他們暫緩出師。

但，為時已晚。楊衢雲接到電報之時，七箱槍枝彈藥已經裝上「保安」輪待運，400人的隊伍業已登船，若撤人卸貨，更容易敗露原定計劃。對廣州形勢不甚了了的楊衢雲，當即令朱貴全、丘四等人帶隊乘「保安」輪入粵。楊復電說：「接電太遲，貨已下船，請接。」

清軍完全掌握了「保安」輪的祕密和行蹤，李家焯和南海縣令李徵庸帶兵埋伏在碼頭，靜待「保安」輪入甕。「保安」輪開抵省河時，清軍一擁而上。船上的400多起義軍，因槍械、彈藥都壓在貨艙底部，一時無法武裝，被清軍捕獲40餘人，其餘大部四散逃命。

清軍還在廣州全城戒嚴，搜查了農學會總機關和鹹蝦欄等分機關，陸皓東等一批骨幹分子被捕。

孫文靈巧躲避，先匿居牧師王煜初家，後化妝搭小汽船至唐家灣，再轉澳門，於29日逃至香港。

清軍嚴刑逼供陸皓東、朱貴全、丘四等人。11月7日，兩廣總督譚鍾麟下令將三人斬首。譚痛恨廣東水師統帶程奎光投身革命、參與起義，在營務處以六百軍棍杖斃。另有一些人死於獄中。孫文聞訊，十分悲痛，稱陸皓東「此為中國有史以來為共和革命而犧牲者之第一人也」。

孫文兵敗廣州，流落海外兩年之後，於1897年8月來到日本。

甲午之戰，日本大敗中國海軍，迫使滿清政府簽訂了《馬關條約》，擠進了瓜分中國的列強隊伍，但英美等老牌帝國主義，根本沒把日本放在眼裡。敏感而狡點的日本人，積極尋找中國的新生力量，以作為抗衡歐美列強的政治資源。孫文的到來，讓日本政要們大喜過望，與現任首相山縣有朋關係密切的握有實權的犬養毅，興奮地對手下人說：「這是份大禮物，怎麼能不會他一面？」

孫文的日本朋友平山周從橫濱陪同他去東京見犬養毅。孫文曾自述：「一見如舊識，抵掌談天下事，甚痛快也。」犬養毅也是豪情大發，要留孫文在東京住一夜，做竟夕之談。平山便帶孫文投宿寄屋橋旁的對鶴館。店主拿出登記簿，請孫文登記留名。孫文躊躇著，不想留下真實姓名。平山忽然記起，來對鶴館的路上，路過一大戶人家，上寫「中山忠能侯爵官邸」，便取過登記簿，寫下了「中山」二字。孫文也已會意，又在「中山」之後添一「樵」字。孫文自嘲說：我是中山裡的樵夫。自此，孫中山之名開始叫了起來，最終竟至蓋過了他的本名孫文。

日本人表示願意支持孫中山的武裝起義。他們支援了孫中山一批格林炮、毛瑟槍等最現代的武器裝備，招集了一批日本武士和浪人作為側應之隊。孫中山將起義地點定在廣東惠州，他的革命同志

鄭士良等在此組織和籌備。

　　起義的準備工作耗時漫長，協調日本、臺灣各方關係，南下菲律賓採購槍枝又船毀人亡。惠州鄭士良拉起的隊伍已等得不耐煩，糧食將盡，人心不穩。1900年10月，鄭士良未經通報，突然舉事。起初，起義軍裝備精良，又有日本武士、浪人鼓動衝鋒，一時間占了便宜，打垮了好幾股清軍，佔領了沙灣陣地。孫中山在臺灣得知惠州已經打響，立即組織後援向廣東和廈門進發，馳援鄭士良。正在此關鍵時刻，日本內閣更替，山縣有朋下臺，伊藤博文掌相。伊藤政府突然轉向，不支持中國的亂黨造反，他命日本人清藤幸七郎、平山周返國，勸人在臺灣的孫中山儘快離開臺灣。孫中山無奈，只得致電香港興中會同志：「情勢突生變化，外援難期。即至廈門，亦恐徒勞。軍中之事，由司令官自決行止。」那意思是說，你們起義軍自己看著辦吧。

　　這可苦了前線總指揮鄭士良。他率軍轉戰於龍岡、淡水、永湖、梁化、白芒花等，最多時隊伍達到兩萬多人。堅持了17天後，隊伍大部分解散，四散隱蔽，以待再發。

　　惠州起義的最大損失，是興中會又有一批堅定的革命同志英勇犧牲，其中包括孫中山的得力助手鄭士良、楊衢雲、史堅如等。也有日本人在起義中喪命。人民大學教授張鳴稱之為「一場好看的國際起義」。死的日本人叫山田良政，因為他留著辮子，穿著清朝的服裝，清政府佯裝不知，並未跟日本政府交涉。回到日本的孫中山，專門為山田良政立了一個紀念碑，稱他是為中國革命而死的日本第一人。

　　辛亥革命之前，孫中山一共組織策劃了十次反對清政府的武裝起義，可惜都失敗了。其中第六次起義，亦即鎮南關起義，儘管影響不大，戰鬥也算不上激烈，但因是孫中山親臨現場的唯一一次武裝起義，便在孫中山的革命生涯中被賦予了特別的意義。

鎮南關，中越邊境上的一個重要關隘。19世紀八九十年代，廣西提督蘇元春在此修建了三個炮臺，炮口都指向越南一方，隨時準備對付越方和法軍的進攻與騷擾。至清末時期，長期疏於戰陣，大炮已鏽得不能用了。承平已久，營轄荒蕪，連守軍也退回到了邊境以內，鎮南關炮臺實際上已空無一人。

　　1907年12月1日（光緒三十三年十月二十六日），革命黨人黃明堂，組織了百餘人的義勇鄉團，從懸崖上爬上鎮南關炮臺。也許是沒有戰鬥，沒有搏殺，少了硝煙和刺激，意猶未盡的革命軍便在炮臺上升起了青天白日旗。不遠處的鎮南關海關，本是洋人代管的，只管徵稅抽錢，管不著征戰殺伐的。但是看到炮臺上的青天白日旗，這次倒是管了一回閒事，將炮臺易幟之事報到了海關總部。12月3日，海關總部將此事告訴了軍機處，軍機處嚴令廣西巡撫張鳴岐，即刻克服，收回炮臺。廣西地方軍政大員方知鎮南關炮臺失守之事。

　　這一邊，起義軍首領將勝利的消息報告了同盟會。正在河內的孫中山，立即率領黃興、胡漢民及日本、法國顧問，興沖沖來到鎮南關視察，祝賀勝利，在清軍大部隊到來之前，先行撤離了。

　　清軍前線指揮官龍濟光和陸榮廷，率隊來到陣前，架起大炮轟了幾天，不見炮臺上有任何動靜。陸榮廷帶著士兵小心翼翼地攀上炮臺，已經空無一人，起義軍早就撤走了。

　　就是這樣一個簡單的佔領無人炮臺的起義，在清廷和同盟會的筆下，卻有著截然不同的描寫和結果。

　　張鳴岐向朝廷報告，匪股有四千多人，洶洶來犯，清軍與之血戰七天七夜，斃敵無算，繳獲槍械六七十枝，英勇奪回了炮臺。有了這樣的驕人「戰績」，差點交部議處的廣西巡撫張鳴岐戴罪立功，平安無事了；前線指揮陸榮廷大受獎勵，升官晉爵了。

革命軍和同盟會這邊則說，孫中山來到鎮南關，與義軍聯歡，演講鼓勵，還到鎮南關下的百姓家中，訪貧問苦，慰問群眾。見清軍來攻，孫中山還親自發了一炮，斃敵六十餘人。在孫中山的鼓舞下，起義軍與清軍血戰七晝夜（不知何故，中國歷朝歷代的說書人，都跟七天七夜較上了勁），打死打傷清軍數百人，最後安全撤退，整個戰鬥過程，起義軍僅僅戰死二人。

炮口朝南、鏽跡斑斑的沉舊大炮，如何能開炮擊發、射殺中國境內的清軍？據說，此役過後，孫中山得一綽號「孫大炮」。不知這「大炮」，是否含有嘲諷之意。

黃興親自指揮的黃花崗起義，也因協調不當，組織不密，倉促起事，損失慘重，七十二烈士血灑大地，革命之火再次被無情澆滅。一次次血的教訓，促使同盟會骨幹們深刻反思，一味靠武裝起義，暴力抗爭，一味靠臨時拼湊的會黨、敢死之士血拼硬打，斷難攻城拔寨，奪取一城一池。黃興提出要做新軍的工作，在新軍中宣傳革命，時機成熟組織嘩變，用清廷的軍隊對付清朝政府。歷史證明，這是一個正確的策略。辛亥的成功，正是在新軍中發展了革命分子，在一次嘩變中成功組織起革命隊伍，佔領武昌城，影響了全中國。

孫中山的英雄崇拜，一直是阻礙他成為一個偉大革命家的關鍵因素。

孫中山年輕時的價值觀非常簡單，就是出人頭地，幹一番驚天動地的大事業。兒時在家鄉與村童們做遊戲，孫中山就特別喜歡模仿太平天國，起義、造反、聚眾鬥毆，他甚至被村裡人稱為「洪秀全第二」。

1894年入世不得，與清政府徹底決裂之後，孫中山便將驅除韃虜，恢復華夏當作了一生的奮鬥目標。儘管這期間有政治目標的不斷遞進——「傾覆滿清」、「光復漢族」、「驅除韃虜，恢復華

夏」、「驅除韃虜，恢復中國」、「建立合眾政府」、「建立共和政府」等等，孫中山一直沒有忘記他自己在其中的領導作用和地位。他一直是將革命勝利後的坐天下、統天下視為終極目標的。

立志反滿的第二年，孫中山便現實地遇到了這個領導權問題。

1895年，第一次廣州起義策動之前，孫中山由檀香山來到香港，組織香港興中會的班子調整。香港興中會原由當地人士楊衢雲為會長。孫中山挑明，新選任的興中會總辦，一旦起義勝利，革命成功，就是未來的中國大總統。孫、楊二人都不想讓出總辦之職。經表決，追隨孫中山的會員略多於楊衢雲，孫為總辦，即大總統。

起義發起的前幾天，楊衢雲私下找到孫中山，要孫將大總統讓給他。楊藉口說，在香港，他要借這個大總統的名義組織起義。將來廣州起義成功了，再將大總統職位還給孫中山。孫中山很不情願，也很苦惱，便找自己的兩個心腹陳少白、鄭士良祕密商議。鄭士良一時火起，說：「這是不能答應的。我去殺了他，非殺他不可。」陳少白還算冷靜，勸孫中山沉住氣，為廣州起義準備著想。起義成功了，陳衢雲會將大總統職位交還孫中山。起義不成功，隨便什麼人做大總統是沒有關係的。孫中山採納了陳少白的意見，當晚再次召開興中會骨幹會議，很不情願地把總統的名義讓給了楊衢雲。

幸好，廣州起義以流產而告終；幸好，楊衢雲在1900年的惠州起義中犧牲。第一個站出來與孫中山爭奪總統職位的人，就這樣消失了。

浪跡海外，流亡倫敦期間，孫中山的英雄情結再度勃發。

孫中山在倫敦暫住的小旅店，距清政府駐英國公使館不足一箭之遙，朋友曾勸他，小心為妙，不要靠近使館，萬一被人認出，捉了進去，押解回國，那可就壞事了。朋友的勸告，孫中山不但絲毫聽不進去，反而主動送上門去，自己走進了公使館內。

　　這一天，1896年10月10日，孫中山路過使館，突發奇想，問門房傳達，使館工作人員中有廣東人嗎？回答說有，便被引入使館內見到了英文四等翻譯鄧廷鏗。鄧是廣東三水人，海外遇故知，兩人用家鄉話聊得十分投機。鄧覺得孫中山十分面熟，問他姓名，孫答姓陳，號載之。其實，廣州起義失敗，孫中山逃出香港後，十分大意，不善自我保護。在美國三藩市街頭，他甚至擺好姿式拍照留念，讓跟蹤的清廷密探輕易拿到了照片，送至海外各使館，孫中山抵英的消息，也早已密報至公使館。鄧已疑心面前此人就是孫中山。臨告辭時，孫中山掏出金殼懷錶看時間，鄧廷鏗趨前細看，見錶殼上刻一英文「孫」字，便已大悟。他想到剛才聊天時孫中山提到想去英國皇宮內一看，便連忙說，他可以想辦法領孫中山進去，請他明天再來，一同前往。孫中山不知早已被人識破真面目，第二天上午果真如約前往使館，便被馬參贊、鄧廷鏗和使館隨員李盛鐘強行囚禁在了三樓的一個房間內。

　　孫中山瞭解國際法，他知道駐英使館無權處置，更不能限制他的自由。最初幾天，孫中山非常從容，以為不日就會走出使館。

　　駐英使館也正為此犯愁。捕獲了這樣一個革命黨首腦，真是天大的功勞，如何押解回國，卻實在難辦。最關鍵的一條，不可走漏風聲，所有的一切，只能祕密進行。

　　10月14日，駐英公使龔照瑗想出一計。他電告北京總理衙門說，可購買一艘英國商船，直接送到廣東，中途不停靠英國碼頭，可保無事。船價、煤工共需約七千英鎊，可購買載重2000噸機船一艘。如不用此法，只好將孫文釋放，派人祕密跟蹤，看他前往何處，再行抓捕。

　　總理衙門研究後，急忙回電：

庚電悉。購商船徑解粵，系上策，即照行。七千鎊不足惜，即在匯豐暫撥，本署再與劃扣。惟登舟便應鐐，管解須加慎，望盡籌周備，起解電聞，以便電粵。

　　駐英公使將總理衙門的決定告訴孫中山後，孫中山心中一涼，「予想望已絕，唯有坐以待斃而已」。

　　每天為孫中山作雜務的是一個英籍年輕僕人柯爾。孫中山將獲救全部希望寄託在了柯爾身上。他對柯爾曉之以理，並贈以英鎊，終於說服柯爾為他傳遞資訊。孫中山的英國老師及朋友正為十數日不見孫中山而焦急萬分時，收到了柯爾傳遞的字條，方知孫中山被囚禁在中國駐英公使館。一行人急忙向蘇格蘭場報案，警長聳聳肩，雙手一攤：沒有證據，無法行動。他們又雇上私人偵探，日夜監視使館的前後兩門，防止孫中山被祕密解走，一面又聯繫報界，請求披露真相。《地球報》對此事表示了強烈的興趣，立即派員採訪。第二天，報紙便以醒目標題刊登：《可驚可愕之新聞》《革命家被誘禁於倫敦》《公使館之拘囚》。

　　英國外交部大為惱火，責令駐英公使龔照瑗立即放人，聲稱絕不允許在英國本土出現這種違犯法紀之事。蘇格蘭場偵探長喬佛斯親往使館接人。10月23日，在被拘囚了12天後，孫中山安全走出中國駐英使館。探長喬佛斯哭笑不得地對孫中山說，你真是個老頑童。然後又公事公辦地宣稱：「此後務宜循規蹈矩，不可復入會黨，從事革命。」

　　孫中山的「倫敦蒙難」，常令他沾沾自喜，並廣為宣傳。這為他的傳奇革命生涯增添了濃墨重彩的一筆，也讓他的領袖光環更加熠熠生輝。

　　辛亥武昌起義，是在不期然中送給孫中山的一份巨大的驚喜。

1911年10月9日，在漢口俄租界寶善裡祕密配製炸藥的革命黨人孫武不慎失手，炸藥爆炸，俄租界巡捕前來搜查，繳獲了革命黨人的名冊、文告、旗幟，以及準備起義之用的武器、資金等等。巡捕將這些東西交給了湖廣總督瑞澂。瑞澂立即大開殺戒，全城搜捕，革命黨人的多個據點被破獲，二十多人被捕。彭楚藩、劉堯澂，楊洪勝被當場斬首，人頭就掛在武昌城頭。新軍中的革命黨人，人人自危，恐怖地等待著大搜捕的來臨。與其坐以待斃，不如起而抗爭。在這種情形下，有人振臂登高，便會一呼百應。10月10日晚7時許，新軍第八鎮工程第八營士兵熊秉坤、金兆龍，率領士兵打死了對抗起義的軍官，佔領楚望台軍械庫，奪取槍枝彈藥，發動了武裝起義。當天夜裡，聞訊聚集而來的一千多起義士兵，兵分三路向總督府進發。嚇破了膽的瑞澂哪敢應戰，慌忙挖開總督府後院的院牆，棄府而逃。起義軍順利佔領了總督府及各處衙署。

　　勝利來的太突然，熊秉坤、金兆龍、吳兆麟等人反倒沒了主意。起義過後如何安民，偌大武昌城怎樣治理，大字不識幾個的士兵騷耳撓頭。他們突然想起了一個人——黎元洪。這黎元洪宅心仁厚，同情新政，在士兵當中印象頗好。火爆脾氣的馬榮，帶領士兵將黎元洪堵在家中，非逼著黎擔任都督，收拾局面。刀架槍指的份上，不由得黎元洪不從，只好被人裹挾到楚望台。見有了頭兒主事，起義士兵們懸著的一顆心終於放下，他們持槍列隊歡迎，場面十分隆重。隨後幾日，所有鄂軍軍政府的通電、文告，都以都督黎元洪的名義發出，這對影響全國局勢，產生了極大的作用。10月當月，湖南、陝西、山西、江西、雲南五省宣告獨立，11月上旬，以上海為中心的江蘇、浙江、安徽、福建等十一省宣告獨立。明眼人一看便知，清政府大勢已去，垮臺只在旦夕之間。

　　正在美國為起義募集資金的孫中山，得知武昌首義成功，欣喜

萬分，恨不得插上翅膀，飛回國內，領導革命，指揮戰鬥。但為了革命政權的長久為繼，孫中山繞道倫敦、巴黎，謀求支援，同時致信倫敦、紐約、三藩市、新加坡、馬來西亞的金融資本家，呼籲他們給中國革命以財力支持。

12月25日，漂泊海外16年的孫中山回到祖國。自1895年與清政府決裂，發誓推翻這個專制的異族統治起，經十數次武裝起義，慘烈犧牲，今日終獲成功，實屬來之不易。

12月29日，南京。各省代表會議在此召開。在宣告獨立的17個省共45人出席的會議上，公推孫中山為中華民國第一任臨時大總統。後經表決，在17張有效票中，孫中山以16票絕對多數當選。

1912年1月1日上午，孫中山乘專列由上海赴南京，當晚10時，在江蘇省原諮議局舉行了就任典禮。孫中山的大總統誓詞為：

> 傾覆滿洲專制政府，鞏固中華民國，圖謀民生幸福，此國民之公意，文實遵之，以忠於國，為眾服務。至專制政府既倒，國內無變亂，民國卓立於世界，為列邦公認，斯時文當解臨時大總統之職。
>
> 謹以此誓於國民。
>
> 中華民國元年元旦

孫中山所說的待動亂釐定，民國卓立，他將辭去臨時大總統之職，大約只是說說而已。試想，以中國之幅員和差異，「內無變亂」且「卓立於世界」，談何容易。即便是到了那一天，孫中山解去的是「臨時」大總統，而就任的當是正式大總統。

孫中山一刻也沒有耽擱，1月11日，他便宣佈武力北伐，兵分

六路進擊北方各省，以期儘早統一中國。

2月12日，溥儀皇帝宣佈遜位。負隅頑抗的王公舊臣們，推出了袁世凱為總理，與南方革命政權相抗衡。南北對峙局面就此形成。

南方臨時革命政府在艱難中維持著。對外，列強們等待觀望，不予承認，不打交道；對內，財政短缺，稅收無著。中國的海關被外國人把持，他們只認原有的中央政府和上繳管道，一分一毫也不交給南方政府。尤其糟糕的是，辛亥首義的最初幾日，形勢危急，勝負難料，革命黨人曾聲明，只要袁世凱反正，助推革命成功，就推舉他為大總統。此時，這股南北議和之風在南方政府愈刮愈烈。孫中山直斥袁世凱是巨奸大憝，把建立民國的大任託付給他是靠不住的。可臨時政府的運營一籌莫展，讓孫中山的警告失去了應有的影響力。

北伐軍實際的前線總指揮黃興向孫中山表示，如果經費無著，議和不成，「自度不能下動員令，惟有切腹以謝天下」。

汪精衛以堅辭不就廣東都督的清高之舉要脅孫中山：「你不贊成議和，難道是捨不得總統嗎？」

袁世凱洞若觀火，頻頻直擊革命黨人的軟肋。溥儀退位第二天，他便宣佈，「共和為最良國體，世界之所公認」，保證「永不使君主政體再行於中國」。

大勢去矣。2月14日，孫中山無奈向臨時參議院提出辭呈，推薦以袁世凱代之。

孫中山畢竟心有不甘，他提出了三項限制袁世凱的附加條件：第一，臨時政府設於南京，為各省代表所議定，不能更改；第二，俟參議院舉定新總統親到南京就任之時，大總統及國務各員乃行解職；第三，臨時總統約法為參議院所制定，新總統必須遵守頒佈之一切法制章程。

孫中山真是太幼稚了。袁世凱一口答應了全部條件。

2月15日，臨時參議院選舉袁世凱為中華民國第二任臨時大總統。

一旦大權在握，袁世凱便以他嫻熟的政治技巧，將各派政治力量玩於掌股之中。他賴在北京，堅決不去南京，甚至不惜於2月底令其嫡系部隊發生所謂「兵變」，向全國及世界宣示，北京形勢不穩，賴以他掌控局面，維持大局。

南京臨時政府毫無辦法。

3月10日，袁世凱在北京就任臨時大總統。儀式搞得氣派而堂皇。

4月1日，孫中山宣佈辭職下野，黯然離任。

4月2日，臨時參議院通過決議：中華民國臨時政府遷往北京。

至此，辛亥革命的所有勝利果實，全部拱手讓給了袁世凱及其北京政府。

細細究之，孫中山擔任中華民國臨時大總統，也是一個偶然。為什麼人們將流血犧牲換來的政權，心甘情願地交到他的手裡？美國歷史學教授史扶鄰有過精闢的分析：

> 說到底，孫中山對於革命的主要貢獻在於他的革命樂觀主義。甚至在類如黃興、胡漢民和汪精衛這樣堅定剛強的人有時也難免為革命的機運而悲觀沮喪的時候，孫中山卻繼續拼命地幹下去，用許諾資金來提高戰士們的信心和勇氣，用勝利指日可期的談話和答應投資機會來激發海外華僑。……如果說，孫中山無限的革命樂觀主義未能使他的追隨者們對1911－1912年決定性的戰鬥作好思想準備，那麼，無論如何，這種樂觀主義給了他們最後推翻清王朝的迭次武裝起義以活力。在辛亥革命爆發之時，他被公認是「無庸置疑的主要的發動者」。

　　只能說，上帝也有放錯棋子的時候。

　　職業革命家列寧，從來沒有看好孫中山的革命鬥爭。他認為，孫中山的民主主義思想只是空想。「如果沒有群眾的革命情緒的蓬勃高漲，中國民主派不可能推翻中國的舊制度，不可能爭得共和制度，而要完成這一切，必須實行社會主義」。「因此必然產生中國民主派對社會主義的同情」。

　　這種同情，至少在孫中山時代還沒有萌芽。以社會主義目標和理想苛求孫中山，的確是有點過份了。孫中山的革命，長期處在祕密地下鬥爭狀態，他所依靠的基本力量是行會、洪門等民間組織，興中會除了一個「驅逐韃虜，恢復中華，建立共和政府」的主張，再也沒有嚴密的組織原則、基本力量、鬥爭性質、政策策略、奮鬥目標等一個現代政黨所應具備的一切要素。甚至可以這樣說，孫中山本質上是一個實用主義者，只要肯出錢出力幫助革命黨推翻滿清政府，都是他的朋友和同志。這種實用主義的原則，常常令孫中山處於尷尬之中。在對待日本的態度上，孫中山尤其陷入了私誼和公義的矛盾之中。

　　日本覬覦中國用心已久。甲午戰爭之後，舉國上下痛恨日本，同聲譴責這個野心勃勃的東方島國，孫中山對此也有同感。另一方面，孫中山與日本有著不解之緣。他曾稱日本為「第二之母邦」。自1894年10月，孫中山由上海經日本去檀香山，至1924年11月北上天津、北京途中赴日本，在這30年間，孫中山曾14次進出日本，在日本生活了9年左右，相當於同期他在國內的生活時間。孫中山在日本結交了大量朋友，涵蓋了政界、軍界、財界、外交界、知識界、婦女界及大陸浪人等。他甚至在日本留下了一個私生女。據孫中山的日本摯友萱野長知調查，孫中山的日本朋友將近300人。而近年史學界統計，「與孫中山有過直接交往的日本人達四百以

上」。難怪馬勇感歎：孫中山出入日本如入無人之境。

　　過從甚密，難免就有令人生疑之處。1907年，孫中山接受日本政府資助一事，便在同盟會中引起軒然大波，甚爾引發了一場「倒孫」運動。

　　這一年，孫中山因在國內從事革命活動而遭到清廷追捕，再一次避走日本。而此時，日本政府與滿清政府的關係有了微妙變化，日漸趨於和緩。清政府要求日本政府扣壓孫中山，遞解回中國。日本當然不想傷害這位「老朋友」，又不想與清政府鬧翻，便想了一個兩雙之策，暗中資助孫中山7000元，禮送孫出境。在歡送孫中山的宴會上，有一日本商人又掏出一萬元給了孫中山，說直接相送不免唐突，便編了個藉口，說是資助同盟會在日本辦的《民報》之費用。孫中山收下這些錢，只拿出2000元交給《民報》主編章太炎，其餘的錢，他帶去海外，籌畫潮州、惠州起義去了。但他沒有在適當的場合講明這些錢的來龍去脈。

　　孫中山去後，章太炎得知日本商人資助了1萬元而孫中山只留下2000元，大為不滿。因為眼下正是《民報》最困難的時期，急需資金支撐。而同盟會的其他成員在得知孫中山竟然拿了日本政府的7000元資助，更是義憤填膺，認為孫中山被日本政府收買，有損於同盟會威望。張繼破口大罵，聲稱在革命之前必先革革命黨的命；劉師培建議同盟會罷免孫中山的總理職務，因為孫中山這樣做已經喪失了擔任總理的資格。章太炎索性將《民報》社懸掛的孫中山畫像撕了下來，批上「賣《民報》之孫文應即撤去」等字樣，並將這些東西寄往香港，在同盟會成員中廣為傳播。

　　氣憤不過的章太炎，在事過兩年之後，還提筆撰寫了「檢舉狀」在報上發表，將同盟會的內部矛盾披露於社會各界。

　　章太炎的檢舉狀寫得又陰又損：孫文本是一個無賴少年，只

是因為惠州發難事在最初，所以革命志士往往將他視為領袖。其實當孫文流亡日本時，漂泊無聊，願意和他交往並將他向更多人介紹推薦的，也就是我章炳麟和秦力山。從此以後，孫文與學界漸通聲氣，名聲日大，並將之推為同盟會總理。及《民報》創辦，由於我章炳麟還在監獄，同仁推孫文署編輯人。及我章炳麟出獄東渡，主編《民報》，此後三年從未有一言專為孫文。唯汪精衛、胡漢民之徒，眼孔如豆，甘為孫文心腹，詞鋒所及，多涉標榜，竭力推舉孫文為革命黨人唯一領袖。孫文最會吹牛，在東京則言南洋有黨羽十萬，在南洋則說東京留學生均歸其指揮，內地豪雄悉聽其驅使。恃《民報》鼓吹之文，藉同志擁戴之號，乘時自利，聚斂萬端，接受日本政府和商人的賄賂，倉皇南渡。

章太炎的發難，自有他恃才傲物、桀驁不馴的本性使然。然而，孫中山實用主義的鬥爭策略，導致他吞下了這個由誤會而釀制的內訌苦果。

中外革命者的類型不勝枚舉，數不勝數。有捨生取義的，有苦鬥致勝的，有智取擒凶的，有成王敗寇的……孫中山應該歸屬哪一類呢？說到底，孫中山是一個率性而天真的革命者。有時候，他的許多異想天開、性情之為，令人捧腹，令人忍俊不止。

1909年，正在海外遊歷、宣傳革命主張的孫中山，聽說萊特兄弟發明的飛機，已傳入中國，廣東青年馮如將購買的飛機部件組裝成功，起飛升空。孫中山興奮地預言：「飛機將成為新式的軍事武器，大大有助於實現我國國民革命。」滿腦子「驅除韃虜」、「反清復漢」思想的孫中山，將任何發明創造都看作是革命戰爭的推動作用。

七年後的1907年2月，寓居日本的孫中山，經朋友梅屋莊吉介紹，認識了日本民間飛行家阪本壽一。兩人用英語談得十分投機。說到興奮處，孫中山突發奇想：「用飛機在敵人上空飛行，撒下蒙

汗藥，使敵人全部昏睡不醒，我們不用開槍打炮，只是去捉俘虜就行了。這豈不是戰爭的一場大革命嗎？」

這種奇想，也是孫中山有感而發。彼時，孫中山正為討袁戰役膠著不前而焦慮萬分。孫中山決心將飛機儘快用於實戰。在梅屋莊吉的資助下，創辦了革命軍的第一所航空學校──中華革命黨近江八日市飛行學校。學校於1916年5月4日正式開學，校址位於京都附近的近江八日市町，第一批學員47人，校長兼教官就是阪本壽一。

袁世凱稱帝，天怨人怒。孫中山組建了東南軍、東北軍、西南軍、西北軍誓師討袁。在這四個軍中，孫中山最看重的是駐紮在青島的東北軍。此時，從海上登陸青島的日軍，已驅逐德國軍隊，佔領了青島及整個膠濟鐵路。以孫中山與日本政府的密切聯繫，孫中山認為，東北軍可藉此之便，用膠濟鐵路運輸部隊和輜重，從青島進擊濰縣，以濰縣為大本營，收復魯中、魯東，進而攻佔濟南，直取北京。

1915年11月15日，革命黨重量級人物居正率部抵達青島，在原德國駐青總督官邸設立東北軍總司令部。來年5月，中華革命軍東北軍2000多人，從青島進至膠濟鐵路中段的濰縣、周村等地，拉開武裝討袁的大幕。

5月4日，東北軍首攻濰縣縣城不克。居正一面布兵圍城，一面分兵向四周出擊。至5月中旬，益都、安丘、昌邑、壽光、高密、諸城、昌樂、臨朐、周村等地均被東北軍佔領，濰縣城仍然兩軍對峙。5月15日，居正派遣五六百人的襲擊隊潛入濟南，偷襲山東督軍府，傷亡數十人，失敗後退出。一籌莫展的居正讓東北軍日本顧問萱野長知致電梅屋莊吉陳述戰況，同時詢問：「將飛機立即送往此地就地訓練如何？」

梅屋莊吉隨即電告阪本壽一：「飛行學校將遷至中國，速來京商議。」阪本壽一接電後，立即乘火車趕到東京。在梅屋莊吉住處，

阪本壽一看了電報，面露難色。他告訴梅屋莊吉，機場的各種設施剛建成，開始訓練才半個多月。如果這時將飛機遷往中國，不但訓練要中斷，還要重建機場及各種設施。梅屋莊吉也感到為難，但想到中國戰事緊迫，急需飛機隊助戰，遂說服阪本壽一馬上遷校。

5月25日，東北軍終於攻下濰縣縣城。但如果濟南攻不下，由此直搗北京、推翻袁世凱政府的目的就難以實現。已從日本返回上海指揮討袁的孫中山十分焦急。6月7日，他向居正發報：「飛行家尾崎同廖國仁、謝松生赴濰，與兄商飛行事。」電報發出不久，傳來袁世凱病死，黎元洪繼任總統的消息，孫中山又馬上電令居正「按兵勿動」，「飛行上事應停辦。」已行動起來的阪本壽一哪是說停就停下來的？飛行學校全體學員按計劃從神戶乘船啟航，7月2日抵青島轉乘火車，於4日到達濰縣。

8月初，阪本壽一駕機試飛。被孫中山派來任東北軍參謀長的蔣介石在日記中寫道：「8月4日，晴。代理總司令（許崇智）派介石至西操場觀操，飛行機試驗滑走。」「8月7日，朝六時半，代理總司令往西操場觀阪本氏之飛行，飛高約800米，飛行時間約15分鐘之久。」華僑義勇團團長夏重民記道：「鄉民見之，驚為天仙。」

飛機在濰縣並沒有參加實際戰鬥。低空飛行，騷擾、驚嚇了北洋軍第五師的一個騎兵隊，扔了幾個土製的香煙罐炸彈，引起了北洋軍的極大恐慌。僅此而已。後來，這些飛機又費時費力地運回了日本。

孫中山聯合蘇俄的戰略決策，究其根源，是被陳炯明逼出來的。

陳炯明背叛革命，發動兵變，將孫中山逐出廣州，進而趕出粵省，毀了孫中山武力北伐，統一中國的宏大理想，一直讓孫中山耿耿於懷，憤憤不平。他急切聯繫蘇共祕密代表的心願只有一個，獲得蘇俄的武器及財力支援，打回廣東去，消滅陳炯明。

陳炯明是一個老同盟會員，追隨孫中山多年。1918年5月，陳

率軍攻下閩南之後，開始實踐他的改革計畫──漳州新政。他辦教育，倡新學；推廣新文化，革除舊風俗；整頓市容，發展經濟。一時間，漳州面貌大變，社會風尚日新，橋通路平，市容整潔，大大促進了閩南經濟發展。「漳州新政」的成功，令偏居一隅的漳州小城遠近聞名，當時的知名人士如林森、胡漢民、汪精衛、居正、吳稚暉、李石曾、鄒魯、陳嘉庚等，都來漳州考察訪問。北京大學學生漳州調查後稱：「漳州是閩南的俄羅斯」，「共產時代當不過如此」。

1920年，陳炯明任廣東省省長，他在地方民政和市政建設上，也著手進行了一些改革；對當時正在興起的工人運動，採取了寬容和扶持的態度。這些政績，被正在廣州旅行的黃炎培發現並讚賞。黃回到上海後，曾在演講中這樣說：「陳省長很能迎受新潮流，提供新文化，所以廣州城內各種工會極多，已立案的有93處。據工業總會調查不止次數，約有130餘處，都注重教育演講二事，替工人謀幸福。」

那一時期，陳炯明在廣東、福建一帶的聲望，甚至超過了孫中山。陳愛惜羽毛般地珍視他建立的新政實驗區，生怕它遭到軍閥的破壞和圍剿。

孫中山不屑於在一城一池搞實驗，興新政，他存乎心念之間的頭等大事是興兵北伐，統一中國，執掌全國大權，讓三民主義暢行天下。

正是在這一點上，孫中山與陳炯明起了分歧和衝突。

孫中山似乎對「大總統」的職位情有獨鍾。革命黨人剛剛奪回廣東，4月11日，孫中山便召集「國會非常會議」，選舉他為中華民國大總統。

手握廣東軍政大權的陳炯明，不得不虛與委蛇，向孫中山發去了祝賀電，但孫中山的就職一事，他卻一拖再拖，久議而不辦。孫

中山卻等不及了。一天，他將粵軍總司令部及省長公署參議羅翼群
叫到跟前。

孫中山問：我究竟何時就任大總統？

羅翼群回答：陳炯明仍沒有下定決心，似乎有畏怯患失之意。

孫中山說，我由國會選舉為大總統已經過了半個月了，決不能
不就職，這不是兒戲！你告訴陳炯明，我必須在本月內就職。

羅翼群將孫中山的話轉告陳炯明，陳炯明滿臉憂愁地說，我
已經與各位將領商議過，大家說，中山先生就任的這個大總統，只
不過是一時的廣東總統，萬一北京政府及鄰省軍閥以此為藉口出師
聲討，我們實在擔不起戰守之責。待所屬部隊在粵桂邊境佈防就緒
後，再行大總統就職儀式吧。

孫中山對陳炯明的藉口十分惱火，說，我被選為大總統，舉國
皆知。只要我一出師，長江及華北軍民必將熱烈歡迎並歸順於我，
北洋軍閥決無力量來侵犯廣東省。……我必須於本月就職並速行北
伐。北伐成功了，無話可說；萬一失敗了，我就出走，廣東的事情
任由陳炯明去和人家妥協，我可以不管，這樣總行了吧！

陳炯明見孫中山話說到這份上，只好答應。他對羅翼群說，中
山先生執意做廣東總統，那就五月五日就職如何？這距國會選出之
日尚不足一個月，中華民國的國慶是「雙十」，孫總統就職為「雙
五」，也是個好紀念的日子。

聽到陳炯明鬆了口，孫中山自嘲地說：好！我是廣東總統，競
生（陳炯明字）是廣東皇帝。皇帝開了金口，我遵命就是。

兩個固執之人共事於一黨，結果可想而知。

孫中山就任大總統後，立即下令北伐，並親往桂林督軍。

陳炯明在廣州按兵不動，絲毫不受孫中山的節制。

陳炯明的驕狂令孫中山忍無可忍，他一氣之下，連續免去了陳

炯明的內政部長、廣東省長、粵軍總司令等一系列職務。

陳炯明鋌而走險，密謀兵變，一舉破壞孫中山的北伐計畫。他憚於孫中山的崇高威望，祭起了歷代謀反者「清君側」的大纛，向孫中山提出，他與孫之間的矛盾，都是胡漢民離間的結果，只要將胡漢民交給他，殺了胡漢民，一切問題都好商量。

孫中山當然拒絕了陳炯明的無理要求。

6月16日凌晨2時，陳炯明發動武裝叛亂，圍攻總統府，炮轟了孫中山在觀音山的住所粵秀樓。

孫中山在警衛的掩護下，從粵秀樓突圍，化裝成鄉間郎中，穿越了敵人的兩道封鎖線，才登上停靠在白鵝潭的楚豫艦。當天下午，留守在總統府的宋慶齡，也脫離險境，與孫中山匯合，兩人遂登永豐艦。

見沒有抓到孫中山，陳炯明十分惱怒，懸賞20萬大洋要孫中山的人頭。避亂當中，懷有身孕的宋慶齡不幸流產。公仇家恨，讓孫中山對陳炯明咬牙切齒，下決心要剷除這個革命黨人的敗類。

退走上海之後，孫中山苦思冥想，覺得只有奉系軍閥張作霖和蘇俄共產黨能幫助他消滅陳炯明。他立即向張作霖示好，並給列寧寫信，稱張作霖不是日本的走狗和工具，並希望蘇聯不要支持吳佩孚與張作霖作對。

孫中山與張作霖的結盟還在進行當中，蘇聯的祕密代表越飛來到了上海，與孫中山多次會晤，共謀聯合大計。孫中山一頭紮進了蘇聯的懷抱。他迫不及待地向越飛提出了兩套計畫：

第一套計畫，立即消滅陳炯明。

孫中山認為，他的軍隊向陳炯明進攻時，陳必定從吳佩孚那兒尋求支持。這樣，孫與吳佩孚的戰爭就不可避免。此時，孫中山的盟友張作霖就會進攻並佔領北京，在孫打垮了吳佩孚之後，他就可

以作為統一中國的代表進駐北京。

第二套計畫，建立西北根據地，在蘇聯的援助下統一中國。孫中山設想，將他的10萬軍隊轉移到蒙古邊境地區，在蘇聯的說明下進行訓練。經過一兩年時間後，這支軍隊就可以進入戰鬥狀態，他可以一舉完成統一中國大業。

這兩個計畫，孫中山提出，無論實施哪一個，都需要蘇聯政府提供200萬金盧布。

對於自己聯俄的選擇，孫中山曾有過一段精闢的比喻：

> 中華民國就像我的孩子，他現在有淹死的危險。我要設法使他不沉下去，而我們在河中被急流沖走。我向英國和美國求救，他們站在岸上嘲笑我。這時候漂來蘇俄這根稻草。因為要淹死了，我只好抓住它。英國和美國在岸上向我大喊，千萬不要抓那根稻草，但是他們不幫助我。他們自己只顧著嘲笑，卻又叫我不要抓蘇俄這根稻草。我知道那是一根稻草，但是總比什麼都沒有好。

為了活命，孫中山別無選擇。

蘇聯祕密代表越飛，興沖沖地給蘇共領導人寫信，介紹了孫中山的計畫和他本人的分析。此前，蘇聯在土耳其支持了民族革命領袖凱末爾的武裝鬥爭，成效不大。越飛向蘇共領導人保證，孫逸仙不是凱末爾，他在更大程度上是我們的人，是革命家，他決不會背叛我們，而中國在世界上的份量無論如何不亞於土耳其。

越飛反問：「難道所有這一切不值得我們花那200萬盧布嗎？」

蘇共高層認可了越飛的分析，他們為將孫中山爭取過來而感到十分高興。托洛茨基甚至指示紅軍總司令：「最好在地圖上標出正

在爭鬥的中國將軍們的位置和實力，並考慮一下我們能向孫逸仙提供什麼樣的幫助。」

援助計畫最終被蘇聯政府批准下來。越飛打電報告訴孫中山，向孫提供200萬金盧布的款額「作為籌備統一中國和爭取民族獨立」的費用，「這筆款應使用一年，分幾次付，每次只付5萬金盧布」；物質援助則「最多只能有8000支日本步槍，15挺機槍，4門奧里薩卡炮和兩輛裝甲車」，還將「建立一個包括各兵種的內部軍校」。越飛告誡孫中山，「懇請將我國的援助嚴守祕密」，在所有公開場合，「對國民黨謀求民族解放的意向，我們也只能表示積極同情而已」。

孫中山聯俄的最現實的益處和最終目的，是從蘇聯那裡得到他孜孜以求的軍事和經濟援助。至於社會主義制度和對資產階級的改造、革命，還不在孫中山的考慮範圍之內。

孫中山的最後歲月淒美而蒼涼。

正當孫中山全力推行他的「聯俄、聯共、扶助農工」三大政策，爭取最大的國外援助，最廣泛的同盟軍，實施他統一中國的宏偉大業時，馮玉祥的一次突兀的政變，打亂了孫中山的戰略部署，攪黃了孫中山的大好局面。

1924年9月，直系的江蘇督軍齊燮元與皖系的浙江督軍盧永祥之間爆發了江浙之戰。張作霖統領下的奉軍，認為這是一個打擊吳佩孚的絕好機會，便以援助盧永祥為藉口，加入了攻擊直軍的戰鬥。至此，江浙之戰迅速演變成了第二次直奉大戰。

吳佩孚急令他的第三軍總司令馮玉祥，率部在灤平阻截張作霖南下。

10月19日，馮玉祥接到北京密電，稱山海關戰事吃緊，吳佩孚將豐台駐軍全部調往前線，北京幾乎已是一座空城。

　　馮玉祥立即決定發動政變。他將部隊更名為「國民軍」，於10月23日殺進北京城，包圍了總統府，將賄選總統曹錕囚禁在中南海延慶樓內。隨後幾日，逼迫曹錕去職；修改了清室優待條例，將溥儀及皇室470餘人，一夜之間逐出紫禁城，將故宮改為了博物院對外開放。

　　吳佩孚對馮玉祥陣前倒戈，背後插刀的行徑非常氣惱。他在秦皇島發出了討馮通電：「馮玉祥倒戈相向，在國法為大逆，在個人為不義，其倒行逆施，反道敗經，應與張作霖同科。因此，我要一面激勵前敵將士東討外叛，一面分領大軍會師畿輔，清除內奸。」

　　張作霖也是暗自氣不過。入主京城，號令全國，這麼大塊肥肉，怎麼能讓你馮玉祥這個偽君子獨吞呢。張作霖一反「奉軍不得入關」的協議，在秦皇島突破直軍張福來陣地，大舉開進關內，覬覦北京，圖謀擴張。

　　如此嚴重後果，是馮玉祥始料不及的。他一面急邀下野天津的皖系大佬段祺瑞入京維持局面，一面邀請正在廣州的孫中山北上召開和平統一會議，協商善後事宜。

　　孫中山接到邀請後，立即表示親赴北京，與各派共商國是。

　　段祺瑞見孫中山決意北上，也一再公開表示，在沒有與孫中山親自會談之前，他是不會先行入京的。

　　孫中山乘船從廣州出發，原訂計畫是經上海再到天津，與段祺瑞會面後，一同前往北京，主持善後。

　　輪船還未到上海，形勢已發生了微妙變化。首先，英美列強不喜歡孫中山，他們忌憚孫中山的革命主張，力壓各派軍閥將孫中山排斥在和平會議之外；其次，各派軍閥經私下交易，也有拒孫中山於北京之外的意願。因而，孫中山船靠上海時，英國背景的《字林西報》竟發評論：「上海不需要孫中山，應阻止他登岸」。

當此危難之際，孫中山又想到了他的老朋友——日本政界。他決定繞道日本，求助於日本政府，讓日本人出面，向親日的段祺瑞施加壓力，迫使段祺瑞、張作霖等接納孫中山入主和平會議。

　　令孫中山萬萬沒有想到的是，這是他最為灰頭土臉的一次日本之行。在對華關係上，日本政府已與英美等國暗通款曲，孫中山這顆棋子，他們用膩了，用完了，正想丟棄。孫中山此時前來，怎能好臉相見。日本政府甚至沒有讓孫中山前往東京，只是在神戶靠岸、逗留。多年的老朋友、政界要人，也都以各種藉口——或稱病、或曰繁忙，躲著不與孫中山見面。而段祺瑞派去的兩個代表，與孫中山同時在日訪問，卻被立馬接去東京，首相、外相及達官顯貴爭相會見、餐敘。對於孫中山，日本政要非但不以禮遇相待，還不忘利用孫中山一次，拉著孫去大學講演「大亞洲主義」。這是日本政府提出的與歐美抗衡的戰略思想。儘管孫中山在演講上加入了許多中國元素和內容，客觀上還是起到了為日本「大亞洲主義」張目的作用，日本學生反響熱烈，掌聲不斷。

　　自日本無功而返之後，12月4日，孫中山乘船抵達天津。而此時，曾多次表示不先於孫中山進京的段祺瑞，早已趕赴北京理事了。

　　段祺瑞在北京發表談話，承認此前清政府及北洋政府與各國簽訂的所有條約，承認列強在中國的既得利益和治外法權。段的意思十分明顯，他要在此關鍵時刻，換取列強的支持與信任。

　　孫中山怒不可遏，他對前來天津「迎接」他的段祺瑞的代表說：「我在外面要廢除不平等條約，你們在北京偏偏要尊重那些不平等條約，這是什麼道理呢？！你們要升官發財，怕那些外國人，要尊重他們，為什麼還來歡迎我呢？」

　　段祺瑞此時已不屑於與孫中山會談，共商國是了。12月24日，他擅自公佈了善後會議條例，規定只有四種人可以參加：（一）有

大功勞於國家者；（二）此次討伐賄選制止內亂各軍最高首領；
（三）各省區及蒙藏青海軍民長官；（四）有特殊之資望學術經
驗，由臨時執政聘請或派充者⋯⋯

　　孫中山在《北上宣言》中號召的由公民團體代表參加的「國民
會議」，在段祺瑞眼中一文不值。

　　孫中山的不幸，在於他一到天津就病倒了，肝部隱隱作痛，周
身忽冷忽熱。原定「7日早車入京」的孫中山，不得不遵醫囑在天
津休養調治，擇日再赴北京。

　　初到天津之時，孫中山與張作霖有過一次會晤。這是兩人之間
的第一次、也是最後一次見面。孫中山對這次見面不太滿意，張作
霖的踞傲、匪氣、口無遮攔，令孫中山很不適應，他心目中曾經期
待的盟友，變得陌生而遙遠了。

　　張作霖對孫中山倒是印象蠻好。他對汪精衛說：「我從前以
為孫先生是個什麼難說話的人，今日才知道他是一個溫厚的君子。
只是北京各國公使，都不贊成孫先生，大概是因為孫先生聯俄的緣
故。你可否請孫先生放棄他聯俄的主張，我張作霖包管叫各國公使
都要和孫中山要好的。」

　　張作霖的牛皮吹得大了一點，他也低估了孫中山執著的革命
理念。

　　12月27日，段祺瑞電促孫中山入京議事。30日，段又通電全
國，宣佈次年2月1日召開善後會議。病榻上的孫中山十分生氣，表
示：「除主持國民會議外，決不參加任何會議。」

　　形勢急迫，天津不是久留之地。1924年的最後一天，孫中山抱
病入京，試圖以最後一搏，爭取國民會議的召開。

　　天不假時。1月4日，德國醫生克利診斷孫中山患的是肝癌。23
日，克利發現孫中山眼球顯黃暈，建議實施外科手術。中、美、德

三國醫師擬定了手術方案，夫人宋慶齡擔心孫中山的體力不支，對是否手術猶豫不決。26日，孫中山病情危重，各方同意立即手術。遂入協和醫院，由協和外科主任邵爾樂主刀。腹腔打開後，見肝臟表面佈滿腫瘤，失去手術條件，便匆匆縫合。整個手術只持續了20多分鐘。

出院後，孫中山搬進了鐵獅子胡同行轅、顧維鈞宅靜養。

2月24日，醫生提醒家屬及國民黨高層人士，孫中山時日不多，如留遺言，可儘早行事。經宋慶齡同意，汪精衛、孫科、宋子文、孔祥熙被推舉為代表，進入孫中山的房間。

孫中山見他們進來，問道：「你們有什麼話要講？」

汪精衛說：「當先生進協和醫院時，許多同志都責備我們，為什麼不請先生留些話給我們。先生病好了，便無所謂；假使不好，我們還可以聽先生的教誨。我們知道先生是能夠抵抗病魔的，我們是願意幫助先生抵抗這些病魔。不過也想在你精神好些的時候，留些話給我們，在幾十年後，也可以受用。」

孫中山回答：「如果我的病痊癒，我有許多話要說給你們；如果我死了，就由著你們去做，也不必說了。」

「我們還是願意聽先生教誨。」四人異口同聲地說。

孫中山想了想，說：「我如果留下話給你們，對你們是有許多危險的。現在許多敵人正在圍困著你們，我死之後，他們更向你們進攻。他們會有很多辦法令你們屈服，如果你們不屈服，強硬對他們，是危險很大的。我看還是不說的好，這樣你們對付環境會容易一點。我要說出話去，你們便很難應付險惡環境了。」

汪精衛連忙說：「我們知道大部分同志都能夠聽先生的話，什麼危險、什麼生死問題，我們都不怕。先生教導我們很久，也可以相信我們是不怕危險，不怕敵人的。」

孫中山聽到這裡，說：「我已經著有許多書了。」

「是的，你的建國方略、建國大綱、三民主義及第一次全國代表大會宣言，我們都要寫上去的，但還想讓先生總括地說幾句。」

「你們想要我說些什麼？」

汪精衛說：「我們已預備了一個稿子。我來讀給先生聽。先生如肯贊成，即請簽字，當作先生之言；如不贊成，就請另賜數語，我可代為筆記。」

孫中山表示同意。

汪精衛遂將準備好的國事遺囑、家事遺囑讀給孫中山聽。

國事遺囑：

> 余致力於國民革命凡四十年，其目的在求中國之自由平等。積四十年之經驗，深知欲達到此目的，必須喚起民眾及聯合世界上以平等待我之民族，共同奮鬥。現在革命尚未成功，凡我同志，務須依照余所著《建國方略》《建國大綱》《三民主義》及《第一次全國代表大會宣言》，繼續努力，以求貫徹。最近主張開國民會議及廢除不平等條約，尤須於最短期間促其實現。是所至囑！
>
> 中華民國十四年二月二十四日

家事遺囑：

> 余因盡瘁國事，不治家產。其所遺之書籍、衣物、住宅等，一切均付吾妻宋慶齡，以為紀念。余之兒女已長成，能自立，望各自愛，以繼餘志。此囑。
>
> 中華民國十四年二月二十四日

孫中山聽罷，表示同意。有人去開門，找筆簽字。此時，門外走廊內傳來宋慶齡的哭泣之聲。孫中山歎了口氣，對汪精衛說：「你且暫收起來吧！我總還有幾天的生命的。」汪精衛便將遺囑小心保存了起來。

　　3月11日，醫生宣告孫中山病危。似是迴光返照，孫中山這天的神志格外清醒。但前來探視的何香凝發現，孫中山已雙目散光。她連忙出來告訴汪精衛：「現在不可不請先生簽字了！」

　　在宋慶齡的幫助下，孫中山用顫抖的右手在兩份遺囑上都簽上了「孫文，三月十一日補簽」。在場的政治委員和起草者汪精衛也都一一簽名作證。

　　簽過字後，孫中山遍視床前各位，吩咐遺囑在他逝世後即公佈。過了一會兒，他又叮囑宋慶齡等人，表示「願照其友人列寧之辦法，以防腐藥品保存其遺骸，納諸棺內」，遺體「可葬於南京紫金山麓，因南京為臨時政府成立之地，所以不可忘辛亥革命也！」

　　1925年3月12日9時25分，孫中山與世長辭，終年59歲。

　　孫中山的一生具有極其獨特的傳奇色彩。他的固執以求、他的冒險精神、他的戲劇般的行事風格，甚至超越了他革命生涯本身。17世紀法國劇作家彼埃爾‧高乃依說：沒有冒險的成功就是沒有榮耀的勝利。對於孫中山而言，他渴望勝利，更渴望榮耀。他的每一次武裝起義，每一項重大戰略決策，都是在榮耀的旗幟下，向死神和厄運的挑戰。在奪取勝利和扼住命運咽喉的選擇中，他寧願選擇後者。北京大學哲學教授何懷宏，總結過近代中國革命的特質。他指出：20世紀的中國，更有不惜大規模流血也要達到理想目標、無論如何也要奪取勝利的「新話語」存在。這種「新話語」為集體暴力提供了一種中國歷史上從未有過的「正當理由」和意識形態旗幟。何教授所比喻的這面旗幟，被洪秀全舉起過、被孫中山舉起

過，此後，還被許多人高高舉起。

　　日本的史料記載了一段孫中山與犬養毅的對話：

　　　犬養毅問孫中山：「你最喜歡什麼？」

　　　孫回答：「革命。推翻滿清統治，建立共和政府。」

　　　犬養毅又問：「第二呢？」

　　　孫中山看著犬養毅身邊的夫人，說：「女人。」

　　　犬養毅笑了，「第三呢？」

　　　「讀書。」

　　過後，犬養毅說，他喜歡孫中山。因為他真誠坦白，不掩飾，不說謊。

　　孫中山就是這樣一個一生未被政治和權術染黑的坦誠而至真的革命家、戰鬥者。

主要參考文獻

《孫中山評傳》茅家琦等著　南京大學出版社　2001年5月第一版
《解密檔案中的孫中山》姚金果著　東方出版社　2011年10月第一版
《1911年中國大革命》馬勇著　社會科學文獻出版社　2011年5月第一版
《辛亥：搖晃的中國》張鳴著　廣西師範大學出版社　2011年1月第一版
《走出中世紀二集》朱維錚著　復旦大學出版社　2008年5月第一版
《麻辣近代史》劉澍著　浙江大學出版社　2012年8月第一版
《建國方略》孫文著　中州古籍出版社　1998年9月第一版

汪精衛

終負少年頭

汪精衛・終負少年頭

　　在汪精衛棄世70年後的今天，任何談論他的功過是非、歷史地位、文化價值的想法，仍是敏感而危險的。中華文明中的「義」，亙古不變，赫然橫陳。大義不在，一切皆休。叛國事敵，在坊間的輿論審判場上，是十惡不赦的滔天大罪。汪精衛晚年極不光彩的「和平運動」、「曲線救國」的主張，無論出於何種目的，都將他釘在了歷史的恥辱柱上，至今未有人敢稍加移改。

　　但是，翻開中國近代史的浩繁卷帙，汪精衛是一個繞不過去的人物。無論是同盟會的成立、辛亥革命的爆發、護國討袁、國民黨一大、孫中山逝世、北伐軍興、國共分裂，等等，這些重大歷史事件和轉折關頭，都有汪精衛的身影、汪精衛的舉手投足。歷史的真實是不以編纂者、閱讀者的好惡為轉移的。它就像釘子那樣釘在那裡。無論你理它還是不理它，它都兀自挺立，巋然而在。

　　毋庸諱言，拉開中國近代史的大幕，必然有汪精衛的形象。而最初，他是以閃亮的正面角色登臺亮相的。

　　汪精衛祖籍婺源，原籍紹興，當時都是浙江之地。紹興是個出師爺和訟棍的地方。汪精衛的父親汪省齋就是一個師爺。

　　汪省齋年輕時寒窗苦讀，卻屢試不第，便絕了仕途的念想。與同鄉、鄰人們一樣，汪省齋操起了師爺的行當。道光末年，汪省齋攜同為浙江人的妻子盧氏，出東海南下，一路遊歷至廣東，在三水縣衙謀了份差事，一家人便在此安頓下來。

　　盧氏為汪省齋生了一子三女四個孩子。1871年，盧氏病逝。年

近50的汪省齋，續娶了17歲的廣東姑娘吳氏為妻。吳氏一口氣為汪省齋生了三子三女六個孩子。汪精衛即為吳氏生於三水縣衙之中。汪精衛是汪省齋十個孩子中最小的一個，誕生於1883年5月4日。在男孩中排行第四，故稱「四哥」。按照祖譜，父親給他取名為汪兆銘。這老生子汪兆銘與老大汪兆鏞，整整差了22歲。生母是廣東籍，自己又出生於三水，汪兆銘便認定了自己是一個道地的廣東人。

汪省齋身為師爺，所俸有限。操持這樣一個大家庭談何容易，吳氏每日起早貪黑，朝夕忙碌。儘管生活困頓，汪省齋對兒子的讀書和學習要求嚴苛。他希望兒子們將來都能及第入仕，出人頭地。汪兆銘5歲便入私塾讀書，每日放學後，父親還親炙他朗讀王陽明的《傳習錄》和背誦陶淵明、陸游的詩。

自汪兆銘13歲時起，家庭生活發生了重大變故。這一年，辛苦操勞的母親去世。第二年，年邁的父親也駕鶴西去。失怙的汪兆銘只好前往粵北投奔大哥汪兆鏞。

汪兆鏞早在1889年便考取了舉人，此時正在樂昌為官。「老哥比父」，汪兆鏞對小弟的學習依然嚴苛，他找到當地最有名的老師為汪兆銘講習文史經世之學，以備將來科舉之試。

汪兆銘智力超群，刻苦好學，古文水準大有長進。15歲那年重陽節，他偷閒登臨了樂昌西北、相傳六世祖小憩過的西石岩，寫下了一首工整而清雅的七律：

> 笑將遠響答清吟，葉在欹巾酒在襟。
> 天淡雲霞自明媚，林空岩壑更深沉。
> 茱萸棖觸思親感，碑版勾留考古心。
> 咫尺名山時入夢，偶逢佳節得登臨。

　　汪兆銘明白寄人籬下的道理，他要想方設法減輕兄長的負擔。17歲時，他便去私塾教書，以補貼家用。汪兆銘曾自嘲，年紀輕輕便成了「子曰先生」。

　　1902年，汪兆銘與二哥汪兆鋐赴番禺縣試，不但雙雙考取了秀才，而且同為案首。這足以寬慰汪省齋的在天之靈。

　　廣東水師提督李準聽聞汪兆銘的文采，聘他為家庭教師，教導自己的幾個孩子。相見深談之後，李準十分欣賞汪兆銘的才華，破例每月給他雙倍薪水。

　　汪兆鏞也時來運轉。兩廣總督岑春煊聞得他的文功吏治，招他做了幕僚。一時間，汪兆鏞也成了廣州城裡的一個頭面人物。

　　汪家似乎賽盡順來，再顯門楣了。

　　但汪兆銘志不在此。

　　1904年，兩廣總督岑春煊奉召在廣州招考赴日本法政大學速成科的公費留學生。錄取50名，清政府為每位留學生每月資助30日元。這筆錢可以在日本生活得比較寬裕。汪兆銘興致勃勃地前去報考，結果如願入圍。和他一同考取的還有胡漢民、朱執信等人。

　　赴日之前，汪兆銘僅有樸素的反清思想。赴日之後，接觸到了盧梭、孟德斯鳩、斯賓塞的政治、民主思想後，汪兆銘有了變法求新的意識。真正給他革命影響的是孫中山。

　　1905年夏季，孫中山由歐洲返回日本。汪兆銘、胡漢民、朱執信以同鄉之誼，前去拜訪他們崇敬的孫先生。孫中山照例慷慨激昂，鼓吹革命，痛陳驅除韃虜，建立共和。孫中山澎湃的革命激情，感染了每一個青年學生。汪兆銘事後回憶：有一件事我一生不能忘懷，就是第一次會見孫中山先生。

　　孫中山此次日本之行，有一個宏大的革命願望，就是整合各地的革命組織，以統一的面貌指導革命，推翻清朝政府。

由於種種原因，日本東京成了早期中國革命的大本營和革命組織會聚之地。中國歷史上早有同鄉結黨傾向，在日本的革命組織也是以同鄉、會黨為基礎。如孫中山的廣東派「興中會」，黃興、宋教仁的湖南派「華興會」，章炳麟的浙江派「光復會」等。

　　7月30日，孫中山與各派代表前往黃興住所拜訪，共商聯合大計。汪兆銘作為留日學生代表參加了會議。會議決定，聯合各派革命力量，成立「同盟會」。會議推舉黃興、陳天華、汪兆銘負責起草同盟會章程。

　　8月20日，100多名革命黨人在東京赤阪區霞關日本眾議院議員阪本金彌住宅內召開了中國同盟會成立大會。推舉孫中山為中國同盟會總理。同盟會下設執行部、評議部、司法部三部，黃興為執行部長，汪兆銘為評議部長。評議部相當於西方民主國家的立法院。而這一年，汪兆銘僅僅22歲。這足以表明，孫中山對他的欣賞和器重。

　　革命黨人歷來以宣傳為看家本領之一。同盟會成立之後，立即創辦了自己的機關刊物《民報》，以批判康有為、梁啟超在《新民叢報》上所宣揚的君主立憲、維新變法理論，主張以暴力革命、武裝起義，推翻昏庸清廷，建立民主共和之國。

　　汪兆銘一展他的犀利文筆，從《民報》創刊號起，連續發表了30多篇文章，揭露滿清政府在政治、經濟、文化諸方面的黑暗統治，宣揚資產階級的民主、法治思想。汪兆銘的文章，均署名「精衛」，以明心志。傳說炎帝的女兒遊東海時不幸淹死。死後變為「精衛鳥」，每日銜西山木頭、石塊以填東海，決心變滄海為桑田，永不貽害人類。後人用「精衛填海」來比喻一個人的毅力和決心。「汪精衛」之名便由此傳揚開去，以至替代了他的本名汪兆銘。

　　汪精衛在《民報》上的革命宣傳，令清政府大為不滿且憂懼日深。清廷發佈通緝令，懸賞捉拿汪精衛歸案。按大清律，鼓動推翻

政府是殺頭之罪，並將誅連九族。

通緝令發佈之後，在兩廣總督岑春煊府上任幕僚的汪兆鏞整日嚇得提心吊膽。他不僅擔憂弟弟的性命，也為自己的前途和全家的命運憂慮。一天，岑春煊藉著幾分酒意，拉下臉來，向汪兆鏞發出通牒，把弟弟交出來，否則對你不客氣！

汪精衛在日本得知這一消息後，以「家庭罪人」之名，主動給哥哥寫了一封信：「罪人兆銘在日本從事革命之事，已被朝廷發覺，謹自絕於家庭，以免相累……吾為革命流血，志矢不渝，謹請諒鑒。罪人與劉氏曾有婚約，但既與家庭斷絕，則此關係亦當隨之斷絕。請自今日始，解除婚約。」

汪兆鏞接信後，馬上寫了一份「驅逐逆弟永離家門」的狀子，遞到番禺縣衙存檔，以撇清與革命黨的干係。然後跑到劉家商討解除婚約之事。劉女名叫劉文貞，知書達禮，長得亭亭玉立，也是殷實人家，門當戶對。汪兆鏞與劉文貞的哥哥是好朋友，便由兩位兄長訂下了這門親事。「父母之命，媒妁之言」。父母不在，兄主其事。這便是法定婚姻，不可更改。汪精衛要退婚，劉文貞卻還一往情深。她請哥哥轉告汪精衛：「不管他是不是形式上的退婚，我仍願堅貞守候著他，決不改嫁。」劉文貞果然不食其言，她走出閨房，發憤讀書，中學畢業後入醫學院求學，成為一名婦產科醫生，曾任廣東省立醫院婦產科主任，醫道醫德均好，名噪一時，但卻終身未嫁，孑守一生。

汪精衛為了革命，與家庭與婚姻決絕了斷，在革命黨中傳為佳話，奉為楷模。

《馬關條約》簽署之後，中日兩國關係有所緩和。這讓日本政府和政界要人陷入了兩難之中。一方面，以日本的民主意識和變法經歷，他們願意支持同盟會等革命黨人推翻清政府的鬥爭。一旦革

命成功，他們便是將來中華民國最大的功臣和最重要的夥伴。另一方面，他們還不想放棄眼下的在華利益而與清政府鬧僵、決裂。當清政府要求日本政府引渡孫中山回國受審時，日本政府採取了兩不得罪的辦法，禮送孫中山出境。他們私下裡找到孫中山，應允資助一萬日元鉅款，請孫中山暫離日本，流亡他國。孫中山想不出更好的辦法，只得同意。1907年初，孫偕胡漢民、汪精衛離開東京，取道香港，前往法國殖民地越南河內，繼續從事革命活動。

不久後，孫中山派汪精衛去南洋，講演革命，募集資金，為武裝暴動做物質準備。南洋是孫中山早期革命之地，有很好的基礎。汪精衛在這裡充分展示了他的革命激情和雄辯的口才。有人記述說：「在彼演說之夕，演講者尚未登壇，全場即無虛席，當彼踏上講臺，滿堂即鴉雀無聲，每逢至精彩熱烈處，掌聲如雷而起。」胡漢民也對此時的汪精衛讚歎不已：「余前此未嘗聞精衛演說，在星洲知有演說天才，出詞氣動容貌，聽者任其擒縱。余二十年未見有工演說過於精衛者。」

在檳榔嶼演講現場，台下就有一位被汪精衛「擒」住的聽眾。這是一位千金小姐，叫陳璧君，字冰如。陳璧君的父親陳耕基，廣東新會人，在馬來亞檳榔嶼從事橡膠種植，經營礦業，逐漸成為當地富商。陳璧君的母親衛月朗，廣東番禺人，思想開放，傾向革命，經常閱讀進步報刊。身為中學生的陳璧君，受母親影響，16歲時便讀過汪精衛的文章，對汪的文筆和才華十分欽佩。現場見到這位24歲的翩翩俊才，小汪精衛8歲的陳璧君一見鍾情，頓生愛慕之心。

陳璧君也早已訂親。未來的丈夫是她的表哥梁宇皋。陳、梁原本青梅竹馬，長大後來往密切。可陳璧君見過汪精衛後，就再也不願跟梁宇皋交往，甚至連正眼看他一眼的慾望都沒有了。她找一切機會與汪精衛見面，甚至帶汪精衛遊覽了檳榔嶼的名勝極樂寺。她

背著父母，由汪精衛介紹加入了同盟會，並專程去謁見了孫中山。

　　孫中山履歷豐富，閱人無數。在與陳璧君的言談中，孫中山賞識陳璧君的革命熱情，但他也看出了陳有愛慕虛榮、爭強好勝的弱點。孫中山知道革命是長期的和艱苦的，一時的激情不能持久，一時的逞能不能獲勝。他告誡陳璧君：「君感情過人自是好事，但不知能否允我一事？即君他日無論有何困難、危險，非至支持不住時，萬勿憤而自殺。自殺只可為人，不能為己。因從今日起，已是君實行時候，則監獄、拒捕、苦行、飢餓、窮困、疾病、槍決，均將可能連續而來，君決不至軟化及投降，我信得過，能否不憚煩、不自殺，我頗擔心。」陳璧君聽後表示，「我誓不自殺，除非他人追殺我。或因保護祕密及其他同志之安存始自殺」。陳璧君一直將孫中山的告誡銘記到晚年。她說：「這便是為什麼精衛死時我不死，失自由時我不死，諸同志紛紛就死時我不死。因我只要有一線可生之機，我都不死。」

　　1909年，在南洋奔波了兩年多的汪精衛回到了東京。而就在此刻，他的革命思想發生了重大轉折，主張以暗殺行動打擊政府，喚醒民眾，促成革命早日爆發。

　　汪精衛文質彬彬，儒雅淡定，一向反對以暗殺促革命，怎麼會突然冒出這種過激想法呢？

　　1907年至1908年間，同盟會頻繁舉行的武裝起義，無不以失敗而告終，優秀會員如徐錫麟、秋瑾等接連犧牲；孫中山被送出日本後，同盟會群龍無首，相互責難，大有分裂之勢。汪精衛看不下眼了，拍案而起，決心以「一死」使清廷震動，國人驚醒。

　　汪精衛與黃復生、喻培倫、黎仲實、方君瑛、曾醒、陳璧君等7人組織了一個暗殺小組。陳璧君是追著汪精衛腳步，硬要到日本「留學」而來到東京的。暗殺小組在香港設立了祕密機關，他們往

來於東京和香港之間，籌集錢款，購買炸藥，製造炸彈。

胡漢民知道了他們的活動後，立即加以勸阻，並寫信告知了遠在歐洲的孫中山。但汪精衛孤注一擲，決心已定。他回信對孫中山說，他拼死的決心不能挽回。如果有人阻攔他，他就以陳天華為榜樣，蹈海自盡。

暗殺先需要高品質且威力強大的炸藥。汪精衛將這個任務交給了喻培倫。喻是四川人，讀過工業學校，懂得化學知識，且聰明機智，肯於鑽研。喻培倫經過一段時間實驗，終於製成了一種威力強大而且便於攜帶的炸藥。這種炸藥看上去很像朝鮮生產的一種糖粉，在海關檢查時可以魚龍混珠，蒙混過關。

炸藥有了，在哪兒下手又頗費斟酌。汪精衛第一想暗殺的是廣東水師提督李準和兩廣總督張鳴岐。儘管李準當年對汪精衛有識才之賞，但革命就是這樣水火無情。因同盟會正在廣州謀劃又一次武裝起義，為了不打草驚蛇，只好放棄這個目標。汪精衛又決定刺殺慈禧的外甥、兩江總督端方。因端方在兩江總督任上，大肆搜捕革命黨人，汪精衛對他恨之入骨。恰巧端方奉調直隸，於是汪精衛等人便決定在端方北上時炸死他。汪精衛、黃復生、喻培倫帶著炸藥趕到漢口，住在革命黨人、湖北共進會負責人孫武處，在大智門火車站做好了暗殺準備。誰知端方行動詭秘，突然改變了北上路徑，由武漢取水道赴上海，改乘海輪去了天津。汪精衛等人撲了個空，只好將炸藥和鐵殼等物暫存孫武處，悻悻返回。

幾經不順，汪精衛決定，徑直去北京刺殺清廷要員，掀起更大的革命波瀾。臨行前，汪精衛咬破手指，血書八字贈胡漢民：「我今為薪，兄當為釜。」

「釜薪觀」是汪精衛的發明。他曾這樣表述他的觀點：「革命之事譬如煮飯。煮飯之要具有二：一曰釜，一曰薪。釜之為德，在

一恒字。水不能蝕，火不能熔，水火交煎，皆能忍受。此正如我革命黨人，百折不撓，再接再厲。薪之為德，在一烈字。炬火熊熊，光焰萬丈，顧體質雖毀，借其餘熱，可以煮飯。此正如我革命黨人，一往獨前，捨生取義。」汪精衛自忖，北京之行，必死無疑。而且，他正是想以自己的一死，喚起革命黨人戰鬥的信心。他在《告南洋同志書》中說：「弟雖流血於菜市街頭，猶張目以望革命軍之入都門也。」

1909年秋天，北京暗殺行動正式啟動。黃復生先行入京，在東北園租了一處房屋設立機關。隨後，喻培倫攜帶在香港購買的照相器材來到北京，在琉璃廠火神廟夾道胡同設立「守真照相館」作為掩護。汪精衛北上到達後負責留守。黃復生、喻培倫則前往東京，將炸藥裝在棉背心裡，穿在身上帶到北京。

按照汪精衛的計畫，本想炸死總理衙門大臣奕劻。但偵察發現，奕劻侍從如雲，戒備森嚴，無從下手。汪精衛又聽說皇族載洵、載濤兩貝勒從歐洲考察海軍回國，便決定在火車站刺殺他們。載洵、載濤回國之日，汪精衛手提一把裝滿炸藥的大鐵壺，在前門火車站等了半天，但見火車站上紅頂花翎一片，不知哪兩個才是襲擊的目標，只好作罷。

一不做，二不休。焦急的汪精衛決定謀殺攝政王載灃。載灃是光緒的親弟弟，溥儀皇帝的生父。其時溥儀只有4歲，朝中大權全在攝政王載灃手上。載灃住的醇親王府在什剎海北岸，每日上朝必經什剎海東岸的一座小橋——銀錠橋。汪精衛決定，就在銀錠橋下埋炸藥，在載灃路過時引爆炸彈炸死他。

根據分工，喻培倫、黃復生負責在橋下埋炸彈，汪精衛躲在銀錠橋北的一條陰溝中引爆炸彈，陳璧君負責聯絡協調。此時，陳璧君的聰明和果敢發揮了作用，她建議將炸藥裝進一個鐵製容器中，

以增強爆炸的威力。於是，喻培倫在騾馬市大街鴻泰永鐵鋪專門訂製了一個能裝四五十磅炸藥的大鐵罐。正是這個大鐵罐，暴露了他們的行蹤。

1910年3月31日夜，行動開始前的頭一個晚上，4人聚在一起，把酒話別。根據炸彈的埋設地點，如果行動成功，汪精衛很可能與攝政王載灃同歸於盡；如果行動失敗，則命運難以預料。今晚之聚，有可能是生死相別。汪精衛想到陳璧君對自己情深義重，臨別之時不能不有所表示。此時此刻，他衝動地拉住陳璧君的手說：「我在南洋時，君母以慈愛目光向我，似欲探訊我兩人之事，我以為未得君之同意，故未能副君母意。明日黎明，君我便成功成仁，能否在此消息報告君母時，以我兩人已訂有婚約以慰老母？」陳璧君早有此意，見汪精衛如此表白，當即同意。於是兩人舉杯共飲，毅然訂婚，先做了名義上的夫妻。

余世存編的《非常道》一書，對汪精衛、陳璧君之舉事前夜，有另外一番描述：

> 陳璧君有俄國十二月黨人風采。她與汪精衛並不認識，聞聽汪要去刺殺清朝攝政王，她作為革命黨人鼓勵汪說：「好好幹吧，你也許一去不回。我也沒什麼可送你的，就把我的身體送給你吧。」於是她就和汪精衛睡了一晚。

這種「世說新語」般的八卦新聞，顯然與事實不符。但它從另一個側面，表現了陳璧君的英豪之氣。真是女中豪傑，巾幗不讓鬚眉。

酒後行動，豪氣干雲。這一晚月黑風高，寒氣襲人，正是天賜良機。喻、黃二人在橋下挖坑之時，驚動了周邊居民家的狗，犬吠四起，令人膽戰。他二人怕暴露，只好趕緊撤離。第二天晚上，坑

挖好了，炸彈埋下了，可臨時發現，引爆的電線太短，扯不到汪精衛藏身的陰溝處，只好返回。如此這般到第三天晚上，喻、黃二人正在接電線時，忽然發現有人在橋上偷看。喻培倫、黃復生大驚。喻趕往汪精衛藏身的清虛觀通知他暫不前往。黃復生則躲在一棵大樹後觀察動靜。只見早先那個偷看之人提著燈籠來到橋下，邊照邊看，然後匆匆離去。黃復生情知不妙，衝下橋底，想將大鐵罐拿走。無奈鐵罐連同炸藥實在太重，他搬不上來，只好作罷。不一會兒，眼見著偷看之人引著員警向這邊趕來，黃復生便一溜煙地躲開了。

汪精衛召集暗殺小組商議對策。眾人壯心不已，發誓要幹下去。於是，決定喻培倫返回東京再研製炸藥，陳璧君回南洋籌措下一步行動的錢款，汪精衛、黃復生留京觀察事態發展。

銀錠橋下發現炸彈的消息，經北京的報刊披露之後，一時沸沸揚揚，萬人注目。汪精衛、黃復生躲在京城茫茫人海當中，自以為平安無事。可他們低估了員警的能力。清廷派要員檢測後發現，炸藥是國外進來的先進產品，而裝炸藥的鐵罐卻是就近製造的土貨。於是，員警在京城的鐵匠鋪中拉網式排查。騾馬市的鴻泰永鐵鋪認出了鐵罐出自他們鋪子，是守真照相館的人訂制的。4月中旬，黃復生剛剛打開守真照相館的大門，便被早已守候在此的員警逮捕。接著，汪精衛也鋃鐺入獄。

陳璧君在南洋聽說汪精衛身陷囹圄，失聲痛哭。她發了瘋地趕回北京，拼命要救汪精衛出獄。

汪精衛本無生意，入獄之後，從容鎮定，他口占了幾首五言絕句，以明心志。其中一首云：

> 慷慨歌燕市，從容作楚囚。
> 引刀成一快，不負少年頭。

無論是當時還是今日，讀起這首詩，總讓人有熱血沸騰，慷慨悲歌之意。

　　遠在星洲的胡漢民，讀到汪精衛的〈被逮口占〉，已是熱淚濕襟，他提筆寄情：

> 挾策當興漢，持椎復入秦。
> 問誰堪作釜，使子竟為薪。
> 智勇豈天用，犧牲共幾人？
> 此時真決絕，淚早落江濱。

　　汪精衛在北京巡警總廳偵訊期間，寫下了一篇長達四千言的供詞，對埋放炸彈一事供認不諱，聲稱此事全係他一人所為，與他人無涉。汪歷數了他之所以進行暗殺的原因，痛斥清政府的腐敗無能，他說：「欲達民主之目的，舍與政府死戰之外，實無他法。」

　　按照大清律，謀殺朝廷要員，是要拉到菜市口砍頭的。負責審判的肅親王善耆認為，現在革命黨人遍天下。殺幾個革命黨人不足以撲滅革命，只會激起更多的人鋌而走險。朝廷正在進行改革，探索君主立憲，不如輕判以收買人心。最後，善耆判汪精衛、黃復生永遠監禁。對於這個判決，汪精衛始終心存感念，以至30年後仍不能忘懷。汪說：「救我命的是肅親王……我的能免一死，也許有一種政治的作用；但是，我每回憶到這個時候的事，總能想到這位清朝末期的偉大政治家。」

　　陳璧君到北京後，四處請托，幾經周折，花了大把銀子，終於買通獄卒，給汪精衛捎去一紙短箋，上書四字「忍死須臾」。汪精衛見信後，感佩不已，竟將陳璧君的手書吞進肚裡。他咬破手指，給陳璧君回復了「信到平安」四字。

汪精衛不斷托獄卒帶出他在囚牢中寫下的詩歌。其中一首〈獄中雜感〉是：

煤山雲樹總淒然，荊棘銅駝幾變遷。
行去已無乾淨土，憂來徒喚奈何天。
瞻烏不盡林宗恨，賦鵬知傷賈傅年。
一死心期殊未了，此頭須向國門懸。

另一首〈秋葉〉寫道：

落葉空庭夜籟微，故人夢裡兩依依。
風蕭易水今猶昨，魂度楓林是也非。
入地相逢雖不愧，擘山無路欲何歸。
記從共灑新亭淚，忍使啼痕又滿衣。

陳璧君將這首獄卒遞出來的〈秋葉〉詩，輾轉交到了人在海外的胡漢民手中。胡等同盟會員，聚在一起，每讀一遍，便激昂不已，都被汪精衛胸懷理想，視死如歸，忍淚別離的革命精神所感動。

陳璧君為救汪精衛出獄，不惜異想天開。她甚至提出了「挖地道」的辦法。正在眾人論證這一計畫時，他們接到了胡漢民轉來的孫中山的指示。孫中山告訴他們，救出汪精衛的唯一辦法，就是趕快發動革命，推翻清朝政府。他們聽從孫中山的勸告，南下廣州投身於革命運動。

辛亥革命的意外爆發，居然是汪精衛的無意為之。

1911年10月9日，湖北革命黨人孫武在擺弄汪精衛一年多前留給他的炸彈時，意外失手，引起了爆炸和燃燒。聞訊趕來的清軍，

搜繳了孫武處的革命資料和聯絡名單。官府按圖索驥，抓了新軍中的三個革命黨人並立即殺害。白色恐怖在武漢三鎮蔓延，與其束手就擒，不若起而抗爭，或許還能殺出一條生路。10月10日晚，新軍第八鎮工程營率先起義，打響了武昌首義第一槍。第二十九標和第二十一混成協輜重營及炮隊、陸軍測繪學堂迅即回應，各路義軍攻佔了楚望台軍械庫，獲取武器彈藥後，向湖廣總督衙門、第八鎮司令部等要塞發動進攻，並一舉致勝。辛亥革命就這樣成燎原之勢，燃遍全國。

迫於全國的輿論壓力，清政府宣佈開放黨禁，釋放政治犯。11月初，清廷簽署檔，釋放了汪精衛、黃復生等人。

1912年南京臨時政府成立後，汪精衛陳璧君在上海完婚，隨後又在廣州舉行了盛大婚禮。時任廣東都督胡漢民，在婚禮上稱汪精衛、陳璧君為「患難姻緣」。一時傳為美談，頓成人間楷模。

汪精衛骨子裡還是一個文人。首義之初，情形不明。革命黨聯絡被罷黜回鄉、剛被覆用的內閣總理大臣袁世凱，承諾，只要他能逼清帝退位，就將未來的民國大總統讓與他。袁世凱果然做到了。汪精衛「恥於為官」的清高思想頓然萌生，他做起了古代賢人「功成身退」的雅事，帶著陳璧君去法國里昂大學讀書去了。

孫中山也辭去了臨時大總統，表示10年內不參與政治，悉心從事民國的鐵路建設。他放出豪言，要10年修出10萬公里鐵路。

汪精衛在里昂大學修的是社會學。社會學的真諦是研究社會的結構，功能，發生、發展的基本規律，個人行為並非純粹服從於其自身行為和思想，而受社會的塑造、限制和決定。在汪精衛剛剛讀懂了這些社會學的基本定義的時候，中國的社會現象，便將他這個「個體」，無情地推到了社會大潮的面前：袁世凱復辟稱帝，一手葬送了辛亥革命的成果。

　　汪精衛別無選擇，他應孫中山的電召，火速回國，投入了討袁護法的革命戰爭。

　　此後幾年，汪精衛追隨在孫中山的身邊，「聯俄聯共扶助農工」三大政策的制定；改組國民黨、籌備國民黨第一次代表大會，都有汪精衛的襄助。他甚至還被指定為國民黨一大宣言的起草人之一。此時的汪精衛，左派的光環在頭頂閃耀。在國民黨一大上，他曾責問反對共產黨員以個人身分加入國民黨的人：「過去吳稚輝、李石曾等人都是無政府主義者，我們黨都能承認他們為國民黨黨員，又為什麼不能允許共產黨加入國民黨呢？」

　　1924年10月，直系軍閥馮玉祥，趁直皖大戰之際，陣前倒戈，殺入北京，發動了政變。他電邀孫中山北上，與各派共商國是。汪精衛隨孫中山前往北京。北上途中，孫中山被確診為肝癌，且已是晚期，失去手術及治療條件。汪精衛隨侍在側，為孫中山處理對外事務，接待賓客，發表談話，並在最後時刻，起草了孫中山的政治遺囑和家屬遺囑，經孫中山同意後簽字確認。

　　此時的汪精衛，儼然已是孫中山的代言人。

　　孫中山逝世後，南北和解就此擱置。段祺瑞入主北京，北洋政府繼續統治著長江以北的大片領土。

　　汪精衛等退踞廣州。按照孫中山的生前願望，國民黨決定建立廣州國民政府，以集聚力量，適時北伐，奪取全國政權。

　　誰來擔任第一位國民政府主席呢？廖仲愷、胡漢民、汪精衛各有優勢，都是合適人選。但廖仲愷的左派傾向十分明顯，國民黨右派堅決抵制。胡漢民屬右派代表人物，孫中山北上時，曾代理大元帥之職，勝算較大。但胡漢民尖酸刻薄，素好罵人，黨內人緣太差。如此一來，汪精衛的優點就越發顯露出來。儘管汪也有左派傾向，但他溫文爾雅，待人謙和，善於協調，處事圓滑，獲得黨內普

遍認同。1925年6月30日，在國民黨中執會上，與會11名委員全票選舉汪精衛為第一任國民政府主席。7月1日，廣州國民政府宣告成立，汪精衛意氣風發，履新就職。

國民黨右派感到大勢已去，心有不甘。8月，國民政府成立剛剛一個多月，他們便安排殺手，在國民黨黨部門前，刺殺了國民黨左派代表人物廖仲愷。調查發現，刺殺名單上還有汪精衛、陳公博等左派人士。主謀者居然是胡漢民的哥哥及堂弟。汪精衛面軟心慈，他不想讓這場爭鬥，破壞了國民黨的統一。而且，汪精衛與胡漢民，不是一般的手足關係。當年，汪深陷大獄之時，聞聽廣州黃花崗起義，胡漢民英勇犧牲，含淚賦詩云：「馬革平生志，君今幸已酬。卻憐二人血，不作一時流。忽忽餘生恨，茫茫後死憂。難禁十年事，潮上寸心頭。」後知胡漢民之死為訛傳，才破涕為笑。對於刺殺廖仲愷事件，汪精衛明確表示，胡漢民對此只負政治責任，然後將胡漢民委以國民政府特使，派往蘇聯考察。汪精衛的軟弱，埋下了國民黨黨內紛爭的第一個隱患。

三個月後的11月23日，戴季陶、林森等一批國民黨中央執行委員和中央監察委員，在北京西山碧雲寺孫中山靈前，召開會議，反對聯俄聯共，反對汪精衛「左傾」，宣佈開除汪精衛黨籍半年，以觀後效。這就是歷史上著名的「西山會議」。

汪精衛的懦弱再一次顯現。他沒有對分裂國民黨的「西山會議」派採取嚴厲的制裁措施，甚至保留了「西山會議」派骨幹分子的黨籍，有人更當選為新的中央委員。

汪的當斷不斷，讓蔣介石看在了眼裡。蔣介石是一個死硬的反共分子。他反對在軍隊中設立黨代表制度，更抵制蘇聯軍事顧問對他的箝制。1926年3月18日，蔣介石口頭命令中山艦由內河開至黃埔，19日，又命中山艦由黃埔返回內河。20日清晨，蔣介石以中

山艦意欲炮轟黃埔軍校、圖謀造反為藉口，出兵包圍了蘇聯顧問駐地，逮捕了中山艦艦長、共產黨員李之龍。這就是史稱「三·二〇事變」或「中山艦事件」。

20日一大早，睡夢中的陳公博被衛兵叫醒，告訴他不遠處的蘇聯顧問別墅被軍隊包圍，不知發生了什麼事情。一無所知的陳公博趕緊趕往汪精衛住處。汪精衛頭天晚上犯了眩暈病，仍臥病在床，對外界的情況也是毫不知情。消息不斷傳來，才知蔣介石擅自調動軍隊，採取了行動。少頃，蔣介石派人送來了他給汪精衛的親筆信，大意是共產黨意圖謀亂，所以不得不緊急處置，請求主席原諒。

汪精衛火冒三丈：「我是國府主席，又是軍事委員會主席，介石這樣舉動，事前一點也不通知我，這不是造反嗎？」汪精衛起身要去找蔣介石論理，一陣眩暈襲來，他又一頭栽在床上。

汪精衛環顧圍在床前的軍長、參謀長們，問，你們誰去看看，你們的軍隊能動嗎？眾人顧左右而言他。不是言電話不通，就是說交通被控，等等，以搪塞汪精衛。

汪精衛明白，他這個主席是幹不下去了。3月22日，汪精衛抱病在家裡主持了國民黨中執委會議後，便稱病閉門不出。兩天後，他向國民政府提出辭呈，帶著陳璧君赴歐洲「養病」去了。

廖仲愷死了，胡漢民、汪精衛出走海外，黨內勁敵已不復存在；通過「三·二〇事變」，又驅逐了蘇聯軍事顧問，撤銷了軍隊中的黨代表，蔣介石一時在國民政府和國民黨內的權力如日中天，無人與其爭鋒。

1926年，他自任北伐軍總司令，率隊出征。

廣州的出征場面是熱烈而感人的。在這個盛夏酷暑之時，成千上萬的人湧向火車站，有演講的，有歡呼的，有話別的，聲震數裡之外。人們只有一個心願，儘快掃平各地軍閥，早日實現祖國統

一，完成革命大業。

蔣介石的促狹、孤僻、專斷、不善溝通的毛病很快顯現出來，引起了國民黨高層的不滿。汪精衛去國一年多之後，孫科組織了「迎汪行動委員會」，以「擁護汪主席，請汪主席回國復職」相號召，贏得了國民黨內的廣泛支持。正在北伐前線的蔣介石，急如熱鍋上的螞蟻，他逢人便問：「汪先生要回來了，你怎麼看？」看到民意難違，蔣介石不得不發佈通電：「凡我將士，自今以往，所有黨政、民政、財政、外交等等，均須在汪主席領導之下，完全統一於中央。中正統帥全軍而服從之。」

汪精衛夫婦1927年2月下旬自法國啟程，乘火車經蘇聯回國，4月1日抵達已被北伐軍佔領的上海。

汪精衛萬萬沒有想到，他剛回國臨事，蔣介石便將兩個燙手的山芋扔到了他的手中：一個是都府之爭，一個是是否分共。北伐軍佔領武漢之後，廣州國民政府遷往武漢辦公。北伐軍打下南京之後，蔣介石的北伐軍總司令部設置南京。國民政府讓蔣介石遷往武漢，而蔣介石非讓國民政府東進入甯，一時僵持不下，竟成甯漢分裂之勢。關於分共，蔣介石堅持要把共產黨從北伐軍上清除出去，打掉工人運動中的共產黨組織。

武漢是汪精衛的大本營，汪精衛由上海抵達漢口的第二天，武漢便舉行了隆重的歡迎大會。汪精衛一時慷慨激昂，登臺演講：「中國革命到了一個嚴重的時期，革命的往左邊來，不革命的快走開去！」在群眾的一片歡呼聲中，汪精衛重掌權柄，成了武漢政府的首腦人物。

蔣介石可不在乎汪精衛關於革命的宣示。4月12日，他在上海舉起了屠刀，發動了「四一二事變」，殘酷鎮壓共產黨人和工人組織。

汪精衛震驚之餘，痛斥蔣介石「反共只是一種藉口。其反革

命之行動，喪心病狂之至，自絕於黨，自絕於民眾，紀律俱在，難逃大戮。」但國民黨內的反共潮流，不是汪精衛一個人能阻止得了的。7月15日，武漢國民黨中執委決議「分共」。8月1日，武漢國民政府發佈命令，要國民政府內的共產黨員「務須洗心革面」，否則，一經拿獲，即行明正典刑，決不寬恕。一時間，武漢地區也如上海一般，搜捕、屠殺共產黨人和工農群眾。自此，汪精衛走上與共產黨徹底決裂的道路。

此時，北伐戰事進展不順。司令部內，李宗仁與蔣介石起了內訌，矛盾激化。徐州之戰中，北伐軍又敗於孫傳芳之手，損失慘重。汪精衛提出寧漢合作新方案，前提是蔣介石必須下臺。內外交迫，敗仗在前，蔣介石身心俱疲，提出要「休息一下」，8月中旬，蔣在上海發表下野宣言，並東渡日本，訪問休養。

武漢國民政府歡呼雀躍，忙著寧漢合併，再圖大計。而李宗仁、張靜江、李濟深等一班元老，撇開國民黨中執會，要另搞一個特別委員會，這讓黨內紛爭再次顯現。汪精衛面皮薄，生怕人家說他排除異己，爭權奪利。他共事的信條從來是「合則留，不合則去」。眼見國民黨派別鬥爭又燃戰火，汪精衛再次決定，出走歐洲，以避風頭。這一年年底，汪精衛陳璧君再赴法國，住到了巴黎鄉下，當起了真正的寓公。

汪精衛再次出走，蔣介石復又上臺。留在國內的汪的骨幹陳公博等人，又是組建改組派，又是興辦《革命評論》，痛罵蔣介石，反對蔣的專制。鬥來鬥去，陳公博意興闌珊。蔣介石找人帶話給陳，希望他出洋。陳公博樂得拿一筆款子，出國遊玩。幾個月後，他便追著汪精衛的腳步，來到了法國巴黎。

此次巴黎之行，是陳公博的故地重遊。他除了偶爾去鄉下探望汪精衛夫婦外，大把的時間用在參觀凡爾賽宮、盧浮宮、美術館、

展覽館。聞聽英國工黨正在舉行競選，竟跑到倫敦待了半個月。

陳公博的悠閒和喪志，讓爭強好勝的陳璧君看不下去了。一天，陳璧君忍不住找陳公博談話：

「我以為汪先生年紀大，身體又多病，才久居外國。怎麼以你這樣年輕的人也打算長住外國？」

「不長住又怎麼辦？」陳公博不知道陳璧君用意何在。

「我不信國內一點辦法都沒有？」陳璧君終於談出了她的意見。

「什麼辦法？要辦法只有反蔣和打仗，汪先生是不願意的，因為現在還是汪蔣合作。」陳公博也發起了牢騷。

「你怎麼知道汪先生不願意？現在介石這樣做法，誰也忍不住，只有你才忍得住的！」陳璧君用起了激將法。

「對於政務和黨務，我真有些厭了。如果要我幹，汪先生也得回國。否則你們會住巴黎，難道我不會住巴黎？」陳公博開始討價還價。

「你肯回國，汪先生也一定回國的。」陳璧君也做了保證。

被激將起來的陳公博，於1928年5月中旬從馬賽啟程回國。此後不久，汪精衛夫婦也抵達香港，以觀事態發展。

1930年春天，閻錫山、馮玉祥與蔣介石的爭鬥進入白熱化。閻、馮想祭出汪精衛的大旗，以增強反蔣的籌碼。汪精衛求之不得有軍閥歸順於他。7月底，他與陳璧君乘船由香港到天津，再由陸路入北平，在中南海懷仁堂舉行會議，決定另立國民黨中央黨部，汪精衛為主席；成立北平國民政府，閻錫山為主席。

此時，擁兵關外的張學良倒向哪一方，至關重要。南京、北平都派人到瀋陽做工作。9月19日，張學良易幟，投向南京懷抱，東北軍揮師入關，一路殺向北平。開張才10天的北平國民政府，不得不倉皇遷至太原。不久，汪精衛陳璧君連夜趕往天津，在一個工人

家裡祕密住了幾天後，又化裝上船，逃回了香港。

惱怒的蔣介石在上海軟禁了胡漢民。廣東方面義憤不已，以汪精衛為首領，組成了廣州國民政府，建立了護黨救國軍，準備興兵討蔣。寧粵衝突一觸即發。

在此歷史的緊要關頭，「九一八事變」驟然爆發，國內團結抗日的呼聲日益高漲。蔣介石釋放了軟禁中的胡漢民，派蔡元培、張繼，持他的親筆信去廣州議和。蔣在信中說：「弟當國三年，過去是非曲直，願一人承之。唯願諸同志以黨國危亡在即，各自反省，相見以誠，勿使外間以為中山黨徒只顧內爭，不恤國難。」

蔣介石的話說得中肯在理。1931年10月，汪精衛、蔣介石、胡漢民國民黨三巨頭在上海會議。粵方人數占優，蔣介石自然得不到便宜。粵方提出三項主張：一、蔣介石下野；二、廣州國民政府取消；三、由寧、粵召開統一會議，產生統一國民政府。

在粵方的強烈要求之下，蔣介石只好再次下野。孫科擔任了新組建的南京國民政府行政院長。

孫科無治國理政之才，尤其軍事、外交，毫無章法，動輒捉襟見肘。兩個多月後，1932年1月2日，國民黨中央政治會議舉行緊急會議，決定請蔣介石重返南京。蔣介石復出不足一月，危機驟臨，上海「一·二八淞滬抗戰」打響。蔣、汪召開臨時中央政治會議，改組南京政府：汪精衛繼任行政院長，蔣介石繼續擔任軍事委員會委員長。自此，汪主政、蔣主軍的格局最終確立。

孫中山逝世後這七八年，國民黨的政爭和政潮絲毫沒有停息，紛爭蜂起，內訌不斷，真是丟盡了國父的顏面。以這樣一個四分五裂的政黨，對內如何應付國內各黨派的民主鬥爭？對外如何禦敵於國門之外？中國共產黨的革命，正是在國民黨內鬥的夾縫中生存的。

「一·二八淞滬抗戰」之時，汪精衛還是堅定的主戰派。儘管

在各列強調解下，簽署了屈辱的《淞滬停戰協定》，但汪精衛抗日的調門未有稍減。變化大約發生在古北口之戰。1932年，張學良不肯出關，兵救熱河。汪精衛又動了他的書生之氣，憤而通電辭職，再赴國外。「一聽山海關失守的消息，又從歐洲跳了回來」。華北戰事吃緊之時，汪精衛派陳公博等去河北勞軍。前線將士反映，這仗沒法打。不是怕死，你還未看到日軍的影子，已經被他們的大炮炸得血肉橫飛。這是「弓箭與機槍」的戰鬥。陳公博還告訴汪精衛，我軍的所有部隊、輜重、武器彈藥，全都從天津塘沽口岸轉運。而根據早年簽署的《辛丑合約》，塘沽口岸在日軍控制之下。日本士兵拿著小本子，每日準確記錄我方調往前線的部隊數量、番號、彈藥、火炮、給養、裝備，這樣的戰爭，還如何進行？

對日本妥協的最初方案，形成於1935年夏天。這一年的夏天，汪精衛的糖尿病和肝病一齊復發，他遵從醫生建議，去青島休息、養病。

早在上一年，心灰意冷的陳公博多次提出要辭去國民政府實業部長之職。8月初，黃紹竑要乘專機赴青島彙報對日和平方案，汪精衛打電報讓陳公博一同來青。

在青島，汪精衛與陳公博單獨見面後，劈頭便問：

「你真打算辭職嗎？」

「怎麼不是，我真是一天也挨不下去了。」陳公博決然回答。

「唔！你打算什麼時候辭職？」

「汪先生什麼時候回南京呢？」

「我大約15日回上海，20日南京，聽說蔣先生也將回來，他要約我相見。」

「汪先生如果20日回南京，我準備25日上辭呈，希望在9月1日交代。」陳公博急忙說。

　　兩人無話。陳公博興奮地退出，約上青島市長沈鴻烈，每日豪飲，一醉方體。第五天中午，陳公博宿醉未醒，仍在床上睡大覺。陳璧君趕到東海飯店，將陳公博硬拉了起來：

　　「汪先生有事找你，怎麼你喝得這樣醉？」

　　「我面上太紅了，等今夜再去罷。」陳公博也有點不好意思。

　　「不行，他有事等著你呢！」

　　陳公博踉蹌趕到八大關韓復榘別墅，見汪精衛一個人在房中發呆。

　　「你真打算走嗎？」汪精衛又一次問陳公博。

　　「汪先生不是已准我辭職了嗎？」陳公博一時很詫異。

　　「我決定了，我是不走的，我勸你也不要走。」汪精衛一時面色凝重，「也許我在病中，我的說話是帶病態的說話。我們要中國復興，起碼也要30年。不止我這年紀看不見，恐怕連你也看不見。我今年已50多歲了，我沒有其他報國之道，只有中國再不損失主權和領土，就是我畢生的工作。」

　　「我可不可以說幾句呢？」陳公博問。見汪精衛點了頭，陳公博藉著酒意，張口道來：「我現在翻歷史，承認秦檜是一個好人。因為國家到了危亡關頭，終要找出一個講和的犧牲者。但一個人的犧牲很容易，而時間也飛得太快。我想秦檜當日何嘗不想自己暫時犧牲，受人唾罵，等南宋設法中興，然而秦檜是犧牲了，終於無補南宋之亡。就是清朝的李鴻章，過去的袁世凱和段祺瑞，也都想一面妥洽，一面設法復興，然而李鴻章死了，中國還是那樣不振，至到今日國難更嚴重。我想今日與其說是賣國，不如說是送國罷，因為賣國，私人還有代價，送國是沒有代價的。可是今日送國大有人在，黃膺白優為之，張岳軍也優為之，又何必你汪精衛去送國。」

「不過黃膺白他們送國是沒有限度的，我汪精衛送國是有限度的。你知道我為什麼要兼外交部？我什麼都不願幹，難道稀罕一個外交部長？就因為別人做外交部，蔣先生不會聽話的，我做外交部，他雖也不聽話，可是我打一個電報去，他終要考慮一下。這樣或者對於國家可以得多少補救，這是我的意思。」汪精衛做了番自我解釋。

　　「不過我對於這種無計畫的犧牲，總覺得不值。」

　　「說到犧牲，都是無計畫的，有計劃便不能算犧牲，我決意做這犧牲品，我已50多了。」汪精衛深思了一會兒，再一次表示了決心。

　　「我和汪先生做了十多年朋友，沒有聽過汪先生這樣決心的說話。好，既然汪先生決定要跳水，難道我好站在旁邊看嗎？我不走就是了。」陳公博終於被汪精衛說服了。

　　下得樓來，陳公博見陳璧君由海邊游泳回來，又發了一通感慨：「汪夫人，我從來沒聽過汪先生那樣決心的說話，十幾年來今天還是第一次。」

　　汪精衛要下決心搞他的「和平運動」，以「曲線救國」了。

　　多事之秋，險象環生。三個月後，一場巨大的不幸，擊打在汪精衛身上。

　　1935年11月1日，國民黨召開四屆六中全會。清晨7時，全體中委赴紫金山謁陵。歸來進入會堂，聽汪精衛報告。報告之後，在禮堂門前合影。人員聚齊之後，久不見蔣介石的身影。後來有人通報說，蔣先生已經上樓，不參加合影了。照相完畢，人們正待離去，在攝影人員中，突然衝出一身穿風衣的青年，拔出手槍對準汪精衛射擊。第一槍中左頰，汪本能地轉過身去，第二槍擊穿左臂，第三槍射進後背肋骨之間。汪精衛滿臉滿身是血，僕倒在地。

　　汪精衛身旁的張繼，第一個撲上去抱住了兇手，張學良飛腳踢

掉了他的手槍，警衛趕來，拔槍便射，兇手昏死在地。

陳璧君屈著一條腿跪在汪精衛身旁，把著他的左手脈搏，拖著哭腔喊道：「四哥，你放心罷，你死後有我照料兒女，革命黨反正要橫死的，這種事我早已料到。」

蔣介石匆匆趕來，蹲身托起了汪精衛右臂，汪精衛神志還清醒，一面大口喘著氣，一面對蔣介石說：「蔣先生，你今天大概明白了吧。我死之後，你要單獨負責了。」

蔣介石安慰道：「不要緊，不要緊，不要多說話。」

陳璧君冷眼對著蔣介石，搶白道：「蔣先生，用不著這樣做的，有話可以慢慢商量，何必如此！」

蔣介石有苦難言。今天他就是感覺情形不對，形跡可疑的人太多，才不參加照相的。他感到不是內部人所為。他氣急敗壞地召來特務隊負責人大罵：「你們每月花了幾十萬，就幹出這等好事嗎？限你們三天之內，把兇手緝獲，否則要你們的頭！」

後來查明，刺客孫鳳鳴原是十九路軍的一個排長，因不滿於汪精衛、蔣介石連續簽訂喪權辱國的《塘沽協定》、《何梅協定》、《秦土協定》，而萌生了刺殺汪蔣，為民除害的念頭。孫鳳鳴參加了以晨光通訊社為掩護的一個暗殺團，伺機行事。這一天，他是準備對蔣介石開槍的，因蔣沒有到場，只好將仇恨的子彈射向了汪精衛。

經手術，只取出了汪精衛面頰和左臂的子彈。背後那顆子彈，嵌在兩肋之間，貼近脊椎骨，未敢手術。正是這顆子彈，最終要了汪精衛的命。

傷後出院的汪精衛，於1936年2月一人去歐洲養病，留下陳璧君在國內遙向呼應。10個月後，突發西安事變，陳璧君電告汪精衛，讓他火速回國處理善後。12月21日，汪精衛自義大利熱那亞登

船，啟程回國。紛繁複雜的黨內關係；劍拔弩張的國共兩黨；兵臨長城之下，覬覦中原大地的日本軍閥。所有這一切，讓汪精衛理不出個頭緒，他在船上寫下〈舟夜〉一詩，表達他的複雜心情：

到枕濤聲疾復徐，關河寸雨正愁予。
霜毛搔罷無長策，起剔殘燈讀舊書。

余英時在分析抗戰初期汪精衛的心境時，用了「愁苦」一詞。這似乎是有據可證。

陳克文是汪精衛改組派的重要成員，抗戰初期任行政院參事，與汪精衛過從甚密。1937年11月7日，陳克文在日記中寫道：

九時驅車往謁汪先生。……先生狀甚憂鬱嚴肅，知為時局吃緊所擾。

國民政府撤出南京的前兩三天，即1937年11月18日，陳克文日記云：

上午八時，到陵園見汪先生，先生及夫人女公子等均在坐。大家面上，都罩上一重憂慮之色。見面後，先生指示地圖，說明政府遷往重慶，及軍事機關遷往長沙、衡陽之意。問以外交形勢，先生搖頭歎息，謂友邦雖有好意，但我方大門關閉得緊緊的，無從說起。又說，現時只望大家一心一意，支持長久，這些且勿向外宣露。停一會又說，從前城池失守，應以身殉，始合道德的最高觀念；今道德觀念不同，故仍願留此有用之身，為國盡力，言下態度至沉著堅決。見面約一小時，先生說話極少，俯頭躑步，往來不已，先生精神之痛苦大矣。

一個月後，退守漢口。12月19日，陳克文日記有如下一段記載：

晚飯後到商業銀行附近汪先生寓所，以委員長紀念周中之演
說詞大要相告。（按：蔣在演說中強調「抗戰到底，決無妥
協之可能」云云）先生言，此蔣先生鼓勵群眾之言也。先生
旋以午後與委員長討論時局之綱要見示，並云，余非敢動搖
蔣先生之決心，但有決心而無辦法，徒供犧牲耳。綱要若干
則，最重要者認為，敵人軍事勝利後將控制我之經濟與財
政，以中國人之錢養中國之兵以殺中國之民。對今後的危機
可謂指陳痛切，惟積極之辦法若何，亦尚付之缺如。臨別先
生誡云，余與蔣先生所討論者，慎勿告人，余謹應曰唯。

中國不可以再戰，戰則必亡，是汪精衛「和平運動」的邏輯
基礎。退守陪都重慶之後，1938年10月，汪精衛對記者發表談話：
「中國在抵抗侵略之際，並未關閉第三國調停大門。」當月，在廣
州失陷當天，汪精衛接受路透社記者採訪時表示：「如日本提出議
和條件，不妨害中國國家之生存，吾人可以接受之，為討論之基
礎，否則無調停餘地。」汪這一求和乞降的談話，引起了國民黨內
和國民政府的強烈不滿，宋慶齡、何香凝通電反對；陳嘉庚從新
加坡向國民參政會來11個字的《電報提案》：「官吏談和平者以
漢奸論罪。」汪精衛強詞奪理，為自己辯護：「孫總理常說和平救
國，如果談和平就是漢奸國賊，那麼總理也是漢奸國賊了。」

11月16日，汪精衛約蔣介石聚餐。吃飯時，汪力勸蔣介石與他
一起下野促成中日和談。汪精衛說：「使國家民族瀕於滅亡是國民
黨的責任，我們應迅速連袂辭職，以謝天下。」蔣介石反問：「我
們如果辭職，到底由誰負起政治的責任？」兩人激烈爭辯，誰也無
法說服對方。最後，蔣介石火了：「說什麼都是一樣，我們不必再
爭論了。我已經睏了，要睡覺去了。」蔣介石將汪精衛一個人棄置

不顧，逕自離去。這讓汪精衛下定了離開重慶的決心。

汪精衛派出心腹梅思平、高宗武與日本方面暗通款曲。梅、高與日本代表影佐禎昭、今井武夫在上海多次密談，最終在虹口公園附近的「重光堂」達成了《重光堂密約》，主要內容有：1、承認日本軍隊駐紮中國；2、承認「滿洲國」；3、日本廢除在中國的治外法權，歸還日本的在華租界；4、華日經濟提攜，在開發利用華北資源方面，為日本提供特殊方便；5、補償因事變而造成的在華日本僑民所受的損失，日本不要求賠償戰費；6、恢復和平後，日本在兩年以內撤軍。

梅思平將密約內容抄錄在絲綢上，縫入西裝馬甲中，由上海飛香港，香港飛重慶，躲過了海關檢查，交到了汪精衛手中。

畢竟茲事體大。汪精衛陷入了首鼠兩端，躊躇猶豫。一會兒下定了決心，一會兒又推翻了所有條款。今天說致力於和平運動，中日議和停戰，明天又說想想再議。連周佛海都嫌他左思右想，前顧後盼，有點瞧不起他了。

汪精衛對自己的股肱兩側，倒是洞若觀火，知人善任。他知道周佛海野心勃勃，權慾薰心，極想出人頭地，爬上高位；梅思平、高宗武投機鑽營，蠅蠅苟苟，貪小利而忘大義。他知道陳公博有點俠氣，甚至有點匪氣，心有大節，但會為義氣捨棄一切。議和之初，周佛海也頗感納悶，往來協商，起草協議，百般難處，諸多困擾，陳公博為何不入其事呢？他向汪精衛提出了自己的疑問，陳璧君搶先答道：「公博近來太懶，等到成功再通知他。若是我們都走，他是不能單獨再留的。」

汪精衛對自己的出走做了精心安排：先從重慶飛昆明，然後由昆明飛河內。

他對蔣介石佯稱，要去各地做抗戰演講，打算12月中旬去昆明。

自11月下旬開始，汪宅顯得忙碌起來，有的清理東西，有的包裝書籍和文件。軍統派來的衛隊長，被汪精衛藉故支走了，家裡雇用的老媽子，也被陳璧君一一遣散。當然，這一切都是在極端祕密的狀態下進行的。

16日晚，汪精衛差人將三個孩子、金銀細軟、日常生活用品、重要文件書籍等送往昆明，對外宣稱，兒女要去香港讀書，先到昆明待機。

17日上午，汪精衛伏案，分別給國民黨中央和蔣介石寫信，闡釋他出走重慶的理由。在給蔣介石信的信封上，汪精衛寫上「請陳布雷先生轉交」。汪將兩封信放在臥室的桌子上。他明白，一旦知道他出走的消息，軍統特務會來仔細搜查的。

18日凌晨5點多，汪精衛、陳璧君、汪的秘書曾仲鳴、隨身侍衛等七人，聚在汪宅的地下室裡，再次確認了所有細節。8時，他們分乘兩輛汽車抵達重慶機場。軍警自然不敢對汪精衛的車隊盤查搜檢，汪等順利登機。

在飛機上剛一落座，汪精衛猛然發現，空軍司令周至柔也在飛機上。這讓汪精衛驚出了一身冷汗，以為事情敗露。搭訕之後，方知碰巧同機，一顆懸著的心才放了下來。侍衛也將暗暗拔出的手槍裝了回去。

第二天，「雲南王」龍雲安排包機，將汪精衛等送往河內。起飛之前，汪給蔣介石打電報，謊稱「飛行過高，身體不適，且脈搏有間歇現象，決多留一日，再行返渝。」這便為陳公博的出逃爭取了時間。此前幾天，汪精衛的副官持汪的手諭趕到成都，讓陳公博務於18日抵達昆明，19日同機飛河內。因天氣原因，陳公博延誤了。陳20日到昆明後，搭第二天的飛機追到了河內。

叛逃之後的汪精衛要做的第一件事情便是發表通電聲明。27

日，他派陳公博、周佛海、陶希聖三人，攜帶擬好的電文，由河內飛香港。29日，電文刊發在由改組派骨幹林柏生控制的《南華日報》上。這一天的代電韻目是「豔」字，汪精衛的「和平運動」聲明便被稱為《豔電》。

《豔電》美化日本帝國「對於中國無領土之要求，無賠償軍費之要」，「不但尊重中國之主權，且將仿明治維新前例，以允許內地居住、營業之自由之條件，交還租界，廢除治外法權，俾中國能完成其獨立」。汪精衛在《豔電》中描繪了和平運動的前景：「吾人依於和平方法，不但北方各省可以保全，即抗戰以來淪陷各地亦可收復，而主權及行政之獨立完整亦得以保持」，「謀東北四省問題之合理解決，實為應有之決心與步驟」。《豔電》強調：「中國抗戰之目的在求國家之生存獨立。抗戰年餘，創巨痛深，倘猶能合於正義之和平而結束戰爭，則國家之生存獨立可保，即抗戰之目的已達」，「不可再失此良機」。

蔣介石本來對汪精衛的出逃嚴密封鎖消息，對外宣稱汪因身體不適，留昆明休養。《豔電》一出，紙已包不住火。1939年元旦，蔣介石主持國民黨中央執行委、監察委緊急會議，決定永遠開除汪精衛國民黨黨籍，撤銷其一切職務。但蔣介石起初並沒有將面對汪精衛的大門徹底關閉。他顧忌汪在國民黨內和中國革命中的歷史地位，沒有對汪精衛下達叛國通緝令，而是對汪的行為表示「惋惜」，希望他「幡然悔悟，重返抗戰隊伍」。為此，蔣介石請黨內元老寫信勸慰，並派人遊說汪精衛。

行政院長孔祥熙先致信河內，力勸汪精衛回心轉意。汪覆信說：

> 弟此行目的，具詳豔電，及致中常、國防同人函中，無待贅陳。弟此意乃人人意中所有，而人人口中所不敢出者。弟覺

得緘口不言，對黨對國，良心上，責任上，皆不能安，故決然言之。前此祕密提議，已不知若干次，今之改為公開提議，欲以公諸同志及國人，而喚起其注意也。

1月中旬，蔣介石派外交部長王寵惠到河內勸汪精衛返回重慶。王寵惠說：「委員長三番五次對人說，汪先生只是赴河內治病，現在回去，仍然名正言順。」汪精衛回答說：「謝謝重慶方面目前還給我留條退路。我還是不能回去，為什麼呢？我這次離開重慶，只是對政局有不同意見，並不夾雜其他任何個人意氣在內，這一點請你轉告中央，請他們理解。在重慶，我要發表個人意見很不容易，我不離開重慶，這份豔電就不能發出，和平工作就難以開展。我的和平主張能否採納，權操中央，我絲毫不勉強。如果政府出面主和，改變立場，我可以從旁做些協助工作，或者退出山林不問國事都可以，但如果政府不轉變立場，那我只能出面來談和了。」

時過一月，至2月中旬，蔣介石又派汪精衛過去的心腹谷正鼎，帶了汪精衛、陳璧君、曾仲鳴三人的出國護照和一筆鉅款，赴河內遊說。谷正鼎轉達了蔣介石的意見：「汪先生如果要對國事發表主張，寫寫文章，發發電報，任何時候都很歡迎。如果有病需要到法國等地療養，可先送50萬元，以後隨時籌寄。但不要在上海、南京另搞組織，免得被敵人利用，造成嚴重後果。」

汪精衛聞聽此言，感情衝動地對谷正鼎說：「以前我因蔣介石的兇殘暴虐自私，我反對他，他用盡各種方式來危害我，中傷我，下流到要綁我及璧君的票。我被他苦迫出國，去來何嘗要過他什麼護照？」汪精衛要谷正鼎轉告蔣介石：「他如把黨國搞得好，我便終身不回國亦得，如搞得不好，我去了，還是要回來。」谷正鼎自

知遊說無望，告辭而去。

谷正鼎剛走，汪精衛就警告陳璧君、曾仲鳴說：「我們今日以後，要小心點，他要消滅我們三個人了。」

義憤填膺的戴笠早已按捺不住，指揮軍統痛下殺手了。1月16日，梅思平在香港的馬路上被數人襲擊，打傷頭部；1月17日，發表《豔電》的《南華日報》社長林柏生，回家途中被兩個大漢用斧頭砍傷頭部，若不是路遇的外國海員出面制止，林柏生此命休矣；1月18日，汪精衛的外甥在澳門被人開槍打死；1月28日，十幾個身分不明的人，向汪精衛居住的三桃山隱蔽攀登，汪接報後緊急下山避險。此後，汪精衛搬到河內人口稠密的高朗街27號，住進一幢西式三層小樓，門口有越南員警和法國巡捕守衛。

軍統的行動小組在陳恭澍率領下，已經潛入河內。3月19日，戴笠向陳恭澍下達了行動急電：「著即對汪逆精衛予以嚴厲制裁。」

偵查員報告，汪精衛近日似乎有搬家的跡象，陳恭澍當即決定，21日晚發動突襲，刺殺汪精衛。

3月21日夜11時40分，陳恭澍駕車載著6人出發。在接近汪精衛寓所的一個巷道時，被兩名越南警探攔住了。陳恭澍將身上的4500元錢悉數掏出，塞到警探手中，終於獲准通過。

到了高朗街27號，汽車停在僻靜的後門。陳恭澍現場做了分工。他在車上留守；張逢義、陳布雲在院外放哨；王魯翹、余鑒聲、鄭邦國、唐英傑越牆而入；由鄭邦國用利斧劈開樓門，王魯翹直奔三樓，衝入早已偵查好的汪精衛臥室，開槍射擊。

一切依計而行。王魯翹衝上三樓後，一時撞不開汪精衛的房門，他接過唐英傑遞過來的斧頭，將房門劈了個洞。順著破洞望進去，屋裡的檯燈還亮著，室內一男一女，男的已躲在了床下。王魯翹對準床下的男子連開數槍，均中腰背，中槍者抽搐了幾下，不

再動彈。特務們以為任務完成，迅速撤離。

鬼使神差，被打死的竟然是汪精衛的秘書曾仲鳴。這天下午，汪精衛的女兒女婿、曾仲鳴的太太從國內外趕來河內，彙聚於高朗街27號。臨睡之前，汪精衛陳璧君與曾仲鳴夫婦臨時調換了房間。這不經意的一換，讓汪精衛躲過一劫，將曾仲鳴送上了不歸路。

河內刺殺未遂，反倒將汪精衛加速推向了日本人的懷抱。日本政府派出「北光丸」號輪船，前去接應。在法國殖民者和越南員警的嚴密保護下，在越南海防附件的一個小島上，汪精衛等先登上法國輪船駛往北部灣，在海上換乘「北光丸」，一路北上，駛向上海。

甫抵上海，處在日本人的卵翼之下，汪精衛提出的第一件事就是訪問日本，商討組建和平政府，還都南京。這是蔣介石的無情追殺，引發汪精衛的切齒之恨。他要公開徹底地與重慶政府決裂，獨樹一幟，和平救國。

以照顧年邁母親為藉口，滯留香港的陳公博，本想以消極的態度，延緩汪精衛投日的步伐。聞聽汪精衛決心日本一行，陳公博痛心疾首，他即刻電告汪精衛：「先生如此，何以面國人？」氣頭上的汪精衛，怒覆一電：「弟為愛國愛人民而赴日，有何不可以面國人？而且在此國家敗亡之時，更不計及個人地位。」

日本之行的近二十天當中，汪精衛在日本朝野各方面四處奔走，多次磋商，終於換來日本政府同意其組建南京政府的要求，但在國旗、黨旗、軍旗等事關法理、尊嚴的問題上，處處羞辱汪精衛，明言不加「反共和平」的外綴和字樣，便不能使用。原先答應兩年撤軍的承諾，又出爾反爾，節外生枝……

汪精衛明白，他與日本人的每一次交涉，都是一個痛苦的過程，他的「愁苦」，每談俱增，每日俱增。

此次日本歸來，悶坐船中，不能成眠，又做〈舟夜〉一首：

臥聽鐘聲報夜深，海天殘夢渺難尋。

柁樓欹仄風仍惡，燈塔微茫月半陰。

良友漸隨千劫盡，神州重見百年沉。

淒然不作零丁歎，檢點生平未盡心。

　　汪精衛陷入他的悲觀情緒裡不能自拔。他認為，無論是「戰」還是「和」，「神州重見百年沉」，他能做的是，不作無謂的「零丁之歎」，以死血拼。而是盡心力保中國不滅，國土不失。

　　這種心情，在他兩年後再次乘舟赴日時又一次顯露。1941年6月14日，是女革命黨人方君瑛忌辰，聯想到曾仲鳴的慘死，汪精衛「舟中獨坐，愴然於懷」：

又向天涯剩此身，飛來明月果何因。

孤懸破碎山河影，苦照蕭條羈旅人。

南去北來如夢夢，生離死別太頻頻。

年年此淚真無用，路遠難回墓草春。

　　汪精衛執意組閣，陳公博實在不好偏寓南疆作壁上觀了。他給兒子留下一封算是「訓詞」亦算是「遺囑」的信，自我標榜「蔣介石的抗戰是用武器，我們的抗戰是用人格，蔣介石打敗了還可以跑，我們打敗了只好犧牲性命」，「到了這個地步，死生有何足惜」，離港北上，入閣南京政府，做他的立法院長去了。

　　1940年3月19日，距還都南京，成立國民政府11天之前，汪精衛拜謁中山陵。這一天的南京，淒風苦雨，乍暖還寒，正是最難將息的日子。汪精衛的心情，恰如這料峭的春日，淒苦而悲涼。在孫

中山的臥像前，汪精衛誦讀總理遺囑，泣不成聲。這遺囑本是汪精衛起草，孫中山認可簽字。當年寫遺囑，是悲從中來，奮起而承遺志，將革命進行到底；今日讀遺囑，是痛自心生，國破而山河不再，金甌片片任宰割。汪精衛涕泗橫流，當是他心境真實寫照。

後人痛罵汪精衛，嘗有淋漓痛快之詞。「大炮」傅斯年分析過汪精衛的「漢奸心理」。他認為，汪精衛是「庶出」，父兄之教又嚴，以致很早就形成了一種要做「人上人」的強烈心理；而陳璧君恰也是一個「人上人」慾望最強烈的人，這種狹隘、自卑而又渴望出人頭地的心理，最終促使汪陳走上「漢奸」、「賣國」的道路。對於陳璧君，傅斯年有一句精妙的評論：漢光武的時代，彭寵造反，史家說是「其妻剛戾，不堪其夫之為人下」，陳璧君何其酷似！

胡適在聽到汪精衛死訊後，從另一個角度分析了汪精衛的所做所為：精衛一生吃虧在他以「烈士」出身，故終身不免有「烈士」的complex。他總覺得，「我性命尚不顧，你們還不能相信我嗎？」性命不顧是一件事；所主張的是與非，是另外一件事。此如酷吏自誇不要錢，就不會做錯事，不知不要錢與做錯事是兩件不相干的事啊！

胡適到底老辣。

汪精衛陷入了一個認識誤區。他認為，只要能救國，用什麼辦法都可以。豈不知，中華文明幾千年的沉澱是，國家再敗亡，人民再苦難，屈辱偷生尚可，漢奸賣國賊萬萬做不得！一入「漢奸」深似海，千年萬年無解脫！

汪精衛混然不覺，或曰全然不顧。南京政府期間，有人給他畫了一幅《木蘭夜策圖》，汪精衛一抒心境，在畫上題詞曰：「風四號，月半吐，此時攬轡涉長路。風與馬，同蕭蕭，月與人，同踽踽。拼將熱血保山河，欲憑赤手回天地。戈可揮，劍可倚。一干一

城從此始。雖千萬人吾往矣。」

他真是下定了事敵媚外的決心。

當然，汪精衛的「愁苦」是複雜的、酸澀的。1943年重陽節，時在10月7日。這一天，汪精衛登臨南京北極閣，吟誦金元詞人元好問的〈朝中措〉，背到「故國江山如畫，醉來忘卻興亡」時，悲不絕於心，亦作〈朝中措〉一首：

> 城樓百尺倚空蒼。雁背正低翔。滿地蕭蕭落葉，黃花留住斜陽。欄干拍遍，心頭塊壘，眼底風光。為問青山綠水，能禁幾度興亡？

筆下頹廢意，滿目悲秋圖。汪精衛這一時期的詩、詞，多有「蕭蕭」、「落葉」、「黃花」、「斜陽」、「踽踽」等消極描寫，正是他「愁苦」之意的集中表現。據考證，這首詞，極有可能是汪精衛詩詞寫作中的最後一首，稱「絕筆」之作，毫不為過。

世界反法西斯戰爭節節勝利，汪精衛的身體也每況愈下。1935年射進他背部的那顆子彈，時時折磨著他。1943年12月，汪精衛入住南京日本陸軍醫院，由中將醫師鈴本小榮親自操刀，為他取出了嵌在第三第四頸椎之間的那顆子彈。手術時發現，由於彈頭的長期銷蝕，汪精衛已患上脊骨瘤。

汪精衛手術後感染嚴重，高熱不退。1944年3月，汪精衛被抬上飛機，直飛名古屋，住進了日本帝國大學附屬醫院四樓一間特設病房內。

汪精衛自知來日無多，口授遺囑，自名〈最後之心情〉，由陳璧君記錄：

兆銘來日療醫，已逾八月。連日發熱甚劇，六二之齡，或有不測。念銘一生隨國父奔走革命，不遑寧處。晚年目睹巨變，自謂操危慮深。今國事演變不可知；東亞局勢亦難逆睹，口授此文，並由冰如（陳璧君字冰如）讐正，妥為保存，於國事適當，或銘歿後二十年發表。

汪精衛在〈最後之心情〉中，為「和平運動」辯護，為出走重慶辯解。他說：

> 年來昭告國人者曰：「說老實話，負責任」。說老實話：則今日中國由於寇入愈深，經濟瀕破產，仍為國父所云次殖民地位，而戰事蔓延，生民煎熬痛苦，亦瀕於無可忍受之一境。侈言自大自強，徒可勵民氣於一時，不能救戰事擴大未來慘痛之遭遇。如儘早能作結束，我或能苟全於世界變局之外。多樹與國，暫謀小康，只要國人認識現狀，風氣改變，凡事實事求是，切忌虛矯，日本只不能便亡中國；三五十年，吾國仍有翻身之一日也。負責任：則兆銘自民國二十一年就任行政院長，十餘年來，固未嘗不以跳火坑自矢。個人與同志屢遭誣衊，有壬、仲鳴、次高被戕者數數。今春東來就醫，即因民廿四之一彈，個人生死，早已置至度外。瞻望前途，今日中國之情形，固猶勝於戊戌瓜分之局，亦仍勝於袁氏二十一條之厄。清末不亡，袁氏時亦不亡，今日亦必不亡，兆銘即死，亦何所憾！

汪精衛知道他的「和平運動」、「曲線救國」，是極難預料的一步險棋，他承認：

對日交涉，銘嘗稱之為與虎謀皮，然仍以為不能不忍痛交涉者，厥有兩方面可得而述：其一，國府目前所在之地區為淪陷區，其所代表者為淪陷區之人民，其所交涉之對象為滄陷區中鐵蹄蹂躪之敵人。銘交涉有得，無傷於渝方之規復；交涉無成，仍可延緩敵人之進攻。故三十年有句云：「不望為釜望為薪」者，實為此意，所以不惜艱危，欲乘其一罅者。其二，民國二十一年淞滬協定時，銘始與對日之役，其後兩任行政院長，深知日方對華並無整個政策，而我之對日，仍有全國立場。……是以國府交涉之對象，非其謀國之臣，而為重利之酋，銘仍不至於一著全輸而無以自立。……蓋中國為弱國，無蹙地千里而可以日形強大之理。蔣為軍人，守土有責，無高唱議和之理，其他利抗戰之局而坐大觀成敗者，亦必於蔣言和之後，造為謠諑，以促使國府之解組涸亂，國將不國。非銘脫離渝方，不能無礙於渝局；非深入淪陷區，無以保存其因戰爭失陷之大部土地。……銘蓋自毀其人格，置四十年來為國事奮鬥之歷史於不顧，亦以此為所未有之非常時期，計非出此險局危策，不足以延國脈於一線。幸而有一隙可乘，而國土重光，輯撫流亡，艱難餘生，有識者亦必以兆銘之腐心為可哀，尚暇責銘自謀之不當乎？

在這裡，汪精衛將自己描寫成了一個忍辱負重，自毀名節，保全國土，愛護人民，勇於同侵略者周旋、交涉的無畏鬥士。邏輯出發點一旦有誤，一切結論都是無稽而可笑的。

1944年11月9日，美軍對名古屋實施大轟炸。在爆炸的火光和房屋的顫抖中，陳璧君和子女將病重的汪精衛抬入了醫院的地下室

中。天氣寒冷，地下室又無暖氣設備，如同冰窖一般。第二天清晨，汪精衛的病情急劇惡化，體溫升至攝氏41度，脈搏每分鐘128次，呼吸極為困難。雖經日本醫生全力搶救，終因回天無術，1944年11月10日下午4點20分，汪精衛咽下了最後一口氣，客死日本。

余英時以文人論詩、論政，優雅得可愛。他認為，汪精衛的舊體詩詞，在他那一輩人當中，是寫得最好的一個。「在我的認識中，汪精衛在本質上應該是一位詩人，不幸這位詩人一開始便走上『烈士』的道路，因而終生陷進了權力的世界。這樣一來，他個人的悲劇便註定了。」余英時親筆為汪精衛的《雙照樓詩詞集》作序，「決定要把他搬回詩的世界」。

葉嘉瑩女士窮幾十年之精力從事詩詞的研究和教學，自稱「對於政治全然是個門外漢」。她認為，汪精衛在他的詩篇中所表現的、在他的生活中所實踐的，是終生不得解脫的一種「精衛情結」。最初讀汪精衛詩詞時，葉嘉瑩曾口占絕句一首，多少年後，她一直認為，她初讀汪精衛的感覺沒有變：「曾將薪釜喻初襟，舉世憑誰證此心。未擇高原桑枉植，憐他千古作冤禽。」

1944年年末的陳璧君及其子女，卻沒有這種閒情和雅興。他們忙著將汪精衛的遺體運回國內，又忙著擇地埋葬。陳璧君選中了與中山陵遙遙相對的紫金山南麓梅花山。她知道汪精衛日後難免被人毀棺棄屍，便親自佈置，親自督建。她命人將5噸碎鋼鐵摻在混凝土中，澆築成厚厚的墓殼，封閉了汪精衛的棺木。

抗戰勝利後國民黨還都南京之前，蔣介石命令陸軍總司令何應欽設法炸掉汪精衛的墳墓。蔣介石當然不想在他回到南京的時候，這裡還有一座「漢奸」的陵寢。炸墳是祕密進行的。軍隊先封鎖了通往中山陵的陸路交通。工兵用時三天，分兩步爆破。先炸開外層混凝土墓殼，再炸開內窖。1946年1月21日，汪精衛的棺材被

打開，見汪精衛的屍體上覆蓋著青天白日滿地紅的中華民國國旗，身穿南京政府的文官禮服：黑色長馬褂，胸佩綬帶，頭戴禮帽。屍體用過防腐劑，時過一年又兩個月，尚未腐爛。棺內沒有任何陪葬品，只在屍體上衣口袋裡找到一張三寸長的紙條，上書「魂兮歸來」四個字。這是陳璧君在名古屋帝國大學醫學院汪精衛去世時手書的。

起出的棺木被裝上軍用大卡車，運到清涼山焚屍揚灰。工兵營當夜平整好墳地，在墳場上建了一座小涼亭，兩邊修建了長廊。隨後，又種上了花草樹木，成為了山中的一處風景點。後世之人，誰也不會想到這裡居然埋葬過聲名遠播的汪精衛。

汪精衛死後13年，北京。章伯鈞、章詒和父女，有了一次關於「美男子」的對話。事情是由章詒和偷看儲安平引起的。章伯鈞約儲安平到家中談話，已是中學生的章詒和，躲在屏風之後偷瞄儲安平。她發現，儲安平「面白，身修，美豐儀」。章詒和曾聽一個上海資本家大小姐說過，無論男女，如果其側影很好看，那他就是個真正的美人了。章詒和發現，「儲安平的側影，很美。」

由於儲安平，父女倆討論起了「美男子」。章伯鈞說，共產黨裡面有三個美男子，如周恩來。國民黨裡有三個美男子，如汪精衛。民主黨派也有三個，如黃琪翔。儲安平也是其中之一。

「爸爸，在這九個人裡面，誰最漂亮？」

「當然是汪兆銘啦。我們的安徽老鄉胡適自己就講過，一定要嫁他。」

「那汪精衛漂亮在哪兒呢？」

「在眼睛。他的眼睛不僅漂亮，而且有俠氣。這個結論不是我下的，是個新月派詩人說的。」

章伯鈞說的這個新月派詩人，便是大名鼎鼎的徐志摩。徐志

摩曾在日記中寫道：「前天乘看潮專車到斜橋，同行者有叔永、莎菲、經農、莎菲的先生Ellery，叔永介紹了汪精衛。1918年在南京船裡曾經見過他一面，他真是個美男子，可愛！適之說他若是一個女子一定死心塌地的愛他，他是男子……他也愛他！精衛的眼睛，圓活而有異光，彷彿有些青色，靈敏而有俠氣。」

　　漂亮的汪精衛，一生幹了許多漂亮的事情，但最後的一舉，實在不怎麼漂亮。

主要參考文獻

《雙照樓詩詞集》汪精衛著　天地圖書公司　2012年4月第一版

《民國漢奸粉墨春秋》顧居編著　團結出版社　2011年4月第一版

《往事並不如煙》章詒和著　人民文學出版社　2004年1月第一版

《「亂世能臣」陳公博》石源華著　團結出版社　2008年12月第一版

陳公博

一步臨淵萬事休

陳公博‧一步臨淵萬事休

　　陳公博以漢奸之名飲彈刑場，是他罪有應得。

　　抗戰勝利之後，引渡、逮捕、審判陳公博時，舉國振奮，群情激昂，國人皆曰「殺！」蔣介石順水推舟，就勢殺人，一解心頭之恨。他寧肯放過周佛海，絕不寬宥陳公博。幾十年來，陳公博將國民黨內部及汪蔣之間，攪得周天寒徹，氣象變幻，蔣介石早已視他為眼中之釘，肉中之刺。天賜良機，豈有不除之理？

　　陳公博倒在了國民黨派系鬥爭的槍口之下。一頂「漢奸」的帽子，讓他永世不得翻身。

　　一代奸雄，橫行於世，必有他存在的道理。陳公博54年的人生旅程，可謂跌宕起伏，悲喜交並。

　　陳公博的人生背景，非比尋常。

　　陳家祖籍福建上杭，後移居廣東北部山區乳源。自陳公博祖父一輩，舉家遷至廣州。陳公博的父親陳志美，是清朝軍隊的一名武官，因率隊鎮壓太平天國有功，被清廷擢升為廣西提督，並在廣州北門置了一座高門大宅。1892年10月19日，陳公博就在這幢大宅中呱呱墜地。年屆六旬的陳志美晚年得子，且又是一生中唯一的一個兒子，喜不自禁，大門內外披紅掛彩，鞭炮震響，一片喜慶氣氛。

　　1897年，65歲的陳志美解甲歸田，閒居廣州。作為朝廷有功之臣，陳志美仍舊享受清朝俸祿，保留官職稱謂。「陳軍門」便成了廣州北門一帶的紳士、名人。陳公博在這樣一個位高權重、榮華富貴的官宦之家，度過了他的童年時光。

陳公博天資聰穎，從小喜歡七俠五義等各類章回小說。6歲起便纏著父母同意，由一位老家人帶他去禹山關帝廟的書場聽書。說書人為增加收入，常常添油加醋，東拉西扯，將故事拖得長而又長；為了留住聽眾，吊人胃口，又常常在關鍵地方戛然而止，「且聽下回分解」。陳公博年幼心急，忍耐不得，便又央求父親買來小說自讀。小小年紀，便囫圇吞棗地讀了《三國演義》《說岳全傳》《水滸傳》《封神演義》《西遊記》等書，甚至《紅樓夢》《金瓶梅》也找來翻閱。陳志美一是慣子縱子，二是相信開卷有益，一切皆由著陳公博的性子和愛好。

行武之家，自有其特點和癖好，那就是使槍弄棍，習武強身。陳志美雇了兩個拳師，專門教陳公博棍棒拳劍，日久天長，陳公博倒有了一些身手。有一年七月十五的盂蘭盆會，陳公博在晚上九點偷偷溜出家門，逛街賞會。廣州北門一帶是八旗駐防之地。那些八旗子弟惹是生非，跋扈街裡，橫衝直撞，無惡不作。陳公博在街上玩耍之時，遇上一群八旗子弟，他們見他孤身一人，便仗著人多勢眾，想要欺負陳公博。鬱積多日的怨氣瞬間爆發，陳公博拉開架式，要和他們打鬥一場。十幾個八旗子弟一擁而上，叫嚷著要打他，陳公博毫不示弱，拳搗腿掃，一下子打倒了四個八旗孩子。待他回到家中，八旗子弟的家長已經打上門來，氣勢洶洶興師問罪。陳志美忍氣吞聲，「賠了許多好話，並且答應養傷，才告無事」。此事給陳公博很大的刺激，他事後回憶說：「從此以後我便深深種下了反對旗滿的思想。」

其實，陳志美亦是早有反心。只是他的想「造反」，不是資產階級民主革命，而是地主階級改朝換代、重振天下的一己之想。還在廣西督軍期間，陳志美就對昏聵無能的清政府十分不滿，一次次敗於洋人陣前，一次次割地賠款、屈辱伏就，讓陳志美失望至極。

他幻想著「反清復漢」，「取而代之」，並加入了活躍在廣西一帶的祕密會黨「三合會」。賦閑廣州之後，陳志美看似身閑，其實心一直牽掛著「反清復漢」大業。1900年孫中山發動惠州起義，雖然舉事不成，義士就戮，但那「隆隆」的爆炸聲，還是給了陳志美很大的鼓舞。

惠州起義不久，陳志美結識了乳源同鄉、革命黨人傅佐高。傅氏本一秀才，後皈依基督教，來往於廣州香港之間，追隨孫中山，倡言革命，恢復中華。在傅佐高的灌輸、影響下，陳志美決定毀家舉義、推翻清朝。

舉事之日定在1903年除夕。他們的計畫是，以祕密會黨為骨幹，人手一把剪刀，趁人們湧上街頭歡慶新年之際，強行剪辮，脅迫被剪辮之人加入革命黨，一同造反起義。為此，陳志美和傅佐高專門準備了十幾箱剪子和幾十箱便帽。且不說這種幼稚的「過家家」式的起義能否可行，舉事頭兩天，風聲已經敗露，朝廷開始拿人。存放軍火、槍械的芳村教堂已遭搜查，陳志美只好將十幾箱剪子推落後院井中。傅佐高逃避香港，陳家未被發覺。一次流產的起義，竟成虛驚一場。

幾年之後，風聲漸息。陳志美、傅佐高捲土重來，再謀起義之事。兩人接受上次失敗的教訓，決定避開清兵重點佈防的廣州，改在廣東東江、北江一帶發動起義。陳志美為北江起義軍總指揮。

陳志美十分看好北江的戰略地位和起義條件。其一，北江北通湖南，西連江西，進退自如，是一個極好的起義地點；其二，陳志美任廣西提督時，部屬大多從此地招募。在他去職之後，舊部大都返歸故里，散佈北江地區，在此發動起義，較易召集舊部；其三，北江地區是三合會的重要活動區域，陳志美入三合會後，與北江地區會黨首領保持著密切的聯繫，會黨成員會成為起義的基本力量；

其四，最重要的一點是，北江地區的乳源是陳志美的家鄉，以本地豪門望族身分回鄉舉事，可增加號召力，並有子弟兵可作憑藉。

1907年農曆四月十七日，15歲的陳公博輟學回家，要跟著父親幹大事了。這一天，陳志美帶上兒子，喚上家人鄧錫英，雇了一條船，由前來接應的兩個會黨成員陪同，溯江而上，前往北江。那時，粵北鐵路已經開通，方便快捷。而水路險峻，沿途匪患又多，十分不安全。陳志美堅持走水路，他說一來可以觀察沿途地形、山勢，二來可以聯絡會黨，招募骨幹。

船行一日，將近黃昏，陳志美一行來到了琶江口。這裡土匪出沒，打家劫船，十分險惡。陳志美吩咐，就在此地泊船過夜。船家恐懼萬分，堅決反對。陳志美不為所動，堅持己見。入夜，岸上無數火把向江口而來。船家倉皇跑進艙內報告：強盜前來劫船啦！空氣頓時緊張起來。陳志美從容鎮定，走出艙外，冷眼觀看，原來是沿途會黨前來迎接陳志美。幾位首領在火把的照耀下，趨步向前，請陳志美下船，上岸住宿。陳志美走下船來，慰問了會眾幾句，表示到村內不便，後會有期。那些人便恭恭敬敬送上兩壇酒，四條火腿，說是權做路菜。陳志美回到船上，轉身望去，火把仍舊不散，便問陪同的兩個會黨，他們支吾了半天，說是可能要打對面另兩條船的主意。陳志美大怒，斷然說：「今天我在此地，斷不許他們胡來！」兩人趕緊跑向船頭，向幾個頭領傳話。一瞬間，那漫坡滿岸的火把便四散開去，在黑暗中消失了。從小滿腦子「英雄」意識的陳公博，對父親的此次作為佩服得五體投地。

父子一行水路逶迤，逆水行舟，經佛山，過清遠，足足半個月後抵達韶關。

起義總部設在乳源坪石之南的方塘，這裡山巒起伏，亂樹雜生，處在萬山叢中，地勢相當險要。

　　陳志美在這裡招兵買馬，號令會眾，訓練隊伍，準備舉事起義。至8月初，隊伍已近上千之眾，而香港革命黨人承諾的快槍洋炮遲遲未能運到。陳志美明白，僅憑會眾手中的土槍、大刀、長矛，是斷不能與清軍抗衡的。隊伍龐大，集結日久，糧餉便成了問題。陳志美帶來的幾千大洋花完了，他只好差人回廣州，變賣了佛山的兩家綢莊和廣州的兩座房子。但所得有限，人吃馬餵，很快又花光了。糧餉不保，約束隊伍就成了大問題。這本就是一幫烏合之眾，頑劣成性，匪氣十足。一些人舊病復發，開始「就地籌餉」，收起了「殷富捐」和「田畝捐」，其實就是打家劫舍。陳志美全力制止，還革除了許多小頭目，但由於無錢供餉，騷擾繼續蔓延。不久，會眾們在去礦山籌餉時，殺了兩個礦上的衛兵，乳源縣派來的調查員也被起義軍捆綁了起來。起義之事終於敗露。乳源知縣飛呈告急，兩廣總督張鳴歧馳電清廷獲准，以陳志美「嘯聚莠民，圖謀不軌」的罪名，革去頭品頂戴，褫奪黃馬褂，派清軍統領朱福全率兵四營，兼程往乳源進剿。

　　陳志美深知大勢已去。他騙兒子說，你與鄧錫英立即回廣州，想法去香港找到傅先生，告訴他們這裡的情形。你們走後，我即去湖南，以作後圖。陳公博想與父親一同避走湖南，被陳志美嚴屬制止。

　　唯一的兒子安全脫險後，陳志美遣散了全部隊伍，自己整好衣冠，坐在龍王廟前，等候朱福全大軍的到來。

　　朱福全見了陳志美仍很客氣，口稱「陳軍門」。而乳源知縣則連連詰問：為什麼圖謀不軌？為什麼指揮人馬殺傷官兵？陳志美笑答：「知縣是不配問我的，是否圖謀不軌，至廣州再說。至於殺傷官兵，是我自己動手的，也無所謂指揮人。」他向朱福全提出，他向政府自首，束手就縛，準備犧牲，但不得再有什麼「清剿」名

目來苦老百姓。此時,四鄉已經鳴起鑼來,尚未散盡的會眾正在聚集,想要搶回陳志美。朱福全眼見形勢難料,便同意了陳志美的條件,帶著他匆匆下山,趕回廣州。

兩廣總督張鳴歧組織了三司會審,陳志美堅不吐詞。他說:「我不準備死,就不會輕易來省,我是沒有供詞的。凡問官所要問的,都是真的,聽你們判決罷了。」張鳴歧給陳志美定了個「斬監候」,單等秋天處決。

陳志美在處理起義失敗善後問題上的大義凜然和敢於擔當,給少年陳公博留下了深刻影響,甚至左右了他一生的性格和為人。多少年後,陳公博在回憶文章中仍充滿感情地說,這是「最值得記憶而願引為模範的」。

從「軍門」之後到死囚之子,陳公博的命運可謂朝夕瞬變,大起大落。

陳公博與母親避走香港,簡單安頓之後,便為營救父親四處奔波。他不斷向北京、廣州發電、發信,央求父親的同僚、舊友出手相援。通過父親的一個知交,陳公博找到了兵部尚書鐵良。鐵良與陳志美當年在上海有「杯酒之雅」,相互賞識。經他出面說情,由「斬監候」改判「終身監禁」,押入南海縣大獄中,並不罪及家屬。一年後,慈禧太后、光緒皇帝前後腳地駕崩西去,小皇帝宣統登基,即刻「大赦天下」。陳公博上書兩廣總督,呈請赦免陳志美,遭兩廣總督無情拒絕。清廷規定,「圖謀不軌」不在「大赦」之列。陳志美激憤地對兒子說:「以後再死幾個皇帝,也不要上呈文,我願借此終餘年。」

陳志美毀家舉義,資產散盡。陳公博只好打工掙錢,養活母親和他自己。經傅佐高介紹,他在香港進了一家革命黨的報館做校對,每天從下午3點到次日凌晨1點,工作10個小時,月薪只有12

元。這是一家窮報館，人少事雜，許多編輯、記者都是盡義務的。陳公博回憶：「有時短評沒人做，也不得不大膽執一下筆。可憐十多歲的孩子，腦內那裡來的許多材料，有時竟連題目都找不到，於焦悶煩憂之中，便學會抽煙卷了。時髦的煙捲，自然沒有資格抽，我所抽的只是江門的生切煙，這種煙癮後來愈抽愈大，至今還沒有方法可以戒脫，這是我為什麼抽上捲煙惡習慣的歷史。」

陳志美擔心清政府加害陳公博母子，嚴令他們留在香港，不許回廣州。但香港謀生太難，諸多不便。1909年夏，陳公博與母親返穗居住。，三年之中，靠朋友、同學和舊知接濟，陳公博與母親勉強度日。

合該陳志美吉人天相。1911年10月10日，武昌起義爆發。廣東革命黨人急起回應，聯絡綠林豪傑，發展會黨群眾，舉行獨立起義。11月9日，廣州城光復。10日，廣東軍政府宣佈成立，胡漢民就任都督。作為反清革命功臣的陳志美，堂而皇之地走出了監獄，當選為廣東省議會議員。傅佐高重又現身，榮膺乳源縣議長。他主張成立南韶連都督府，擁陳志美為都督，為陳志美婉言謝絕。陳說：「我入獄四年，萬念俱灰，現在事有人為，我不願與少年爭短長。」

陳公博被革命大潮裹挾著，意氣風發，慨以當歌。他成了乳源縣的一名議員，傅佐高還想把議長讓給他。與陳志美一同系獄的湖南革命黨人黎萼，招兵買馬，自立民軍，要請陳公博出任司令部參謀。年輕氣盛的陳公博，以革命功臣自居，大有拔劍擊柱、一展宏願之意。陳志美將陳公博叫回家中，痛罵一頓：「你有多大年紀？有多少學問？要當議長，當參謀。你如果要做事，先去當大兵。民國安定之後，再去讀書求學。否則，這議長、參謀會害了你一世。」

被父親一瓢涼水澆醒了的陳公博，先去當了學生兵，接受了

一段正規軍事訓練。民國成立後學生軍解散，而廣東的官學都已停辦，為等待時機入校求學，陳公博先到母校育才書社充任英文教員，一邊教書，一邊自學。

1912年10月5日，閱盡人間冷暖、享年80高齡的陳志美在廣州逝世。陳公博將父親葬於白雲山麓三台嶺，墳前豎一塊青石墓碑，上書「陳公志美之墓」。

1914年，陳公博考入了廣州法政專門學校。按照陳公博的本意，他最想讀的是政治經濟學，或者乾脆就學文學，但這類學校，當時廣州還沒有，他便權且入了法政專門學校。

陳公博的性格是疏闊的，學法律則需要心思細密。這種抵牾，令陳公博吃了不少苦頭。但生活和家庭的歷練，讓陳公博有了一種強脾氣，無論何事，不幹則已，一干便要幹到底。學校規定，學年考試90分以上，便可免下一年學費，入學三年，陳公博每年考的都是90多分。也就是說，他只交了第一年的學費，便讀完了三年的課程。但陳公博對法政專門學校對他思想的束縛一直耿耿於懷：

> 至今我還受法律的影響很深。讀者不看見我常作的文章嗎？無論長短，都喜歡分開第一第二，或者其一其二，這可以證明我一點文學的氣息都洗得乾乾淨淨，只存留下些章節項目。我少年時最大的奢望，只想做一個文學家，焉知這三年法律功夫，使我鍛鍊成一個四方頭腦，後來雖然習哲學，習經濟，畢竟這些法規條例的格局改不過來。今日弄成一個四不像，我還有點埋怨當日學錯法律。

1917年夏天，本著「溶解一下頭腦」的想法，從廣州法政專門學校畢業後，陳公博徑直考入了北京大學，入哲學系，天馬行空地

馳入了邏輯思維的無限領域。

　　「五四」前後的北京大學好生了得！《新青年》《每週評論》風行天下，洛陽紙貴；學界精英齊聚沙灘紅樓，氣象萬千：蔡元培的相容並蓄，陳獨秀的特立獨行，胡適之的學貫中西，沈尹默的精緻創作，李大釗的革命激情，等等。可是這一切，對陳公博竟毫無吸引力，各種社團不見他的身影，校報校刊上沒有他的文字。陳公博抱定「養心性，寡交遊」，「不管閒事，只管讀書」的宗旨，潛心於書本，靜坐於教室。對於德高望重的蔡元培，只打過一次交道，為的是求他寫一副對聯；對一時瑜亮的陳獨秀，只說過一句話，那是去詢問考試時間。「五四」運動爆發之際，陳公博兼著南方一家報紙的通訊員，掙點稿費，以資學用。他居然能撇開自己的學生身分，去天安門廣場冷靜觀察，客觀報導。對於軍警打人、同學被捕、火燒趙家樓、痛毆章宗祥，似乎都與他毫無干係。陳公博形容自己在北大的讀書生活是「靜如處子」。

　　處子般沉靜的陳公博，在1919年完成了他的第一個學術成果《督軍問題》。在這篇近3萬字的長文中，陳公博從六個方面剖析了督軍制的弊端，提出了四大整治措施。他大聲疾呼，「不廢督軍，終無以立國」。

　　此文的亮點之一，是陳公博大膽提出了縮小行政區劃的設想。他認為：「區域非大，事簡易理，一方面中央易於統治，行政上無形已收統一之功，他方面自治區域愈小，自治許可權愈張，與民治精神亦足吻合」。陳公博苦思冥想，精心設計，將全國原有的22行省，變為52行省。以山東為例。陳公博將山東分為兩省，但不是人們習慣意義上的東西劃分，而是東北、西南走向劃一斜線，膠東道、濟寧道為一省，濟南道、東臨道（今東營）為一省。

　　《督軍問題》被印成小冊子發行，汪精衛、廖仲愷讀後深為

賞識，並與陳公博引為知己。這對陳此後的政治生涯產生了巨大的影響。

在校學習時「靜如處子」的陳公博，自北大畢業後，卻「動如脫兔」般地投身到了社會政治活動中。

1920年夏天，陳公博與他的廣東同鄉譚平山、譚植棠相約來到上海，在公共租界天潼路創辦了一家《政衡》雜誌。雜誌的宗旨是：「政治主根本革新，社會主根本改造，各種問題主根本解決。」

不久，他們三人又一起回到廣州。陳公博返母校廣東法政專門學校任教授，譚平山、譚植棠則入廣東師範專門學校任教。此時的廣東已是全國革命中心，孫中山的「護法」運動如火如荼，各種思潮在廣州應運而生，相互碰撞。馬克思學說和社會主義的勝利，也成為一種理論和實踐被介紹、被傳播。

陳公博值此風雲際會之時，辦報的慾望再次張揚。他聯絡了幾個辦報同人，將報紙定名為《廣東群報》。他親撰的「籌辦群報緣起」中說：「人類得以巋然獨立於今日，完全賴有群眾的本能，但因為被種族的偏見，宗教的偏見，男女的偏見，和階級、職業、歷史、地域種種偏見所壓抑、捆綁，失掉自然態度，不能充分發揮」，導致「在進化程式中間，時時刻刻演出那股連續狀態的人類相殺的血劇」。創辦《廣東群報》的意義即是「儘量發展人類群性的本能」。

報紙籌辦過程中，陳公博想起了他的老師、中國新文化運動的先驅陳獨秀，他向陳獨秀寫信請教。陳獨秀熱情回信，多有鼓勵，並為《廣東群報》創刊號撰寫了〈敬告廣州青年〉一文，使「群報」的問世大為增光。

《廣東群報》一經面世，便鋒芒畢露，風生水起。《群報》的評論尖銳、犀利，直指社會弊端；《群報》特設「特別調查」專

欄，詳盡報導工人階級和勞苦大眾的生產情況和生活狀態，其中「玻璃行工人狀況之調查」就頗具代表性；《群報》眼界遼闊，面向世界，「馬克思研究」、「列寧研究」、「俄國通訊」、「留法通訊」等令讀者耳目一新。陳公博翻譯了《馬克思一生及其事業》在《群報》上連載。此時，他的社會主義傾向已十分明顯。

1920年11月，廣東省長陳炯明邀請陳獨秀去廣州擔任省教育委員會委員長並籌建大學。陳獨秀此次南行，還有一個重要使命，就是組建「廣州共產黨」。此前，廣州、廣東已有了社會主義青年團、共產主義小組、共產黨等類似組織，由於分屬於無政府主義、社會主義等不同政治派別，很難統一起來。

陳獨秀找到了他的學生陳公博、譚平山、譚植棠，說：「現在孫中山、陳炯明在廣東已建立了政府，正是開展民眾運動的最好機會。但是領導民眾運動，個人的領導是比不上組織的領導的，就是一個團體，也擔負不起領導民眾運動的歷史責任，為使廣東民眾運動獲得更大的發展，必須建立一個領導組織；北京、上海各地已有共產主義集團的組織，名稱就叫『共產黨』，我的意見，廣東也應該建立一個共產黨的組織，去擔負領導民眾運動的任務。」

1921年3月，幾經醞釀，廣州共產黨重組。初由陳獨秀任書記，後改為譚平山任書記，陳公博任宣傳委員，譚植棠任組織委員。

在中共一大召開之前，即1921年3月，各地共產黨領導人開過一次聯合會議，實際上建立了中共中央領導機構。陳公博在給中共中央的報告中，對廣州共產黨的活動和計畫作了如下彙報：

一、吸收新黨員，打算從一些馬克思主義小組中、從機械工人學校和宣傳員養成所中吸收新黨員。

二、成立工會，我們組織工人的首要任務是建立機械工人工會和鐵路工人俱樂部。現在，我們正在採取措施組織教師工

會。我們與某些工會，如理髮工人這一類的工會有聯繫；我們在採取一些有效的措施，以便在機械工人中產生影響，看來我們的嘗試是會成功的。

三、成立工人學校。1、工會學校——學校教授的課程有：工會組織法、工人運動史和歐美工人運動的現狀等等，我們認為，經過二三個月以後，這個學校定會取得很大的成績，許多工會對我們的工作會感到滿意；2、工人夜校——機械工人工會在廣州的影響最大，該工會裡有許多擁護我們的人，這個學校取得明顯成果後，我們再著手其他學校的工作。

四、對農民的宣傳工作，為了實現我們的共產主義理想，創辦了《新農村》，我們千方百計地幫助它，使其產生巨大的影響，並擴大宣傳。

五、與士兵的聯繫，軍隊的士兵，不是壞蛋就是土匪，他們是危險的，對他們要特別謹慎，許多軍官在我們當中受到尊敬，不久，我們要把他們吸收到我們這邊來。

共產國際對召開中國共產黨第一次代表大會、正式成立中國共產黨有明確要求。各地共產黨組織於是紛紛推選代表，決定於1921年7月在上海召開中共「一大」。

「南陳北李」，這兩個組建中國共產黨的重要人物，居然都沒有出席中共歷史上這次劃時代會議。李大釗因在北京大學領導教職員工的索薪鬥爭而無法分身，指派他的學生張國燾與會。陳獨秀、譚平山正在殫精竭慮地籌辦廣東大學預科班而無暇他顧。陳公博便成了廣州共產黨支部的「一大」代表。

出席中共「一大」，對陳公博來說，可謂驚心動魄，驚險悚然。

「一大」定於7月23日舉行。各地代表抵滬後，大都住進了博

文女校。學校已放暑假，校舍空閒，既廉價，又清靜安全。陳公博新婚燕爾，他「假公濟私」，以補度蜜月之名，偕妻子李勵莊，14日由廣州出發，經香港轉赴上海。21日到達後，因諸多不便，小夫妻倆住進了南京路上的大東旅館。

23日晚8時，中國共產黨第一次代表大會，在上海法租界貝勒路樹德里3號（今興業路106號）準時開始。這所房子是上海小組代表李漢俊哥哥李書城的寓所，是典型的上海里弄石庫房，分上下兩層，獨門獨院。李書城是革命黨人，國民黨頭面人物，曾任黃興的參謀長。在他的房子裡舉行會議，不易被人懷疑。

出席會議的各地共產黨組織及共產主義小組代表共13人，共產國際的馬林、魏金斯基與會指導。

儘管陳獨秀沒有出席，但他仍被推選為會議主席。這為他會議結束時當選為中共中央局書記作了鋪墊。

會議最初幾天還比較平緩，黨綱、決議等順利通過。27、28、29三天，在討論黨在現階段的目標和策略的宣言時，出現了分歧，甚至是嚴重分歧。張國燾等人要求明確規定共產黨員不能當選議員或到政府任職，以保持組織的純潔和所代表的人民利益。陳公博、李漢俊反對硬性規定不許到現政府做官。多數代表同意張國燾的意見，會場情緒十分對立。「一大」代表包惠僧在回憶錄中說：「因為陳公博在北大畢業，憑藉陳獨秀的政治關係，鑲上了國民黨的邊，當了廣東法專的教授，宣傳員養成所的所長，《群報》的總編輯，大有脫穎而出之勢。李漢俊剛從日本帝大畢業回國，在上海《星期評論》及《新青年》中也露了點頭角，加以有李書城的政治關係，也正在袍笏登場中。」包惠僧對陳公博、李漢俊的一己之度也許有道理，但陳公博心中，最先想到的是陳獨秀。陳獨秀正在廣東省政府任教育委員會委員長，還要擔任廣東大學預科校長，不許共產黨員

在政府中任職，甚至不許當校長，這如何說得通？另外，陳公博特別看不慣張國燾的趾高氣揚和盛氣凌人。當然，作為「五四」運動的學生領袖之一，年輕氣盛的張國燾自有驕傲的資本。

會議最終表決通過了張國燾的意見。陳公博竟急得跳了起來。他找周佛海、李漢俊商量補救的辦法。在這項專題討論結束之前，陳公博提出了一個折衷方案，將來這篇宣言是否發表，授權選舉出來的黨的中央書記決定。與會代表認可了這個方案。由於陳獨秀人在廣州，而陳公博又是廣州派來的代表，因而，「一大」的幾份重要文件，便委託陳公博帶回，面交陳獨秀。

政黨初創，派系林立、意見分歧，本屬正常。但陳公博卻認為，「上海儼然分為兩派，互相摩擦，互相傾軋」，他感到「心內冷然，參加大會的熱情，頓時冷到冰點，不由得起了待機而退的心情。」陳公博事後承認，這是他不久後退出共產黨的一個重要原因。

中共「一大」的不凡和驚悚還不止於此。

7月30日晚上，仍在李書城家樓上開會。人還未到齊，李家的僕人突然上樓報告說，一個面目可疑的人剛才在門口問他，經理在家嗎？這僕人還算警覺，急急上樓報告。也是打尖的密探問錯了話題，自露了馬腳：李家本無經商之人，哪來的經理。馬林、魏金斯基有著長期祕密鬥爭的經驗，立即感到危險臨近，主張馬上解散。於是留下李漢俊、陳公博掩護，其他人從前門走出，分頭散去。上海的石庫房是慣走後門而不走前門的。從前門出去，就避免了與前來搜捕的人員在同一弄堂相遇。

眾人走後沒有幾分鐘，3個法國員警和4個中國便衣密探便湧上樓來。各有兩個員警分別看住了李漢俊和陳公博，不許離開座位，不許說話，甚至不許喝茶。為首的法國員警問：誰是這房子的

主人？李漢俊不慌不忙地承認。於是，除了看住陳公博的那兩個員警，其他人便押著李漢俊，在樓上樓下的每個房間仔細搜查。

員警和密探們大概重點是搜查武器槍械和各類進步書籍，對抽屜裡的一張手寫稿紙視而不見。而那張紙正是中國共產黨大綱的一頁。也許是薄薄的一張，也許是改動太多、塗得一塌糊塗，他們居然連看也不看。

搜查了一個多小時後，法國員警開始審問。李漢俊懂法語，審問便使用法語進行。

員警問：為什麼家裡藏有許多社會主義書籍？

李漢俊答：我是教師兼商務印書館的編譯，什麼書都要看看。

員警又問：那兩個外國人是幹什麼的？

看來密探們早已對此地跟蹤、觀察多日。

李漢俊答：是英國人，北大的教授。這次暑假來上海，常來談談。

從李漢俊這兒問不出什麼，員警轉而又審陳公博。陳公博不懂法語，只好改用英語進行。

不知何故，法國員警竟懷疑陳公博是日本人。

「你是不是日本人？」員警很神氣地問。

「我是百分之百的中國人，我不懂你為什麼認為我是日本人？」陳公博有些開玩笑地回答。

「你懂不懂中國話？」

「我是中國人，自然懂中國話。」

「你這次由什麼地方來？」

「我是從廣東來的。」

「你來上海做什麼事？」

「我是廣東法專學校的教授，這次暑假是來上海玩的。」

「你住在什麼地方？」

「我就住在這裡。」

搜查沒有找到證據，審問也沒審出破綻，員警和密探只好作罷，悻悻離去。

李漢俊和陳公博長舒一口氣。挨到當晚10點過後，陳公博離開李家回大東旅館。

一出門，陳公博立即感到遇上麻煩了：他被密探盯上了。他快走幾步，那人也快走幾步；他慢走幾步，那人也慢走幾步。陳公博想，不甩掉跟蹤，大東旅館是回不去的。那裡有許多進步書籍和廣東共產黨組織的報告，一旦被發現，一切就完了。焦急中，陳公博猛然想起，去年來上海時，曾逛過一回上海大世界。那裡夏天的晚上放兩場電影，院子裡一場，屋頂露天放一場。開映後，光線昏暗，人又混雜，容易脫身。於是，他跳上一輛人力車，直奔大世界而去。跟蹤之人也急忙叫了一輛車，尾隨在後。

進了大世界，陳公博裝著很悠閒的樣子，逛書場，逛戲場。不一會兒，他進入院子裡的露天影院，看了三四分鐘，又踱至屋頂電影場，在人叢中繞了一圈，確認擺脫了密探後，從別的門下樓上街，雇了輛車返回了大東旅館。

一進門，二話不說，關緊房門，打開箱子，找出文件焚燒乾淨，這才平緩了緊張情緒，告訴了李勵莊事情的原委。

這天，上海的夏夜酷熱難耐，不能成眠。半夜過後，風雨突至，天氣涼爽，陳公博才朦朧進入夢鄉。凌晨時分，睡得正香的陳公博被一聲槍響和一個女子的慘叫驚醒，嚇得他跳下床來，打開房門。走廊裡空無一人，只聽得急雨打窗，狂風吹面，他以為是自己做的一個惡夢。

天光大亮之後，旅館服務員跑來對陳公博說，他隔壁房間的一

個女子被人殺死在床上。這是前日住進來的一男一女。今天早晨，男的起身後吃了一碗麵就出去了，等打掃房間時才發現女的死在床上，身中一槍，脖頸上還纏著毛巾，看來是中槍未死，又用毛巾勒死的。

一夕數驚，陳公博的神經都快崩斷了。他擔心員警和巡捕前來偵查，找他問話，一旦認出他是昨夜在李漢俊家相見之人，會惹出不少麻煩。陳公博找到旅館經理說，我隔壁發生了命案，我太太非常懼怕。我們今天要去杭州一行，放鬆放鬆。行李先暫存旅館，回來後換一個房間居住。在員警還未到來之時，陳公博帶著李勵莊離開了大東旅館。

陳公博先去了博文女校，找到同伴通報了昨夜事情的經過。他被告知，會議暫停，易地另開，時間未定。當天下午，陳公博偕妻子乘火車去了杭州。

陳公博在杭州的報攤上買了份上海的報紙，閱後方知，大東旅館的命案是男女情死案。女的名孔阿琴，為一絲廠女工；男的名瞿松林，為一洋行職員。兩人不知為什麼不能結婚，相約同死。瞿松林趁他的外國老闆去青島避暑，偷了他的一支手槍，與孔阿琴來大東旅館開房間。幾近天明，瞿松林向孔阿琴開了一槍，孔居然未死，瞿松林只好用毛巾將她勒死。孔阿琴死後，瞿松林又改了必死之心，心萌獨生之念，寫了一封長長的自白書，吃了一碗麵條，揚長而去。

3天後，陳公博夫婦由杭州返回上海。周佛海告訴他，當他們夫婦在杭州遊山玩水之時，「一大」的最後一次會議已於8月1日在浙江嘉興南湖的一艘遊船上舉行。會議通過了中國共產黨的綱領和決議，選舉產生了黨的領導機關中央局。陳獨秀為中央局書記，李達為宣傳主任，張國燾為組織主任。

陳公博是黨的「一大」代表中，沒有參加最後一次會議的兩人之一。李漢俊是因為仍被監視而不能離滬。陳公博卻是偕妻逃亡，躲到杭州避驚嚇去了。回到上海，他與其他代表見面、交談了兩三次後，即乘船返粵。途中因遇颱風，海船又在廈門灣泊了3日，8月10日才抵達廣州。

「一大」上海之行，成了陳公博畢生抹不去的一段特別記憶。

1920年代的廣東，「革命」不是被共產黨獨專的。除共產黨外，國民黨及各種社會團體、無政府派別、工會組織，甚至是各類商會，都以革命自居，以革命為號召，登臺亮相，粉墨表演。

「一大」過後不久，陳公博下定了脫離共產黨的決心。這其中既有黨內同志的誤會，也有他對共產主義、社會主義的懷疑。他決定出國留學，去探究馬克思學說的本質意義。在選擇留學國家的問題上，陳公博不得不現實一些：他需要錢。需要錢做旅費，交學費，供生活。只有美國的學校允許學生半工半讀，打工糊口。陳公博別無選擇，申請了美國哥倫比亞大學。

在得到了學校錄取通知，拿到了護照簽證之後，陳公博求告於國民黨元老汪精衛，希望解決赴美旅費。不久前，廣東法政專門學校校長金章離職，汪精衛十分想讓陳公博繼任，專心致志辦教育。見陳公博去意已決，汪精衛不再挽留，寫信讓廣東新任財政廳長程天鬥從教育經費中撥款資助。

1922年11月，陳公博假道日本橫濱，等候赴美輪船。在日本，陳公博又遇到了國民黨左派領袖廖仲愷。一見面，廖就勸他，廣東大局可定，正是做事之機，還是別去美國，不如早回廣東，投身革命。陳公博默然，以「再看吧」搪塞過去。美國客輪「總統號」來到後，陳公博悄然登船，與廖仲愷不辭而別。他是怕廖仲愷再勸他回轉國內。陳公博心想：我既然決心求學，焉好半途而廢呢！

　　陳公博在美國的留學生活是相當艱苦的。在美三年，他專注於學習，只去過一次華盛頓，一次波士頓，其他城市及名勝之地，如洛杉磯、三藩市、黃石公園等等，都沒去過。學習的艱苦還在其次，生活的拮据最是難熬。陳公博白天在學校讀書，晚上要到「中國城」的華僑學校做教員，以賺每月80元的薪資，掙出學費和生活費。那時，「中國城」內堂會林立，什麼「安良堂」、「協勝堂」等等，各結黨徒，以煙賭為業，常為利益糾葛而產生堂鬥。堂鬥血腥而殘暴。他們避開員警，開槍互毆。一方若有死傷，便加倍報復。陳公博就遇上過兩次恐怖的堂鬥。有的同學勸他不要去「中國城」教書了，太危險，太不安全。陳公博對關心他的同學說：「你們的盛意是可感的。但是去教書可以打死，不去教書是可以人餓死。打或者打不死，而餓是一定可以餓死的。我還是教書罷。」

　　陳公博聰明過人。他將自己在哥倫比亞大學的研究方向定為共產主義和馬克思主義理論。清末民初中國「三千年未有之大變局」，令陳公博得出了一個武斷的結論：在動盪的中國，除了責任之外沒有道德，除了經濟之外沒有政治。他是從經濟學的緯度去關注馬克思的。他在美國購買了馬克思的所有著作，大部頭的有《資本論》，小冊子類的有《共產黨宣言》，他選擇的碩士論文的題目是《共產主義運動在中國》。1924年1月31日，論文得到哥大弗拉基米爾‧塞姆科維奇教授的認可；2月22日，陳公博順利獲得哥倫比亞大學經濟學碩士學位。

　　寫作《共產主義運動在中國》，對於陳公博來，可謂駕輕就熟。從早期的共產主義小組，到中國共產黨的成立及其一大、二大、三大，陳公博不是親力親為，就是高度關注。許多重要文件和決議、宣言，陳公博還參加了討論和修改。與中共中央局書記陳獨秀是師生關係，過從甚密。這一切，都是陳公博得天獨厚的寫作優

勢，別人很難與其爭鋒。

陳公博的論文共7個部分，即：緒言：中國經濟的基本變化；第一章：中國辛亥革命的真正原因；第二章：中國共產黨的先驅；第三章：中國共產黨第一次代表大會；第四章：中國共產黨第二次代表大會；第五章：國民黨的新計畫及其最近的趨向；第六章：中國共產黨第三次代表大會、結論。陳公博論文的最大價值在於附錄部分。他隨正文附了六個檔，其中《中國共產黨的第一綱領》、《中國共產黨關於黨的目標的第一個決議案》，幾乎有填補空白的重大歷史價值。

早在1937年，「一大」代表董必武在延安接受美國女作家尼姆·威爾斯的訪問時，曾經痛惜地表示：

> 關於這次會議的所有記載都丟失了。我們決定制定一個反對帝國主義、反對軍閥的宣言。但是，黨的這個最早的文件，我們一份也沒有了……

董必武的惋惜，經美國媒體的報導，全世界都知道了。

陳公博的論文，靜靜地躺在哥倫比亞大學的圖書館裡。

直到有一天，1960年的某一天，哥大圖書館在整理塵封已久的故紙堆時，發現了陳公博的論文及其附錄。

哥大圖書館的霍華德·林頓先生告訴了韋慕庭教授。韋慕庭是哥大中國歷史研究專家。韋慕庭興奮不已，立即整理、出版了《共產主義運動在中國》一文。論文中，陳公博談到了「一大」會上曾就綱領和決議案進行了激烈爭論，「應否發表，授權新任的書記決定。我回廣東之後，向仲甫先生痛陳利害，才決定不發」。這清楚地表明，「一大」的綱領和決議案是由陳公博帶回廣州去的，因沒

有公開發表，因此無法找到正式文獻。陳公博也許是留下了原稿，
也許是手抄了一份，帶至美國，翻譯成英文，附在了論文之後。共
產黨的脫黨之人，無意之中留下了共產黨的重要文獻，也算是中共
歷史上的一段掌故。

　　在哥倫比亞大學的苦心研讀，居然讓陳公博得出了三條否認馬
克思主義理論的依據。他認為，第一，馬克思關於階級消滅的結論
不正確；第二，馬克思的辯證法，來源自黑格爾的矛盾學說，但沒
有繼續發展；第三，馬克思對剩餘價值的考察是片面的，他沒有經
歷工業現代化和國家資本主義階段，時代一過，事實不同。不管陳
公博的階級立場如何偏移，理論觀點如何異化，有一點是值得肯定
的，他至少認真而系統地研讀了馬克思的主要著作，並從中得出了
自己的結論。

　　碩士論文順利通過並獲一定好評，這讓陳公博有了繼續深造的
衝動：向博士學位進軍。1925年初，陳公博修完了博士學位的所有
課程，只剩下論文寫作和答辯了。正是在這緊要關頭，麻煩找上門
來。按照哥倫比亞大學的規定，凡申請博士學位者，必須自費印刷
300本論文交學校圖書館，以做存檔和交流之用。300本論文（博士
論文基本上就是一本書）的排字、印刷費用大約1000美元，這相當
於當時美國工人幾年的工資，陳公博無論如何是拿不出這筆錢的。
此時，廖仲愷已任廣東省長。而陳公博的身分，還算是一個廣東官
費留學生。只是除了來美的旅費，其餘的錢都是他自己掙的。於
是，陳公博寫信向廖求援。廖仲愷的回信乾脆利索：國內國民革命
即將進入高潮，正是用人之際。如果陳公博回國，他可以設法匯一
筆旅費；如果是申請博士學位，則概不負責。

　　陳公博只好放棄博士學位的申請。不久，廖仲愷讓廣東大學匯
來600美元。2月8日，陳公博自紐約啟程，繞道歐洲，返回國內。

一生對所有事物充滿好奇的陳公博，將這次歸國之行，變成了對歐洲著名大學的考察之旅。他一路遊歷了英國、荷蘭、德國、法國，訪問了牛津大學、柏林大學、巴黎索契大學，於3月中旬到達義大利的羅馬。陳公博意猶未盡，旅費尚餘，便想再去東歐一覽。沒想到傳來了孫中山先生逝世的消息。他急忙在那波里登船，直航回國。

回到廣州後不久，一天，陳公博的朋友黃居素陪同他去拜訪廖仲愷。9點左右，來到廖仲愷居所的樓下，客廳裡已坐了不少人。一會兒，廖仲愷下樓來，眾人一哄而上，圍著廖仲愷，各說各的，言語嘈雜，一片混亂。廖仲愷無暇應付，敷衍了幾句，誰也沒聽清他說了什麼。見到陳公博，他說了句：「公博，你回來了嗎？很好，我們改日再談罷。」說完，便坐上汽車，一溜煙地疾馳而去。陳公博百思不解，廖仲愷怎能忙到這樣，約了人來而無暇談話，這也太沒禮貌了吧。他對黃居素說：「咱們走罷，我實在看不下這種混亂局面。」

陳公博哪裡知道，革命，就是這般轟轟烈烈，熱熱鬧鬧。

幾天後的一個深夜，總算抽出點時間的廖仲愷，約陳公博面談。事後，據陳公博回憶，這是決定了他「以後的事業命運」的一次談話。

「公博，你回來了，你打算怎樣？」廖仲愷問。

「我沒打算，我還是決定到大學教書。」實際上，陳公博回國的600美元旅費，就是廣東大學支付的。這是個君子協定，你來我這裡教書，我給你回國旅費。

「那是你的打算了，這不是我們對你的期望。我們希望你回國，不是教書，而是幫我們的忙。」

「我對政治沒有什麼興趣。」陳公博申明。

「我不管你對政治有沒有興趣。我一定要和你辯論，你看中國這樣落後，政治那樣腐敗，要不要想辦法？」

「自然要想辦法。」

「既然要想辦法，要不要組織？」

「自然非有組織不行。」

「你看國民黨有沒有希望？」廖仲愷單刀直入地問。

這讓陳公博有些猶豫：「恕我大膽批評，國民黨還沒有組織嚴密。」

「你的批評很不錯。但你只會冷靜地批評，而不肯努力地參加工作。這樣，國民黨永遠沒有辦法，而中國的國民革命也永遠不能實現。」

「廖先生究竟要我怎樣呢？」陳公博心中的激情幾乎已經被廖仲愷點燃了。

「我們不要你教書，要你入中央黨部。我和你約定，我們失敗一起失敗，成功也一起成功。我希望你立刻答應我。」廖仲愷興奮地站了起來。陳公博覺得，那架式，如果他不答應，就像要決鬥似的。

就這樣，陳公博被廖仲愷拉進了國民黨。

他們立即研究部署在廣州驅逐軍閥楊希閔、劉震寰。楊劉投機革命，擁兵自重。孫中山在世時，就對他兩人奈何不得。孫逝世後，楊希閔、劉震寰在廣州廣開煙賭之場，大收不義之財，已將東征陳炯明的革命責任拋了九霄雲外。陳公博起草了一個宣言，一個文告，黃埔革命軍6月6日回師廣州，一舉掃平了楊劉軍閥部隊。

6月，加入國民黨沒有幾天的陳公博，擔任了中央黨部書記長，處理起了國民黨中央黨部的日常事務。這實際上是汪精衛、廖仲愷為陳公博而設的一個職務。7月1日，廣州國民政府正式成立，

陳公博任農工廳廳長。7月3日，廣州軍事委員會成立，陳公博任政治訓練部部長。

陳公博在國民黨黨內地位的迅速上升，標誌著以廖仲愷為代表的國民黨左派的日益壯大。這引起了國民黨右派的恐慌。黨內派系鬥爭的暗流在劇烈湧動。

8月20日上午，廖仲愷偕夫人何香凝乘車前往中央黨部出席國民黨中央執行委員會常務會第102次會議，途中偶遇國民黨中央監察委員陳秋霖，便同邀前往。在中央黨部大門口，當廖仲愷開門下車時，突見幾個人從中央黨部大門內衝出，拔槍轟擊，彈花亂迸。廖仲愷僕倒在地，陳秋霖腹部中彈。何香凝撲到廖仲愷身上，問他受傷與否，廖已不能答話。何香凝抱起廖仲愷，緊急送到廣州公醫院搶救。

陳公博趕到醫院時，見廖仲愷躺在一張病床上，鮮血滿身，兩眼微微睜著，眼球凝滯。醫生檢查，身中三槍，已無生還希望。陳公博悲從中來，不禁放聲大哭。

粵軍總司令兼廣東省省長許崇智趕到醫院，報告說，暗殺名單共有8人，汪精衛、陳公博都在其中。那天，汪精衛因為手腫，未去中央黨部開會，僥倖躲過一劫。搜捕兇手後查明，主謀者是胡漢民的哥哥胡清瑞和堂弟胡毅生。

這是國民黨右派發動的第一場血腥內訌。此後幾十年，陳公博都在國民黨的派系鬥爭中起起伏伏，左鬥右突。

「三・二○事變」，史稱「中山船事件」，是陳公博經歷的又一場殘酷的國民黨派系鬥爭。

1926年3月，蔣介石不知從哪裡聽來風言風語，說是汪精衛要害他。那時，正巧有一艘蘇聯運輸船停在黃埔口岸，傳言說，汪精衛將以參觀為名把蔣介石騙上船，然後捆綁劫持，押往蘇聯符拉迪

沃斯托克。

蔣介石聞訊心灰意冷，打算辭職流亡。18日，他帶上親信陳立夫，坐汽車到天字碼頭，準備乘海船避走上海。汽車上，陳立夫對垂頭喪氣的蔣介石說，我們有軍隊在手上，為什麼不幹？難道就沒有別的辦法了嗎？車到碼頭，蔣介石幡然下定決心，命掉頭回家。緊接著，發動了「三‧二〇事變」。

3月20日清晨不到6點，住在廣州東山的陳公博在睡夢中被衛兵叫醒，衛兵報告，東山地區已經戒嚴，俄國顧部的住宅也被軍隊層層包圍了起來。

事發突然，陳公博一點資訊也沒有，不知是哪路軍隊鬧事，是叛亂還是嘩變？陳公博急忙起床，穿上軍裝，叫上車，往汪精衛公館趕去。

汪精衛沒有睡在樓上臥室中，而是躺在二樓廳中一張帆布床上，面色蒼白，神情憔悴。頭天晚上，他的眩暈病犯了，一夜沒有睡好。

「外間戒嚴，汪先生知道嗎？俄國顧問的公館也被包圍了，這是怎麼回事？」陳公博一連串地發問。

「我完全不知道，正在有人來報告，我還在懷疑。」汪精衛有氣無力地回答。

此刻，譚延闓、朱培德亦匆匆趕來。他們說，蔣介石今晨找到他們，說有一封信轉呈汪精衛。汪展信閱看，是蔣介石的親筆，蔣說共產黨意圖謀亂，所以不得不緊急處置，請主席原諒云云。譚、朱還說，據他們的情報，蔣介石已佔領了東門造幣廠做司令部。中山艦艦長李之龍已被扣押。第一軍中的黨代表無論是否共產黨員，已被全體免職，既行看管。

聞聽此言，汪精衛滿臉怒氣地說：「我是國府主席，又是軍

事委員會主席，介石這樣舉動，事前一點也不通知我，這不是造反嗎？」說著，汪很憤慨地坐起來，禁不住一陣頭暈又倒在床上。

眾人商議，派譚延闓、朱培德去蔣介石司令部探詢情況，瞭解蔣用兵的真實意圖；派陳公博去高第街和大沙頭二、三軍司令部調兵遣將，以備不測。汪精衛硬撐病體，要去面蔣質問，他說：「我在黨有我的地位和歷史，並不是蔣介石能反對掉的。」終因天旋地轉，無力起身，被大家勸阻。

蔣介石堅不吐實，顧左右而言他，只是說要限制共產黨。3月22日，在汪公館召開了國民黨中央政治委員會臨時特別會議，蔣介石也參加了，汪精衛抱病主持。會議通過了三項決議，一、通過限制共產黨辦法；二、請蘇聯方面召回軍事總顧問季山嘉；三、任命陳友仁、宋子文、陳公博為國民政府代表，相機與英國政府交涉，結束省港大罷工。

「三‧二○事變」宣告平息。

此次事變的最大贏家無疑是蔣介石。蔣實現了他限制共產黨的最終目的：國民革命軍第一軍的全體共產黨員被驅逐，黨代表被取消；中山艦的指揮權落入蔣介石之手；黃埔軍校青年軍人聯合會被解散；堅決反對蔣介石獨斷專行的蘇聯顧問被解聘……

汪精衛作為國民黨左派領袖，對於國民革命意氣風發，對於黨內的派系鬥爭，優柔寡斷。蔣介石的這次「逼宮」，令汪精衛意興闌珊，3月23日，他上書國民黨中央執行委員會，提出請假，海外治病。

明眼人一看便知，汪精衛是被蔣介石逼走的。

蔣介石發動兵變的直接藉口是，共產黨把持的「中山艦」擅入省河，要舉兵造反。多年後，陳公博見到了已經脫離共產黨的原中山艦艦長李之龍。陳問：「共產黨真的命令你去攻打黃埔軍校

嗎?」李答:「哪有這回事!那天早上,是在我家的床上把我拖下來抓住的。我要攻黃埔,哪有工夫回家睡覺呢?」陳又追問:「你沒有接到命令,便擅自調動中山艦?」李答:「中山艦18日駐黃埔,19日駛回省河,蔣公館都是來過電話的。」「那電話是蔣先生親自打給你的嗎?」「那倒不是,是他的秘書打的。蔣介石過去都是這樣指揮,我們也習慣了,從未出過岔子。而這次⋯⋯」

陳公博終於明白了蔣介石的把戲和伎倆。

北伐軍興,萬眾注目。年輕的革命戰士大都具有赴湯蹈火、視死如歸的英雄氣概。1926年7月22日,是廣州革命軍出征的日子。從早上開始,廣州西村火車站已是人山人海,歡聲雷動,送行的、慰勞的、出發的、演講的、歡呼的,匯成一股由革命豪情聚發的戰鬥情懷,如奔騰的江水,勢不可擋。

陳公博這天是抱病出征。他因中暑而發著高燒,但熱烈的歡送場面,讓他精神為之一振,病症竟輕了許多。陳公博應該振奮起來。他是國民黨中的一顆閃亮的新星。入黨僅僅20個月,便擢升為國民黨中央常委。此次北伐,又被委以重任,長政務局,在北伐勝利各地,組建革命政權。當晚火車至韶關,換乘水船去樂昌。船行沿途,正是20年前他隨父親造反行經之處。夜泊樂昌城外,恰遇微雲擁月,星斗不光,岸旁短樹扶疏,遠處村落隱火,陳公博感慨萬千,不禁賦詩一首:獵獵悲風掠莽原,疏星連樹認前村。當年單騎窮投止,月黑衝寒渡峽門。

陳公博個人感念的情思,很快便被北伐途中壯烈的犧牲所取代。汀泗橋、賀勝橋大戰數日,屍橫遍野,戰況之慘烈,不忍目睹。8月30日,太陽初升之際,陳公博騎馬來到賀勝橋頭。硝煙還未散盡,戰場似乎搏殺依舊。只見橋南橋北,滿布屍骸,橋底屍體足有千具,橋面的死人疊得像小丘。他坐下的戰馬也被嚇著了,直立

而嘶，不肯前行。陳說：「那時秋風初起，吹人有點微寒，太陽映著死屍，入眼都像和著人血的腥氣，這一幅戰場慘圖，不待後人憑弔，大家都有點惻然。」陳公博的心中，不免又吟詩一首：百里橫屍斷洄川，戰雲幂地遍狼煙。朝陽入眼赤於血，征馬長嘶卻不前。

攻陷武漢，全國振奮。國民軍總司令蔣介石任命陳公博為湖北財政委員會主任，負責籌餉和財政調度，這可忙壞了陳公博。軍情緊急，用度無算。有時夜裡兩三點鐘，各軍軍需長也要到陳公博這裡敲門入室，要錢要款。

為籌款，陳公博費盡了心機。他聽說吳佩孚佔領武漢三鎮期間，向商會和各銀行借款150萬元之巨。你們能向軍閥借貸，為什麼不能向革命軍借貸呢？陳公博遍發請柬，擺下「鴻門宴」，請商會和銀行行長赴宴吃酒。這些商界大賈們明知此飯難以下嚥，還是不敢不來。他們於席間紛紛叫苦，經營困難，局勢不穩，市面不好，等等，一句話，就是不想拿錢。陳公博並不發話，只是勸吃勸喝。無奈之下，中國銀行、交通銀行帶頭認借，各家跟進，湊起了50萬元借款。這可解了陳公博燃眉之急。

陳公博這裡忙得不可開交，那邊廂白崇禧也來添亂。白崇禧是國民革命軍的參謀長。白讓陳兼任湖北省外交交涉員和江海關監督。白崇禧說，湖北當著外交要衝，不可沒人主持。

這極富挑戰性的職責，激發了年輕陳公博的鬥志。他毅然接下了這個任命。

在武漢，最難對付的是英國駐漢口總領事葛福。葛福是一個老資格的英國外交家，「瘦老頭，高個子，而面上刻著無數在華經驗的皺紋，發出來的眼光充滿著英國保守派的微光，而同時具有中國老人家瞧不起後生小子的神氣」。

陳公博決心會一會老葛福。這天下午，他帶著兩個衛兵，乘車

進入了英租界。剛進路口，兩個持槍的英國水兵便來阻止。汽車戛然而停，陳公博用英語訓斥道：「我是中國高級官吏，來見你們領事，你們站一邊去！」兩個英國水兵要求陳公博留下衛兵和武器，獨自前往。陳公博嚴辭拒絕。司機一踩油門，汽車揚長而去。

在領事辦公室裡，葛福指責革命軍帶來了反英情緒。他說：「漢口反英運動太烈，那都是你們從廣州帶來的！」陳公博問：「前天漢口人民在跑馬場上開會，對英國有點表示，葛先生知道有多少人？」「我知道有三萬多人。」「這三萬人當中，葛先生以為湖北人多，還是廣東人多？」「自然是湖北人多。」見葛福落入彀中，陳公博凜然陳詞，葛先生既然知道湖北人多，那麼反英運動不全是我們帶來的。我實在告訴葛先生，我們國民政府並沒有意思一定要反對任何一國。他們和我們做朋友，我們也和他們做朋友。友誼不是一方面，如果沒有兩方面，根本說不上友誼。葛先生應該知道，你們兵艦炮轟萬縣的事件，誰也受不了。倘使我們在英國幹這麼一回事，英國人民的感情又怎樣？

陳公博還同葛福討論了租界問題。陳直言：我聽說漢口的英租界岸邊不准中國人行走，而且連軍隊也不准進入。或者這是你們租界的一種章程，或者是你們的一種慣例。但是，陳公博強調，我負的責任是外交。我只知道條約，不知道你們單方面的慣例章程，我們不但沒有承認過，而且根本不知道。租界只是租界，還是中國領土！陳公博警告說，以後中國人如果在英租界岸邊散步，或者軍隊進入租界，請葛先生不要干涉。否則有什麼意外，還是葛先生應負的責任。

陳公博決定趁熱打鐵，向英國人的無理規定挑戰！當天傍晚，他獨自一人來到英租界的江邊，坐在不准中國人坐的排椅上，用英語同一位英國老太太閒聊。這位英國老嫗從眼鏡後面向陳公博投來

詫異的目光。一個英國巡捕疾步向陳公博走來。不待巡捕開口，陳公博先責問他：「你是來干涉的嗎？我今天就要在這裡散步。我在官署沒有見到租界章程，並且也沒有承認過這種章程。你回去報告葛福先生好了！」英國巡捕一時不明就裡，只好悻悻退去。而慢慢聚攏到江邊看熱鬧的中國人越來越多。陳公博的這一舉動，打破了漢口英租界不許中國人進入的慣例。陳公博勇鬥葛福，不失為一段佳話。

家庭的背景，張揚的個性，不屈的鬥志，良好的學養，令陳公博在國民黨內獨步天下，所言所行，引起了國內外媒體的廣泛關注。陳公博這樣評述過自己這幾年的經歷：「許多年為著外間的幾度意外宣傳，有個很長的時期社會上當我是一個不可親和不可近的人物。其一是省港的罷工，實在當時我還不是主持人，我不敢貪天之功，掠人之美，只是那時我是一個中央黨部的農民部長，兼著廣東省政府的工農廳長，因為職務上的關係，人家總當我是一個闖亂子的頭領。其二是武漢的外交，當日我總不覺得我是太硬，只是履行我交涉的責任，然而自我之前，交涉員總沒有我那樣骨骼嶙峋的，武漢是中國的中心，而且處在上海的上游，外國人間的宣傳，好像我是一個中國的死硬派。其三便是廣州共產黨的暴動，為著政治的分立關係，原本我是一個共產黨所要得而甘心的人物，因為當時廣州當局的反宣傳，好像我是率領共產黨焚燒廣州的罪魁。積累著種種原因，人家縱然不當我是七手八臂的地煞天罡，至少也想像我是戲臺上睜眉突眼的竇爾墩，性格是那樣的蠻橫，面貌是那樣的兇惡。」

無論陳公博怎樣表白，毋庸置疑的是，他深深陷入了國民黨內的派系鬥爭。

北伐之後，蔣介石在國民黨內的地位迅速竄升，逐漸成為了

國民黨右翼的領袖人物。從蔣介石頑固的反共立場出發，他不得不
「雙線」作戰──一方面，與國民黨左派明爭暗鬥；一方面，與中
國共產黨公開決裂，兵戎相見。陳公博除在北伐初期追隨過蔣介石
外，便一頭紮進了當時的國民黨左派領袖汪精衛的懷抱，策劃、發
動了多次反蔣鬥爭：成立「中國國民黨改組同志會總部」，著手國
民黨的改組與重建；組織「護黨救國軍」，聯絡反蔣軍人唐生智、
張發奎、李宗仁、胡宗鐸、石友三等從事軍事倒蔣活動；在北平召
開「國民黨中央擴大會議」，策動閻錫山、馮玉祥等與蔣介石集團
展開國民黨新軍閥中原大混戰⋯⋯

　　令人奇怪的是，所有這些反蔣鬥爭，無論聲勢多麼浩大，計畫
多麼周密，努力多麼艱辛，竟無一成功，都被蔣介石見招拆招，輕
易瓦解。不知是國民黨內的人心向背，還是中國社會的人心思定，
總之，陳公博愈是拼命反蔣，蔣介石的地位反而是愈穩固，聲望愈
隆盛。蔣介石本人倒是表現了一個政治人物難得的大度，所有這些
派系鬥爭，內訌攻訐，只要低頭認錯，放棄立場，仍可共事，仍可
同道。因而，汪精衛、陳公博、唐生智、李宗仁、閻錫山、馮玉祥
等等，黨內高官照做，統兵大權照握。這是蔣介石的胸懷，也是蔣
介石的自信。

　　吳稼祥在他的煌煌大著《公天下》中，大膽定義：自有信史，
中國歷史上可稱為「黃金時代」或「太平盛世」的，無非五個：春
秋時代、文景之治、貞開之治、康乾盛世和民初「黃金十年」。

　　吳稼祥這樣評價民初「黃金十年」：

　　　民國黃金十年指的是1927年至1937年，也就是北伐成功到抗
　　日戰爭爆發。這十年，從經濟成就上評估，是黃金、是黃銅
　　抑或是黃昏，涉及意識形態和評價標準問題，見仁見智，見

鬼見神，先存而不論；但有一點，不難達成共識：凡是今天在其所在界別可以被稱得上「偉人」或「大師」的人，哪一個不是在民國時代成長起來的？

　　吳稼祥還真的留給了我們許多沉思。他想告訴我們的是，只要政治上、文化上的專制和獨裁還沒有完全建立、還不那麼慘烈，社會的活力就可以盡情迸發，人才的成長便有了適合的環境。

　　如此說來，在某種意義上，我們應該感謝「麻煩製造者」陳公博。事實上，近代研究者已經給陳公博按上了一個合適的頭銜：亂世能臣。

　　日本軍國主義的野蠻侵略，極大地激發了中國人民的民族精神和愛國熱情，舉國上下同仇敵愾，萬眾一心，「一寸山河一寸血，十萬青年十萬軍」，保家衛國，殺敵禦侮，慷慨悲歌，感人至深。

　　自1935年起，政治上日漸成熟起來的陳公博，已經厭惡了黨內紛爭，面對民族危亡的嚴峻局面，他覺得有必要精誠團結，同赴國難，共拒強敵。陳公博提出了他的原則，「黨不可分，國必統一」。的確，華北事變之後，無論是在國民黨內，還是在國民政府中，都很少能聽到陳公博激烈的批評和尖刻的意見了。他本可能成長為一根黨國的棟梁。

　　汪精衛的「和平運動」害了他。

　　汪精衛是在怎樣的背景下，以什麼樣的心理狀態和事實依據，提出對日和平計畫的，我們將在另外一篇文章中論述。對於陳公博而言，與汪精衛幾十年的交情和信任，他似乎只有盲從、緊隨，而別無選擇。這種沒有原則的「義氣」，將他拖入了萬劫不復的可怕境地，正所謂「一步臨淵萬事休」。在民族大義、民族氣節的考量上，中國的傳統道德和傳統文化是沒有通融的餘地的。

　　1938年11月初，撤退到四川的陳公博，正在成都籌畫培訓國民黨黨員事宜，接到了汪精衛從陪都重慶打來的電報，讓他即刻趕到重慶，有事情商議。

　　回到重慶的陳公博，是在一天上午去見汪精衛的。汪精衛向他說，「對日和平已有端緒」，待時機成熟便離開重慶，與日本人直接「議和」。

　　陳公博丈二和尚摸不著頭腦。他不知汪精衛是何時與日本人接觸議和的，但他深知此舉風險太大，於國於黨於己都十分不利。他力陳不能議和的理由，與汪精衛一直辯論到午後。汪精衛夫人陳璧君聽煩了，對他們說：「你們辯論時間太久了，吃過午飯再談吧。」

　　陳公博離開汪公館，徑直到中南銀行找周佛海。周佛海笑言：「你一定嚇一跳吧？」陳回說：「怎麼不是呢，這樣大的事情，為什麼到今天汪先生才通知我？」周佛海說：「我也對汪先生說過，應該通知公博。可汪夫人說，公博近來太懶，等到成功再通知他。若是我們都走，他是不能單獨再留的。」

　　午後，陳公博再見汪精衛，力陳不能和，不能走的理由。汪精衛許是被陳公博纏煩了，應付他說，這事雖有頭緒，尚無結果，等到將來發展再談吧。

　　哪裡是「尚無結果」，哪裡是將來再談？汪精衛一刻也沒停止他的「和平運動」，密使頻繁往來於香港重慶之間，共同聲明已經草就。大約是在12月13日左右，汪精衛派一副官去成都通知陳公博，務於18日趕到昆明。然後，同飛河內，開展「和平運動」。

　　陳公博陷入了極大的矛盾之中：「第一，想到我不隨汪先生走，不難人家看作我個人在內地作汪先生內線的工作，就是這樣看法，我也不忍眼看各人在我面前大罵汪先生。第二，想到我若跟汪

先生走罷，數年來我苦心孤詣、隱忍自重以求黨的統一的苦衷盡付東流。第三，我更想到倘若是和平成功，東北是丟了，內蒙共同防共也等於丟了，所謂華北經濟合作也等於共有，於中國前途絕無好處。」但是，小團體的私利終於占了上風。他不能忍受與汪精衛20年關係中斷帶來的痛苦，更不能使自己在蔣政府中處於受人歧視的難堪境地。他決定追隨汪精衛離開重慶。他甚至自我安慰，離川之後，以個人的努力，阻止汪精衛組織政府。

因天氣原因，陳公博20日才抵昆明。汪精衛一行已於前一日先飛河內，陳公博便馬不停蹄地跟了過去。此一去，正應一句老話：上賊船容易下賊船難。

在河內，汪精衛起草了後來聞名於世的「豔電」，命陳公博、周佛海、陶希聖帶去香港發表。三人離河內後，國民黨軍統特務策劃了河內刺汪行動，汪精衛得以倖免，汪的秘書曾仲鳴遇刺身亡。汪精衛擔心自身的安全，打算離開。陳公博馳電急勸，勿離河內。汪精衛置之不理，執意前往上海。在上海，在與日本特務機關接洽後，汪精衛又決定東渡大海，訪問日本。陳公博再次苦勸，電文直陳：「先生如此，何以面國人？」汪精衛怒覆一電：「弟為愛國愛人民而赴日，有何不可以面國人？而且在此國家敗亡之時，更不計及個人地位。」

陳公博再無他計，以照顧老母親為藉口在香港滯留了一年之後，只有離港赴滬，追隨汪精衛而去。由上海而還都南京，召開「政治局會議」，組建「中央政府」。陳公博就任汪精衛國民政府的立法院長。

1940年4月1日，在所有這些鬧劇完成不足旬日，陳公博給兒子陳幹寫了一封長信，說「可以當作是訓詞」，「也可以當作我的遺囑」，表露心跡，一訴苦衷：

　　倘使汪先生不倡和平，我決不會離開重慶的，而且自己也曾決定非抗戰完畢（不管勝敗）不離開四川的。因為我想雖然中國戰敗也急需和平，然而我還沒有資格和聲望來號召這個運動，所以我只有學文天祥國家亡了自己也死了，便算盡一己的責任。

　　汪先生的確可以佩服，他有革命的歷史，有黨國的地位，但他看著中國快亡，不惜犧牲了自己，任人唾罵，希望能夠作萬一的挽救。他這種舉動，或者你年輕還不懂，你大了自然慢慢懂了。

　　中國是不可以再戰的了。中國還是一個產業落後的國家，還沒有走上近代國家之路，我們要知道近代的戰爭不光是靠武器的，國家的經濟，人民的教育，交通的脈絡，都要和武器相副的，假使缺乏了這些條件，就有飛機、坦克車、大炮還不中用，何況我們根本就沒有這些機械化的武器！

　　蔣介石先生何嘗不知道會打敗仗的，但他有一個夢想，他以為美、英、法、俄會幫助中國的，他告訴我上海失了，英、美、法要來干涉的，綏遠、察哈爾失了，俄國一定會出兵的，但他始終沒有和這些國家聯絡過，而這些國家的內情也不清楚，上海和綏遠、察哈爾都丟了，外國一些也不著急，蔣先生真是太誤國了。而且軍備始終沒有打算，沒有準備，大炮和坦克車固然沒有，各地年年月月獻飛機，我們終以為最少有500架，誰知開戰的時候，僅得61架，這些買飛機的錢往哪裡去了呢？誰也不知道，蔣先生也真太誤國了。

　　勝敗是兵家常事，誰能保必勝的，不過蔣先生簡直沒有打算，好像中華民國的四萬萬人民去作孤注的，我個人為著國家。雖然心裡十二分的不高興，也只好悶在心裡。

自從近衛聲明，我們知道日本不是要亡中國，所以汪先生才和我贊成和平，但日本是不是有誠意呢，靠得住呢？這不獨一般人要問，你小孩子也要問，我自己也要問。但我可以告訴你，一個國家是與個人不同，個人還有感情，國家是沒有感情的，日本最初何嘗不想亡中國，但它到底亡不了中國，這個原因也很簡單，第一日本沒有這許多兵力來統禦中國，第二日本在海上還有英美的敵人，在陸上還有蘇俄的敵人，它把全力消耗於中國，它終是不了，第三還有最大原因，民族主義和愛國主義思想普及於全國人民，我們雖然打敗，但沒有一個人肯做它的奴隸，因此打了兩年多，它知道不但不能亡中國，而且一旦它和英、美、俄開戰，還要中國幫忙，因此才幡然贊成和平，而要和中國作朋友，我們既然知道日本不得不誠意，因此才有了把握，趕快設法了此戰局。

　　我在香港也想過一年了，我不來是可以的，還可以唱高調的，但我是住在殖民地的香港了，固然是安穩了，然而中國除了陝西、甘肅、四川、雲南、貴州五省之外，各省都被日本全面的或一部的佔領了，四萬萬人有三萬萬人都呻吟痛苦於淪陷區域了，我是一個負責任的人，我是一個革命者，就這樣在香港享樂而忍聽中國這樣淪陷嗎？我徹底想過，我一定不能長住香港的，我只有兩條路，一條是抗戰，一條是和平，抗戰無望，只有提倡和平來救中國，你在上海想也知道了，米賣到50多元一挑，煤賣到200多元一噸，去年冬天上海因寒餓而死的有數千人，你想想上海這樣，淪陷區還不知怎樣痛苦！在這樣紛亂情形底下，蔣先生的親戚藉著統制貿易來發國難財，而一班漢奸藉著日本人的勢力勾通了來發和平財，你想我能忍得住嗎？因此我只能站起來，拿人格去

抗戰，憑我們的人格去和日本講和平，只要中國不亡，我們
可以息兵言歸於好。現在國民政府是還都南京了，五色旗也
改回青天白日滿地紅了，日本所占的礦山工廠也歸還中國
了，這是第一步的交涉。以後我們更要設法使我們失去的都
逐漸拿回來，我們以富貴不能淫、威武不能屈的精神和人格
在刀槍環境中爭回領土一分是一分，爭回主權一分是一分。
蔣介石的抗戰是用武器，我們的抗戰是用人格，蔣介石打敗
了還可以逃，我們打敗了只好犧牲性命，所以我在此地是有
進無退的，我來南京不是為了做官，而是來救人民和救國
家，我不知人的性命喪於何時，但我絕不可惜，因為我將近
50了，死生有何足惜，而且到了這個地步，死生有何足惜！

陳公博這種複雜的「和平」心態，似乎不是簡單的一句「投敵
賣國」可以涵蓋的。

陳公博在汪精衛國民政府中的地位不斷提升，卻是不爭的事
實。他由立法院長兼任了廣東省長。上海特別市市長傅筱庵被軍統
暗殺後，陳公博又就任了上海市長。1944年11月10日，汪精衛病死
於日本後，南京的國民黨中央政治委員會舉行緊急會議，推選陳公
博為國民政府主席、國民黨中央執行委員會主席、中央政治委員會
主席、行政院院長、軍事委員會委員長、新國民運動促進委員會委
員長、全國經濟委員會委員長，一句話，汪精衛生前擔任的所有職
務，統統移到了陳公博頭上。此時，歐洲的反法西斯戰爭已接近尾
聲，日本在太平洋戰場上節節敗退，南京國民政府的末日已為期不
遠，陳公博是抱著一種「殉葬」的心情來繼位的。他力排眾議，堅
持在所有的職務上加一個「代」字。有人大惑不解：由活人代理死
人行使職權，曠古未聞，既不符合國家體制，又不符合歷史傳統。

但陳公博心知肚明，他私下裡對親信說：「我不稱主席而稱代主席，是我對重慶方面表示的一種姿態。汪先生上演的這台戲，已近尾聲，所謂人亡政息，應該結束了。我來繼位，是來辦理收場的，不是來繼續演出的。」

從陳公博繼位開始，直到日本無條件投降之後，陳公博通過各種管道，向重慶的蔣介石拍發電報、傳遞信函，急於表明心跡，彙報情勢，領受任務。多次表白，均如石沉大海，毫無訊息。蔣介石的沉默，是對陳公博的極大蔑視。蔣心中的小算盤肯定作如是打算：黨爭多年，派系纏鬥，創深痛巨，心猶滴血。今以漢奸之罪取陳公博性命，天賜良機，豈能錯過！不管陳公博怎樣搖旗乞降，蔣介石聽而不聞，視而不見，決不給他一息生的可能！

1945年8月25日，清晨。一架日本航空公司的MC型飛機從南京明故宮機場悄然起飛。機艙中乘坐的是陳公博和他的妻子李勵莊、安徽省長林柏生、實業部長陳春圃、行政院秘書長周隆庠、經理總監部總監何炳賢和陳的女秘書莫國康七人。

日本方面派出了日軍總司令部參謀、南京政府軍事及經濟顧問小川哲雄陪同。

這是一次倉皇的起飛。

陳公博一直等著重慶和蔣介石方面的指令，期望得到一個「投誠」、「歸順」的正式名份。他用盡了各種辦法和所有管道，甚至托杜月笙代為傳信，均毫無結果。聞聽8月26日何應欽將率部進駐南京，接受日軍投降，陳公博不得不倉皇逃離，以避劫難。

飛機起飛後，向東北方向的青島飛去。那裡還是南京的部隊和日軍的控制區，陳公博想暫避幾日，以窺風向。飛臨濟南時，小川臨時起意，掉頭東去，徑飛日本。

東京、大阪、福岡等地，美軍的先遣部隊已經抵達，隨時會有

大規模駐軍。為掩人耳目，小川哲雄決定降落在本州陰縣西郊的米子機場。

　　飛臨米子上空之後，飛行員才突然發現，米子機場已被盟軍狂轟濫炸一氣，跑道破敗不堪，還散落著被炸飛機的殘骸。

　　飛機在米子機場上空盤旋了一圈又一圈，找不到適合下落的跑道。此刻，油壓表紅燈閃爍，提示油料將盡。飛行員橫下一條心，強行迫降。飛機在起伏不平的跑道上勉強落地，好在飛行員技術嫻熟，飛機在經過了一陣劇烈顛簸後，停在了跑道盡頭。陳公博嚇得面色蒼白，飛行員也是一身冷汗。

　　米子機場的地勤和守衛部隊已四散逃竄，空無一人。時值正午，熾熱難耐。小川讓陳公博一行在機翼之下躲避驕陽，他費了好大的勁，在機場附近的松林中找到一輛破卡車，將陳公博等送到了米子市政府。

　　從市政府到陳公博準備下榻的海軍俱樂部水交館，還有一段路程。破卡車已不能啟動，市政府又沒有車，市長好不容易找來一輛消防車，陳公博夫婦坐進了駕駛室，其他人就像消防隊員一樣，抓著扶手，站立於消防車的兩側。莫國康身著豔麗旗袍，招搖過市，格外顯眼。日本在鄉軍人會組織的米子自警團，以為「中國人已進佔米子」，當晚便圍住了水交館。小川哲雄反覆講明是「朋友」、「自己人」，自警團始才散去。

　　水交館亦是人去樓空，破爛不堪，房間連一把椅子也沒有，陳公博只好在草席上度過了逃亡日本的第一個夜晚。

　　第二天，祕密轉移望湖樓，沒住兩天，又化名東山公子，隱居於京都郊外的金閣寺。

　　真正做了喪家之犬，陳公博才感受到離經叛道，無所膀倚的滋味。他本是一個俠氣助人、仗義疏財之人。今日寄人籬下，東躲西

藏，陳公博心情抑鬱，精神幾近崩潰。一天，周隆庠匆匆走進陳公博房間，氣急敗壞地說：「我剛剛看到晚報，梁鴻志已遭重慶方面通緝！」

陳公博聞聽，臉色陡變。他自言自語：「梁鴻志不過是和平政府的監察院長，我還是代理主席。如此看來，蔣介石肯定不會放過我！」

周隆庠走後，陳公博歇斯底里大爆發，他拉開抽屜，抓住手槍，大叫：「完了，全完了！劫數難逃。與其這樣東躲西藏，活著受罪，還不如一死了之！」

李勵莊撲了過去，抓住手槍，極力勸阻。爭執中，扳機扣響，子彈打在了天花板上。

日本政府靈機一動，對外宣佈：陳公博自殺身亡。

9月9日，南京受降儀式結束後，中方代表何應欽即向岡村寧次提出，引渡陳公博回國受審。何應欽義正辭嚴：陳公博私逃日本，對外宣稱自殺，企圖逃避制裁。日本政府必須馬上將其交出。如確系自殺，將由中國方面派人驗屍。

10月3日，陳公博一行六人（何應欽的引渡備忘錄中沒有李勵莊），在一名憲兵長和八名士兵的押送下，登上了中國政府派來的C-47型運輸機，由米子直飛南京。當飛機飛臨南京上空時，陳公博口占七絕兩首，以詩言志：

> 獵獵西風冷北門，鐘山東望又黃昏。
> 只期國土酬知己，萬劫歸來不顧身。

> 烽火縱橫遍隱憂，抽刀空欲斷江流。
> 東南天幸山河在，一笑飛回作楚囚。

　　陳公博歸案後，先是關押在南京城南的憲兵司令部看守所，不久又轉移至寧海路25號軍統局臨時看守所。陳公博此時心境還算坦然，他明白，他這是在「自己人」手裡。

　　次年3月，陳公博、陳璧君、褚民誼三人被押至蘇州江蘇省高等法院看守所，交付司法審判。陳公博這才知道，蔣介石是不會放過自己了。他在3月15日的獄中日記中寫道：

　　數十年來，為了幫助父親從事所謂「造反」，以及正式獻身革命工作，我所遇到的逆境也不能算少了，但無論際遇如何艱困，環境如何險惡，我始終以好漢自命，抱定打落門牙和血吞的態度，不怨天，不尤人，艱苦奮鬥。但時至今日，我實在忍不住要喊一聲：「天呀！」

　　對陳公博的審判，於1946年4月5日下午2：30正式開始。起訴書洋洋萬言，列舉陳公博十大罪狀，由首席檢察官韓燾宣讀，歷時一個小時。陳公博的答辯，是他在獄中寫的《八年來的回憶》，近三萬字。經審判長孫鴻霖同意宣讀，用時一小時五十五分。

　　隨後進行法庭辯論。陳公博逐一否認十大指控；檢察官據實指正所控屬實；法官適時進行法庭調查、取證。激烈交鋒6個多小時後，法官宣佈休庭，4月12日開庭宣佈判決。

　　4月12日下午4時，孫鴻霖再次開庭，宣判如下：陳公博通謀敵國，圖謀反抗本國，處死刑，褫奪公權終身。全部財產，除酌留家屬必須生活費外，沒收。

　　儘管對判決結果早有精神準備，但聽到「死刑」之後，陳公博還是微微一震。回過神來後，陳公博對孫鴻霖問他是否上訴回答道：「我上次審判時已經說過，無論如何決不上訴。審判長能在上次讓我朗讀完《八年來的回憶》全文，我心滿意足了，應對審判長及各位表示感謝。」

5月14日，最高法院核准原判，呈送司法行政部核發執行命令。

6月1日，司法行政部核准了對陳公博的死刑判決。次日，陳公博被移送獅子口江蘇第三監獄，等待執行死刑。陳公博知道自己來日不多，倒也神閒氣定。同獄的犯人們，想方設法找到紙筆，求陳公博的「遺墨」，陳公博有求必應，樂此不疲。

6月3日，天剛濛濛亮，陳公博起床後，才洗漱完畢，監獄長便拿起一疊宣紙，匆匆進來：「陳先生，請你為我寫一副對聯吧。」「你想寫什麼呢？」陳公博有些不太情願。「寫什麼都可以，你看著寫吧。」監獄長似乎有些著急。

陳公博展開宣紙，略作思考，飽蘸濃墨，提筆便寫下了上聯：大海有真能容之量。

陳公博眯起眼睛，仔細端詳這幾個字，大約是剛剛起床，心境平和，字寫得剛勁有力。他面露幾分得意之色，一氣呵成，向下聯運筆。陳公博的下聯是：明月以不常滿為心。陳公博的得意，還在於清晨起來的靈感一動，讓他想到了暗諷蔣介石器量狹小、容不得人的這副精妙對聯。

「心」字還未寫完，囚室門「嘩啦」一聲打開了，兩個全副武裝的法警走了進來。

陳公博淡定地轉過身來，微微一笑，「怎麼？時間到了？讓我把這最後一個字寫完。」

法警倒不好意思起來，默立一旁，不加干涉。只見陳公博寫完對聯，又屬下落款，才把毛筆一擲，回頭問，「我可以寫幾句話嗎？」這個要求被獲批准。

陳公博坐下來，先給家屬寫了封遺書，又提筆給蔣介石寫信。陳公博「自命是一個漢子，生死等閒視之」。他對蔣介石寫道：「我雖然死，我決不對先生有什麼怨詞。先生置我於死，自然有許

多理由，或者因為我以前隨汪先生反過先生，或者因為參加南京的組織，或者因為國際的關係，或者因為國內政治的關係，甚至或者因為恐怕我將來對於國內統一是一個障礙。凡此理由，都可以使我死，而以上幾種理由，我都願意接受。」陳公博強調，臨死之前，「內心所懸懸放不下的還是一個共產黨問題，因為這個問題，關係到國家的前途，關係到黨的前途，更關係到先生的前途。我雖然死，不得不儘量和先生說，或者死者之言可以使先生動聽，也未可知。」陳公博這個死硬的反共分子，真個是寧降外敵，不甘內敗。他從希特勒和日本軍國主義的垮臺，說到了反共失敗的教訓和國民黨的應對之策，洋洋灑灑，千言之上。寫著寫著，也許是心緒煩亂，也許覺得話不投機，陳公博突然決定不寫了。他對法警說：「當局自有成竹在胸，將死之人，說了也未必有用。不如不寫吧！」這便留下了一封未完成的致蔣介石信。

陳公博被帶到獄中臨時法庭，法官驗明正身，宣讀了死刑執行書。

陳公博要求最後再見陳璧君、褚民誼一面。法庭同意了他的請求。

陳公博整了整衣服，理順頭髮，取了一把自己用的茶壺，來到隔壁陳璧君的囚室。他向陳璧君鞠了一躬，雙手捧上茶壺說：「夫人，我先走一步，隨汪先生去了。牢中別無長物，這把茶壺送您，權作留個紀念吧！」

陳璧君聞言失聲慟哭：「公博，我們曾經患難與共，豈知你先我而去！我們來生再見！」

法警帶著陳公博來到褚民誼處，兩人四目相對，默默無語。少頃，陳公博絕訣而去。

刑場就在監獄的院中。陳公博向刑場走去，忽然，他停住腳

步，回頭對行刑的法警說：「請多幫忙，為我做乾淨點。」

走到指定地點，陳公博面東而立，最後一次整理了一下藍布長衫，然後左轉面北，雙手插入褲袋內，緊緊閉上了雙目。

「砰！」槍響了。陳公博應聲倒地。幾分鐘後，法醫鑒定，氣絕身亡。

當天，陳公博的兒子前來收屍。先送蘇州殯儀館入殮，後將陳公博葬在上海公墓，連墓碑也沒有立。

以勇士起，以漢奸終；毀譽參半，忠奸兩面，盡在一抔黃土中……

主要參考文獻

《苦笑錄》陳公博著　東方出版社　2004年3月第一版

《「亂世能臣」陳公博》石源華著　團結出版社　2008年12月第一版

《民國漢奸粉墨春秋》顧居編著　團結出版社　2011年4月第一版

《大決策》黃一兵等編者　人民出版社　2012年9月第一版

周佛海

佛心在天苦海無邊

周佛海‧佛心在天苦海無邊

　　至親驟殁，家道中落，對於一個兒童的心靈打擊和精神刺激，幾乎是致命的。這會影響他的性格養成，精神氣質，影響他一生的價值追求和人生目標。

　　尼采說：「上帝死了，永不復生。」當人世間美好的東西，一旦在你面前被粗暴地撕碎、摒棄，你心靈的陽光之窗便永遠關閉了。

　　1907年，10歲的周佛海遭遇了他生命歷程中的第一個重大挫折：在福建莆田縣任知縣的父親，因力倡禁煙而受到誣告，受不住各方的壓力，也是為了自證清白，周佛海的父親無奈選擇了自盡。

　　周家祖籍湖南沅陵，周佛海的父親考取了功名，外放為官，自然是門楣生輝，光宗耀祖。1897年5月，周佛海就出生在父親任上的莆田縣。周佛海原名周福篔。「篔」是盛食物的器具。父親對他的期望，僅僅是吃飽飯而已。周佛海是他成年自己改的名字。一縣之長，雖是七品之官，卻也是主政一方，號令鄉里。周家的日子，說不上富貴榮華，但一定是安逸殷實，舒適可心。

　　父親一死，天翻地覆。衙門的官邸自然是住不得了，莆田也沒有故舊親朋，母親帶著周佛海兄妹三人，返回了湖南老家。

　　這不是榮歸故里，更不是衣錦還鄉，周佛海內心的沮喪和絕望無人可知。好在父親當年置下了一百多畝田產。孤兒寡母就靠這些土地維持生計。

　　周佛海變得敏感而自卑。他暗下決心，要仰仗自己的過人天資，發憤讀書，立志成才，渴望有朝一日，出人頭地，再耀門庭。

辛亥前後，各類觀點、各種思潮不斷湧現，交融爭辯，獨領風騷。一個偶然的機會，周佛海讀到了梁啟超寫的〈中國魂〉一文。此文秉持著梁啟超的一貫行文風格，恣肆汪洋，憤世嫉俗。梁啟超在對比了中日兩國的差距之後，大聲疾呼，尚武崇智，育人強國。他說：「今日所最要者，則製造中國魂是也。中國魂者何？兵魂是也。有有魂之兵，斯為有魂之國。夫所謂愛國心與自愛心者，則兵之魂也。而欲將製造之，則不可無其藥料，與其機器。人民以國家為己之國家，則製造國魂之藥料也；使國家成為人民之國家，則製造國魂之機器也。」

周佛海對〈中國魂〉中的新知識、新觀點見所未見，聞所未聞，對梁啟超一氣呵成、一泄千里的論辯風格敬佩至極，他竟將〈中國魂〉一文背了下來，爛熟於心。

1912年初，已經十有五歲的周佛海，在時代潮流的影響下，極想擺脫舊式的私塾教育，去城裡的新式學校讀書。他打聽到縣城的沅陵高等小學招生，便興沖沖地進城報考。誰知到了學校一看，考試已經結束，三天後就要放榜了。周佛海著急萬分。周家找到了在縣政府任教育科長的同鄉呂鶴立想辦法。呂鶴立去學校通融，校方同意周佛海補考。補考之時，老師出的作文題目是「愛國說」。周佛海便從梁啟超的〈中國魂〉說起，將愛國的本質、愛國的意義、愛國的做法一一道來，觀點新穎，行文流暢。這樣的文章，在沅陵這樣的小縣城中，自然出類拔萃。周佛海雖為補考之生，卻以第一名的成績考入沅陵縣高等小學，並被選為班長。

「欺生」，是中國文化、尤其是鄉村文化中的一大劣根。入學第二年，周佛海一幫大同學，便以兄長自居，常常欺負剛入校的新生。一次體育課，周佛海與幾個要好的同學在草地上打鬧，一位新生坐在一旁看熱鬧。周佛海讓他走開。這個新生偏不懼怕，坐那兒

不動。周佛海等人便圍過去，將這個新生痛打了一頓。被打學生報告了校長。校長大怒，要嚴肅處理，以儆效尤。一個被指認的打人學生遭到開除，其他參與者也受到紀律處分。周佛海沒有被認出，僥倖逃脫。可他良心一直受到自己的譴責，認為無顏在這個學校待下去了，更羞於以班長身分管理同學，號令群倫。他選擇了主動退學。說不出實情，又礙於面子，周佛海只好「人往高處走」，硬撐著進入了省會長沙的一所中學。入長沙中學不久，終因跟不上功課，且學費昂貴，只好再托呂鶴立求情，轉回了沅陵中學讀書。

此時的周佛海，儘管虛榮，但良知未泯。他在自身的矛盾心理下，逐漸步入社會生活。

他開始關心社會變革，關心時事政治，他經常閱讀《東方雜誌》等開明、進步的刊物，眼界大開，心緒激昂。周佛海說：「因為留心政治，居然隱有以天下為己任之氣概。」

沅陵縣城西北的虎溪山上，有一座龍興講寺，這大約是世界上現存的最古老的學院。大雄寶殿中鏤空的石刻講經蓮花座，玲瓏剔透，甚是精美。周佛海仗著年輕氣盛，一次流連於此時，竟在龍興講寺龍吟塔頂層的牆壁上揮毫題詩：

> 登門把酒飲神龍，拔劍狂歌氣似虹。
> 甘為中流攔巨浪，恥居窮壑伴群峰。
> 怒濤滾滾山河杳，落木蕭蕭宇宙空。
> 不舍沅江東逝水，古今淘盡幾英雄。

通篇是周佛海不甘平庸，渴望成功的內心寫照。

1917年夏，沅江大水，橋斷路阻，周佛海不能到校上課，便在家中自學。幾天後，大水退去，他自鄉村返回縣城。正所謂：家中

方幾日，世上已經年。在學校遇到的第一個同學便告訴他，你可以去日本留學了！周佛海以為同學在開玩笑。在沅陵，不要說出國留學，就是去北京讀大學都鳳毛麟角，勢若登天。不過這一次，周佛海果然撞了大運，同學告訴他的話居然是真的。原來，幾天前，呂鶴立接到在日本留學的一位朋友的來信，告訴他自費留學日本生活費用並不高，一年也就是一百五六十元，如果學習努力，第二年還可以考取官費，由自費生轉為官費生。呂鶴立十分器重周佛海，決定讓他去試一試。周佛海聞訊喜不自勝。

這一年周佛海20周歲，母親早已為他張羅著娶了媳婦，妻子鄭妹已經給他生下了一兒一女，但渴望闖蕩世界、出人頭地的周佛海，全然不顧這些兒女情長。他央告親友，湊足了去日本的費用，便告別老母、師友和妻兒家小，東渡日本，抵達東京。

周佛海學習還算刻苦。入住東京一家湖南人開辦的廉價旅館後，周就開始學習日語和補習其他功課。他打聽到，只有考取日本第一高等學校等五所日本國立高等學校（相當於高中）的中國留學生，才能享受官費資助。周佛海將目標定在了最難考的「日本一高」。

對於周佛海來說，最讓他頭疼的考試科目是日語口語面試。好在周佛海老於世故，處事機巧。他嚮往年通過考試的老鄉那兒打聽面試的基本內容，將涉及到的面試知識事先準備好，牢牢背過，熟記於心。考試那天，面對主考老師的提問，周佛海滔滔不絕，對答如流，以第四名的成績考入了日本第一高等學校。

入學之後，周佛海早上六點起床，晚上十一點就寢，整日苦學不輟。一年後，順利從一中預科班畢業，離開東京，進入了風景秀麗的鹿兒島第七高等學校，開始了正式高中課程的學習。

20多歲才入高中學習，自然算是大齡學生，但這也是周佛海

的優勢。豐富的閱歷和生活的磨難，讓他的思考更深一些，理解力也高出其他學生一籌。明治維新之後，日本的思想界異常活躍，世界上的各種學說，包括馬克思的無產階級革命和階級鬥爭的理論、列寧十月社會主義革命的成功實踐，在日本，都有流布的市場，都有書籍介紹。京都大學教師、博士河上肇，在日本系統譯介和講授了馬克思、列寧的理論和社會主義的學說。周佛海讀了河上肇的著作，開始信仰和接受社會主義。他將自己的學習心得，寫成文章，寄回國內，居然在《救國日報》上發表了。後來，周佛海注意到了張東蓀主編的《解放與改造》雜誌，這是1919年7月在上海出版的一份時事刊物，力主「輸入西洋哲學」。1919年10月，周佛海撰寫了〈中國的階級鬥爭〉一文，被張東蓀一眼相中，刊於《解放與改造》。此後，周佛海又有多篇文章經張東蓀之手發表。在此期間，周佛海還翻譯了一本日本的社會學著作，由中華書局出版。張東蓀記住了這個勤奮好學的年輕留日學生，周佛海也在上海知識分子中搏得了不小的名聲。

1920年夏天，去國三年之後，周佛海回鄉省親。他記掛著老母親，也念著家中的妻子兒女。無奈，湖南正在開展驅逐軍閥張敬堯的運動，長沙等地群情激昂，沸反盈天，交通為之阻塞，周佛海只好滯留上海。

一天，閑來無事的周佛海去拜訪湖南同鄉李達。李達1913年官費赴日留學，1917年考入東京帝國大學，雖然學的是採礦冶金系，但熱心於研讀馬克思主義。1920年畢業後來到上海。陳獨秀一見李達，就抓住他的手說，「你搬到我家住吧，幫助我編《新青年》雜誌。」就這樣，李達住進了法租界老漁陽裡2號陳獨秀的家中。

上海啟明中學的進步女學生王會悟，欣賞李達的馬克思主義理論水準，常來到陳獨秀家向他請教，漸漸地，兩人墜入了愛河。周

佛海到來之時，李王正處於熱戀之中。王會悟有一個要好的女同學楊淑慧，常隨王會悟一起拜訪李達。在漁陽里2號，她們見到了周佛海。楊淑慧沒有想到，這個穿著一身髒兮兮、皺巴巴的白西裝，瘦高個的窮酸留學生，居然在《解放與改造》上發表了多篇文章，還有日本社會學的譯著出版，不免對他多看了幾眼，心裡萌動出一種異樣的感覺。

王會悟看出了女友的心思，便極力撮合周佛海楊淑慧。私下裡，周佛海向王會悟道出了實情，他已成婚，在湖南鄉下，且有一兒一女。妻子鄭妹在他出國留學後的三年當中，伺奉婆婆，撫養子女，很是辛苦。這讓周佛海不知如何處理眼前的事情。

王會悟倒是快人快語，利弊權衡在一瞬之間。她對周佛海說：「楊淑慧可以在你未來的事業上給你提供幫助，而鄭妹僅僅是一個不識字的女人，你可以寫封休書給她，一切不就完事了。」周佛海經不住楊淑慧的誘惑，痛苦地同意了王會悟的辦法。他說，一旦辦完了與鄭妹的離婚事宜，即向楊淑慧求婚。

張東蓀知道周佛海來到了上海，很是高興，經常約他見面、聊天，並將周佛海的情況向陳獨秀作了介紹。這年夏日的一天，陳獨秀約了張東蓀、沈雁冰、周佛海等人，來到他的家中，與共產國際的代表維經斯基座談。維經斯基開門見山地指出：中國思想界太複雜，要改變思想界的這種局面，推動中國革命發展和馬克思主義傳播，就必須組建中國共產黨。維經斯基的談話，令周佛海十分興奮，他願意加入一個組織，從事政治活動，施展自己的抱負。這次會議結束後，周佛海積極參加了籌建上海共產黨的活動。暑假結束，他帶著自己的政治理想，帶著對戀人楊淑慧的不捨思念，回到了日本。

李達、張東蓀等人立即在上海籌辦了一個刊物，名字就叫《共產黨》。周佛海以「無懈」為筆名，不斷從日本寫來宣傳馬克思主

義和共產黨的文章，在刊物上發表。他還起勁地翻譯了幾部社會學的進步著作。限於年齡和知識、眼界，譯文難免粗糙，疏漏不少。他在翻譯克魯泡特金的《互助論》時，連爪哇這一地名都弄錯了。

1921年7月，中國共產黨第一次代表大會在上海舉行。陳獨秀指定周佛海為日本留學生代表參加會議。周佛海興沖沖地趕回上海，一來與會共襄中國共產黨的開局大業，二來再晤他的心上人楊淑慧。

在「一大」會議上，周佛海思想活躍，表現積極，在代表當中很出風頭。但他自己關於「一大」的回憶和敘述，倒有虛榮和掠美之嫌。他稱：「在最後一天的會議上，除通過黨綱和黨的組織外，並選舉陳仲甫為委員長，周佛海為副委員長，張國燾為組織部長，李達為宣傳部長。陳獨秀未到上海的時期內，委員長一職暫由周佛海代理。」

這僅僅是周佛海的一面之詞。後來叛黨、脫黨及仍在共產黨內的「一大」代表，都沒有這種記述。「一大」的實際選舉結果是：陳獨秀為中央局書記，張國燾為組織主任，李達為宣傳主任。

「一大」結束之後，春風得意的周佛海立即向楊淑慧求婚。楊淑慧不是等閒人家姑娘，她的父親楊卓茂是上海總商會的主任秘書，社會聞達，家中資產可觀，生活富貴。好在楊淑慧思想開明，追求進步，力主婚姻應由自己作主，重感情而不重錢財。儘管周佛海與她相差懸殊，但她還是看中了年輕周佛海的理想和抱負，願意與他生活在一起。但楊卓茂這一關不好輕易過，兩人正絞盡腦汁，想辦法如何說服未來的岳父大人。

上海《時事新報》一個消息靈通的記者，不知從哪裡打聽到了周佛海楊淑慧的婚約，立即在報上登了出來。大意是：有一位湖南青年，自稱是最進步的社會主義信徒，已早在鄉間結過婚，聽說還有了孩子，現在又在上海與其同鄉商界某聞人的女公子大談戀愛，

看來又要再度作新郎了。消息儘管沒有點名，但楊淑慧的父母一看便明白了。楊卓茂拿著報紙去找周佛海，恰巧周佛海外出，只堵住了張國燾、劉仁靜這兩個同來開會的「一大」代表。楊卓茂憤怒至極，揚言要去法庭上告周佛海。張國燾當時只有24歲，劉仁靜19歲，還都是北大的在校學生，既不懂婚姻情愛之事，又沒見過楊卓茂這般的暴跳如雷，只有好言相勸，不讓楊卓茂告到法庭。

回到家中，楊卓茂將楊淑慧關了起來，不許她再與周佛海往來。關至第三天，楊淑慧瞅準機會逃出了家門，找到周佛海。兩人心一橫，悄悄離開上海，回到日本鹿兒島過起了同居生活。

第二年，周佛海從鹿兒島第七高等學校畢業，考入了京都帝國大學經濟系。

又過了一年，楊淑慧為周佛海生了個兒子，取名周幼海。

周佛海在上海的這些政治活動，不知何種原因，被日本警方偵悉。周返回日本後，便受到日本員警的暗中監視。周佛海的大學導師也以學籍相威脅，勸他放棄共產主義信仰，脫離共產黨組織。顧望嬌妻幼子，周佛海十分害怕，「就老老實實地用功」，每天躲在圖書館裡專心於學問，於共產黨已經是貌合神離了。

大學畢業前夕，周佛海為回國工作而犯愁。此時的周佛海，人生觀、價值觀已發生了根本變化。他的生活目標，絕不僅僅是溫飽，他想過上更體面、更優裕的生活。有身分、薪水高的工作，是周佛海的第一選擇。他先應聘北大教授，因學歷和水準所限，被北京大學婉言謝絕。他又想到商務印書館去當編輯，因種種原因，也不太好安排。正在周佛海一籌莫展之際，一個天大的驚喜意外降臨。

1924年初，在孫中山的積極主張下，蘇聯顧問和中國共產黨協助改組國民黨。改組後的國民黨第一次代表大會在廣州召開。國共合作，開始了中國革命的嶄新局面。時任國民黨中央宣傳部長的戴

季陶寫信給周佛海,高薪邀請他回國任宣傳部秘書。周佛海喜出望外,他來不及完成論文答辯,急忙返回國內。5月甫抵廣州,又一個驚喜接踵而至,時任廣東大學校長的鄒魯,以每月240元的高薪聘他兼任廣東大學教授。

自此,戴季陶、鄒魯成了周佛海的大恩人。但戴、鄒都是國民黨右派的中堅力量,頑固堅持反共產黨、反社會主義立場,周佛海受他們的影響,思想逐漸右傾。按照中國共產黨當時的規定,要拿出兼職收入的四分之一交黨費。楊淑慧心疼了:「這錢掙來的不容易,何必交黨費,還是退黨吧。」周佛海對楊淑慧的話言聽計從。他向中共黨組織提出了退黨申請,而且,拒不交黨費,不參加組織活動。廣州黨組織極力挽留他,對他進行說服教育,中共廣州區執行負責人周恩來親自登門,做周佛海的工作,但周佛海不為所動,去意已決。廣州區委上報中共中央,批准周佛海脫黨。

孫中山逝世後,國民黨內左右兩派公開分化。右派在北京西山召開會議,形成「西山會議派」,明火執仗地打出反蘇反共的旗號,要與共產黨分道揚鑣。周佛海是西山會議的骨幹分子,矛頭直指國民黨左派汪精衛、廖仲愷等人。

1926年秋,蔣介石指揮的北伐軍攻克了武漢,廣州的國民政府隨即遷居於此。戴季陶給周佛海寫了封推薦信,讓他去武漢投奔蔣介石。周佛海在漢口見到蔣介石後,傾談兩小時,深得蔣介石賞識。蔣即委任周佛海為國民黨中央軍事政治學校武漢分校政治部主任。

北伐軍一路凱歌高奏,於1927年春天進駐上海。在上海,蔣介石率先與共產黨決裂,以「分共」的名義,發動了「四·一二」大屠殺,一批優秀的共產黨人倒在了血泊之中。

武漢的國民黨左派譴責蔣介石的反革命行徑,反蔣呼聲愈來愈高。蔣介石將北伐司令部設在了南京,與武漢國民政府分庭抗

禮，公開叫板。一場國民黨內部的派系鬥爭，演成了寧漢分裂的現實場景。

周佛海決定逃出武漢，前往上海追隨蔣介石反共。他登上「漢申」號客輪，包了個頭等客艙，妻子、岳父還有兩個孩子，一家五口順江東去。

船行第三天，靠泊鎮江碼頭繼續航行之後，負責照料周佛海艙室的服務生匆匆闖了進來，說：「周先生，剛才從鎮江碼頭上來四個人，說是要抓您，等您到了上海後要把您抓起來。」

周佛海聞聽吃了一驚。他冷靜分析，不會是武漢方面的人，他們不敢在上海逞兇抓人。如果是南京方面派來的人，那倒不要緊，我就是投奔蔣先生來的，在蔣先生那裡一切都可以說清楚。但情況不明，還是謹慎為妙。一旦被抓，坐幾天監獄倒是沒什麼，就怕抓人者不問青紅皂白，抓而殺之，那不是天大的冤枉？他告訴楊淑慧，船靠碼頭後，他與岳父楊卓茂先上岸查明情形，無異常後，他們母子再搬行李上岸。

夜幕降臨，「漢申」號汽笛長鳴，靠上了上海碼頭。周佛海、楊卓茂離船登岸，巡睞四周，沒發現異樣。楊卓茂攔了一輛計程車，讓周佛海先行離去，聯繫南京方面的駐滬高官。見周佛海的計程車平安駛走，楊卓茂才返回船艙。誰知，周佛海乘坐的計程車開出沒多遠，便被法租界的巡捕攔下了。跟蹤、捉拿周佛海的人還算聰明，他們知道上海碼頭在法租界內，不好輕易動手。他們向租界巡捕房報告周是共產黨，巡捕房便派出巡捕，攔車拘人。周佛海被拖下計程車的時候，一眼看到了留日同學陸勇財路過。情急生智，周佛海用日語告訴陸勇財，請他立即通知還在「漢申」號上的岳父、妻子，趕緊找人，設法營救。

周佛海在巡捕房裡關押了5天，才被引渡到豐林橋特務處。

　　豐林橋特務處是專門關押共產黨員和進步人士的地方。「四・一二大屠殺」過去不久，這裡仍在白色恐怖之中，許多人未經法院審判，就被拉出去槍斃了。幾乎天天都有從這裡提出去受審的人，再也沒有回來。周佛海整日嚇得要死，提心吊膽，就怕傳他出去受審。

　　楊淑慧安頓下父親和孩子，四處奔走，找人營救。她還真找到了張治中、戴季陶等人。張治中打聽到了周佛海的關押地點，親自到牢中看望，勸慰周佛海不要著急，正辦理出獄相關手續。

　　豐林橋的特務處長叫楊虎，是個堅定的反共分子。他固執地認為，周佛海就是武漢政府派來的共產黨密探。這麼一個重要的嫌疑犯，沒有蔣介石的命令，絕不放人。他不惜與張治中大吵一頓，惡語相向。

　　周佛海被抓一事逐級上報，終於到了蔣介石那裡。蔣拿起特務處的報告，只看了一眼標題，就在旁邊批示道：「與周面談一次，蔣。」

　　就這幾個字，救了周佛海一命。

　　臣服於蔣介石的權杖之下後，周佛海在蔣介石集團裡的地位不斷竄升。他迅速撰寫了一本《逃出了赤都武漢》的小冊子，竭力反共反汪。他寫的《三民主義之理論的體系》成了暢銷書。他在上海創辦了《新生命》月刊，成為宣傳蔣介石理論的重要陣地。蔣任命周佛海為中央陸軍軍官學校政治部主任，為蔣代擬重要文稿，成了蔣介石的文膽之一。

　　「九一八事變」和「淞滬抗戰」之後，迫於國內的政治壓力，寧漢重歸於好，合作共事，同禦外侮。汪精衛當選為國民黨主席、行政院長，蔣介石任軍事委員會委員長。一個汪主政、蔣主軍的格局開始行成。

周佛海做為蔣介石的心腹之一，步步蓮花，諸事順遂。在國民黨四大上，周佛海當選為中央委員，且得票率在百分之九十以上，位居榜首，被人稱為「狀元中委」。1932年1月，周佛海被任命為江蘇省政府委員兼教育廳廳長；1933年，他又兼任了中央民眾訓練部部長。抗日戰爭全面爆發後，周佛海又被任命為蔣介石侍從室副主任兼第五組組長、國民黨大本營第二部（政略部）副部長。1938年3月，在國民黨臨時全國代表大會上，周又被任命為國民黨中央宣傳部副部長、代理部長。

紅極一時的周佛海，從來都是以反共鬥士、汪精衛的對立面出現在國民黨內和公眾面前的。他的朝秦暮楚的低下人品，令汪精衛不齒；他的氣勢洶洶、罵街般的論戰，讓汪精衛深惡痛絕。一向溫文爾雅的汪精衛，忍不住暴了粗口：

> 周佛海真拆爛污，他以前是共產黨員，現在卻又攻擊共產黨來了；他退出共產黨就算了，還要來反誣，真不是東西，你們以後切不要和這種人一起做事。

周佛海聽到後，模仿汪精衛的口氣，反唇相譏：

> 我現在卻要回敬說：汪精衛真拆爛污，他本是國民黨的黨員，現在卻要做起共產黨的工具，攻擊起國民黨來了。他跑到外國就算了，還要來倒戈，真不是東西，我們以後，切不要和這種人共事。

周佛海在他的討汪文章中，把汪精衛描繪成了一個「殷殷勤勤，誠誠懇懇，敷敷衍衍，糊糊塗塗」的官僚政客。

　　歷史應該可以證明，蔣介石萬萬不會想到周佛海能叛他而去。

　　歷史應該無誤表明，汪精衛確鑿始料不及，他會與周佛海走到一起。

　　一切皆有可能。在周佛海這個政治失衡、品格低下、進退無據的投機分子身上，發生任何事情，都不會讓歷史和公眾吃驚。投機鑽營者，既是社會和歷史的蛀蟲，又是人類文明的反襯。沒有了他們，偉大的人性無從顯現，偉大的人格無以閃光。

　　國難當頭，浴血沙場，政治和軍事，便成了各自主張的兩條平行線；文人和軍人，便顯出了骨頭的軟弱與強硬。

　　蔣介石明白，戰爭的法則只有一條，不是你死，就是我活。作為軍人，他知道他的職守，那就是抗戰到底，守土有責。打不贏，先退。退到不能退之時，便只有以死殉國。這種頑強抵抗、戰至最後一人一槍，會給民族帶來多大的災難，給國家造成多大的損失，軍人們是不大會去考慮的。他們只能在浴血的疆場上，或者挺立不倒成為英雄，或者仆伏於地變成烈士。

　　政治是可以通融的，任何原則都可以作為交易的籌碼。文人的憂國憂民，多了許多情感的因素和人民的苦難。周佛海正是被這太多的「苦難」壓彎了脊樑，打掉了信心。在日本步步進逼，國軍節節敗退之中，周佛海與汪精衛聲氣相求，背地裡偷偷開展了對日和平運動。

　　「低調俱樂部」是和平運動的發軔和肇始。在南京，周佛海一家住在西流灣8號，那是一個幽靜而雅致的洋樓小院。「七七事變」之後，日軍如風捲殘雲般揮師南下，戰報傳來，不是失守便是淪陷。梅思平、胡適、陶希聖等人，常聚於西流灣8號，唉聲歎氣，相信「戰必亡國」，個個心灰意冷。胡適曾言：「中國在這次戰爭中的問題很簡單：一個在科學和技術上都沒有準備好的國家卻

必須和一個第一流軍事和工業強國進行一場現代式的戰爭。」胡適的潛臺詞是,中日之戰的勝負天平,在開戰之前便一目了然。

周佛海在西流灣8號時,曾往訪過一個特殊人物。1937年8月29日,星期日。午飯後略憩,周佛海便約上包惠僧去拜訪陳獨秀。「渠於日前出獄,別十五年矣,相見欷歔,談二小時辭出。」

陳獨秀於1932年10月15日在上海被捕,押至南京審判,被處八年有期徒刑,在南京監獄服刑已逾五載。1937年夏天,日軍飛機開始轟炸南京,老虎橋監獄被炸塌一間房屋,瓦塊、玻璃震碎掉落,在押人犯人心慌慌。迫於時局,政府以「愛國情殷,深自悔悟」為藉口,提前釋放了陳獨秀。8月23日,陳妻潘蘭珍和三兒子陳松年接陳獨秀出獄,暫居傅斯年家中。出獄不幾日,周佛海便去探望,足見尚有一段真誠之誼,故能「相見欷歔」,故能相談兩小時之久。

一周後,陳獨秀回訪周佛海。談到中國前途,陳獨秀主張,「如無自力更生之望,則須依賴一國,經濟上附庸,政治上獨立;俄國時機已失,當於英、美兩國中擇之。」陳獨秀的書生意氣,又一次躍然紙上。五年牢獄之災,出獄居無定所,傅斯年家住了幾日,又移居陳鐘凡家,自己尚不能安身立命,倒先關心時局、前途。書生之見,理想絢爛:經濟上可以附庸,政治上必須獨立。此時的周佛海,惶惶如喪家之犬,只顧得自己的仕途官位、身家性命,哪來的宏大理想。他只是將陳獨秀的高見記於日記,束之高閣。陳獨秀見話不投機,避走武漢,發表抗戰言論,鼓動全民禦敵。

9月初,蔣介石接受美聯社記者採訪,慷慨陳詞:「中國抗戰非僅為本身存亡而戰,亦為維護世界和平而戰。」蔣堅定抗戰的言辭,讓周佛海心神不寧,10天後,他在日記中寫道:「蔣先生對此次戰事似無遠大計畫,只抱犧牲之簡單的決心,時局如何收拾,戰爭到何程度,似未在考慮之中,令人焦灼。」10月6日,周佛海

又記道：「咸以如此打下去，非為中國打，實為俄打；非為國民黨打，實為共產黨打也。」民族存亡之際，周佛海想的不是國家安危，人民苦難，還是黨派之爭，意識形態之辯。

南京不保，棄守已在眼前。11月15日，國民黨及國民政府做出遷移決定，中央及國府遷至重慶；軍事委員會第一步移武漢，第二步移衡陽。周佛海心中打鼓：「中樞移動，政治是否解體？殊為擔心。」

此後幾天，周佛海陷入了離京出走的慌亂之中。

11月16日，星期二。

新生命開始之日。南女中校長劉蘅靜來見，說及「以後恐怕見不到廳長」一語，幾至泣下。余慰之，相對淒然，亡國之初兆耶！……德使且謂歐戰時德國有幾次可下臺，而威廉不願，致成以後一敗塗地之局，中國不宜蹈此覆轍。其言甚誠懇。蔣先生竟拒絕考慮，不知其如此幹下去，究有何種期待也！

11月17日，星期三。

……重霧籠城，天昏地暗，此別不知再會何日，相對泫然。電家，知淑慧已由蕪湖乘車來京，趕回相見，握手唏噓，並互為安慰。飯後偕淑繞市內重要街市一周，並至天運家，話別後情形。

11月18日，星期四。

……視淑慧摒擋行裝，心亂如麻。……家耶？將離家而去矣！狂風大作，如鬼哭神號。記李自成犯京時孝陵夜哭者，此狂風恐亦亡國之兆也悲痛曷極！

11月19日，星期五。

九時半起。與淑慧料理行裝。大有八國聯軍入京，滿朝文武逃奔之慘像，風悲霧慘，重增淒涼。

11月20日，星期六。

七時起。訪張文白，與談湘事，蓋渠新膺湘主席之命也。九時

訪宗武。定下午上船赴漢，盤桓各室，苦不忍離。憶居此房將近四載，一旦離去，不知重來何日，且園中一草一木，房屋一瓦一石，均係余與淑慧心血結晶，數載經營，棄於一旦，傷心曷極！惟念及國家前途，又覺此事過小耳。午與伯粹痛飲。伯粹送行李先行。余用西流灣八號信封寫最後二信：一致惠宇，一致布雷。三時廿五分，遂離西流灣上船。別矣，西流灣！後會恐無期也。……

「藝文研究會」是和平運動的密謀和實施。周佛海撤到武漢之後，與陶希聖在漢口組建了一個「藝文研究會」，打著「藝文研究」的幌子，實則是一個對日和平的宣傳陣地。「藝文研究會」在香港設了一個分支機搆「國際編譯社」，公開業務是經銷圖書，開辦「蔚藍書店」，實則是與日本方面暗地溝通，與重慶方面書信聯繫。

周佛海對國民黨中央和蔣介石的抗戰方針心有抵觸，對抗戰前景悲觀至極，自然不能恪盡職守，負起他國民黨中央宣傳部代理部長應付的責任。在武漢的8個多月，儘管周佛海著手改組了《中央日報》，會晤張季鸞、胡政之、王芸生等民間報業巨頭，頻繁接受國內外記者採訪，撰寫社論，修改審發稿件，但他並沒有在大後方形成團結抗戰的輿論氛圍和宣傳聲勢。他知道，國民黨中宣部所制定的宣傳方案，距蔣介石的要求相去甚遠，必不能令其滿意。但周佛海私下裡認為，「惟蔣先生之理想，亦過於離開現實，決不能實現。此事宣部必受斥責，余亦不辭，必要時當退避賢路也。」蓋因周佛海心不在此矣。

果然，1938年8月12日下午，陳布雷打電話警告周佛海，說委座表示三月來宣傳無成績。這讓周佛海「惶恐萬分」。當晚，又傳來指示，蔣介石對當日武漢《新華日報》刊載的〈中國共產黨湖北省委員會為紀念「八一三」保衛武漢宣傳大綱〉甚為不滿。周佛海

一日之內兩遭委員長訓斥，實在不敢怠慢，他當即電告武漢警備司令郭懺，令《新華日報》停刊三日。

8月17日，周佛海將離開武漢，飛往陪都重慶，在那裡主持國民黨中宣部的工作。臨行前一天，他硬著頭皮去見蔣介石。「五時半謁蔣先生，辭行並請訓；對於宣傳頗表不滿，今後當努力為之，以期無負期望也。」

武漢的逃難生活悲苦、絕望，但周佛海在苦悶之際，生活中亦有另一個小插曲：在武漢，他見到了共產黨的另一個高官張國燾。

張國燾與毛澤東長征路上的芥蒂始終難以消弭，至延安後，發展為勢不兩立，水火不容。1938年4月，張國燾由延安出走西安，由西安來到武漢，聲明脫離中共。中共中央隨即決議，開除張國燾黨籍。

4月24日，又是一個星期日。「下午，張國燾來談。張為共黨巨頭，此次脫離，令余回憶十六年前，與渠在上海出席共黨第一次全國代表大會，並在上海工作時情形，宛如昨日；而十餘年變化之大，則令人有今昔之感。」20天後，周佛海約張國燾在包惠僧家見面，「傳達蔣先生之意，贈送二千元」。這顯然是國民黨高層的決定。送錢之舉，意為讓張國燾自謀生路。張國燾，就像一隻敝履一樣，被國民黨棄之一邊，不再理會。

周佛海利用「藝文研究會」與日本方面祕密勾搭的情況，蔣介石已經有所察覺。他曾讓陳布雷打電話給周佛海，詢問藝文研究會的有關情況。蔣介石實際上是敲山震虎，話在音外。周佛海自然明白，心虛不已：「其殆有人進讒言？蔣先生將令停辦歟？心焦不置。」可是，死心塌地要舉起「和平運動」大旗的周佛海，不但沒有收斂，反而指示梅思平、高宗武等人，加緊與日本方面協商條約，早日達成「和平停戰協議」。

梅、高經香港祕密潛入上海，在日軍佔領區虹口重光堂與日方代表影佐禎昭、今井武夫祕密會談，達成了「重光堂密約」。密約規定：

一、承認日本軍隊駐紮中國；

二、承認「滿洲國」；

三、日本廢除在中國的治外法權，歸還日本的在華租界；

四、華日經濟提攜，在開發利用華北資源方面，為日本提供特殊方便；

五、補償因事變而造成的在華日本僑民所受損失，日本不要求賠償戰爭經費；

六、恢復和平後，日軍在兩年以內撤軍。

作為會談代表和祕密協定的傳遞者，梅思平深感責任重大。他在上海找來一塊絲綢，將「重光堂密約」抄錄於上，精心縫在西裝背心之內，經香港飛重慶，躲過了多道海關、邊境檢查，1938年11月26日，將密約交到了汪精衛、周佛海等人手中。

臨近決斷，汪精衛才深深感到，他捧上了一個燙手的山芋。梅思平承認：「這件事也實在犯難，搞好了呢，當然對國家有益；搞不好呢，汪先生三十多年來光榮歷史只怕讓人一筆勾銷。」

汪精衛正是在這毀譽參半當中猶豫徘徊，舉棋不定。

周佛海的日記，準確記錄了汪精衛的反覆無常：

「思平由港來，略談，即偕赴汪公館，報告與宗武赴滬接洽經過，並攜來雙方簽字條件及近衛宣言草稿，商至十二時始散。……四時復至汪公館，汪忽對過去決定一概推翻，云須商量。余等以冷淡出之，聽其自覺，不出任何意見。……返寓後，與思平談及汪之性情，咸認為無一定主張，容易變

更，故十餘年屢遭失敗也。惟對於此事，則斷定其雖有反
覆，結果必仍如原定計劃也。（1938年11月26日）

　　果如周佛海所言，第二天，下午，汪精衛先倨後恭，先否後
是，態度雖有起伏，但基本認可了「密約」內容：「五時偕思平赴
汪宅，與汪先生及夫人商談。汪先生忽變態度，提出難問題甚多。
余立即提議前議作罷，一切談判告一結束。汪又轉圜，謂簽字部分
可以同意，其餘留待將來再議，於是決定照此復電。經數次會議，
益發現汪先生無擔當，無果斷，做事反覆，且易衝動。惟茲事體
大，亦難怪其左思右想，前顧後盼也。余為此事，亦再四考慮，心
力交瘁矣。」

　　12月1日清晨，睡夢中的周佛海被汪精衛的電話驚醒，急忙應
召赴汪宅。原來，南京已投降日軍的梁鴻志漢奸組織，召開了所謂
華中代表促進樹立中央政府大會，並發表了會議宣言，稱「蔣政權
潰滅之時，始為吾人謀復興之時」。汪精衛閱後大怒，即召周佛海
商議應對、反擊之策。周聞聽後進言，完全不必理會。走出汪宅，
周佛海苦惱不已，區區小事，何必急如火燎，片刻不待？「最近覺
汪之短處，一在猶豫，一在衝動，而其長處則在頗能納言。」

　　聞聽蔣介石將於12月10日由前線輾轉回到重慶，汪精衛、周佛
海當機立斷，在蔣返回陪都之前，出渝離川，公開亮出和平運動的
大旗。汪精衛命周佛海12月5日先行去昆明安排。12月9日，汪精衛
等飛抵昆明，隨即轉赴河內，公開易幟。

　　「聞蔣先生十號以前將來渝，心理上有莫名其妙之感想，如小
學生聞先生將至然。」周佛海日記中的真誠告白，一為心虛，二為
蔣介石的魅力、威嚴實在不小。

　　12月5日，周佛海以視察宣傳工作之名前往昆明，國民黨中宣

部處長、科長數人前往機場送行。沒人知道周佛海的鬼胎。十時三刻，飛機呼嘯著衝上天空的那一刻，周佛海在心中默念：「別矣，重慶！國家存亡，個人成敗，在此一行！」他甚至清晰地感覺到，在飛機離地的剎那之間，他的政治生命已經完結了。

天有不測風雲。就在汪精衛出逃重慶的前一天，蔣介石提前返渝。汪精衛不知是事情敗露，還是事有巧合，不敢輕舉妄動，滯留陪都，靜觀事態。

這可急壞了遠在昆明的周佛海，他如熱鍋上的螞蟻，急得團團亂轉……一方面要強打精神，向中外記者發表談話，赴學校、軍校、工廠、機關演講抗日；另一方面，又要與重慶、香港祕密聯繫。於重慶需掌握事情真相，以決定下一步行動；於香港需通知行期有變，諸事暫緩。「天下事多周折，往往如此，成敗真由天定，非人力所能預謀。午睡不能成寐，苦心焦思，為平生所未有。其立即脫離現狀歟？其返渝暫觀形勢歟？苦思深想，仍決定不返。原因甚多，最要者有二：一為遲早均須脫離，早則多挨幾天罵，遲不過少挨幾天罵，但屆時恐無法脫身；二則思平兩度赴渝，蛛絲馬跡，在在可尋，一旦發現，國未得救，而身先喪矣！廿一號前決定赴港，如天不亡中國，汪先生或能於十天內離渝。」周佛海成了風箱裡的老鼠，兩頭不得要領。

蔣介石沒有發現汪精衛的詭計和異動。苦捱了十天之後，汪向蔣謊稱去昆明發表抗日演講，匆忙逃離重慶。19日，轉乘包機飛往河內。20日，在成都任國民黨四川省黨部主任的陳公博，接到汪精衛的手諭，尾隨至昆明，第二天，乘機赴河內，與汪精衛會合。

在河內，汪精衛擬就了通電聲明，派陳公博、周佛海、陶希聖帶去香港發表。臨行之前，汪精衛囑咐，電文發表之前，一定請人在香港的顧孟餘過目，徵詢意見。

　　顧孟餘是國民黨元老，當年「改組派」首領之一，曾任國民政府鐵道部長，中央政治委員會秘書長等職。1938年3月，顧孟餘被任命為國民黨中央宣傳部長，但此公書生氣十足，以養病為由，飄然事外，蟄居香港。他的部長職務，便一直由周佛海代理。

　　一下飛機，陳公博便持電文來到顧孟餘寓所。一閱電文，顧孟餘大吃一驚，他說：「這電文萬萬不能發，這是既害國家又毀滅自己的蠢事。我馬上去電力爭，未得汪覆電之前，千萬不要發表。如怕失誤，一切由我負責。」顧孟餘表現了難得的政治清醒和民族氣節。

　　陳公博來到周佛海的住處，轉告了顧孟餘的意見，沒想到周佛海火冒三丈、暴跳如雷：「秀才造反，三年不成。如果因為顧孟餘一個人反對就不依期發表，那就散夥好了。我沒有什麼關係，我馬上可以回重慶見蔣先生認錯請罪，料想不會有什麼問題的。」他又轉向陳公博：「打開天窗說亮話，事已至此還有什麼商量的，幹就幹，不幹就拉倒。顧孟餘不過是一個部長，我難道就沒有當過部長嗎？怎麼可以由他一個人反對就推翻一切，連電報也壓住不發呢？」

　　陳公博無言以對，沒了主意。

　　汪精衛要將通電發在《南華日報》上。《南華日報》社長是林柏生，當年汪精衛的秘書。南京淪陷前，他將《中華日報》設備及員工帶來香港，更名《南華日報》繼續出版。林柏生對陳公博說：「我不管顧孟餘說什麼，由你交給我的汪先生信等於他的命令，他命令我29日發表，我只知道遵辦。如果要改期，除非有他的命令。」

　　12月29日，汪精衛通電全文，發在《南華日報》上。這一天的代電韻目是「豔」字，便被稱為《豔電》。

　　汪精衛的《豔電》，實際上是向日本發出的乞降宣言。一經發表，舉國憤慨。1939年元旦，國民黨中央決定開除其黨籍，撤銷一

切職務。陳嘉庚通電怒斥：「宣佈其罪，通緝歸案，以定國法，而定人心。」

顧孟餘見事無挽回，怒火中燒。他與汪精衛、周佛海等走出了一條相反的道路，離開香港，回到重慶，與黨國一起，共赴國難，共渡時艱。

軍統特務斧劈林柏生，刺殺汪精衛，反而將汪精衛逼上了不歸路。他逃離河內，潛入上海，打算組建國民政府，還都南京，並與日本簽署《中日基本關係條約》。所有這一切，周佛海都一馬當先，跑在了前頭。

1939年5月，周佛海隨汪精衛訪問日本，商討建立中央政府之事。此時，日本政壇剛剛發生了重大變化，首相近衛下臺，平沼騏一郎繼任。平沼起初對與汪精衛的合作沒有興趣。他認為，一旦與汪精衛結盟，便是徹底關閉了與重慶方面的談判大門，而汪精衛手中並無一槍一彈，一兵一卒。與汪聯合，還難以處理與北平漢奸王克敏、南京漢奸梁鴻志的關係。平沼指定陸相板垣征四郎與汪精衛具體商談。一見面，板垣就說：「我以為，要在中國建立新的強有力的中央政府，必須爭取到重慶方面的要人和軍隊的多數。您對此一定有相當的把握，如果能聽到有關這方面的情況，實為榮幸。」這實際上是在奚落汪精衛。

板垣征四郎傲慢無禮，指責說：「南京已經有了維新政府，再由汪先生建立一個新政府，不是好辦法。」汪精衛一再解釋，他是還都南京，與南京梁鴻志及北平王克敏是中央政府與地方政府的關係。板垣似乎很不情願，幾經交涉，相互妥協，北平、南京臨時、維新兩政府可以取消，但要給予它們較大的自治許可權。

「國旗」問題成為另一個爭執的焦點。汪精衛堅持認為，國旗具有重大象徵意義，力主中央政府沿用青天白日滿地紅旗。板垣強

調，必須在國旗、黨旗上方加上印有「反共和平」的三角形黃色布片，軍旗則用印有「反共和平」的黃色旗。板垣說：「這一點是政府和軍方充分研究的結果」，不能改變。汪精衛、周佛海沒了討價的底氣，只好答應。

儘管是「兒皇帝」，儘管是臺上的傀儡，周佛海對組府還都志得意滿、躊躇在心。協調各方利益，挑選入閣官員，他多次幹旋；陪同汪精衛謁孫中山陵墓，他跑前忙後。……總算架構略成，諸事妥帖，周佛海在日記中自誇：「組府突現緊張，幾有急轉直下之勢，此為余決心之結果，外人雖不全知，竊足以自豪也。」

諸事繁忙之中，周佛海還不忘去他的西流灣8號舊宅巡視一番，懷故吊舊，抒發感慨。南京城陷兩年又三月，兵慌馬亂，人去樓空，只見「斷瓦禿垣，荒煙茂草，令人有荊棘銅駝之感。憶廿六年十一月廿日離京前半小時，徘徊各室，苦不忍離，當時以今生今世無再返舊宅之時，今竟歸來，亦當時始料所不及也。」此時的周佛海，大約是汪精衛的忠實追隨者，日記中「荊棘銅駝」之詞，完全引自汪的詩詞之句。周佛海對西流灣8號實在深有感情，他指示屬下修理重飾，三個月後搬回居住。

1940年3月30日，汪精衛的國民政府在南京宣告成立。他當然不能在原政府所在地設府建衙，只好在雞鳴寺考試院內委身就職。周佛海把這一天，視作他生命里程中的一個輝煌制高點，「余之理想果實現，為人生一大快事」。「今竟天從人願，足見事在人為也」。他在日記中喋喋不休：「本日為余平生第一痛快之日，蓋理想實現，為人生最得意之事也。」

當然，組府還都並非一帆風順，懸掛國旗時竟生意外。也許是疏忽大意，也許是心存僥倖，冒險一試。升起的青天白日滿地紅國旗，沒有按照日方的要求，在國旗上方綴一三角形「反共和平」小

黃旗，蠻橫的日本兵舉槍便射，要將國旗打將下來。周佛海承認，「此責應由我方負之，不能怪人」。汪精衛無可奈何，只好下令剛剛升起的國旗降下。寄人籬下，酸甜苦辣。百般滋味，只有受辱者心知肚明。國民政府成立的第一天，汪精衛、周佛海臉上，便挨了日本人結結實實一個耳光。

現在要談談周佛海的日記了。

日記是研究一個人的思想、經歷、生活道路、心理狀態、心理活動的重要依據。一部真實而詳細的日記，實際上就是日記主人的編年史。周佛海的日記大體上可以起到這樣的作用。

周佛海研究專家蔡德金指出：「周佛海有著很好的寫作修養，善於文筆，人又很勤奮，早在出任江蘇省政府委員兼教育廳廳長時，便開始記日記，一九三七年一月一日起，直至一九四五年六月九日，因為其母親辦理喪事才暫時停筆。期間一日一頁，一年一本，抗戰勝利後的一九四五年九月三十日，周佛海作為漢奸被押送重慶白公館軟禁，次年送回南京關押受審並被判處死刑。在此期間，他因時局變動，無心作記，直至一九四七年一月一日才又恢復記日記，但至九月十四日因病重而止。」

周佛海將日記視做自己的珍寶，須臾不離身邊。平時鎖入保險櫃中，以求萬無一失。顛沛流離之時，第一想到的就是那幾本日記。從南京到長沙，長沙到武漢，武漢赴陪都；從重慶去昆明，昆明逃河內，河內避香港，香港回上海，上海遷都到南京，什麼都可以丟掉，日記萬萬不能離身。1943年1月11日下午3時，周佛海午睡剛起，正在家中接待來訪的漢口張市長，西流灣家中的三樓突然失火。周佛海撇下客人，不顧家人和財產，打開保險櫃，抱起日記跑到院中。楊淑慧則是收拾了金銀財寶、家中細軟之後，逃到院中避險。事後，周佛海還以此取笑老婆：「在緊急時刻，正可看出各人

的不同志趣所在。」他是以此來襯托自己的「清高」。

周佛海十分看重自己的這些日記。抗戰勝利周被捕入獄後，日記被軍統收繳。周佛海想私下活動，用十根十兩的金條贖回這些日記。楊淑慧嫌價錢太高，沒有同意，周佛海只好作罷。

周佛海的日記，生活百態，人物萬象，記事瑣細，行止詳盡，讀來知事攬物，別有一番趣味。

早在1931年國民黨四大之前，年輕的周佛海就當選為國民黨中央政治會議委員，並列席國民黨常務會議。後到江蘇省地方任職，便失去了列席資格。1938年4月28日，國民黨中央已遷居武漢，周佛海日記中記載：「晨起。出席常會。重入中央，感慨無量，以前為全國之中央，今則偏安矣。」一周後，周佛海的感慨就變成了煩躁：「晨起。出席常會，要案無多，而費時三小時，甚矣，開會之浪費時間也！」

周佛海的日記中，常有人生奮鬥、功成名就的自得與感慨。

1938年11月16日，在陪都重慶，他第一次參加國防最高會議。大約是初次忝列最高層會議的會場，周佛海恭謹有餘，感慨未及流露。23日，再次入會，周佛海的心境便大為不同了，既有自得，又有不滿：「下午出席國防最高會議。此為中國政治之最高決策機關，地位重要於各國內閣。余以一窮書生，得列席此會，實屬榮幸，但對會中情形，自始即覺不滿，從未見扼要詳盡之冷靜討論，非多說廢話，即沉默無言，草草通過。」

周佛海擺出一副眼界遼遠的樣子，感慨心生：「未知各國內閣會議是否如此，恨未能列席旁聽也。」

當然，作為從平民中擢拔為中樞的「草根」官員，周佛海最看不上眼的還是那些姻親貴冑，富而巨則仕的達官貴人，他在日記中不滿地寫道：「本日孔祥熙廢話尤多，令人煩悶。」

周佛海始終認為，他的人生奮鬥是成功的，是值得自豪與驕傲的。1942年，他親撰〈苦學記〉一文，在雜誌上發表，用他自己的奮鬥經歷，教育年輕人，激勵進取之心。洋洋自得之際，他在日記中躬身自省，再上層樓：「回憶幼時志在入閣，今行政院即內閣，副院長非內閣協揆而何？幼時之志願已達，究於國計民生有何裨益耶？尸位素餐，慚愧奚似！」

　　自省有點假惺惺之意。周佛海的人生目標，就是入閣為相，出人頭地，光宗耀祖，一雪父親七品小官、被迫自盡之恥。只要能達到這一目的，手段和方式都在其次。這也是他奴顏事敵、甘居傀儡的真實原因之一。

　　1941年7月5日，日本京都帝國大學的母校之旅，讓周佛海的虛榮心得到極大滿足，他甚至將自己與民國大總統相媲美，臉皮實在有點太厚。周佛海這天的日記，想必是以無比喜悅的心情落筆的：「八時抵京都，別十五年矣，舊地重遊，感慨無量！十時，赴京都帝國大學演講會，校長羽田享等出迎。回憶十餘年前黎元洪曾來此講演，盛極一時，今日會且過之；當年苦學時，不圖有今日大丈夫得意時也。講演一小時半。出席羽田校長午餐會，到各學部部長。」

　　周佛海在京都閒庭信步，訪問了他當年的房東，也是他與楊淑慧的第一個孩子的出生之地，「旋訪舊居之牧田家，即幼兒出身地也。滄海桑田，亦非當年景象矣。」

　　這種虛幻的尊崇和權傾一時，令周佛海真以為他是帝大畢業生中的佼佼之人。

　　周佛海日記中的趣事軼聞，應該是歷史人物和歷史事件的側影與素描。1938年9月12日，遷居陪都不久，周佛海應汪精衛夫婦之邀，赴汪宅的晚宴。席間，汪精衛打開了上等的法國白蘭地酒，周佛海知道這是「不可多得之珍品也」，遂舉杯豪飲，貪杯不止。

「汪先生談過去之事甚多,深佩其記憶力之強。蔣先生記憶力特強,余嘗佩之,汪先生亦如此,足見大人物自有特殊稟賦也。」周佛海倒是見賢思齊,總願意拿自己與高貴人物相比:「余記憶甚弱,事過輒忘,讀書亦不能強記,一生碌碌,此亦一因也。」大約明白自己的弱點,周佛海才對日記如此看中,每日必記,每事必記。入睡實在太晚,或者身體生病不適,他便第二天或事後補記。周佛海伏案寫日記的身影,是周家人每日必睹的形象。

周佛海自視為文人,與行武、兵痞們頗不投緣。1938年9月27日,周佛海由重慶飛武漢,向蔣介石彙報工作。那時內外交困,蔣介石諸事不順,火氣頗大。周佛海在日記中,略微顯露了一點作為文人的「小脾氣」:「明日謁委座,對於宣傳必多指摘。聞最近肝火甚旺,難免謾罵;如傷及人格,余當不服也。」

戴笠這個特務頭子、黑道老大,在周佛海眼中,只知行動,沒有思想;只知愚忠,沒有信仰。他從來就沒有信服過戴笠。某一日,戴笠登門造訪周佛海,商討重慶的新聞檢查及政治、黨務諸方面的宣傳問題,一番「宏論」,令周佛海刮目相看:「其言有謂:吾人應只問是非不問功罪,因是非為時代的,而功罪則為歷史的。頗堪玩味。」文人的所謂歷史功過、千秋功罪、生前身後名等等,在戴笠眼中,一文不值。他只活在當下,他只對時代、或者說對元首負責。這真是另一類灑脫。

周佛海的日記中,多有飲酒記錄,且動輒喝多,喝醉,足見他是個貪杯之人。酒桌上的豪飲之徒,起碼要具備兩個條件,一為酒量大,一為性情中人。酒至臉紅耳熱處,哪管杯大杯小否。這兩條,周佛海似乎都具備。但飲酒傷身,飲酒傷神,周佛海也同樣明白,因而,酒醉、自責,再酒醉、再自責,成了周佛海日記中的常態表述。「午飯飲酒頗多。」「飲酒頗多,胃痛又作。」「飲酒甚

多。悔失言，後當切戒。」「昨晚飲酒過多，頭痛甚劇，三時以後始漸入睡。」「晚，飲酒甚多，胃病又發，今後宜暫戒酒。」值得注意的是，周佛海的戒酒決心痛下不過一二日，他便又在酒桌前端杯豪飲了。

1944年10月20日，不知受了什麼刺激，周佛海又下了戒煙、戒酒的決心。日記開篇，便鄭重寫道：「今日起，立志注意衛生，決不吃煙，至酒決不常飲，飲必不過分，其他尤應警惕。不能實行，非人類也。處此亂世，身負重任，生死在所不計，必要時也許自裁，但平時總不宜以衛生不宜以致自戕也。日來又覺氣喘胸塞，且有時渾身無力，不能不自警自肅也。」

誰知，立下這篇誓言剛剛三天，周佛海就將這些約束拋在了腦後，「宴荊嗣仁，飲酒頗多，十二時寢時猶有酒意也。」看來，不良嗜好的戒除，非相當毅力，不足以成事。

周佛海日記，是社會生活和社會風氣的反光鏡。那時的上層社會、達官貴人，無論戰前戰後，飲宴之風頗盛，不是你請客，就是我設席。周佛海整天在觥籌交錯之中，夜夜笙歌，幾乎很少回家吃飯。侈靡之風可見一斑。

夫妻之間，難免口角。有意思的是，周佛海常常將他與楊淑慧的爭吵，記於日記之中。對於楊淑慧的形容，周佛海常用的是「嘵嘵」、「嘵嘵不休」。對於他自己的脾氣暴躁，他常歸咎於客觀，或工作繁忙，或形勢緊迫。1942年11月17日寫道：「日前在滬不能忍耐，與淑慧略為口角，使之刺激，後悔莫及。余性躁切，屢自譴責，若不能改，真非人也。自今以後，應平心靜氣，不可再衝動，切記！切記！」

其實，周的夫婦爭吵，責任主要在周佛海。周風流成性，屢在外邊拈花惹草。他在上海、南京金屋藏嬌；去日本訪問不足半

月，竟也騷擾了陪他看病的女護士，並與這日本女人私生一女。楊淑慧屢遭刺激，痛恨不已，又吵又鬧，攪得家無寧日，周佛海亦痛苦萬分。

1942年2月3日：「淑慧因受刺激過甚，連日不能安眠；良心之譴責，精神之痛苦，真使余不能一日生活下去也。」

1942年2月5日：「淑慧昨晚徹底未睡，既同情其心境，復憂慮其身體，使其如此，余之罪也。行為不慎，措置乖方，雖萬死亦不足贖，害人害己，夫復何言？」

1941年8月31日，是周佛海楊淑慧結婚20周年紀念日。周佛海還算良心發現，明白20年來楊淑慧對他本人、對家庭的辛勞和奉獻。他寫道：「與淑慧結縭二十年矣！患難相從，苦樂與共，余之得有今日，淑慧之力頗多。家庭各事均不勞余操心，即此一點，已幫忙余不少矣。」

夫妻情感，走到極致，超過了愛、超越了親情，是生活的習慣和有序運行的軌跡。一日復一日，看似單調，卻樂趣無窮。一個動作，一個囁嚅，一個眼神，都會彼此心領神會。以致某一日，忽然發現，夫妻雙方，誰也離不開誰了。因而周佛海戰亂時節獨居各地時，曾感歎：淑慧未來，殊覺岑寂。聚則口角，離則相念，人生誠矛盾也。

當然，周佛海在自己的日記中，並未如實道來自己的嫖娼狎妓、婚外之情。尤其是婚外之情，他諱莫如深。對方是誰，時間地點、過程後果等等，他不置一字，不記一詞。如此看來，他的日記，也是寫給別人看的，寫給歷史看的。按真正文論家的評判標準，寫給別人看的日記，沒有任何價值。此論雖偏頗，但有道理。周佛海自然不能免俗。他的日記，實則為他自己樹碑，為他自己立傳。因而，明知罪錯在己，仍不忘絮語辯護，國是大節如此，夫妻之間也是如

此。他寫楊淑慧：「余對淑慧雖深表同情，且時加安慰，惟因余性情躁烈，遇渠反駁或發牢騷，則忘安慰之初心，反以惡言相加；淑因受刺激，亦不能略跡原心，故兩人時相齟齬。雖江山易改，本性難移，今後誓為淑慧力改余躁烈之性情。雖淑慧如何動怒，雖余如何被誤會，受冤屈，均當力求忍耐，不怒形於色而以惡言相加。誓當實行，如辦不到，不能為人。」狡辯的周佛海，竟將他這個施害者，變為受害人了。大約「漢奸」的邏輯，就是如此。

在做人的氣節大義上，周佛海的確讓人不敢恭維。1943年，戴笠派人潛入南京，暗中接洽周佛海，要發展他為軍統特務，埋伏在汪精衛身邊，傳遞情報，伺機除汪。周佛海眼見世界反法西斯戰爭大勢不可逆轉，德意日的垮臺只是時間問題，便接受了戴笠的建議，祕密加入了軍統。周佛海本是個聰明之人，也瞭解政治鬥爭的爾虞我詐，卑鄙殘忍。他要求獲得重慶最高當局的書面保證。不久，戴笠從重慶轉來一信，大意為：聞君有悔過思改之意，甚佳。但望君暫留敵營，戴罪立功。至於今後君之前途，將予以可靠保證，請勿慮。署名是「知名不具」。周佛海的兒子不解其意，問「知名不具」是什麼意思，周佛海解釋，就是你知道我的名字，但因某種原因我不寫明。兒子又問，這信到底是誰寫的。周回答：這肯定是蔣介石的親筆信，我認識他的筆跡。兒子仔細看信後還是不放心，說，讓你戴罪立功。說明你還是有罪嘛！周佛海心定地說：官樣文章總還要維持。在他們眼裡，我還是漢奸。能戴罪立功，給我一條路走，就不容易了。這一點我現在也很難和他們討價還價。

義大利的率先倒臺，給周佛海以極大的刺激。他在日記中悲鳴：「墨索里尼政府復與我南京政府命運彼此。誠流淚眼觀流淚眼，斷腸人慰斷腸人也。」

日本投降之時，周佛海以上海市長的身分與家人待在上海家

中。8月18日，軍統先頭部隊抵達上海，周佛海還以地主之誼宴請洗塵。

幾天之後，戴笠飛抵上海，主持點驗偽國民政府駐上海的部隊，整頓收編；清理國庫資產；沒收漢奸財物。此時的戴笠，對周佛海還算客氣。9月底，戴笠對周佛海說，你住在上海、南京都不好，「翻手為雲覆手為雨」這些流言沒法阻塞。你還是跟我去重慶吧。戴笠點了羅君強、丁默邨、楊惺華與周佛海同往。馬驥良是中央儲備銀行裡長年照顧周佛海起居的老職員，要求與周同行，戴笠也同意了。

9月30日中午11時，戴笠陪同周佛海等5人，乘軍用專機飛抵重慶，先接到楊家山的戴笠家中煞有介事地吃了一頓午飯後，便送到白公館軟禁了起來。看管人就是大名鼎鼎的軍統局總務處長沈醉。

出於好奇，又因是同鄉，看管之初，沈醉常同周佛海閒聊。有一次，聊到出走重慶的目的，周佛海大言不慚地說是為了苦心救國，不惜犧牲個人名節。沈醉忍無可忍，厲聲問了一句：「你們不怕老百姓罵你們是漢奸賣國賊嗎？」周佛海「唰」地一下站了起來，在房中快走幾步，轉過身來似要大聲發脾氣，瞬間想到了自己的身分和所處地點，長歎一聲後，儘量壓低聲音說：「說我們是去當漢奸，我們承認，有時也感到這兩個字的可恥。但說我們是賣國賊，殺了我我也不承認。因為我們無國可賣，只是替被敵人佔領了的國土上的老百姓做點事。這些國土是敵人交給我們，怎麼反而說是我們賣掉的？說實在的，有條件有權力賣國的決不是我們，而是……」話到此處，周佛海不敢再說下去了。

軟禁了幾個月後，周佛海向戴笠提出的「見到委座時，請為我們美言幾句」之托一直沒有結果，內心煩躁不已。從話多的看守口中，周佛海知道了白公館的過去，這是一座關押共產黨人和民主人士的可怕監獄，死了不少人。周佛海找到沈醉，吵著要換地方。沈

醉向戴笠彙報。戴把眼一瞪，氣憤憤地說：還要怎樣招待他們？難道要替他們恢復過去在上海南京的待遇嗎？生氣歸生氣，戴笠還是決定，把原來中美合作所副主任梅樂斯和參謀長貝樂利住的那一排十來間平房收拾一下，把周佛海等人搬了過去。這裡比白公館好多了，室內有馬桶等設施，四面是松林，院內一片修竹，鳥語花香，空氣清新。

1946年3月，戴笠飛機失事，命喪荒山。周竟放聲大哭：「一切都完了，一切都完了！」社會上，要求審判漢奸賣國賊的呼聲越來越高，國際法學專家周鯁生嚴厲責問：「國人皆曰可殺的漢奸周佛海為什麼還不明正典刑以肅國紀！」蔣介石感到人言可畏，無可奈何地將周佛海交由司法審判。在重慶軟禁了整整一年之後，1946年9月16日，周佛海由梅爾斯公館解送到南京寧海路21號軍統看守所。一個月後，移交到南京老虎橋監獄。

周佛海愛寫詩。他讀過私塾，成長於清末民初之時，古文學養應該不是問題。有人說周佛海的詩寫得極好，是同時代人中的翹楚。但有人評價與此正相反，將他的詩歸入末流。周佛海的兒子周幼海做過比較客觀的評價：「周的詩寫得並不好，但喜歡寫，在獄中共寫了100多首。」

詩言志。這句詩話被毛澤東大書之後，似乎成了評價詩詞的唯一標準。其實，詩，是一門綜合藝術，或者說，詩是高度凝煉的人生哲學和生活況味。內心情感的真實外露是詩的極致；縱橫捭闔或精緻細膩，同樣是詩藝術成就的高峰。

巧的是，汪精衛、陳公博、周佛海這三個人人唾罵的「漢奸」、「賣國賊」，都好詩詞，都喜歡以詩言志，以詩喻物。沒有比較就沒有鑒別。各選幾首三人的詩一同閱讀，倒是可以雅俗即辯，高下立判。

且讀汪精衛。

　　一去匆匆太可憐，只餘巾影淡如煙。
　　風帆終是無情物，人自回頭舟自前。

　　這是1915年，汪精衛與陳璧君在香港分別時的情景。彼時，陳璧君登岸自九龍鐵路赴廣州，而汪精衛繼續乘舟南下策劃討袁運動。詩中，汪精衛將與陳璧君的情感寫到了極致。如畫圖般呈現於讀者面前。

　　平原秋氣正漫漫，步上河梁欲別難。
　　彈指光陰彌可戀，積胸塊壘未能歡。
　　巢成苦被飛鳹妒，露重遙知落雁寒。
　　久立櫓聲帆影裡，不辭吹浪濕衣單。

　　1918年，汪精衛、胡漢民同在日本，聞胡漢民病於江之島，汪前去探望，勾留10日，別時依依，以詩言戰友之情。

　　近天風露自泠泠，波遠微光閃似螢。
　　清絕玉簫聲月裡，萬山如睡一松醒。

　　這是1935年夏天，汪精衛赴青島養病，夜坐太平角，感物寄情的一首七絕。這類寄情寄志、感時詠物的詩，汪精衛寫了不少，只是筆者為青島人，對這首〈太平角夜坐〉過於偏愛而已。
　　汪精衛的詩，儒雅、大氣，胸闊高遠，眼界不凡，對字詞相當敏感，細膩處透出情意纏綣。

且讀陳公博。

> 幾度憑欄幾度愁，大江風雨撼孤樓。
> 蒼穹沉醉人無語，獨立峰頭看亂流。
> 千年古樹空餘骨，百戰功人盡沐猴。
> 大地晦冥天變色，不知何處是神州。

1927年，國民黨內兩派爭鬥，寧、漢成勢不兩立之態，陳公博滯留武漢，滿腹愁苦，欲登黃鶴樓以解煩悶，時值風雨大作，遂寫下了這首以景喻情的七律。

> 海上淒清百感生，頻年擾攘未休兵。
> 獨留肝膽對明月，老去方知厭黨爭。

1931年9月，陳公博自歐洲回國，本想歸來後再度發動討蔣戰爭，輪船上聽到「九一八事變」，百感交集，仰天長歎，吟出了這首充滿悔意的詩作。

> 烽火縱橫遍隱憂，抽刀空欲斷江流。
> 東南天幸山河在，一笑飛回作楚囚。

這是1945年10月，陳公博被從日本引渡回國，接受審判。飛機飛臨南京上空時，陳公博口占兩首七絕的第二首，也是他的絕筆之詩。儘管他自我標榜，保護了東南大好河山，但他此詩的主旨，是「一笑飛回作楚囚」的瀟灑從容。

讀陳公博的詩，有一股俠氣隱隱透出。

再讀周佛海。

> 山草萋萋山鳥飛，鄉居雖好意多違。
> 親朋遠隔音書斷，妻子同羈事業非。
> 滿目瘡痍悲浩劫，連天烽火歎安歸。
> 國憂家難渾無賴，愁對嘉陵送落暉。

這是描寫在重慶，周佛海與妻子楊淑慧、兒子周幼海同被羈押在白公館的情景。

> 巫峽雲重霧氣橫，閉門獨坐倍傷情。
> 驚心舊友成新鬼，徹耳歡呼變怨聲。
> 披髮徒勞投火宅，捫膺幸未誤蒼生。
> 是非功罪渾無據，付與巴山夜月評。

仍耿耿於自己的叛國事敵，極力辯解，「幸未誤蒼生」，表白是非功罪無據可憑。

> 劫後饑驅各一方，端陽小聚敘家常，
> 覆巢幸喜得全卵，話到滄桑莫斷腸。

1947年端午節，楊淑慧帶著兒子、女兒到南京探監，經監獄同意，帶進酒菜，一家人破例團圓，共度端午。周佛海喜不自禁，「覆巢幸喜得全卵」，感動於「端午小聚敘家常」。

讀周佛海的詩，除了自家那點事，除了爭辯自己非投敵叛國，而是為國家蒼生犧牲個人，再無別的描述，整個一「怨婦」的絮叨。周佛海的詩，滿紙聞到一個俗字。

1946年10月7日，首都高等法院開庭公審周佛海漢奸案。高法位於南京建鄴路朝天宮內，建築雄偉，氣勢恢宏。正庭內樑高掛「明鏡高懸」橫匾，兩側庭柱上書有對聯；上聯為「聽訟期無訟」，下聯為「明刑復恤刑」。主審法官為首都高等法院院長趙琛。這比公審陳公博、褚民誼等案的規格高了許多。

　　上午9時許，周佛海被押進法庭。周穿一件灰色平布長褂，戴眼鏡，神色並不慌張。

　　法庭依照起訴書，逐一審理周佛海的諸項罪行。周佛海拒不認罪，反覆狡辯，宣稱「數年來所作所為皆係冒萬難歷萬險，出生入死而不亞於前線作戰之將士。身在虎口，而為抗敵工作，其危險有時且甚於前線將士。」法庭上自是引來一片噓聲和喧嘩。又經10月21日、11月2日共三次開庭後，才將周佛海案審理完畢，法庭宣佈11月7日開庭宣判。

　　1946年11月7日，首都高等法院周佛海案審判長趙琛莊嚴判決，以「通謀敵國，圖謀反抗本國」罪，判處周佛海「死刑，剝奪公權終身，全部財產除酌留家屬必需生活費外沒收」。

　　周佛海不服判決，提出抗告。高等法院駁回抗告，維持原判。

　　楊淑慧呈請高等法院再審。經審判長、推事商裁，駁回了楊淑慧要求再審的申請。

　　周佛海案走完了所有法律程式，只待司法行政部核發執行死刑的命令。而這一天，正好是1947年大年除夕。

　　周佛海知道，他隨時都有可能被執行槍決，因而心顫肉跳、驚恐萬狀。老虎橋監獄有不成文的規定。處決某人時，先高呼有人參觀，各監室一律閉門、關緊瞭望孔，然後對某人說，有人接見。提出監外，押赴刑場，執行死刑。那幾日，周佛海就怕聽到「有人參觀」的呼喊，更怕點到他去接受接見。在他之前，陳公博、褚民

誼、林柏生等，都已執行槍決，命歸黃泉。

　　能救周佛海於萬死之中的，唯有蔣介石。只有蔣的特赦令，可免周佛海一死。

　　楊淑慧拿出家中全部積蓄，在南京城上下打點，八方求告。錢能通神。陳果夫、陳立夫兄弟二人，答應替她向蔣介石求情。1947年3月26日，蔣介石終於下令將周佛海的死刑改為無期徒刑，蔣還對文官處原擬減刑令親筆修改兩處，以使減刑令言辭對周有利。蔣介石頒發的減刑令稱：「查該犯自民國三十年以後，屢經呈請自首，雖未明令允准，惟在三十四年六月十九日，軍事委員會調查統計局續為轉呈，準備事實表現，圖贖前愆。曾令該局奉諭轉知該犯，如於盟軍在江浙沿海登陸時能回應反正，或在敵寇投降前後能確保京、滬、杭一帶秩序，不使人民塗炭，則准予戴罪圖功，以觀後效等語，批示該犯在案，似可免其一死。經交司法院依法核議，茲據呈覆，該犯既在敵寇投降前後能確保京、滬、杭一帶秩序，使人民不致遭受塗炭，對社會之安全，究屬不無貢獻，可否將該犯原判死刑減為無期徒刑，理合呈候鑒核等情。茲依約法第六十八條之規定，準將該犯周佛海原判之死刑減為無期徒刑。此令。」

　　周佛海在獄中聞聽特赦令，感激涕零，謝蔣介石不殺之恩！

　　周佛海改判為無期徒刑後，沈醉去獄中看他。周自知體弱多病，在監獄裡活不了多久。他執著沈醉之手，淚眼模糊地提出了一個請求，我如果死去，希望能在屍體上蓋上一面青天白日滿地紅的國旗，那就萬分感激，無限安慰了。沈醉答應回去請示。

　　沈醉向軍統局長毛人鳳作了彙報，毛人鳳立馬表現出十分認真的樣子說：「這怎麼可以？這怎麼可以？」沈醉漫不經心地回答：「給死人身上蓋面國旗算什麼了不起的事。」毛人鳳站起身來，很生氣地說：「過去戴先生常說你年輕沒有政治經驗，這件事你就不懂得

利害，我們同意給他死後屍體上蓋國旗，高等法院提出來，誰把他的漢奸帽子摘掉而把他作為國家的功臣的？那我們怎樣回答？這不是小事，你太不重視這一分寸了！」嚇得沈醉再也不敢開口提這事了。

楊淑慧一直想讓周佛海保外就醫。周的辯護律師章士釗，與司法行政廳廳長謝冠生私交很深。楊淑慧便讓章士釗寫了封言詞懇切之信，她親自登門，面呈謝冠生以求通融。沒想到謝冠生鐵面無私，一口拒絕：「剛剛特赦，又要保外就醫，不等於放了周佛海嗎？我承擔不起，你找蔣先生去。」楊淑慧碰了一鼻子灰，就此死心。

周佛海疾病纏身。眼疾、牙痛、胃潰瘍、心臟病等等。特赦一年不到，他便病入膏肓，奄奄一息了。1948年春節過後，周佛海終日趴在床上，痛得不斷呻吟叫喊。楊淑慧請去的醫生和何應欽派去的軍醫，面面相覷，束手無策。周佛海皮包骨頭，弱不禁風，靜脈注射都找不到血管，醫生只能靠肌注杜冷丁緩解他的疼痛。周佛海在牢房裡哼哼唧唧，慘叫達一個月之久，挨到2月28日晚上，終於一命嗚呼，氣絕身亡，活了不到51周歲。

周佛海的好友、蔣介石侍從室主任陳布雷親臨現場，扶棺視殮。他對楊淑慧說：「佛海的病並不太嚴重，奪去他生命的是他心地狹窄……」老友的話一語中的。放不下自我，斤斤計較，錙銖必計，是周佛海一生的最大弱點，也是陷他於萬劫不復之地的宿命淵藪。

1949年大陸政權易手之後，楊淑慧定居上海。她曾幫助中共中央找到了中共「一大」會址，認出了當年的博文女子中學，為此，受到了董必武的專門接見和表揚。此後，再也沒有人搭理這個大漢奸的老婆。潘漢年事件又將楊淑慧牽連入獄，1957年1月才被釋放回家。她獨自一個人生活在上海的一個破舊小閣樓上。1962年冬日的一天，楊淑慧不小心從樓梯上滾了下來，摔壞了腿，既無人照顧，也無錢醫治，在一個寒冷的冬夜，淒涼地死在家中。

　　周佛海的兒子周幼海當年離開白公館後，立志背叛家庭，投身革命。1946年，他在蘇北解放區加入中國共產黨，然後被派回上海從事祕密工作。解放後，在上海公安局政保部門供職，是楊帆的屬下。1955年2月，「潘漢年、楊帆案件」發生，周幼海被涉入獄，1965年9月釋放，仍被處「管制三年」，押解上海，在「京華化工廠」監督勞動。不久，「文革」爆發，劉少奇倒臺。而當年在蘇北介紹周幼海入黨的，正巧是劉少奇的表外甥女楊宇久。周幼海又一次牽連入獄，直到1979年9月平反釋放。此時的周幼海，中風兩次，老婆離婚，不足60歲，卻已垂垂老矣。

　　周幼海自知來日無多，拖著完全癱瘓的下肢，活動著唯一能動的右臂，抓緊注釋了《周佛海日記》，校注、介紹了其中涉及的上千個人物，為現代史的研究作出了貢獻。

　　1985年7月，周幼海氣喘痰塞，無法動彈。24日，被送進醫院搶救，心力衰竭的他又併發嚴重肺炎，當晚溘然長逝，年僅63歲。

　　周幼海生前，有不少人問他，汪精衛、陳公博的兒子都在國外享福，你不覺得後悔嗎？周幼海總是回答：「我參加共產黨，革命10年，一點沒錯，我毫不後悔。至於我的一切厄運和遭遇，說句唯心的話，大概是我父親周佛海作孽太多，父債子還了！」

　　一句「父債子還」，多少酸甜苦辣！人生無常，福禍不過轉瞬之間。

主要參考文獻

《周佛海日記全編》周佛海著　蔡德全編注　中國文聯出版社　2003年8月
　　第一版
《周佛海秘檔》中國文史出版社　2012年8月第一版
《民國漢奸粉墨春秋》顧居編著　團結出版社　2011年4月第一版

陳獨秀

幸有艱難能煉骨

陳獨秀・幸有艱難能煉骨

天上掉下個陳獨秀

　　1879年10月9日，陳獨秀出生於安徽省懷寧縣北門後營。

　　歷史原不是宿命論。無論陳獨秀在他一個甲子又三年的生命歷程當中，在這個世界上折騰出了多麼大的響動；無論陳獨秀對中國的近代史做出了多麼無與倫比的偉大貢獻；無論陳獨秀是怎樣的一匹「不羈之馬」，他的生前身後給歷史和社會帶來了多少不勝枚舉的爭論和話題，他呱呱墜地的那一個秋日，還是一個普通的不能再普通的早晨，天無祥瑞，地無異動，風吹過田野，水流經山澗。

　　陳獨秀生命的開始，一如常人，平淡無奇；陳獨秀生命的終結，如千軍蹀步，萬里奔雷，聲動長天，響徹大地。

　　陳獨秀一生坎坷，數度被捕，命運大起大落，生命如太陽般璀璨。「五四運動」中陳獨秀第一次被捕下獄時，毛澤東激揚文字，吶喊聲援：「陳君之被逮，決不能損及陳君的毫末。並且是留著大大的一個紀念於新思潮，使他越發光輝遠大。政府決沒有膽子將陳君處死。就是死了，也不能損及陳君至堅至高精神的毫末。……我祝陳君萬歲！我祝陳君至堅至高的精神萬歲！」

　　桀驁不馴的毛澤東，由衷地喊出了一句偉大的真理：陳獨秀萬歲！

　　陳獨秀家族在懷寧（今安慶）是個小戶人家，自南宋淳熙年間遷居於此，已繁衍了十八代，世世習儒，詩書傳家，已是書香門第。

陳獨秀的祖父陳章旭，字太占，亦字曉峰，曾舉為候補知縣，但從未放過實缺，常以教書為生，或進衙入府，充任幕僚以補家用。陳章旭學問深厚，精明強幹，一生懷才不遇，宏圖未展，便將自己修齊治平的所有希望，寄託在了兒孫身上。

陳獨秀的父輩兄弟四人，陳的親生父親排行老三。大伯父陳衍藩，字霭亭，考取了功名，任陝西候補直隸州。太平軍攻佔安慶期間，陳衍藩憤而投筆從戎，抗擊「長毛」。離軍返歸故里途中，被太平軍刺傷，不治身亡，年僅20歲。二伯父陳衍藻，生於1846年，不幸早殤，無有生平記載。

陳獨秀生父陳衍中，字象五，亦有功名，為優廩貢生，曾補用江蘇府。湯壽潛撰《陳衍中先生傳》曰：「象五生有異姿，束髮受書，岸然柴立。」太平軍襲擾安慶期間，陳衍中與父母避亂鄉間，家徒四壁，無以為生。陳衍中一生以教書為業，成就斐然。有人誇張說，那時安徽的知名人士，一半出自陳衍中門下。候補江蘇府時，仍在蘇州設塾育人。1881年，蘇州瘟疫流行，陳衍中不幸染病，於10月7日卒於蘇州懷寧會館。父親歿時，陳獨秀還不滿兩歲。

陳獨秀的叔父陳衍庶，乃是陳家的驕傲。陳獨秀出生前四年，即光緒元年（1875年），陳衍庶考中舉人。初任知縣，因治河有功，而仕途平坦，步步高升，由知州、知府，直升到道員。陳衍庶在各地作官的同時，廣置田產，遼寧彰武縣有地200畝，安徽貴池縣置地800畝。掛冠之後，又出資白銀萬兩，在北京琉璃廠設崇古齋古玩鋪等等，又在安慶城南水關建深宅大院，儼然成為安慶的名門望族。

陳章旭的四個兒子，三個各有所長，功名在身，尤其是四子，功成名就，光宗耀祖。只是由於戰亂和疾病，三個兒子先他而去，實是人生之大不幸。四子衍庶亦有隱憂，兩妻一妾都未給他生下一

個兒子，無奈之下，陳獨秀5歲之時，過繼給叔父為嗣子。

陳獨秀兄弟姊妹四人。在他之上，有一個哥哥，兩個姐姐。大哥陳健生，字孟吉。陳獨秀幼時名為乾生，字眾甫，後衍化為仲甫。仲為二也，這也正合陳乾生的身分。

孫兒輩只有陳健生、陳乾生兄弟二人，爺爺陳章旭便親自擔任了啟蒙開化之責。陳乾生自六歲開始，便隨爺爺讀書，在他的記憶中，那真是一段惡魔般的日子。

哥哥陳健生長乾生7歲，資質平平，爺爺在健生的讀書上要求不高，能認真背書、習字就可。而陳乾生聰明伶俐，悟性高，記憶力好，爺爺對他十分器重，抱有極大的希望，恨不得這個小孫子一年之內讀完四書、五經。爺爺逼著乾生背《詩經》、背《左傳》，背不出來，便是一頓痛打。無論爺爺下手多麼重，責罵多麼狠，乾生總是一聲不吭，一滴淚不掉，絕不告饒，這尤其氣得爺爺怒目圓睜，咬牙切齒。他曾傷感地罵道：「這個小東西，將來長大成人，必定是一個殺人不眨眼的兇惡強盜，真是家門不幸！」

性格是不能改變的。不服軟，不低頭，倔強、執拗，這是陳乾生從娘胎裡帶來的稟性，不是爺爺的棍棒可以打掉的。爺爺從孫子的沉默中看出了個性，他私下裡對鄉人說：這孩子長大後不成龍便成蛇。

母親心疼兒子。看到爺爺屢屢責打乾生，娘的心隱隱作痛。她攬過乾生，柔聲勸道：「小兒，你務必好好用心讀書，將來書讀好了，中個舉人替你父親爭口氣，你的父親讀書一生，未曾考中舉人，是他生前一樁恨事！」說著，母親流下淚來。看到母親哭了，陳乾生禁不住淚流滿面，哭出聲來。母親一時怔住了，責備說：「你這孩子真淘氣，爺爺那樣打你你不哭，現在倒無端的哭了。」為娘的心裡明白，這哪裡是「無端」的哭，這是委屈的淚，是被

柔弱和慈愛感化的眼淚。晚年，陳獨秀在獄中回憶道：「母親的眼淚，比祖父的板子，著實有威權，一直到現在，我還是不怕打，不怕殺，只怕人對我哭，尤其婦人哭，母親的眼淚，是叫我用功讀書之強有力的命令。」

陳乾生10歲那年，祖父去世，家裡為他請了幾個私塾先生，陳乾生都不滿意，只好由寬厚的大哥親炙小弟。陳健生以柔克剛的教學方式，給了弟弟更多的自由空間，陳乾生興致所至，涉獵廣泛。當然，隨著年齡漸長，陳乾生也知道要努力考取功名，以慰母親期待之情。

光緒二十二年（1896年），考期將近，哥哥硬著頭皮勸他：「你也得看看八股文章罷！」儘管陳乾生十分厭惡八股文，他也得違心地去參加院考，以取得秀才資格。

這一年的考題是「魚鱉不可勝食也材木」。這是一種截答題。明清兩代的科舉考試，題目只能出自四書。幾百年來，四書中的每一句話，不是被考過，就是被考生們做過，背得滾瓜爛熟，牢記於心。逼得出題考官只好另闢蹊徑，將四書中的上下兩句各截幾字拼湊而成，這種句子往往毫無意義，卻非要考生引申作文，實在是一種腐朽、沒落的考試方式。「魚鱉不可勝食也材木」截自《孟子‧梁惠王上》：「穀與魚鱉不可勝食，材木不可勝用，是使民養老喪死無憾也。」

看到這個題目不通的八股文試題，陳乾生氣不打一處來。他突然有了一個惡作劇的想法，即用不通的文章來對付不通的題目。陳乾生將《昭明文選》中所有鳥獸草本的難字、偏僻字逐一列出，他還把《康熙字典》上荒謬的古文，不管三七二十一，不管牛頭不對馬嘴，上文不接下文地洋洋灑灑寫了一大篇，交稿完事。能寫出這樣一篇「奇文」，得益於陳乾生平時的廣泛閱讀。那些死背四書、

五經的考生，肯定會被「魚鱉不可勝食也材木」這類狗屁不通的題目繞了進去。

陳乾生回到家中，把文章的底稿交給大哥看。陳健生看完文稿，皺著眉頭，足足有一個鐘頭一聲不響。他實在看不明白，弟弟的這篇文章究竟說了什麼。

放榜之日，陳乾生居然高中第一名！那些所謂的「宗師」們，因為看不懂而不敢輕易評論，怕露怯只好紛紛叫好，這樣，便將陳乾生送上了秀才第一名的位置。陳乾生的內心，更加鄙薄了科舉考試。他以為這樣胡鬧下去，他一定會考取舉人，以慰父親在天之靈。

陳乾生考中秀才的第二年，德國人進佔膠州灣，強租膠澳99年，舉國震驚。當此時也，南方有英人、葡人佔據香港、澳門，日人覬覦閩越；北方，俄羅斯染指滿蒙。列強瓜分中國之勢迫在眉睫。18歲的陳乾生幾易其稿，完成了〈揚子江形勢論略〉一文。這篇文章7000多字，廣徵博引，縱論長江上自荊襄，下至吳淞口的形勢，對江水的流向、緩急、深淺，江面的寬狹、江中沙渚的分佈，南北兩岸城鎮的戰略地位，都作了詳盡論述。他還參照歷代揚子江上的戰爭得失，提出了加強長江防務的具體方案。陳乾生認為，「總論全江大局，若防內亂必據上游，若禦外侮必備下游，必江口之備已周，再有海軍為輔，則歐西之鐵甲雖強，亦不容其越雷池一步矣。」

身處閉塞的安慶，以18歲的年紀，披閱大量圖書資料，認真嚴密地思考推理，完成這樣一篇宏大述事的文章，足見陳乾生既善於學習，又善於思考，且眼界遼遠，胸懷闊大，身在僻壤，心憂天下。

也是在18歲這年，陳乾生完成了大婚之喜。新娘是安慶統領高登科之女，名高曉嵐，大陳乾生三歲，是個面目清秀，身材修長，目不識丁的小腳女人。這雖是門當戶對，文武相親的美滿姻緣，但

夫妻二人思想、志趣、文化、愛好，差異極大，「平時家庭不和，多口舌之爭」。

還是在這一年，陳乾生參加了江南鄉試。

陳乾生一直將科舉考試視為他人生中的一場災難。他覺得既然鄉試「這場災難是免不了的，不如積極的用點功，考個舉人以了母親的心願」。

這年夏天，哥哥、哥哥的同學和先生等人，陪他去南京應試。這是18歲的陳乾生第一次離家外出，走出安慶。客船順江而下，他們在乘坐的船頭上，扯上一面黃旗，上書「奉旨江南鄉試」，意氣風發地向南京駛去。

夫子廟貢院的鄉試三場九天，陳乾生飽嘗了考試的艱辛，閱遍了考生的人生百態和癡迷執著。那一瞬間，他對科舉完全失望了。心不在焉的考試，自然不會有好的結果。放榜之時，他名落孫山。而那一刻，他卻有了輕鬆而決絕的感覺。陳乾生覺得，對於科舉考試和考場，他是絕不會再回來了。他的思想，由選學妖孽而轉到康梁變法這邊了。

1901年11月，陳乾生自費赴日本留學，入東京專門學校（早稻田大學前身）。正式入學之前，先在高等師範學堂速成科學習日語和普通課程。在日本，陳乾生接觸到了西方資產階級反專制、反獨裁的自由平等學說，思想上受到極大震撼，他加入了留學生中的進步團體「勵志社」。

1902年9月，陳乾生回國省親後重返日本，入日本成城學校學習陸軍軍事，與同學張繼、蘇曼殊、潘贊化、蔣方震等發起成立青年會，以民族主義為旗幟，宣導革命。清政府在留學生中派駐學監，以約束和監督學生們的革命活動。陸軍學生監督是姚文甫。此人專橫跋扈，生活腐化，常常鉗制學生，阻撓學習，引起學生公

憤。1903年3月31日晚，陳乾生、鄒容、張繼、翁浩、王孝縝等闖
入姚文甫房間，聲言要割掉他的腦袋。姚哀求告饒。鄒容說：「縱
饒汝，不饒汝髮。」於是，張繼抱腰，鄒容按頭，陳乾生揮剪，剪
掉了姚文甫的一縷頭髮，以代割首。他們把姚的頭髮懸掛在留學生
會館，於旁書寫「留學生公敵姚某之辮」。姚文甫餘恨難消，勾結
日方員警，逮捕了陳乾生、鄒容、張繼三人。4月份，三人被遣返
回國。

　　回到安慶的陳乾生，在縣城北門的藏書樓發起演說會，宣講革
命和維新理論。陳乾生口才極佳，文思敏捷，演講起來出口成章，
滔滔不絕，很受青年學生的歡迎。安慶知府桂英親赴藏書樓查禁演
說會，不許學生「干預國事，鼓惑人心」。布政使於蔭霖封了藏書
樓，安徽巡撫指名通緝陳乾生。陳乾生只好逃往上海，投奔他早年
認識的革新派人士章士釗。

　　陳乾生來到上海時，轟動一時的「蘇報案」已近尾聲，章士釗
保釋出獄，正在籌辦《國民日日報》，陳乾生的到來，正好助他一
臂之力。

　　《國民日日報》由謝少石出資，外國人高茂爾出任經理，章士
釗任主編。章在《國民日日報》發刊詞裡將封建統治者比喻為獨夫
民賊，指斥他們「三千年來，以國為牧場，以民為畜類」，「種種
罪惡，惟君所造」。《國民日日報》實際上由章士釗、陳乾生二人
主持編輯，負責全部文字和校對，常常徹夜工作到第二天凌晨才能
休息。章士釗生動回憶過他們二人那時的生活起居和工作狀況：

　　兩人蟄居昌壽裡之偏樓，對掌辭筆，足不出戶，興居無節，頭
面不洗，衣敝無以易，並也不浣。一日晨起，愚見其黑色袓衣，白
物星星，密不可計。愚駭然曰：「仲甫，是為何耶？」獨秀徐徐自
視，平然答曰：「虱耳。」其苦行類如此。

編輯《國民日日報》的經歷，讓陳乾生體會到，開啟民智，宣傳革新，報紙是最好的載體，有著無法替代的巨大影響力。《國民日日報》被迫停刊後，陳乾生回到安慶，滿腦子還是辦報的念頭，他想「運廣長舌，將眾人腦筋中愛國機關撥動」，以反抗帝國主義和封建專制。於是，陳乾生約上兩個朋友，辦起了《安徽俗話報》。

《安徽俗話報》的創辦經費大多是安徽的愛國人士捐助的，先在安徽編輯，編好後的報紙寄往上海印刷，印刷完成後運到蕪湖科學圖書社發行。這是一個不太順遂的編輯發行過程。報紙（實為月刊）創辦不久，陳乾生給蕪湖科學圖書社經理汪孟鄒寫信說，他要到蕪湖來辦《安徽俗話報》，就寄宿在科學圖書社，還要給汪孟鄒交伙食費。幾天後，一位剪掉辮子、披著頭髮的年輕人，背著包袱，拿著把雨傘，來到了科學圖書社。此人就是陳乾生。汪孟鄒對他說：「我這裡每天吃兩頓稀粥，清苦得很。」陳乾生聽後很平淡地回答：「就吃兩頓稀粥好。」

陳乾生在圖書社的樓上住了下來，寫稿、改稿、編輯、發行，樣樣都做。這是一座二層樓房，磚木結構，樓上光線暗淡，屋頂有一片亮瓦，臨街有一扇小窗。《安徽俗話報》由上海寄來的日子，是陳乾生最忙的時候，他要分發、卷封、付郵，儘管瑣細，但他盡心盡力地去做好。科學圖書社樓下的客廳裡，掛著陳乾生寫的大字對聯：推倒一時豪傑，擴拓萬古心胸。有此豪邁理想，再苦再累他也安之若素。

俗話報就是白話報，陳乾生用通俗的語言，淺顯的論述，典型的故事，普及常識，鼓吹革命，評論時事，宣揚新思想、新道德。許多人稱讚《安徽俗話報》「最開風氣」。

陳乾生是個不安份之人，四海為家，仗行天下。一會兒上海，

一會兒蕪湖，今朝東渡日本，明年又居杭州。他與高曉嵐結髮13年，育有三子兩女。長子延年，次子喬年，三子松年；長女玉瑩，次女夭亡。高曉嵐謹守婦道，足不出戶，善良溫和，勤儉持家，養育兒女，孝敬婆婆。但所有這一切，都沒有拴住陳乾生的心。

1910年，陳乾生在杭州陸軍小學堂任教期間，有了第一次婚變。讓人驚詫不已的是，新婚的妻子居然是他的小姨子，高曉嵐同父異母的妹妹高君曼。

高君曼小姐姐9歲，小陳乾生6歲，曾就讀於北京師範學校，是個新式女青年，思想新穎。在與姐夫陳乾生的不斷接觸中，敬佩於陳乾生的學識和胸襟。她不惜追著陳獨秀的腳步顛沛流離，南來北往。兩人終於走到了一起。這在當時，是需要男女雙方付出極大勇氣的果敢之舉，也是驚世駭俗的另類戀情、婚姻。

陳乾生的嗣父陳衍庶惱羞成怒，罵他敗壞門風，聲言不認這個嗣子，不許他再踏進陳家大門。高家亦認為兩姐妹同嫁一夫，有辱祖先，禮所不容，憤恨不已。

陳乾生都不理會這些。婚後——當然是事實婚姻，同居而已，未必辦過什麼手續——陳乾生在給好友蘇曼殊的信中，輕鬆寫道：用度雖不豐，然「侵晨不報當關客，新得佳人字莫愁」。公有詩賀我乎？新婚欣喜之情，安貧樂陶之意，躍然紙上。

辛亥革命爆發，陳乾生倍受鼓舞。他在杭州陸軍小學堂寫了篇討清檄文，由光復會會員周亞衛抄成大字報，深夜跑去貼在鼓樓門旁和衙署之側，「省垣官吏聞之悚然」。

武昌槍響後一個月，安徽宣佈獨立。諮議局立憲派推安徽巡撫朱家寶為都督，同盟會會員推王天培為都督，一時各派紛爭，局面混亂。12月12日，安徽召開臨時議會，選舉孫毓筠為都督。孫毓筠抵安徽就職，成立了安徽軍政府，並電召陳乾生返皖任都督府秘書

長。後孫毓筠下臺，柏文蔚接任都督，仍用陳乾生為秘書長。1913年3月20日，袁世凱派人暗殺了國民黨代理理事長宋教仁，孫中山怒而起兵討袁。柏文蔚通電回應，親任安徽討袁總司令。蕪湖軍閥龔振鵬，與袁世凱親信段祺瑞有同鄉之誼，不但不積極行動，率兵出征，反而將柏文蔚的軍事計畫密告段祺瑞。陳乾生滿腔怒火來到蕪湖，指責龔振鵬「按兵不動，是何居心？」惱怒萬分的龔振鵬竟將陳乾生綁了，「擬即槍決」。陳乾生臨危不懼，從容催促道：「要槍決，就快點吧！」

皖軍副司令張子剛聞訊後，帶著衛隊趕到龔振鵬營中，槍口下救出了陳乾生。

經此一變，陳乾生情知安徽革命斷無出路，便帶著高君曼出皖抵滬。不久，他第五次東渡日本，協助章士釗創辦《甲寅雜誌》去了。

1914年11月10日，陳乾生在《甲寅雜誌》第一卷第四號上，以「獨秀」筆名發表了〈愛國心與自覺心〉一文。見到「獨秀」之名，汪孟鄒對他說：你太不客氣了，以為世界上只有你一個人是秀的。陳乾生笑笑回答：哪裡。我們安慶有座獨秀山，我不過說我是這座山下的居民而已。

陳乾生真的要一枝獨秀，暢行天下了。他的〈愛國心與自覺心〉堪稱奇文。他認為「蓋保民之國家，愛之宜也；殘民之國家，愛之也何居。」「殘民之禍，惡國家甚於無國家。失國之民誠苦矣……」，一旦「海外之師至，吾民必且有垂涕而迎之者矣！」身處這樣的惡國家，「亡國為奴，何事可怖」。

陳文發表之後，章士釗說：「讀者大病，愚獲詰問叱責之書，累十餘通，以為不知愛國，寧復為人，何物狂徒，敢為是論。」

此狂徒，正是陳獨秀耳！

第一個輝煌——《新青年》雜誌

辦雜誌,是陳獨秀久有的夙願。他曾認真地說過:「只要十年、八年的功夫,一定會發生很大的影響。」陳獨秀辦雜誌,一不是為了賺錢,二不是為了成名,他只是想用雜誌革故鼎新,開啟民智。辛亥之後,看似天翻地覆,實則進步不大,民國只是一塊招牌,推翻了一個皇帝,上臺了多個軍閥,擁兵割據,劃地為王,中國的政治革命還是不見端倪。陳獨秀認為,中國的變革,必須「從思想革命開始」。他1914年亡命日本,一是為了避殺身之禍,二是衝著《甲寅雜誌》去的。他覺得,章士釗主編的這份雜誌,略合他思想革命的方針,他願前往襄助,援章士釗一臂之力。

《新青年》能於1915年秋天在上海創刊,必然中蘊含著偶然的因素。

陳獨秀第五次赴日之後,將高君曼留在了上海。轉年春末,高君曼「體氣不佳,家中寂寞,甚為悲傷,竟至泣下」。至夏,高又忽然咯氣,且多次發作,無奈住進同仁醫院診治。高君曼自己極度畏懼,那種淒涼無助之狀,令人心悸。陳獨秀的好朋友汪孟鄒立即致信陳獨秀,催他早日返回。

陳獨秀6月自日本返回上海,與闊別一年的妻子團聚。後經調治,高君曼病情逐漸好轉,這讓陳獨秀有了更多的精力去實現他的「雜誌夢想」。

1915年9月15日,陳獨秀主撰,上海群益書社出版的《青年雜誌》正式出版,自第二期起,更名為《新青年》。這又是一個偶然。當時上海基督教青年會辦了一份《上海青年》週報,見到《青年雜誌》後,他們致信群益書社,「名字雷同,應該及早改名,省的犯冒名的錯誤」。陳獨秀一不做,二不休,索性改名《新青

年》。這一振聾發聵、橫空出世的新生事物，如日出東海，迅速照亮大地，耀遍世界！

創刊號中的〈敬告青年〉，是陳獨秀親自撰寫。他以素來秉持的激揚澎湃，一瀉千里的陳氏行文風格，熱情謳歌：

青年如初春，如朝日，如百卉之萌動，如利刃之新發於硎，人生最可寶貴之時期也。

青年之於社會，猶新鮮活潑細胞之在人身。新陳代謝，陳腐朽敗者無時不在天然淘汰之途，與新鮮活潑者以空間之位置及時間之生命。人身遵新陳代謝之道則健康，陳腐朽敗之細胞充塞人身則人身死；社會遵新陳代謝之道則隆盛，陳腐朽敗之分子充塞社會則社會亡。

陳獨秀寄望青年，「自覺其新鮮活潑之價值與責任」，「奮其智慧，力排陳腐朽敗者以去」。

什麼是新青年的價值與責任呢？陳獨秀提出了六項標準：一、自主的而非奴隸的；二、進步的而非保守的；三、進取的而非退隱的；四、世界的而非鎖國的；五、實利的而非虛文的；六、科學的而非想像的。

《新青年》創刊之時，胡適還在美國哥倫比亞大學讀哲學。胡適的同鄉汪孟鄒，將創刊號及約稿信一併寄往美國，胡適讚賞《新青年》的編輯思想和革命主張，陳獨秀便與胡適魚雁往返，聲氣相求。

在文學革命領域，胡適力倡白話文，反對文言文，這與陳獨秀的主張與實踐完全一致。陳獨秀認為胡適關於文學革命的多項立論，「以為今日中國文界之雷音，倘能詳其理由，指陳得失，衍為一文，以告當世，其業尤盛」。未幾，陳獨秀又致信胡適約稿，「文學革命，為吾國目前切要之事，此非戲言，更非空言」，希望「切實作一改良文學論文，寄登《青年》」。

在陳獨秀的誠懇相約下，胡適完成了〈文學改良芻議〉一文，寄付陳獨秀。陳立即刊發於1917年1月1日《新青年》第二卷第五號上。

〈文學改良芻議〉直陳八事：「一曰須言之有物。二曰不摹仿古人。三曰須講求文法。四曰不作無病之呻吟。五曰務去濫調套語。六曰不用典。七曰不講對仗。八曰不避俗字俗語。」胡適對此八條作了逐條闡釋。當然，他明白，自己「遠在異國，既無讀書之暇晷，又不得就國中先生長者質疑問難，其所主張容有矯枉過正之處」，因而，他將自己的文學主張稱為「改良」而非「革命」，只是「芻議」，而不是什麼定論。

陳獨秀對胡適的〈芻議〉興奮不已。他認為需要再燒一把火，將文學革命推向高潮，以推進整個社會的新思想、新文化運動。在接下來出版的《新青年》第六號上，陳獨秀飽蘸激情，寫下了一篇宏文〈文學革命論〉：

今日莊嚴燦爛之歐洲，何自而來乎？曰，革命之賜也。歐語所謂革命者，為革故更新之義，與中土所謂朝代鼎革，絕不相類；故自文藝復興以來，政治界有革命，宗教界亦有革命，倫理道德亦有革命，文學藝術，亦莫不有革命，莫不因革命而新興而進化。近代歐洲文明史，宜可謂之革命史。故曰，今日莊嚴燦爛之歐洲，乃革命之賜也。

……

文學革命之氣運，醞釀已非一日，其首舉義旗之急先鋒，則為吾友胡適。余甘冒全國學究之敵，高張「文化革命軍」大旗，以為吾友之聲援。旗上大書特書吾革命軍三大主義：曰，推倒雕琢的阿諛的貴族文學，建設平易的抒情的國民文學；曰，推倒陳腐的鋪張的古典文學，建設新鮮的立誠的寫實文學；曰，推倒迂晦的艱澀的山林文學，建設明瞭的通俗的社會文學。

文章最後，陳獨秀豪邁呼籲：

吾國文學豪傑之士，有自負為中國之虞哥、左喇、桂特郝、卜特曼、狄鏗士、王爾德者乎？有不顧迂儒之毀譽，明目張膽以與十八妖魔宣戰者乎？予願拖四十二生之大炮，為之前驅。

〈文學改良芻議〉、〈文學革命論〉雙箭齊發，雙炮並響，將《新青年》推向了中國近代史的輝煌頂點。

1916年11月底，正當《新青年》辦得紅紅火火之際，陳獨秀拉上汪孟鄒進京約稿，同時為群益書社招募股份。兩人下榻在西河沿中西旅館64號房間。

也是在這前後，北洋政府教育部電召正在法國的蔡元培，讓他即刻回國，就任北京大學校長。

設立於1898年的京師大學堂，1912年3月更名為北京大學，但依然是舊式學校，教師多為前清舉人或進士，學生多是官宦子弟。有的學生上課，居然帶著聽差，為他提包端水，還要屈膝打拱。

蔡元培立志改革，再造北大，循思想自由原則，取相容並包主義。挑選各學科學長，是重要的一環。

向蔡元培推薦陳獨秀的有兩個人。一個是沈尹默，一個是湯爾和。

沈尹默說，「有一天我從琉璃廠經過，忽遇陳獨秀，故友重逢，大喜。……我回北大，……並向蔡推薦陳獨秀任北大文科學長。」

不錯，沈尹默與陳獨秀是「故友重逢」，但他們的相識，頗具戲劇性，堪稱一段掌故，一則佳話。

1910年，陳獨秀在杭州陸軍小學堂任教時，結識了江南文人劉季平。而書香子弟沈士遠、沈尹默兄弟二人，也與劉季平過從甚密。一日，沈尹默赴劉季平的飲宴，甚是高興。回家後，即興寫了一首五言古詩，書於宣紙之上，請劉季平指教。劉將沈尹默的詩掛

在家中牆上。恰巧陳獨秀來訪，見了詩和字，問起沈尹默何許人也。第二天，陳獨秀徑直找上門去，見了沈尹默大聲說：「我叫陳仲甫，昨天在劉三（劉季平）家看到你寫的詩，詩做的很好，其字俗入骨。」沈尹默一怔，頗覺此話刺耳，轉而一想，又不得不承認，他寫字用長鋒平毫，又不能提腕，所以寫不好，有習氣。經陳獨秀這當頭棒喝，沈尹默發憤鑽研書法，終成一代大師。兩人從此「訂交」，至死不悔。

湯爾和向蔡元培推薦陳獨秀的方法，是直接拿了十幾本《新青年》交到蔡的手上。蔡元培回去翻閱之後，決意聘陳獨秀為文科學長，月薪300元。

1916年12月26日，在接獲北京大學校長任命的當天，蔡元培便去拜訪陳獨秀，請他擔任北京大學文科學長。沒想到竟被陳獨秀一口回絕，說「要回上海辦《新青年》」。

此後，蔡元培差不多天天要來看陳獨秀。在北京那些時日，陳獨秀白天四處活動，晚上赴宴、聽戲，睡的晚，起的遲。有時蔡元培來的很早，陳獨秀還未起床。蔡元培招呼茶房，不要叫醒陳獨秀，他自己搬個凳子，就坐在陳獨秀房間門口等候。

一個當年的二甲進士翰林，留學德國，學貫中西，曾任中華民國臨時政府教育總長，這樣禮賢一位秀才，實在是令人敬佩。汪孟鄒將此事傳回上海，眾人紛說，這不是三顧茅廬嘛！

蔡元培向陳獨秀提出，可以將《新青年》雜誌搬到北京來辦。被蔡元培的精誠之心深深打動，陳獨秀表示，回滬稍加整理，即來京入職。

1917年1月11日，蔡元培呈文教育部：原文科學長夏錫祺辭職，「查有前安徽高等學校校長陳獨秀品學兼優，堪勝此任。」

僅僅兩天之後，教育部便批准了蔡元培的呈文。

陳獨秀還在猶疑之間。他在上海辭別一干朋友時說：「我沒有什麼學位頭銜，能否勝任，不得而知，我試幹三個月，如勝任即繼續幹下去，如不勝任即返滬。」

蒞事之初，陳獨秀便向神交已久、素未謀面的胡適拋出了橄欖枝：

> 適之先生左右：
>
> 　　奉手書並大作〈文學改良芻議〉，快慰無似。弟與孟鄒兄為書局招股事，於去年十一月底來北京勾留月餘……書局成立後，編譯之事尚待足下為柱石，月費至少可有百元。蔡子民先生已接北大校長之任，力約弟為文科學長，弟薦足下以代，此時無人，弟暫充乏。
>
> 　　子民先生盼足下早日回國，即不願任學長，校中哲學、文學教授俱乏上選，足下來此亦可擔任。學長月薪三百元，重要教授亦此數。……足下回國必甚忙迫，事畜之資可勿顧慮，他處有約者倘無深交，可不必應之。中國社會可與共事之人，實不易得。恃在神交頗契，故敢直率陳之。……
>
> 　　　　　　　　　　　　陳獨秀白（一九一七年一月）

求賢若渴之心，躍然紙上。

陳獨秀來到北大，帶來一股清新之風，一股豪爽之風，一股灑脫之風，北大文科一時氣象萬千，風生水起。《新青年》雜誌被眾多學子爭相傳閱，奉為至理；稍後創辦的《每週評論》，言辭犀利，宣導民主、科學，獨領輿論風騷。

馮友蘭當時是陳獨秀的學生。對於這位文科學長的嬉笑怒罵，放浪不羈，馮有一段精彩的回憶：

　　在我們畢業的時候，師生在一起照了一個相，老師們坐在前一排，學生們站在後邊。陳獨秀恰好和梁漱溟坐在一起。梁漱溟很謹慎，把腳收在椅子下面，陳獨秀很隨便，把腳一直伸到梁漱溟的前面。相片出來以後，我們的班長孫本文給他送去一張。他一看，說：「照得很好，就是梁先生的腳伸得太遠一點。」孫本文說：「這是你的腳。」（陳先生也為這大笑）。這可以說明陳獨秀的「氣象」是豪放的。

　　蔣夢麟與陳獨秀同為北大教師，時常往還。蔣在《西湖‧新潮》中，對陳獨秀有一段生動、有趣的記載：

> 他為人爽直，待朋友很好。我常常和他說：「我們兩個人，有一個相似的習慣，在參加筵席宴會的時候，一坐下來，我們總愛把冷盤或第一、二道菜儘量的吃，等到好菜來時，我們已經吃飽了。所以大家說笑話，稱我們這兩個急性子，『同病相憐』。」

　　我和陳獨秀常講笑話。我是一個秀才，陳獨秀也是一個秀才。秀才有兩種：一種是考八股時進的秀才，稱為八股秀才。後來八股廢掉了，改考策論，稱為策論秀才。這種策論秀才已經有幾分洋氣了，沒有八股秀才值錢。有一次陳獨秀問我「唉！你這個秀才是什麼秀才？」

　　「我這個秀才是策論秀才。」

　　他說：「那你這個秀才不值錢，我是考八股時進的八股秀才。」我就向他作了一個揖，說：「失敬，失敬。你是先輩老先生，的確你這個八股秀才比我這個策論秀才值錢。」

　　多年之後，梁漱溟在一次訪談中，對蔡元培、陳獨秀有過一

段中肯的評論：「蔡元培先生萃集的各路人才中，陳獨秀先生是佼佼者。當時他是一員闖將，是影響最大，也是最能打開局面的人。但是，陳這個人平時細行不檢，說話不講方式，直來直往，很不客氣，經常得罪人，因而不少人怕他，乃至討論他時，校內外都有反對他的人。只有真正瞭解他的人才喜歡他，愛護他，蔡先生是最重要的一個。……如果得不到蔡先生的器重、維護和支持，以陳之所短，他很可能在北大站不住腳，而無用武之地。」

這種「站不住腳」的可能，終於在陳獨秀入北大兩年之後，成為了現實。

1919年3月26日晚，蔡元培約了幾位新文化運動的「關係諸君」，在湯爾和家開會，商議北大事宜。

這一天，大總統徐世昌指令教育總長傅增湘致函蔡元培，指責《新青年》、《新潮》等雜誌，「時論糾紛，喜為抨擊」，要求取締上述刊物。這是守舊勢力和專制政府的猖狂攻擊。蔡元培不為所動。他堅持循思想自由原則，取相容並包主義。他說：「北京大學的一切事，都在我蔡元培一人身上，與這些人毫不相干。」會上，「蔡先生頗不願於那時去獨秀」。

而當初全力推薦陳獨秀任文科學長的湯爾和、沈尹默，堅持要辭退陳獨秀。湯爾和稱陳獨秀「私德太壞」。與學生同嫖一妓，爭風吃醋，竟將妓女的下體挖傷。湯爾和質問，此種行為，「如何可作大學師表？」

以私德攻擊陳獨秀，蔡元培無話可說。蔡在北大正倡建「進德會」，以不嫖不賭不納妾為嘉言懿行之一。

蔡元培沒了退路

如何既免去陳獨秀文科學長之職，又不傷害他的面子，蔡元培頗費苦心。蔡曾設想暑假後實行學制調整、撤銷文理科界限等改革方案。在此局面下，只好匆忙於4月8日作出決定，合併文理兩科，陳獨秀不再擔任文科學長。但陳仍被聘為教授，給假一年，備「宋史」新課。

「3.26」會議，陳獨秀、胡適都被摒之門外，既不能自辯，又沒有他人為之解脫。胡適認為，蔡元培是中了小人奸計，以「私德」為名，行攻擊、打擊新文化運動之實。胡適詰問，與學生共嫖一妓，挖傷妓女下體，有誰所見，有誰證明？「乃今思之，豈值一噱？」

喜怒溢於言表的陳獨秀，倒是與湯爾和結下了樑子。湯在日記中記載：「五時後回寓，途中遇到陳仲甫，面色灰敗，自北而南，以怒目視，亦可哂已。」

不足一月之後，「五四運動」爆發，看到大批青年學生因上街遊行示威而被捕入獄，陳獨秀心急如焚。6月8日，他在《每週評論》上發表〈研究室與監獄〉一文：

> 世界文明的發源地有二：一是科學研究室，一是監獄。我們青年要立志出了研究室就入監獄，出了監獄就入研究室，這才是人生最高尚優美的生活。從這兩處發生的文明，才是真文明，才是有生命有價值的文明。

不足百字的一篇精彩短論，是陳獨秀戰鬥精神的生動寫照。

陳獨秀立說立行。演繹著他由「研究室入監獄」的生命軌跡。

6月9日，陳獨秀起草了〈北京市民宣言〉，向政府提出了5條

最低要求：取消對日密約；免除徐樹錚、曹汝霖、陸宗輿、張宗祥、段芝貴、王懷慶之官職，並驅逐出京；取消步軍統領及警備司兩機關；北京保安隊改由市民組織；市民須有絕對集會言論自由權。

陳獨秀連夜將宣言印成傳單，並親自上街散發。他先和高一涵來到中山公園茶座，見喝茶的人走後，將傳單放在沒人的桌子上，用茶杯壓好。後來的喝茶人讀到傳單，大聲叫好，拍手歡呼。

但陳獨秀覺得這種散發方式效果太慢，影響有限。

6月11日傍晚，陳獨秀約上高一涵、王星拱、程演生、鄧初幾人，到香廠新世界一家四川茶館浣花春晚餐。飯後，陳獨秀來到新世界，登上屋頂花園，見下面露臺上正放電影，便將懷中成疊的傳單掏出，就勢撒了下去。

這一英雄壯舉，在石仲揚著的《文人陳獨秀：啟蒙中的智慧》一書中，有獨到而傳神的描述：

那天晚上，41歲的陳獨秀獨立高樓風滿袖，向下層露臺上看電影的群眾散發鼓吹以「直接行動，以圖根本之改造」的「平民征服政府」的綱領──〈北京市民宣言〉。這是中國文化史上空前絕後的舉動，以後愛惜羽毛的教授們是不敢也不能效尤（法）的。試想一位最高學府的教授，頭戴白帽，身穿西裝，本當道貌岸然，文質彬彬。陳獨秀的行為，太出格了；這卻為他留下一個永恆的富有詩意的歷史造型：高屋建瓴，站在時代的制高點上振臂一呼。

人們何嘗不可以這樣想像，陳獨秀正是以這樣轟動而決絕的方式，告別北大，告別北京。

撒完傳單，陳獨秀自然無法逃脫，他立即被偵探逮捕，押往監獄。

這是陳獨秀的第一次被捕。

陳獨秀被捕之後，南北輿論譁然，營救之聲此起彼伏。值得一

提的，被陳獨秀痛批的舊派學者，如馬其昶、姚永概等，也不計前嫌，挺身而出，呼號奔走，營救陳獨秀。籌安會六君子之一的劉師培，患病臥床，聞訊扶病而起，與70餘名教授、學者聯名保釋陳獨秀。這讓胡適覺得，「這個黑暗的社會裡還有一線光明」。

拘押了98天之後，迫於各界壓力，徐世昌裝模作樣地讓陳獨秀具結悔過之後，於9月16日下午4時釋放了陳獨秀。北大同學會當天召開了歡迎陳獨秀出獄大會。陳獨秀的好朋友們，專門在陳獨秀被捕前吃飯的「浣花春」裡，備了兩桌酒席，叫上陳獨秀高君曼夫婦，開了一個大宴會，直鬧到凌晨一點多鐘。

陳獨秀雖然出獄，仍被監視居住，處在員警的嚴密監管之下。

陳獨秀是個不甘寂寞之人。在家中待了100多天，百無聊賴，他有點坐不住了。1920年1月，廣東軍政部決定撥款100萬元鉅款籌建西南大學。參與其事的汪精衛、章士釗多次函邀陳獨秀來滬共商西南大學籌辦事宜。陳獨秀遂悄悄離開北京，乘車南下，於1月29日抵達上海。

此時，武昌文華大學又有一屆學生畢業，他們邀請胡適參加他們的畢業典禮，並做學術講演。胡適正陪同杜威在北京訪問，並親任翻譯，無法分身，便向文華大學轉薦陳獨秀。於是，陳獨秀抵滬不久，便於2月2日乘「大通輪」溯江而上，於4日下午抵達漢口。文華大學協進會和武漢學生聯合會派出代表，冒雪渡江迎接。陳獨秀當晚下榻文華大學，備受款待。

武漢各界知陳獨秀來鄂，歡欣鼓舞，邀請演講的請帖絡繹不絕。5日下午，陳獨秀出席協進會在文華大學舉行的歡迎會，並即席演說〈社會改造的方法與信仰〉。6日上午，在文華大學第四講堂舉行的畢業典禮上，作〈知識教育與情感教育問題〉的演說。7日上午，應漢口青年會的邀請在武昌高等師範學校演講〈新教育之

精神〉。7日下午，堤口下段保安會舉行歡迎大會，陳獨秀演說希望武漢市民能為外交後盾，能謀工商業之發展，他還主張武漢市實行自治。7日晚，赴學者周煦春等人宴請，暢談文字改革，主張中國實行「注音字母」。

陳獨秀在武漢三鎮風塵僕僕，席不暇暖，各場演說無不言由心生，真知卓見。武漢的《國民新報》報導，陳獨秀的言論「卓識讜論」。湖北政府當局卻對陳獨秀的新思想、新觀點大為驚駭，「令其休止演講，速去武漢」。陳獨秀義憤於湖北當局壓迫言論自由的惡劣行徑，於7日晚乘車北上，9日早晨抵達北京。

武漢《國民新報》送到北京，總得延宕兩三日。這一天，北洋政府內有人翻閱《國民新報》，突見陳獨秀在武漢活動的報導，大吃一驚，立即通知警局前往查詢。

2月9日下午，陳獨秀回家不久，便有員警來敲門了。對此，胡適有一段生動的回憶：

獨秀返京之後正預備寫幾封請柬，約我和其他幾位朋友晤面一敘。誰知正當他在寫請帖的時候，忽然外面有人敲門，原來是位員警。

「陳獨秀先生在家嗎？」員警問他。

「在家，在家。我就是陳獨秀。」

獨秀的回答倒使那位員警大吃一驚。他說現在一些反動的報紙曾報導陳獨秀昨天還在武漢宣傳「無政府主義」，所以警察局派他來看看陳獨秀先生是否在家中。

獨秀說：「我是在家中呀！」但是那位員警說：「陳先生，你是剛被保釋出獄的。根據法律規定，你如離開北京，你至少要向員警關照一聲才是！」

「我知道！我知道！」獨秀說。

「您能不能給我一張名片呢？」

獨秀當然惟命是從；那位員警拿著名片走了。獨秀知道大事不好，那位員警一定又會回來找麻煩的。所以他的請帖也就不寫了，便偷偷地跑到我的家裡來。警察局當然知道陳君和我的關係，所以他在我的家裡是躲不住的。因而，他又跑到李大釗家裡去。

員警不知他逃往何處，只好一連兩、三天在他門口巡邏，等他回來。……

李大釗設法將陳獨秀送出北京，然後由天津乘船南下，去了上海。

對於陳、李出走北京，即便是當時之人，在後來的回憶與描述中也大有不同，這多半是環境、政治、個人利害得失造成的差異。高一涵在1927年、1963年的兩次回憶便很不一樣。1927年的《李大釗同志略傳》的描寫，更像是誇張的小說文筆：「守常割去鬍鬚，戴上瓜皮小帽，手攬旱煙袋，盤膝坐車上；獨秀著王星拱宅廚役油背心，望之儼然兩商人也。」

熟悉李大釗的人，對高一涵的描寫一直存疑。李大釗雖生在北方農村，但從小讀書，從未下地務農，怎會趕車呢？

彭述之對此事的回憶倒是接近情理：李大釗在北京城雇了一輛老式馬車，先將陳獨秀送至北京遠郊的楊家村，再乘火車到天津，然後陳獨秀由天津乘船赴滬。

無論細節、過程如何，李大釗挺身而出，將陳獨秀護送出北京，陪同乘車到天津，這是不爭的事實，也足見二人情深義重，志趣相投。

陳獨秀這一決絕南下，催生了中國歷史上的又一個重大事件——中國共產黨的誕生。

蘇聯共產黨和共產國際的代表，在《新青年》雜誌上讀到了

李大釗歡呼十月革命勝利，介紹馬克思主義的文章，認定他是中國革命的可造就之人。維金斯基親赴北京大學圖書館，登門拜訪李大釗，希望由他挑頭，組建中國共產黨。李大釗深知自己的號召力和影響力遠不及陳獨秀，便向共產國際力薦由陳獨秀發起組黨。維金斯基又跑到上海，反覆做陳獨秀的工作。彼時的陳獨秀，儘管是五四新文化運動的領軍人物，義旗一揮，山搖地動，群起呼應，但他還不是一個真正意義的革命者，更不是一個社會主義者，他帶有資產階級民主主義者傾向，甚至一度想將這個新成立的革命黨取名為社會黨。

維金斯基的努力，讓陳獨秀答應為建黨做認真的籌備。1920年的夏天，陳獨秀周圍，聚集起了張東蓀、李達、沈雁冰、李漢俊、周佛海等骨幹分子，上海的共產黨支部也隨即成立。

但是，陳獨秀還沒有做好準備成為一個職業革命家。這年的11月，廣東省長陳炯明電邀陳獨秀入粵，任廣東省教育委員會委員長兼廣東大學預科校長。陳獨秀的「教育救國」之夢再次不可抑制。陳獨秀向陳炯明提出就任的三個前提條件：教育獨立，不受行政干涉；以全省收入的十分之一撥作教育經費；行政措施與教育理念目標一致。陳炯明完全答應陳獨秀的條件，再次電催陳獨秀儘快到職視事。

陳獨秀將上海黨組織書記交由李漢俊代理，乘船一路南下，經香港赴廣州。在香港泊岸時，他還抓緊時間，向慕名登船求教的香港青年李義寶、林昌熾、張仁道宣傳社會主義理論和實踐，鼓動他們成立馬克思主義研究小組。此三人，後來成為香港共產黨組織的發起人。

在廣州，陳獨秀又說服他的北大學生陳公博、譚平山、譚植棠組建了共產黨廣州支部。這三人北大畢業後，剛剛回到家鄉，在高校任教並編輯出版進步報刊。廣州支部的活動開展得有聲有色，創辦宣講員養成所、開辦工人夜校、成立行業協會等等。

1921年7月23日，中國共產黨第一次代表大會在上海舉行，來

自各地黨組織的13名代表匯聚一起，討論黨章和工作決議。陳獨秀、李大釗這兩個籌建中國共產黨的最重量級人物竟沒有出席會議。陳獨秀為建設廣東大學預科正籌措一筆款子，一旦離開，將前功盡棄；李大釗正領導北大教職工的索薪鬥爭，無暇分身南下。事實上，此二人都沒有把這次會議及共產黨的成立看作是一次歷史的轉折和開天闢地的大事變。

胡適以書生之見，分析陳獨秀涉足革命、獻身無產階級鬥爭的歷史演進。晚年胡適曾經說道：

我因此又想起，陳獨秀若不脫離北大，若不因偶然的事永離北京，他後來的思想可能不會走上共產黨的路上去，而中國思想與政治的演變也可能完全大不相同。

這樣的意思，胡適在不同的場合、不同的年代，都有論述。他認為，如果陳獨秀一直在他們的圈子裡，與他們走動得密切一些，以胡適等人的自由主義思想主張，也許會遏止陳獨秀的左傾思想。

歷史不能假設。一切已知的歷史進程，都不可能回到原點，以另一種方式重新演繹。陳獨秀創建共產黨，無論是偶然還是必然，爭論起來似乎意義不大。也許出走北京，心灰意冷，共產主義革命激起了他的另一類戰鬥激情，中國共產黨由陳獨秀一手創設，的確帶有一點歷史的偶然性。但以陳獨秀的性格、稟賦、胸襟、學養，在他生命的歷程中，他一定會幹出一番轟轟烈烈、出人頭地的偉大事業，這似乎又是陳獨秀的必然。

廣東畢竟不是久留之地。陳炯明的新政規劃，無論設計得怎樣光輝燦爛，與無產階級的革命目標，相差何止十萬八千里。陳獨秀漸生去意。

中央機關在上海的工作，暫由李達、張國燾主持。政黨甫建，百事待興。馬林的武斷干涉和居高臨下，又讓中央機關內的許多同

志十分不滿又束手無策。1921年9月，包惠僧南下廣州，力勸陳獨秀離粵返滬，主持中共中央的工作。

陳獨秀婉拒了陳炯明的「極力挽留」，興沖沖與包惠僧乘船返回上海。在船上，他向包惠僧暢談他的革命理想。包惠僧回憶道：「……至於黨怎麼搞法，他主張我們應該一面工作，一面搞革命，……革命要靠自己的力量盡力而為，我們不能要第三國際的錢，……拿人家的錢就要跟人家走，我們一定要獨立自主地幹，不能受制於人。」

回到上海的當天，陳獨秀便召李達、張國燾向他彙報工作，聽到馬林對中國共產黨的頤指氣使，陳獨秀不禁勃然大怒。

此時的馬林，儼然已成了中國共產黨的太上皇。他不經過任何人的同意，便派張太雷去日本，聯絡日本社會主義者，組建日本出席遠東會議的代表團。他讓張國燾擬定工作計畫和預算，確定工作經費和工作人員薪水，向共產國際支取，並定期彙報資金使用情況。

陳獨秀火了。他訓斥張國燾：

> 你為何向馬林提出勞動組合書記部的計畫和預算，而且對於工作人員還規定薪給，這等於雇傭革命。中國革命一切要我們自己負責的，所有黨員都應無報酬地為黨服務，這是我們所要堅持的立場。不要國際的幫助，我們也可以獨立幹革命。我們幹我們的，何必一定要與國際發生關係！

馬林，這個共產國際的特派代表，還未與陳獨秀正式晤面，便在陳的心中，留下了一個惡劣的壞印象。

他們的第一次會見，自然是唇槍舌劍。一個要居高臨下，指揮一切；一個要獨立自主，自我革命。話不投機，不歡而散。

餘怒未消的陳獨秀，將李達、張國燾和上海的一些黨員召集在一起，對大家說：

我們不能靠馬林，要靠我們自己來組織黨。中國革命要靠中國人自己幹，我們可以一面工作，一面革命。

「一面工作，一面革命」，這是陳獨秀的一廂情願，說何容易！辭了廣東的教育委員長，陳獨秀便沒有了固定收入。《新青年》遷回上海出版後，逐漸遠離了新文化運動，而成為了社會主義的宣傳陣地，影響日塞，幾乎不能掙錢。陳獨秀整日忙於革命，無暇賣文為生，維持一家子的生活開銷，一時倒成了大問題。

他只好去找他的老朋友，去亞東圖書館。

文人自有文人的顏面。陳獨秀來到亞東圖書館，只是久坐不動，從不開口要錢。老朋友相知有素。每當遇到陳獨秀這般坐而不去，汪孟鄒便問：「拿一點錢吧？」陳獨秀點點頭。汪孟鄒拿出一元、兩元，陳獨秀接過，再稍坐一會兒，便起身離去。這些錢，是從《獨秀文存》的版稅裡預支的。

可是，法租界裡，陳獨秀家中的熱鬧場面和祕密活動，已經引起了巡捕房的關注。10月初的一天，法國巡捕及密探，包圍了漁陽里2號，將陳獨秀、高君曼及正在陳宅聚會的楊明齋、包惠僧、柯慶施等一併拘走，並查沒了《新青年》等印刷品。

身著9323號囚衣，拘押了二十多天後，陳獨秀被提到法庭。法官宣判：查《新青年》已被封閉禁止出售，被告明知故犯，罰洋一千元，銷毀查抄書籍，釋放陳獨秀。

出獄後，陳獨秀得知，為營救他們這些被捕人員，馬林花了大把的銀子，請了法國律師巴和，打通了會審公堂的各個環節，才有了罰款釋放的最佳結果。

當然，這些錢不是馬林個人的，自然是共產國際出資營救。

事已至此，陳獨秀還有什麼好說的呢？中國共產黨順理成章地成為了共產國際的遠東支部。

在馬林開出的條件中，還有極具誘惑力的一款：共產國際資助《新青年》的出版。陳獨秀是將《新青年》視作他的精神寄託的，他像珍惜眼睛般寶貴著這份雜誌，有此資金，真是解了無米之炊。當然，《新青年》的改造、改版是題中應有之意。它由月刊改為了季刊，思想急劇左轉，「德先生」（民主）、「賽先生」（科學）逐漸淡出，社會主義革命理論愈發濃烈，遠在北京的胡適發起了牢騷：「今《新青年》差不多成了Soviet Russia的漢譯本。」中國共產黨成立之後，胡適與《新青年》脫離了關係。

共產國際及史達林，急於在中國培養自己的勢力，以輸出革命，奪取政權，將中國置於蘇聯的控制與影響之下。中國共產黨過於弱小，難當大任；北洋政府的親日背景，無法與之為伍；嘗試著聯絡吳佩孚、張作霖等地方軍閥、割據大員，結果並不理想。此刻，孫中山走進了史達林的視野。南方的革命正風起雲湧，漸成氣候，最主要的是，陳炯明的背叛令孫中山惱羞成怒，急於討陳復仇，一雪心頭之恨。在此情勢下，任何資助南方政府和國民黨的勢力，陳中山都是可以借重的。正是在這種特殊背景下，史達林與孫中山一拍即合。

當然，史達林知道孫中山和國民黨的資產階級性質，他武斷地下令，國共合作，共舉中國革命大業。

陳獨秀的強脾氣再一次爆發。他向維經斯基寫信，陳述反對加入國民黨的理由：

（一）共產黨與國民黨革命之宗旨及所據之基礎不同。

（二）國民黨聯美國、聯張作霖、段祺瑞等政策和共產主義太不相容。

（三）國民黨未曾發表黨綱，在廣東以外之各省人民視之，仍是一爭權奪利之政黨，共產黨倘加入該黨，則在社會上信仰全失（尤其是青年社會），永無發展之機會。

（四）廣東實力派之陳炯明，名為國民黨，實則反對孫逸仙派甚烈，我們倘加入國民黨，立即受陳派之敵視，即在廣東亦不能活動。

（五）國民黨孫逸仙派向來對於新加入之分子，絕對不能容納其意見及假以權柄。

（六）廣東、北京、上海、長沙、武昌各區同志對於加入國民黨一事，均已開會決議絕對不贊成，在事實上亦已無加入之可能。

　　從此信可以看出，陳獨秀對中國共產黨及中國革命的性質，對國民黨的判斷，對中國社會的大勢，分析得相當深刻和準確，他已由一個文人、作家，成功轉型為職業革命家了。

　　馬林去了一趟莫斯科，回來傳達，中國共產黨加入國民黨，「這是共產國際已經決定的政策」。陳獨秀抗辯，對於這個決定，只能有條件服從，要取消打手模、對個人宣誓服從，共產黨員才能以個人的名義加入國民黨。馬林接受了陳獨秀的提議。其實，這已無礙大局，無論是否「有條件」，加入本身已混淆了性質，模糊了界限。孫中山從不願意接近共產黨。因為他十分看輕思想發動、社會宣傳、群眾工作這些基礎性的努力。他依仗的只是軍事。他幻想著從天而降一支神勇之師，幫助他掃除軍閥，滌蕩中原，統一中國，執掌大權。

　　陳獨秀的眼中揉不得沙子。他在中國共產黨創辦的《嚮導》週刊上，發文批評孫中山的一些做法，這惹惱了孫中山。在與馬林、廖仲愷、胡漢民的一次討論財政問題的小型會議上，孫中山衝動地用英語大聲說道：

像陳獨秀那樣在他的週報上批評國民黨的事再也不許發生。
如果他的批評裡有支持一個比國民黨更好的第三個黨的語
氣，我一定開除他。如果我能自由地把共產黨人開除出國民
黨，我就可以不接受財政援助……

這只是孫中山的義憤而已。開除共產黨人和接受財政援助，孰
輕孰重，在孫中山的心中是有一桿秤的。每年200萬元的資助，幾
乎是孫中山的救命之錢。

陳獨秀是一個出故事的人，他身上的軼聞，足以影襯他的「不
羈之才」的性格。

1925年12月26日，按慣例，是陳獨秀到中央機關看文件的日
子。這一天，他沒有來。

第二天，他沒來。

第三天，他還是沒來……

中央機關秘書處的任作民意識到事情嚴重，趕緊報告了瞿秋
白、張國燾和彭述之。

大家分頭尋找，還是沒有結果。

陳獨秀失蹤了。

瞿秋白等人認為，陳獨秀凶多吉少。或者被法租界的巡捕逮走
了，甚或已經被祕密處決了。

張國燾忍不住哭出聲來：「老頭子（指陳獨秀）如果要做官，
可以做很大的官，想不到今天落了這麼個下場！」

陳獨秀哪裡去了呢？他去找女人了。

早在1922年8月，法租界盛傳陳獨秀得了蘇聯的大錢，巡捕房
便想敲詐一筆。8月8日，他們找了個藉口將陳獨秀關進了監獄，十

天後保釋出獄後，陳獨秀對法租界心生厭惡，索性離開漁陽里，另覓住處。漁陽里2號，便由高君曼帶著兩個孩子在此生活。

距離產生隔膜。至1924年，陳獨秀與高君曼的感情已經不能彌合。無奈的高君曼，只好帶著兩個孩子移居南京。高說：「我到南京去，為的要省一點。……南京生活程度低，……哪裡知道他每月只寄五十元給我了。這不是明明逼我上死路嗎？……倒拿經濟接濟心愛的人，過天上的好日子。」

1931年冬天，高君曼因肺結核病在南京病逝，年僅46歲。高君曼死後無錢安葬，幸虧好友潘贊化的幫助，才得以入土為安。

誰是陳獨秀又一個「心愛的人」呢？大夥誰也不知道。

眼見白色恐怖日益嚴重，上海的反動勢力大肆搜捕共產黨人，中共中央決定，為安全起見，將中央機關移駐北京。

1926年早春，天氣異常寒冷。2月21日至24日，聚集在北京的中央委員7人，共青團代表1人，北京區代表2人，廣東區代表2人，在蘇聯駐華大使館內召開特別會議，以研究目前的形勢和對策。蘇聯駐華大使加拉罕和已在北京的國民黨蘇聯顧問鮑羅廷親臨會議指導。

這是沒有中央總書記主持的一次特別會議。

會議剛開始不久，忽然接到陳獨秀從上海發來的電報。陳在電報中說，他得了傷寒，住進了醫院，現在病情好轉出院，已能扶病視事了。眾人大大地松了一口氣，會場氣氛輕鬆起來。會議的第一個議題：如何應付陳獨秀失蹤事件，也就自動取消了。

中央機關重新遷回上海。陳獨秀圍著圍巾，穿著厚厚的大衣前來辦公。同志們批評了他。陳獨秀承認，有個女伴照顧她，他以為幾日便會好起來，沒想到延宕多日。他接受大家的建議，不再行蹤詭秘，中央機關的秘書任作民可以去他家找他。當然，他只是把他家的地址告訴了任作民一個人，並讓他嚴格保密。

這一段時間，與陳獨秀生活在一起的女人叫施芝英，是個醫生。

一直追隨、崇拜陳獨秀的鄭超麟，多年以後感慨：在男女關係的問題上，陳獨秀不能做青年的表率。

大革命失敗，陳獨秀背負著極大的委屈。當蔣介石於4月12日在上海對工人糾察隊動手時，國共兩黨並未完全分裂，汪精衛譴責蔣介石的流氓行徑，他痛斥蔣介石，「反共只是一種藉口。其反革命之行動，喪心病狂之至，自絕於黨，自絕於民眾，紀律俱在，難逃大戮。」

國民政府隨著北伐的節節勝利進駐武漢後，中共中央機關也來到漢口。1927年4月27日至5月10日，中共在漢口召開了第五次全國代表大會，陳獨秀作了政治報告和黨組織狀況的報告。大會選舉時，陳獨秀仍當選為中共中央總書記，陳獨秀的長子陳延年，當選為中央委員、中共政治局候補委員，次子陳喬年當選為中央委員。真是一門忠烈，父子英豪。

五大過後不及兩月，汪精衛及國民政府公然「分共」、「清共」，國共兩黨徹底決裂。共產國際及中共黨內高層，將大革命失敗的責任一股腦扣在了陳獨秀頭上，指責他「右傾」，指責他放棄「革命領導權」，指責他機會主義……等等。

陳獨秀帶著秘書黃玠然，躲進了漢口亞東書局的一個紙莊。

汪孟鄒的侄子汪原放接手了亞東書局。他將陳獨秀安置在紙莊的二樓，不讓任何人上樓，對外宣稱樓上住的是一位來漢口養病的老熟人。

黃玠然扮作紙莊的夥計，每日坐在一樓的櫃檯後面打掩護。細心的汪原放，將紙的價格標高了許多，嚇跑了前來買紙的顧客，為陳獨秀求個門庭清靜。

隱居的日子裡，陳獨秀終日沉默寡言，苦思冥想。黃玠然在樓

下經常能聽到他在樓上徘徊的腳步聲⋯⋯

　　藏在紙莊最大的苦惱是與世隔絕,不能訂報紙,也不能出去聯絡。為安全起見,亞東書局的老闆汪原放也極少來紙莊。外面的情況,時局的變化,陳獨秀一點也不知道,像南昌起義這樣的重大事件,陳獨秀也是在八七會議後才知道的。

　　共產國際派來了新的代表羅明納茲。在羅明納茲的指導下,中共中央在漢口召開了八七祕密會議。這是一次清算之會,也是一次聲討之會。會議解除了陳獨秀的職務,另一個更文弱的書生瞿秋白擔任了中共中央總書記。當然,陳獨秀沒有到會,更不允許他會後申辯。

　　陳獨秀知道,他被黨組織拋棄了。在痛心地大病一場後,他乾脆化妝成一個病弱的老頭,乘英國「公和」號輪船,悄悄返回了上海,住到了江西北路福生里醬園弄一幢三層樓房裡。

　　大革命中,陳獨秀於黨於家損失慘重。

　　1927年6月26日上午,在上海北四川路恒豐裡104號,陳延年等人正在召開中共江蘇省委成立大會,王若飛傳達中央任命,陳延年任江蘇省委書記。由於叛徒告密,當天下午,軍警包圍了恒豐裡104號,陳延年等人被捕,押往龍華監獄。幾天後的深夜,陳延年在監獄中被軍警亂刀砍死。

　　長子犧牲後不足一年,1928年2月16日,次子陳喬年在上海英租界北成都路刺繡女校,祕密召開中共江蘇省委各區組織部長會議時,又因叛徒出賣而被捕。獄中,陳喬年被多次提審,嚴刑逼供,遍體鱗傷。但他堅不吐實,牙關緊咬。6月6日,被野蠻槍殺,年僅26歲。

　　陳獨秀恨透了國民黨。他不但在理論上揭露它的反動本質和殘暴行徑,還創作了一首民歌,無情嘲諷國民黨的所作所為:

黨外無黨，帝王思想；

黨內無派，千奇百怪。

以黨治國，放屁胡說；

黨化教育，專制餘毒。

三民主義，胡說道地；

五權憲法，夾七夾八。

建國大綱，官樣文章；

清黨反共，革命送終。

軍政時期，軍閥得意；

訓政時期，官僚運氣；

憲政時期，遙遙無期。

忠實黨員，只要洋錢；

恭讀遺囑，阿彌陀佛。

　　陳獨秀是學有專長，術業有工的。政治上失意之後，他一頭扎進了音韻學的研究，1929年，完成了《中國拼音文字草案》書稿。陳獨秀做文字拼音化研究，熱心癡迷，蹊徑獨闢，他向講各種方言的同志虛心請教，創立了三十多個中文字母，他把漢字拼寫方案，看作是新文化運動的進一步展開。

　　書稿賣給了商務印書館。鑒於陳獨秀共黨首領之大名，商務不敢出版。胡適、趙元任、王雲五湊了一千元錢，佯稱買下這部書稿，才解了陳獨秀的生活之急。

　　陳獨秀在「知天命」之年，迎來了他生命歷程中的又一次重大轉折。《陳獨秀的最後15年》中敘述：一個不速之客的到來，改變了陳獨秀後半生的人生軌跡。

這一天，是1929年早春一個細雨濛濛的日子；來人是陳獨秀的外甥吳季嚴。

吳季嚴是陳獨秀大姐的兒子，在莫斯科東方大學留學，並在那裡加入了中國共產黨。此次回安徽省親，取道上海，前來看望舅舅。

1926年，托洛茨基與季諾維也夫結成了聯盟，公開反對史達林。吳季嚴傾向託派觀點，反對史達林的專制粗暴。這次回國，吳季嚴給陳獨秀帶來了不少托洛茨基的文章。

陳獨秀讀著這些文章，思想受到極大震動。他覺得，托洛茨基的觀點，與他有著驚人的相似之處。托洛茨基直言不諱，中國大革命的失敗，共產國際應負主要責任。鄭超麟也承認，在第一次看到托洛茨基的文章時，彷彿有什麼電光閃過了腦際。

陳獨秀居然整合了國內的四支託派隊伍，形成了統一陣營，他們公開亮出的旗幟是：中國共產黨左派反對派。

中共中央向陳獨秀等人提出了嚴重警告，要求他們停止派別活動。陳獨秀置若罔聞，著手起草託派宣言《我們的政治意見書》。出於無奈，1929年11月，中央決定開除陳獨秀等人的黨籍。

陳獨秀與中國共產黨公然決裂。他開始反對中共的所有主張。當得知毛澤東在江西瑞金開創根據地，組建工農武裝紅軍部隊時，於1930年7月1日在《無產者》雜誌上發表了〈至於所謂「紅軍」問題〉一文。陳獨秀認為，「領導農民做游擊戰」，是背叛工人階級運動。依靠這些「大部分是遊民無產階級（土匪潰兵）」組成的紅軍，「其前途不外是（一）統治階級的內戰一時停止，紅軍便被擊潰，或為所收買；（二）因自己內訌而潰敗；（三）逐步與農村資產階級妥協，變成他們的『白軍』，或為他們的經濟手段所壓迫而潰散。」

陳獨秀萬萬沒有想到，兩年後，正是這篇文章救了他一命，讓他免為刀下之鬼。此是後話。

國共分裂，蔣介石、許克祥、汪精衛，分別在上海、長沙、武漢向共產黨人舉起了屠刀，作為中國共產黨的五屆總書記，陳獨秀自然難逃追殺。國民黨懸賞3萬大洋，緝拿陳獨秀歸案。陳獨秀自漢口潛回上海後，東躲西藏，行蹤詭秘，他知道，稍有不慎，他就會人頭落地，身首異處。

1930年，陳獨秀住進了熙華德路一座石庫門房子的前樓。後樓住著一個年輕少婦，名叫潘蘭珍，二人隔窗相望，四目顧盼。由搭訕而熟絡，由熟絡而生情，不久便同居在一起。這一年，陳獨秀51歲，潘蘭珍23歲，兩人相差整整28年。

潘蘭珍，又名潘若仙，江蘇南通人，4歲時隨父母逃荒來到上海。父親先在外灘碼頭給旅客挑行李，後進入英美煙草公司倉庫當裝卸工；母親拾煤渣，撿破爛。潘蘭珍自幼在一紡織廠當童工，後進入英美煙草公司當工人。成年後，潘被一騙子所欺，與其同居後生下一個孩子。孩子夭亡後，潘蘭珍不堪忍受折磨，逃出虎口，獨自租住在這幢房子的後樓，孤苦伶仃，無依無靠。

這對年齡懸殊的苦命人，就這樣走到了一起。當然，陳獨秀不敢向潘蘭珍說實話。他對她說，他姓李，南京人。好在安慶與南京口音相近，還真給陳獨秀蒙了過去。

轉眼到了1931年。一天，潘蘭珍回家告訴陳獨秀，樓下鄰居說，樓上住了一個老西（指共產黨）。陳獨秀一驚，當即決定搬家。在鄭超麟的幫助下，陳獨秀搬到了周家嘴路一條弄堂裡，後來又住進了岳州路永興里11號的一幢樓上。潘蘭珍起初對反覆搬家並不在意，以為陳獨秀愛面子，怕鄰居對他們這對老夫少妻說閒話。

1932年的一天，託派中央常委濮德志的妻子張穎新，在街上遇到了留學莫斯科的女同學費克勤。張穎新不知道費克勤已經叛變，且入了中統，竟大意地將費領回了家中。在濮家，費克勤竟看到了

在此商談工作的陳獨秀，心中一陣狂喜。

此後，費克勤開始祕密跟蹤濮德志。10月15日，濮德志去上海虹口區有恆路春陽裡210號託派中央常務秘書謝少珊家開會，費克勤引來特務，當場逮捕了彭述之、濮德志、宋逢春、謝少珊4人。那天，陳獨秀胃病發作，沒有與會，本可倖免於難。但4人中唯一知道陳獨秀家地址的謝少珊，供出了陳獨秀的住址。特務們蜂擁趕至永興里11號，將陳獨秀逮了個正著。

費克勤與特務們，歡天喜地地瓜分了3萬大洋賞金。

抓到了陳獨秀，國民黨內一片歡呼。蔣介石下令，連夜解往南京，嚴加看管。

1932年10月19日晚，上海閘北火車站戒備森嚴，一派肅殺。保安大隊一個排的兵力，將上海開往南京的一節車廂嚴密守衛。夜11時，陳獨秀被押上列車。火車隆隆駛出，陳獨秀在軍警的包圍之下，裹了件舊棉大衣，選了個舒服的姿式便睡了過去。「酣睡達旦，若平居之無事者然」，到了南京，竟還未醒來。處驚不變，一時傳為佳話。

陳獨秀被捕之前，與潘蘭珍鬧了幾句口角，潘蘭珍一氣之下回了浦東娘家。陳獨秀知道潘終有一日會回轉。但為生活計，他當掉了潘蘭珍的羊皮袍子、駝絨被。陳獨秀將當票連同潘蘭珍的一點值錢的東西，用一個小布袋包好，放到抽屜裡的夾層中。陳獨秀被捕後，三番幾次給朋友寫信，讓他們去找到這個小布袋。陳獨秀說：這是「女友潘君之物，她多年積蓄，盡在其中，若失去，我真對她不起」。看來，陳獨秀對潘蘭珍是動了真感情。

陳獨秀此次被捕之後，引發了全國一片「寬大處理，刀下留人」之聲。胡適致電蔣介石，「請將陳獨秀案件司法審判」。蔡元培、楊杏佛、柳亞子、林語堂、潘光旦、董任堅、全增嘏、宋少屏

等八人合署致電南京政府，說陳獨秀「實與歐美各立憲國議會中之共產黨議員無異，伏望矜憐耆舊，愛惜人才，特寬兩觀之誅，開其自新之路，學術幸甚，文化幸甚」。傅斯年在《獨立評論》發表〈陳獨秀案〉一文，料定政府絕無在今日「殺害這個中國革命史上光焰萬丈的大彗星之理」。應該「依據法律進行特赦」。著名科學家愛因斯坦甚至拍發了求情電報，說：「陳獨秀是東方的文曲星，而不是掃帚星，更不是囚徒，請求給予釋放。」知名學者羅素、杜威，也分別致電國民政府和蔣介石，陳詞灼熱，愛心殷殷。

蔣介石亦在躕躇不決。他想起來不久前讀到的陳獨秀〈關於所謂「紅軍」問題〉一文。在審閱陳獨秀一案的材料時，蔣介石發現了「謝少珊叛變自首，供出陳獨秀」的記載。他手指案卷問：「謝少珊是個什麼人？」屬下回答：「是共產黨反對派秘書，一個20來歲的年輕人，據稱上過黃埔。」蔣介石立即指示，發電報給上海市長吳鐵城，「叫他派人把謝少珊帶來見我！」屬下不解地問：難道委員長要親自審問？蔣介石似笑非笑地回答：「審問是你們的事，我只想搞清楚，陳獨秀是不是和江西共產黨一回事。」

已經不是一回事了。

蔣介石令軍政部長何應欽親自審問陳獨秀。何將陳獨秀提至軍政部會客室，半是審問，半是談話。儘管何應欽正襟危坐，談話還算和諧。何應欽詢問了陳獨秀與江西共產黨暴動的關係，談到了抗日方略。陳獨秀回答，與江西革命「毫無關係」，抗日「仍須聯俄方為有利」。何向陳說：「蔣介石來電，將他交到地方法院去審判」。這至少證明，陳獨秀不會象一般的黨務案那樣，未經審判而被祕密處決。

會見結束，陳獨秀起身走出會客室。令他意想不到的一幕出現了：軍政部的許多年輕軍官，竟等在門口向陳獨秀索字。陳獨秀事後在給朋友的信中說：

弟在軍部受何應欽半談話、半審問後，許多青年軍人紛紛持筆墨和數寸長之小紙條，索書紀念，情意殷殷（充滿同情心，毫無敵視表示）令人欣慰，四面包圍（長官不能禁止），弟真應接不暇。幸而墨盡，才得解圍。

陳獨秀給年輕人寫了什麼呢？第一幅便是：「三軍可奪帥，匹夫不可奪志也」，直抒胸臆，擲地有聲。另有「先天下之憂而憂，後天下之樂而樂」，「莫等閒，白了少年頭」等等。

幾天後的《晶報》，以「陳獨秀軍部揮毫」為題，製版刊登了「三軍可奪帥，匹夫不可奪志也」12字手跡，引起一時轟動。

在等待裁決的日子裡，陳獨秀心地坦然，視死如歸。他給胡適寫信說，「我以為也許還是大辟爽快一點，如果是徒刑，只有終日悶坐讀書，以得最後。」

法庭上，法官以叛國罪判處陳獨秀有期徒刑13年，剝奪公權15年。陳獨秀當場奮起，大聲抗議：「我是叛國民黨，不是叛國，裁決不公，我要上訴！」

陳獨秀隨後被送到南京老虎橋監獄服刑。直到幾年後，才被裁決，撤銷原褫奪公權處罰，刑期減為8年。陳獨秀百思不得其解，「我對國民黨無功，何以減去5年徒刑？」

1933年夏季的一天，南京老虎橋監獄門口，來了一位打扮時髦的女士，說是要看陳獨秀。此人就是潘蘭珍。

典獄長問她：你與陳獨秀是什麼關係？

潘蘭珍回答：我是他的學生。

潘的回答沒錯。陳獨秀與潘蘭珍生活在一起後，時常教她讀書認字。只是這一對師生，老師學問太大，而學生基礎又太低。

潘蘭珍走進了牢房。陳獨秀一見，喜出望外，大吃一驚。

「你怎麼來了？」

潘蘭珍眼圈一紅，忍住淚說：「編排得真像，一會兒是南京人，一會兒姓李。這回真成南京人了。」

陳獨秀連忙賠不是，說：「沒辦法。」

潘蘭珍擦著眼淚說：「我這一輩子，盡受人騙。」

陳獨秀想到自己不是成心騙她，趕快解釋：「蔣介石懸賞那麼多錢抓我，不化名怎麼行？」

「化名又怎麼樣？化來化去，不還是抓來了。」潘蘭珍說。語氣已緩和了許多。

陳獨秀好奇地問：「你怎麼知道我出事了？」

「我聽人家說，抓到了阿西的頭子，我當是誰呢？一看報紙上的照片，我差點叫出來，這不是我家老頭子嗎？」說到這裡，潘蘭珍竟笑出聲來。

「我叫高語罕告訴你，叫你不要來呀！」

「是我自己要來的。」潘蘭珍堅定地說。

潘蘭珍是真心要照顧陳獨秀，她時常由上海趕來，入監探視。1934年秋季開始，潘蘭珍乾脆來到南京，在監獄附近租了間小屋住下，每天上午9點去監獄，下午5點返回。獄方接到上峰指示，對陳獨秀格外關照，每餐是兩菜一湯，主食麵包，品質不低，還允許陳獨秀看書看報。潘蘭珍在牢房中也沒有什麼事情可做，無非是洗洗補補，陪陳獨秀說話、聊天，日子久了，他倆竟在牢房中行起了敦倫之樂。

典獄長聞聽，急忙將濮德志提了過去。在潘蘭珍來到之前，是同案犯濮德志照顧陳獨秀的飲食起居的。

典獄長黑著臉說：「我今天把你提來，有件事要你轉告，陳先生在我們這裡，我們沒把他當犯人看待。上面叫我們優待，我們也儘量給他優待。但是優待也有個界限，這裡是監獄，不是旅館。

陳先生近來忘記了他在坐監，把我們這裡當作旅館，這使我們很為難。」

聞聽是這件事情，濮德志的心情平靜了下來，他問：「究竟出了什麼事，請你直說吧！」

「你可知道有個姓潘的女士常來看望陳先生，她是他的什麼人？」

「大概是他的學生吧！」濮德志推託說。

「不像學生，學生豈能天天來看老師。」典獄長一口否定。

「那是不是他的小女兒？」

典獄長說：「更不是。他的小女兒我見過。」

「那會是誰呢？我想不出。」

典獄長直截了當地對濮德志說：「你恐怕是知道的，礙於陳先生的面子，不肯說罷了。」

濮德志回答：「請你直說吧，別再繞圈子了。」

「據看守人的報告說，陳先生和那個姓潘的女士，在他的監房裡有性行為。這怎麼行呢？這事傳出去，豈不叫我們同他一樣坐牢嗎？請你婉言轉告他……如再有這樣的行為，那就莫怪我無情了。」典獄長憋紅了臉，好歹說出了他的中心意思。

濮德志沒有「婉言轉告」，他認為對陳獨秀用不著這樣。第二天，他把典獄長的話一五一十地告訴了陳獨秀。陳聽後「神色自若，毫無赧顏」。濮德志曉之以大道理，剛一開口，陳獨秀搶白說：「這是私人生活，別人管不著，也不用管。」

濮德志問：「潘女士是哪裡來的呢？」

陳獨秀答：「難道我不能有個伴侶嗎？孔子云：食色性也。我是個人嘛，動物的本能，我也具備嘛。」真是話不投機，說也白搭。

陳獨秀入獄之後，來看望他的人絡繹不絕。

劉海粟從歐洲舉辦畫展歸來後，就去監獄探望陳獨秀。一見面，劉對陳豎起大拇指：「你偉大！」陳說：「你偉大！敢畫模特兒，和封建勢力鬥。」劉海粟從包裡拿出專門帶來的紙、筆、墨，請陳獨秀題字，陳揮毫便寫：行無愧怍心常坦，身處艱難氣若虹。

　　1933年10月25日，胡適從美國回到上海，月底經南京回北平。11月2日，胡適寫信給獄中的陳獨秀：「此次過京匆匆，不能來省視吾兄，十分失望。兩個月後南下，當來奉看。」這倒惹惱了陳獨秀，他11月15日致汪原放的信中說：「我知道他在此間即和一班達官貴人拜會吃酒，已經夠忙了，……君子絕交不出惡聲也。我和他僅僅友誼關係，其他一切不必談，他現在既不以友誼態度待我，不過舊朋友中又失了一個，如此而已。」陳獨秀是拉著架子要與胡適分手了。

　　次年2月，胡適果然又來南京，由胡、陳共同的學生段錫朋陪同探監。陳獨秀的那間囚室，幾乎成了一個清靜的書房，「見室中書籍滿架，此種生活頗使我生羨」。兩人見面之後，又不生氣了。汪原放說：「火性過了，又沒事了，仍舊當好朋友了。」

　　陳獨秀和胡適，就是這樣一對扯不清的冤家。他們見面後時常爭吵，不見面又惦念對方。汪原放記載，1925年冬，胡適住在上海亞東書社，醫治痔瘡。陳獨秀「這位共產黨的總書記有時會在夜間悄悄的來看望這位『五四』時期的盟友。可是每次見面，總是以兩人的激烈爭吵而告終。一個講社會主義好，另一個講資本主義好；一個講馬克思主義好，另一個講實用主義好；一個講蘇聯如何如何，另一個講美國如何如何；各不相讓。有一天他們爭的面紅耳赤，大概胡適被陳獨秀的批駁刺痛了，他一下子站起來，……氣急敗壞的用手杖在地板上篤篤敲了幾下，但他畢竟忍住了氣，用紳士風度說了句：『仲甫，我有事，你坐罷！』下樓去了。陳獨秀氣

呼呼的坐了好一會，……也去了。」但「過不了幾天，陳獨秀會再來，重新挑起一場爭論。」

在該來沒來的人當中，魯迅先生應該是一個。魯迅與陳獨秀、《新青年》算是有著極深的淵源。正是陳獨秀發現了魯迅白話小說寫得好，才緊追不捨，連續約稿，終至有了《狂人日記》在《新青年》上的轟動效應，才使魯迅在中國新文化運動史上有了不可替代的影響。當然，陳獨秀入獄不久，魯迅便病入膏肓，自上海到南京，舟車勞頓，大約是魯迅不能承受的。魯迅倒是對陳獨秀有段精彩的描寫：

假如將韜略比作一間倉庫罷，獨秀先生的是外面豎一面大旗，大書道：「內有武器，來者小心！」但那門卻是開著的，裡面有幾支槍，幾把刀，一目了然。

魯迅當然寫到了胡適：

……適之先生的是緊緊的關著門，門上粘一條小紙道：「內無武器，請勿疑慮。」這自然可以是真的，但有些人──至少是我這樣的人──有時總不免要側著頭想一想。

陳獨秀入獄服刑，三兒子松年從安慶趕到南京探望。自1913年二次革命離家之後，陳獨秀就沒有見過三兒子。這個當年三歲的嬌兒，如今已是二十幾歲的大小夥子了。父子獄中相見，陳松年感慨萬千，禁不住流下了眼淚。陳獨秀兩眼一瞪，劈頭第一句話是：「沒出息！」

陳獨秀對孩子總是這般嚴格要求。當年在上海，陳延年、陳喬年勤工儉學，一邊打工，一邊讀書，工廠伙食極差，兄弟倆常常吃不飽……又是繼母、又是姨媽的高君曼心疼不過，讓陳獨秀將兩個孩子接到家中同住，陳獨秀火冒三丈，大罵高君曼「姑息養奸」。

陳松年告訴父親，生母高曉嵐已去世三年。陳獨秀一怔，滿臉悲戚。高曉嵐畢竟是他的結髮妻子，為他生了三兒兩女五個子女。

陳獨秀囑咐松年，回家後替他買刀紙，在他母親的墳前代為祭奠。

陳獨秀的兒女情長，略有一點展現。

難得的又一次展現是在西安事變，得知蔣介石被扣之時。

濮德志回憶：

簡直像兒童過年那樣的高興，他托人打了點酒，買了點菜，對我和羅世潘說：我生平滴酒不喝，今天為了國仇家恨，我要痛飲一杯。他先斟滿一杯酒，高舉齊眉說，大革命以來，為共產主義而犧牲的烈士，請受奠一杯。你們的深仇大恨有人報了！於是他把酒奠酹在地上。他斟了第二杯，嗚咽起來說，延年啊喬年，為父的為你倆酹此一杯！接著他老淚縱橫，痛哭失聲。我們見過他大笑，也見過他大怒，但從未見過他流淚。

1937年7月7日，盧溝橋事變爆發，日軍向華北大舉進攻。8月13日，淞滬戰役打響，日本出動戰機，公然空襲中國首都南京。在人們還未回過神來之際，戰火已經燒到了中國的心臟，燒到了首善之區。

南京城裡人心慌慌，連監獄裡的犯人也四散逃命。關押政治犯的南京祕密拘留所，獄警們全都跑走了。最後一個看守對共產黨託派分子王凡西說：「什麼人都走了，我也要逃難，你出去吧！」

老虎橋監獄也遭到了轟炸，陳獨秀的囚室首當其衝，被炸塌了一面牆，磚頭瓦塊、玻璃門窗，四散飛揚，陳獨秀幸而躲在了桌子底下，才沒有受傷。他的北大學生、金陵女子大學中文系主任陳鐘凡教授去探望他，他還「談笑自若」。

陳鐘凡電請胡適聯名保釋陳獨秀。當局表示，只要本人具結悔過，立即可以放人。陳獨秀聽聞大怒，火爆脾氣又被點燃：「我寧願炸死在獄中，實無過可悔。」

8月21日，政府擅自作出了減刑決定。公告稱：「查陳獨秀前因危害民國案件，……處有期徒刑八年，在江蘇第一監獄執行。該

犯入獄以來，已逾三載，愛國情殷，深自悔悟，似宜宥其既往，藉策將來。……將該犯陳獨秀原處刑期減為執行有期徒刑三年，以示寬大。」

8月23日，潘蘭珍與陳松年將陳獨秀接出了監獄，從而結束了他四年十個月又八天的囚徒生活。

出獄後的陳獨秀，所作的第一件事就是向《申報》編輯部寫信，駁斥政府的減刑令。他寫道：「茲讀政府明令，謂我愛國情殷，深自悔悟。愛國誠未敢自誇，悔悟則不知所指。……我本無罪，悔悟失其對象，羅織冤獄，悔悟應屬他人。鄙人今日固無暇要求冤獄之賠償」，但也不許人「加我以難堪之誣衊也。以誣衊手段摧毀他人人格，與自身不顧人格，在客觀上均足以培養漢奸，此非吾人今日正所痛心之事乎！」

陳獨秀出獄後，先住到了傅斯年家。不幾日，傅家附近亦遭轟炸，便又搬到了陳鐘凡家。形勢紛亂，戰爭迫近，陳獨秀全然不理會這些，一門心思投入抗戰的實際工作中。記者採訪時問他：「陳先生今後要來做文化運動，不做政治運動了，是不是呢？」陳獨秀急忙回答：「不對！不對！……現在的抗日運動，就是政治運動，我能夠不參加抗日運動麼？」

出獄不到一個月，陳獨秀便避走武漢，用演講、用文章，表達他慷慨激昂的抗日主張。

滬版《大公報》生動記述了10月6日晚陳獨秀在武漢中華大學的一次演講。報紙寫道：不到下午7點，「中華大學的禮堂已經擠滿了青年群眾。大門外站立著兩個黑衣員警，執著槍，阻止一片黑壓壓的群眾進門。……臺上和台下，到處都有人在密密地聚集著，連風也難透過。」陳獨秀「從猛烈的掌聲中，由中華大學學生抗敵工作團的同人陪伴著步上講臺」。「群眾的狂熱使他微微有點

興奮，枯乾的面色泛著紅。他老了，頭頂禿了半個，髮已斑白，留著短須。……倔強的風骨隨時表露著，一件灰色袍子，失去了光的皮鞋，仍然是寒士風度。」陳獨秀演講完畢，「六百個座位的禮堂裡，三千隻手作了一度雷聲似的鼓掌」。

渴望一睹陳獨秀風采的，不僅僅是青年學子。彼時在武漢大學文學院執教的蘇雪林，對陳獨秀心儀已久，她擠到演講現場，「要看看他究竟是什麼樣一個人」。蘇雪林看到的陳獨秀，「身上穿了一件起皺的藍布大褂，腳曳一雙積滿了灰塵的布鞋，服裝非常平民化，人頗清瘦，頭髮灰禿，一臉風塵之色。但他那雙眼睛的確與眾不同，開闔間精光四射，透露『剛強』、『孤傲』、『堅決』、『自信』，這正是一個典型的思想革命家的儀錶」。

陳獨秀的魅力，不在他的棱角分明的外表，而在他的堅韌不屈的性格。傅斯年曾經對抗戰前景十分沮喪。他說：「我對於人類前途很悲觀，十月革命本是人類命運一大轉機，可是現在法西斯黑暗勢力將要佈滿全世界……我們人類恐怕到了最後的命運。」陳獨秀說：「不然，從歷史上來看，人類究竟是有理性的高等動物，到了絕望時，每每自己會找到自救的通路，『山重水複疑無路，柳暗花明又一村』；此時各色黑暗的現象，只是人類進化大流中一個短時間的逆流，光明就在我們的前面，絲毫用不著悲觀。」陳獨秀甚至很自負地說：「即使全世界都陷入了黑暗，只要我們幾個人不向黑暗附和、屈服、投降，便能多點自信有撥開雲霧而見青天的力量。」傅斯年被陳獨秀深深打動了，他說：「我真佩服仲甫先生，我們比他年紀輕，還沒有他精神旺，他現在還是這麼樂觀。」

奉行實用主義哲學的胡適，極力想把陳獨秀拉進政府的體制之內。他對陳獨秀說：「我覺得仲甫可以進『國防參議會』，現在國難當頭，正是用人之際，中正、兆銘都有此意，我現在也是國防

參議會參議員，仲甫若進來，我們又可以轟轟烈烈在一起幹了。」
陳獨秀聞聽，堅定地搖搖頭：「蔣介石殺了我許多同志，還殺了我
兩個兒子，我和他不共戴天。」見胡適面露尷尬之色，陳獨秀又大
度地說：「現在大敵當前，國共二次合作，既然國家需要他合作抗
日，我不反對他就是了。」

　　據史料記載，自10月6日至11月21日，一個半月的時間裡，陳
獨秀先後在中華大學、武昌藝專、漢口市立女中、漢口青年會、武
漢大學等處多次發表抗日演講，還在報紙上發表抗戰文章16篇。一
個不屈的鬥士形象，在武漢三鎮刮起一股陳氏旋風。

　　覆巢之下無完卵。抗戰之初，「逃難」成了中國人的一種生活
常態。陳獨秀在武漢席不暇暖，大遷移的窘境又迫在眉前。

　　1938年6月初，陳獨秀的嗣母謝氏、陳松年夫婦及他們的女
兒，老的老，小的小，一家四口投奔漢口的陳獨秀而來。安慶淪
陷，家已不家，謝氏覺得，只有找到兒子，才有希望。謝氏是陳獨
秀四叔陳衍庶側室。四叔娶了兩房太太，都沒有給他生個兒子，便
將陳獨秀過繼給了陳衍庶為子。陳獨秀鬧革命，搞新文化運動，休
了妻子而與小姨子同居，這一切讓陳衍庶視為大逆不道、丟盡了家
族顏面，他曾放言，不認這個繼子了。但謝氏對陳獨秀十分疼愛，
呵護有加。陳獨秀承認，嗣母「撫我之恩尊於生母」。如今，76歲
顫巍巍的嗣母攜孫子一家逃難而來，陳獨秀怎能不好生接待。可陳
獨秀在漢口也是朝不慮夕，借住在一個成衣店狹小、黑暗的樓上，
粗茶淡飯，勉強度日。陳獨秀連忙設法讓嗣母四人乘船去宜昌，然
後想辦法撤往重慶。

　　6月中旬，陳獨秀、潘蘭珍收拾妥當，準備同包惠僧一同赴
渝，沒成想，在這緊要關頭，大姐一家子7口又投奔他而來。陳獨
秀只好留下來再想辦法，他對包惠僧說，「老姐姐來了，我怎能撇

開他們，自己先行？」

　　延宕了十多天，陳獨秀、潘蘭珍及大姐一家7口，終於登上了四大銀行的包輪，溯江而上，到了宜昌。

　　宜昌的難民人山人海，許多人等了一兩個月也沒搞到一張船票。陳獨秀經友人介紹，好不容易擠上了「民權輪」，但已經沒了艙位，一家9口只好在頭等艙外席地而臥。旅途艱辛，一路顛簸，陳獨秀不以為苦，不以為難，乾坤清氣，爽朗剛健，令同船之人敬佩不已。

　　這一年的陳獨秀，已接近花甲之歲，身患高血壓、胃潰瘍等多種疾病。重慶高啟的物價，悶熱的氣候，噪雜的環境，加之敵機時不時襲擾，令陳獨秀痛苦不堪，他在這裡盤桓了一個月後，便決意離開。

　　陳獨秀選擇了距重慶不足一百公里的江津。因為同鄉鄧初在江津，且開有一間延年醫院，這對陳獨秀的生活和疾病治療都有好處。

　　鄧初早年與陳獨秀同在日本留學，關係密切。鄧讀的是醫科專業，回國後在北洋政府內務部任職。五四運動期間，鄧初曾與陳獨秀一同上街散發《北京市民宣言》，因僥倖逃脫，未一同下獄。

　　陳獨秀與潘蘭珍，拎著大包小包，乘船來到江津，找到延年醫院門口，想不到吃了閉門羹，鄧初之妻不讓進門。狼狽的陳獨秀夫婦，只好找了家小客棧暫且安身。陳獨秀在給兒子陳松年的信中，憤憤地說：「倘非攜帶行李多件，次日即再回重慶矣。」

　　幾日後，同鄉方孝遠夫婦將陳獨秀潘蘭珍接至家中，方妻讓出樓上一個房間，只是陽光曝曬，十分悶熱。潘蘭珍對陳獨秀說：「這回跟你享福了，比牢房還差些。」陳獨秀苦笑一聲，安慰她：「總比住客棧好些罷。」

　　鄧初終於做通了妻子的工作，陳獨秀潘蘭珍搬到了黃荊街83號延年醫院的樓上居住。

　　僅僅在江津城住了半年，陳獨秀又待不下去了。1939年5月12日，陳獨秀在給學生臺靜農的信中說：「血壓高五十餘日，迄未減輕，城中煩囂，且日漸炎熱，均於此病不宜。」朋友勸他到白沙鎮聚奎中學度夏，說當地涼快、安靜、安全。陳獨秀擔心「房租過多，床、桌、椅、灶無處借用，無人赴場買菜，未便貿然前往」。不幾日，他又在給臺靜農的信中說：「昨晚檢驗血壓又由二〇三度高漲至二三〇度，非急得極靜極涼之地休養不可。」

　　就這樣，5月底，陳獨秀來到了江津鄉下的鶴山坪。

　　鶴山坪因四周環有鶴山而得名，從江津城坐滑竿兩小時即可到達，這裡空氣清新，安靜涼爽，極適合陳獨秀這樣的高血壓病人休息、調養。在鶴山坪，陳獨秀住進了石牆院楊宅。

　　避亂時的陳獨秀，窮困潦倒，生活無著。

　　北大同學會伸出了援助之手。他們沒有忘記當年這位叱吒風雲、給北京大學帶來無尚榮耀的文科學長。北大同學會每月給陳獨秀寄來三百元錢聊補生活。起初，這筆錢省吃儉用，尚能維持一月，後來物價飛漲，僅夠半月花銷。

　　國民黨少將楊朋升，給了陳獨秀不少資助。陳獨秀是1938年撤到武漢時，結識了時任武漢警備司令部參謀的楊朋升。楊朋升仰慕陳的學識，尊崇他的人品，同情他的處境。而楊又不是草莽軍人，頗有文人氣象，很得陳獨秀賞識。二人一經訂交，便矢志不渝。楊朋升不時接濟陳獨秀，三年內竟達5000元之多，這讓陳獨秀深受感動。陳獨秀也是個有心之人。他除了寫大字聯贈楊朋升外，在給楊朋升的40多封回信中，陳獨秀分別用了行書、草書、隸書三種字體，運筆精到，結構嚴謹，一氣呵成。這也算是陳獨秀對楊朋升的一種特殊回報吧！

　　對陳獨秀送錢送物，接濟他度過生活難關的，還有包惠僧、鄭

孌康等一干故舊老友。

當然，陳獨秀剛直不阿，不食嗟來之食的原則，從來沒有改變。除了朋友、親人、故舊，他不是隨便什麼人的錢都收的。事涉政治理想、政治原則，他界限分明，毫不退讓。

中共叛徒任卓宣，給陳獨秀匯去200元，被他毅然退回。

國民黨中央組織部長朱家驊，贈5000元支票給陳獨秀，被陳拒絕。朱家驊想到張國燾是陳獨秀的朋友，又托張轉陳獨秀。陳獨秀收到張國燾寄來的支票後，又讓鄭學稼退還。說：「卻之不能，受之有愧。」他讓鄭學稼告訴張國燾：「請國燾以後不要多事。」張國燾只好拿著退回的支票去見朱家驊：「仲甫先生總是如此。」

許伯建曾在國民政府四川省銀行工作，他晚年有一段回憶，談到了陳獨秀拒絕蔣介石匯款一事：

抗日戰爭期間，我在四川省銀行總行省庫部收支課工作。一天，我收到中央銀行國庫局一件支付書，命在江津縣代辦國庫業務的四川省銀行辦事處付給陳仲甫一筆數目可觀的錢。這筆錢是由蔣介石匯給陳仲甫的。我想，陳仲甫是陳獨秀的名號，一般人都不甚知道，所以我特別注意這筆庫款的下落。

江津靠近重慶，雖戰時，水陸交通仍方便。

可是過了六七天，仍不見江津省銀行辦事處寄回陳仲甫的收據。國庫局派了一位襄理大員來查問，並催促儘快將這筆錢送交陳收。

又過了兩天，江津省銀行辦事處回電說：「辦事處主任張錦柏親自去見陳，他還是不收，只好將原支付書退回。」我們當即通知國庫局，已將這筆錢原封退回。

鶴山坪石牆院楊宅，是清朝二甲進士楊魯丞的故居，宅院四周由石條砌成的高牆相圍，故曰石牆院。楊魯丞及三個兒子均已過世，兒媳婦及孫子掌管家事。石牆院內共有20多間房子，陳獨秀、

潘蘭珍租住了正房一間，另有兩間廂房，分別作陳獨秀的會客室和書房。陳獨秀在這裡埋首寫他的文字學著作，一為養家糊口，二為他一生的文字學研究留下精華和見解。

寫作是困難而艱辛的。此時的陳獨秀，病勢日益加重。他在給友人的信中，經常落墨的是對病體的無奈：「血壓高漲，兩耳日夜轟鳴，幾於半聾，已五十日，未見減輕，倘長久如此，則百事俱廢矣。心所擬著之書一部未成，誠堪浩歎！」「弟一病十月未能寫作，頗為煩悶。」

在經歷了嗣母去世、大姐病故、自身疾患纏身的種種磨難之後，1940年4月底，陳獨秀終於完成了他的《小學識字教本》（上篇）。上篇主要研究的是字根半字根。有像數7字，像天15字，像地32字，像草本57字，像鳥獸蟲魚82字，像人身體63字，像人動作67字，像宮室城郭40字，像服飾25字，像器用157字，共10章545字。陳獨秀的研究，打破了以形、聲、義釋字的傳統方法，形義並釋，獨闢一徑。他說：「此書出，非難者必多，書中解說並難免無錯誤，而方法余以為無以易也。形、聲、義合一，此中國文字之特徵也。各大學文字學科，往往形、聲、義三人分教，是為大謬。欲通中國文字，必去六書之說。所謂指事、會意、形聲，皆合體象形，聲皆有義，義托於形，形、聲、義不可分也。……吾書三千字，字字形義並釋，不取其聲而了之，明知此事至難，然非此無由通識中國之文字也。」

陳獨秀就是這樣狂飆突進，特立獨行。不顛覆，不為之；不臧否，不發聲。

由陳獨秀的個性和稟賦，可牽連出他晚年的政治態度和立場。

晚年陳獨秀，在政治上可謂大徹大悟，洞若觀火。

走出老虎橋監獄時，他曾明確表示「我已不隸屬於任何黨派」，

但他又同時表白：「絕對不說人云亦云豆腐白菜不痛不癢的話，我願意說極正確的話，也願意說極錯誤的話，絕對不願說不錯又不對的話。」

陳獨秀晚年的難能可貴，在於他徹悟了「民主」。他說：「民主是自從古代希臘、羅馬，以至今天、明天、後天，每個時代被壓迫的大眾反抗少數特權階級的旗幟。」他理解的民主政治的基本內容是：

法院以外機關無捕人權，無參政權不納稅，非議會通過政府無徵稅權，政府之反對黨有組織言論出版自由，工人有罷工權⋯⋯等等，這都是大眾所需要，也是十三世紀以來大眾以鮮血鬥爭七百餘年，才得到今天的所謂「資產階級的民主政治」。

陳獨秀曾向胡適談起過「特別重要的是反對黨派之自由」一說，胡適對此尤為注重。他畫龍點睛地解說：

在這十三個字的短短一句話裡，獨秀抓住了近代民主政治的生死關頭。近代民主政治與獨裁政制的基本區別就在這裡。承認反對黨派之自由，才有近代民主政治。獨裁制度就是不容許反對黨派之自由。

因為他是一個「終身反對派」，所以他不能不反對獨裁政治，所以他從苦痛的經驗中悟得近代民主政治的基本內容，特別重要的是反對黨派之自由。

貧病交加中的陳獨秀，在生命的最後兩年，最關心的是他的《小學識字教本》的出版。

國立編譯館曾預付陳獨秀《小學識字教本》（上篇）稿費5000元，這令陳獨秀十分感動，他堅定地表示：弟所受館中之錢，必有與錢相當之稿與之，不至騙錢也。

按照慣例，國立編譯館的書，都交由商務印書館出版發行。戰亂時期，商務印書館印量龐雜，資金短缺，陳獨秀聞聽，提出以下篇的

稿費為資金，先行印刷教本的上篇。不知何故，仍是未見刊行。

延宕至1942年仲春，陳獨秀已是焦急萬分。他提出先油印二三百本，以免戰事紊亂，將原稿遺失。最終，商務只同意油印50本。陳獨秀此刻一面關注著上篇的印刷出版，一面抱病投入到下篇的寫作。5月13日，當寫到合體字「拋」字時，陳獨秀竟一病不起。不知是巧合還是天意，自這一天起，自「拋」字時，陳獨秀與他深愛的這個世界漸行漸遠……

5月13日上午，包惠僧趕到鶴山坪看望陳獨秀。病了幾天的陳獨秀，見老朋友來到，精神立即好了許多，他吩咐潘蘭珍去鎮上買了菜、割了豬肉，要好好招待包惠僧。

中午，潘蘭珍做了四季豆燒肉和幾樣鄉里小菜，陳獨秀與包惠僧邊吃邊聊，談興甚濃，不知不覺多吃了一碗飯。午飯後，包惠僧趕回了重慶。晚餐時，陳獨秀又繼續吃中午剩下的四季豆燒肉，還連誇潘蘭珍手藝越來越好，菜燒得好吃。陳獨秀病快快了好幾天，今天一掃痛苦狀，胃口大開，潘蘭珍真是喜出望外。

殊不料，這一天的暴飲，為陳獨秀埋下了禍根。半夜時分，陳獨秀腹痛如刀絞。他吃力地坐起來，嘔吐不止，把白天吃下去的東西全吐出來了。窮鄉僻壤，無處請醫，陳獨秀兩眼無神，呆坐床上，徹夜不安。

第二天，潘蘭珍托人捎信給陳松年，讓他趕快請醫生為父親治病。

17日晨，陳獨秀起床如廁，頭暈目眩，竟跌了一交，潘蘭珍用盡全身力氣，才將陳獨秀抱到床上。

18日，江津名醫邢叔德來為陳獨秀診治。把脈之後，他悄悄告訴潘蘭珍、陳松年，陳獨秀已病入膏肓，隨時有生命危險。

此後幾天，陳獨秀幾次昏迷，幾次被強心針救了回來……

1942年5月25日上午，從昏迷中醒過來的陳獨秀，自知最後的時刻到了，開始挨個留下囑託。

他先是把何之瑜叫到了跟前。他斷斷續續地對何之瑜說：「之瑜，你受北大同學會的委託，照顧我多年，真情畢生難忘，現在，我快要……離開了……」

「請先生別這樣說，照顧不周之處，還請先生多多包涵。」何之瑜強忍著悲痛說。

「之瑜，你是我最可信賴的人。我死後，喪事一切從簡，也不要登報。我的書稿由你和松年、撫五等人商量處理。你可記得？」

「學生記在心裡了，請先生放心。」

陳獨秀轉向潘蘭珍，吃力地對抽泣著的潘蘭珍說：「這十多年，你跟著我，沒過一天好日子，真難為你了。我死後，一切要自立，生活務自立，不要拿我的名聲去賣錢。你還年輕，遇到合適的，再找一個人。在南京監獄裡時，有朋友贈我的五個古陶瓷碗留給你作紀念了。這些年來別人贈送給的錢，該還的要還。」潘蘭珍哭著答應了。

陳獨秀最後讓潘蘭珍叫進了三兒子陳松年。松年早已哭紅了眼睛。陳獨秀對兒子說：「我一生奔波在外，沒有盡到一個做父親的責任，讓你受苦了。你已成家，生活上能自理，我也沒什麼東西留給你。待時局好轉了，把我的棺木和你祖母的棺木運回老家埋葬。」陳松年嗚咽著點頭答應。

環顧一周，陳獨秀感慨地說了句：「要是惠僧來了多好啊！」

接到消息，包惠僧5月27日中午趕至鶴山坪石牆院。陳獨秀已昏迷多時，呼喚不醒。

晚上，潘蘭珍、包惠僧再入陳獨秀臥室，潘蘭珍俯在陳獨秀耳旁輕聲說：「包先生來了。」陳獨秀沒有任何反應。潘蘭珍將手放

在陳獨秀鼻孔前，發現他已沒有了呼吸。看了看錶，此時是晚上9點40分。63歲的陳獨秀，走完了他曲折而不凡的一生。

陳獨秀下葬之時，潘蘭珍扶著一棵橘樹啜泣不止。正是這個大字不識、毫無革命覺悟的普通婦女，伴隨著陳獨秀走過了他生命中最為艱難的最後12年。她的偉大，正是她的平凡、質樸、安貧樂道、真心相守。

潘蘭珍命運多舛，實在是一個不幸的女人。陳獨秀去世後，潘蘭珍經何之瑜介紹，去了重慶附近的一個農場工作，自食其力。抗戰結束後，1946年，潘蘭珍帶著陳獨秀留給她的部分稿費、文稿、字畫和明代景德年間的五個古碗回到上海。上海已是舉目無親。她在浦東租了一間房子住下，又在附近一所小學找了份煮飯的工作，聊以自立。不久，潘蘭珍與國民黨一下級軍官結婚，但沒過多久，這軍官又得暴病而死。潘蘭珍只好接回1931年收養的養女潘鳳仙一起生活。過不下去時，她曾經去賣那五個古碗，竟被鑒定為贗品。1949年10月30日，上海解放不久，潘蘭珍因子宮癌去世，僅活了42歲。

陳獨秀是一個曠世之才，命相太硬。跟了他的女人，都沒有太好的結局。

主要參考文獻

《陳獨秀大傳》任建樹著　上海人民出版社　2012年2月第三版

《解密檔案中的陳獨秀》姚金果著　東方出版社　2011年6月第一版

《陳獨秀的最後15年》袁亞忠著　中國文史出版社　2005年4月第一版

《五四三人行》石仲揚著　陝西人民出版社　2010年7月第一版

《鄭超麟回憶錄》鄭超麟著　東方出版社　2004年3月第一版

《雙山回憶錄》王凡西著　東方出版社　2004年3月第一版

《陳獨秀全傳》唐寶林著　社會科學文獻出版社　2013年7月第一版

李大釗

一個學者的背影

李大釗‧一個學者的背影

李大釗是一個學者，性格沉穩，學問扎實，思想深邃，邏輯縝密。不經深思熟慮，絕不信口開河。25歲時的文章，便讓章士釗「驚其漫文醇懿，神似歐公」。

李大釗是最有希望成為中國的馬克思的，坐於書齋之中，遍覽中外經典，深究人類社會的來世前生，把脈世界潮流的源淵流向。一句話，他應該是一個坐而論道的思想大師，精神宿儒。

1917年11月10日，一個星期六的夜晚。南京。這是李大釗就任北京大學圖書館主任的前一個晚上。李在北洋法政專門學校的同學白堅武與他共餐話別。白堅武深知李大釗「為人品潔學粹」，對其大才不能為世所用深感遺憾。因為，在他們那一班同學當中，拒絕做官，而致力於辦報辦刊、學堂講道的，只有李大釗一個人了。白堅武在當天的日記中寫道：「守常北行。吾黨感於年來行役之不得盡其材，緣斯自負所無湛然深悟者惟茲一人。吾黨靈光，賴以僅存。」

白堅武話別之際，感慨不已，送李大釗一詩，聊記心表：

海內儒冠盡，神州已陸沉。文章千古事，赤血鑄丹心。

不知在哪裡出了差錯，李大釗從改良走向革命，從課堂論道走到了社會踐行。他的共產黨人的理想信念，敦行著他著手推翻這個他看不慣的既有社會和政治結構，因而，殘酷的「階級鬥爭」中，死神叩響了他的門扉。

李大釗在大革命帷幕拉開之前，引頸就戮，成為早期共產黨犧牲的烈士之一，既令人意外，又令人可惜……

李大釗於1889年10月29日出生於河北省樂亭縣大黑坨村。河北，古稱燕趙，多產慷慨悲歌之士。慷慨悲歌是文化。是擊筑而歌，仗義行俠。這決不同於販夫走卒的村野小調，更不同於街痞混混的胡攪濫打。

樂亭縣緊靠渤海灣東北海岸，與大連隔海相望。大黑坨村位於樂亭縣的東北境，距海岸不足10公里，舟楫之便，便得樂亭到東北經商的人越來越多，家境殷實之戶不斷湧現。

李大釗的曾祖父李為模，算得上是大黑坨村李氏家族的主事之人，他曾組織族人序祖譜，建祖塋，置祭田，修訂族規，重興祖祭，將李氏家族的事務管理得井然有序。

李為模有三個兒子，老大如珍，老二如珠，老三如璧，從給兒子的起名上，便可看出李為模對後代的雙重期盼：既追求玉石般的聖潔品質，又渴望無價之寶的不盡財富。

老大如珍沒有兒子。「不孝有三，無後為大」，這可不是等閒之事。李為模作主，將老二如珠的次子李任榮過繼給如珍為子。這李任榮便是李大釗的生身父親。

李如珍年輕時闖關東經商，賺了不少銀子。年紀漸長返回家鄉後，便廣置田產，陸續購進了90多畝土地，還將自家的老屋拆掉，翻建成了一座占地1000多平方米的高門大院。李如珍對過繼過來的兒子李任榮視若珍寶，一心要把他培養成為知書達禮、出人頭地的有為後生。李任榮也不負父親的期望，用功讀書，每日臨池，竟也練了一手好字。李如珍還為李任榮捐了個從九品的官職。儘管這是清朝官僚品級中最低的一等，卻也在大黑坨村讓人羨豔。

1887年，李如珍發動鄉親捐款，買下了村華嚴寺前的10畝土

地，作為香火地留作公用。村民們立碑以志此事，那塊「華嚴寺前置買香火地基碑」的碑文，正是20歲的李任榮揮毫撰寫。

年幼時的李大釗，經常在爺爺的帶領下，膜拜般地去觀摩這塊石碑，從石碑上那雋朗的文字，去揣摩父親的音容笑貌。

是的，李大釗沒有見過自己的父親。他是一個遺腹子。

1888年6月，樂亭發生了一場大地震，「地全震裂了，順著地縫往上翻黑水，翻了黑水又冒白沙……許多房屋都塌坍了」。21歲的李任榮從睡夢中驚醒，急忙將家人護救到安全地帶。猛然間想起自己的親生母親可能有危險，又一口氣跑回家中把母親背出門外。李任榮患有那個時代被人視為痼疾的「肺癆」，經此一驚一累，竟加重了病情。地震發生半年多後，李任榮撇下年輕的妻子撒手西去了。而妻子李周氏此時已身孕三月。她怕傷胎氣，強忍悲傷，靜心養胎。七個月後，誕下了李任榮的遺腹子。年逾花甲的爺爺，望著胖頭大臉的孫子，疼愛有加，取小名「憨頭」。

憨頭實在是太無福了。兩歲不到，母親李周氏因喪夫之痛，悲傷過度，棄他而去。爺爺李如珍將憨頭視作心頭之肉，爺孫倆相依為命，憨頭一天天長大。

李大釗六歲那年，爺爺將他送進學堂啟蒙。學堂是李如珍精心挑選的。他選擇的是本村谷家私塾，教書先生是為人敦厚的單子鼇。單子鼇取《晉書・食貨志》中「九年躬稼，而有三年之蓄，可以長孺齒，可以養耆年」之句，為李大釗取名耆年，字壽昌。期望他健康長壽，避開自己父母早逝的命運。

教了三年之後，單子鼇找到李如珍說，該給耆年找一個更好的老師了。

李如珍跑到兩里之外的小黑坨村，為李大釗物色了張家專館，教書先生是昌黎縣的「增廣生」趙輝斗。

也是在這一年，爺爺為10歲的李大釗娶了媳婦。新娘子是本村15歲的姑娘趙紉蘭。李如珍這麼早給李大釗娶媳婦，實在是有他的苦衷。李大釗的奶奶始終不喜歡這個過繼來的孫子，她心裡總是惦著她的親生女兒，以及女婿、外甥們。她生怕李大釗與她的女兒們爭家產、分浮財。李如珍年事漸老，早娶下孫媳婦，一是家裡添一個幫手，二是也好有人好好照顧李大釗。

　　跟趙先生讀了兩年之後，李大釗參加童試，落第不中，便又就教於曾在北京國子監讀過書的「優貢」黃寶琳。黃先生彼時正在距大黑坨村20多里路之外的樂亭城北井家坨村宋舉人家設塾開館。為了學問和知識，李大釗就這樣不辭辛苦地跋涉在求學之路上。

　　1905年，李大釗再次參加童試。不料，就在這一年，慈禧頒下懿旨，廢除科舉、興辦新學。李大釗這批考生，經測驗過關後，全部轉入了永平府中學堂接受新式教育。

　　李大釗不期然間，站在了歷史的分界線上，處在了新舊時代的夾縫當中。在他的身上，便展現了非同一般意義的矛盾和困惑，這為他後來的不懈探索，埋下了深深的伏筆。

　　是的，李大釗自身就是一個矛盾的產物：舊科舉與新教育，舊傳統與新文化，舊專制與新共和，舊禮俗與新道德，舊家庭與新婚姻，等等。如果沒有充分的理論與學養的準備，這些矛盾，足以割裂一個人的精神和心智。

　　萬幸的是，李大釗在這些矛盾中勇敢地前行，終於趟出了一條屬於自己的道路。

　　在永平府中學，李大釗有一個長他七歲、高他兩班的同學蔣衛平。蔣由師範學堂轉來永平府中學，此人「少有大志，慕班超、馬志尼之為人，顧念時艱，慨然以天民先覺為己任」，李大釗敬佩蔣衛平的心胸與大志，與他成了好朋友。不久，蔣衛平又轉到了保定

陸軍速成中學，畢業後，遍游東北、內蒙，勘邊界、察地形，為未來的戰爭做準備，被譽為「關外大俠」。後來在調查帝俄邊界時，被俄國軍人逮捕殺害。蔣衛平之死，給李大釗極大的刺激，也為他樹立了一個人生的標杆。

中學畢業後，李大釗志向高遠，期望「深研政理」，探究國家、民族的未來之路。1907年夏季，剛剛走出永平府中學的李大釗，約了幾個同學去天津報考更高一級的學府。

天津當時有三個學校招生：北洋軍醫堂、長蘆銀行專修所、北洋法政專門學堂。李大釗對學醫不感興趣，最想入的是北洋法政學堂，為了保險起見，他也同時報考了銀行專修所。結果，放榜之日，他被兩校同時錄取。李大釗興奮地去北洋法政學堂報到去了。

北洋法政專門學堂是直隸總督兼北洋大臣袁世凱授命創辦的。1907年4月草創，7月開始招生。李大釗是這一年9月2日入學的專科班學生。

按照北洋法政專門學堂的招生規則，學校設專科和簡易科兩種學制。簡易科學制一年半左右，培養司法領域的初級人才，如行政管理、律師、審判員等等。專科班「以造就法政通才為主」，學制六年，先學三年預科，轉正後再學三年。畢業生承認高等學堂出身，並可公派至東西各國留學。為此，還開設了英文、法文、德文三門外語課。專科學生面向全國招生，考試分兩場，第一場考國文，出經義、史論題各一道；第二場考外語和算學。李大釗能成為200個入圍的學生之一，永平府中學的兩年新式教育是幫了他的大忙的。

北洋法政專門學堂創辦不久，即更名北洋法政專門學校，以示向時代和新學進一步靠近之意。李大釗在這所新式高等學府內如魚得水，精研苦讀。也正是在這一時期，他放棄了發蒙老師單子鰲給

他起的耆年、壽昌的名、字，自取名大釗，字守常。一在自勉，二在守恆以持久。

法政六年，有兩件事給李大釗以極大的影響。

一是入學那年，李大釗的爺爺去世了。奶奶和姑姑本來就與他神貌皆離，沒人再來關心他的讀書和生活。全靠妻子趙紉蘭東挪西當，勤儉持家，養兒育女，才為李大釗湊足每年120元的學費，心無旁騖地在天津讀書求學。如今，沒有史料證明李大釗是否向同學們披露了他的婚姻和家庭狀況。在一個新式學堂裡，有著這樣一種小婿大妻的封建婚姻，的確是一件令人尷尬的事情。但妻子的付出，又是李大釗內心深深感念的一段難捨的情感。這正是李大釗對這個不識字的農村妻子不棄不離的感情基礎。

二是李大釗在法政學校熱心於辦報辦刊，以刊物宣揚主張，以文章啟迪眾人。李大釗文思縝密、文筆出眾，這於他有了表達的慾望。

辛亥以後，先前的變法與立憲的爭議戛然而止，改朝換代之後帶來的巨大衝擊和社會變革，讓人目不暇接，無法適從。法政學校200多名志同道合的學生，發起成立了北洋法政學會，對於共和制度下的政治、法律理論及其實踐的可行性進行深入的研究和論證。學會為這些勤於思考、勇於探索的年輕人提供了用武之地。學會成立了評議、調查、編輯、庶務四個部。編輯部決定創辦《言治》月刊，人數最多，達52人。李大釗與另一個同學郁嶷一起被推為編輯部長。

《言治》創辦之時，還是文言文時代。脫稿於1912年6月的〈隱憂篇〉和發表於《言治》第一年第一期上的〈大哀篇〉，反映了李大釗對時局的擔憂和對人民痛苦的悲歎。

他在〈隱憂篇〉中寫道：

國基未固，百制搶攘，自統一政府成立以迄今日，凡百士夫，心懷兢惕，殷殷冀當世賢豪，血心毅力，除意見，群策力，一力進於建設，隆我國運，俾鞏固於金甌，撼此大難，肩此巨艱，斯固未可以簡易視之。而決未意其扶搖飄蕩，如敝身深泛溟洋，上有風雨之摧淋，下有狂濤之蕩激，尺移寸度，原望有其彼岸之可達，乃遲遲數月，固猶在惶恐灘中也。

在〈大哀篇〉，李大釗歎道：

嗟呼！斯民何辜！天胡厄之數千年而至今猶未蘇也！暴秦以降，民賊迭起，虐焰日騰，陵轢黔首，殘毀學術，範於一尊，護持元惡，抑塞士氣，摧折人權，莫敢誰何？口謗腹非，誅夷立至，側身天地，荊棘如林，以暴易暴，傳襲至今。噫嘻！悲哉！此君禍也，吾言之有餘痛矣。然自滿清之際，仁人義士，痛吾民之憔悴於異族專制之下，相率賓士，昭揭真理之幟，以號召儔類，……擲無量之頭顱、骸骨、心思、腦血，夙興夜寐，無時不與此民賊之徒，相激戰於黯黯冤愁之天地中，以獲今日之所謂共和者又何如也？……而驕橫豪暴之流，乃拾先烈之血零肉屑，塗飾其面，傲岸自雄，不可一世，且悍然號於眾曰：「吾固為爾民造共和幸福也。」……嗚呼！吾先烈死矣！豪暴者亦得揚眉吐氣，擊柱論功於燦然國徽下矣。共和自共和，幸福何有於吾民也！

1913年6月，24歲的李大釗從法政學校畢業了。他不思做官，更恥於利祿之事、政客門徒。此時的李大釗，辦報言事、宣傳啟蒙的願望越來越強烈，應朋友之邀，去北京辦《法言報》。

離開天津也是迫不得已。李大釗加入的社會黨天津支部的活動，已受到員警的嚴厲破壞和打擊。

畢業前半年，亦即1912年冬天，李大釗為創辦《言治》月刊在北京尋求幫助時，經朋友介紹，認識了中國社會黨的創始人陳翼龍。

陳翼龍僅僅比李大釗大3歲，是一個頗有志向的熱血青年。1911年，陳在擔任《神州日報》記者時，與宋教仁結識，並經宋教仁介紹，專赴日本會見了孫中山、黃興等革命者。辛亥革命以後，陳翼龍信仰無政府主義，與江亢虎等人組建中國社會黨，試行他心目中的社會主義。在天津支部成立大會的傳單上，陳翼龍寫道：「本黨宗旨在不妨害國家存在範圍內，鼓吹純粹的共產社會主義，所以謀生產制度之改革，促共和政治之進行也。」

李大釗在陳翼龍革命激情的感召下，毅然加入了中國社會黨，並受命組建天津支部。

直隸總督和天津巡警道拒不承認中國社會黨天津支部的合法性，並策劃抓拿包括李大釗在內的天津支部執事人員。陳翼龍毫不畏懼，連續以「中國社會黨代表」的名義，向內務部發出責問，義正詞嚴地表示：「如欲將人道、公理、民權、法律一概滅絕，則吾黨人皆當處以極刑，即四百兆國民一律坑之，為何不可？且組織津支部者為僕，今欲拿辦亦請從速，但不得捨僕而妄拿我黨人也。刀俎鼎鑊，僕不知懼也。祈速判決，莫作此鬼蜮伎倆，以玩弄我光明磊落、天良不昧之社會黨人，是幸。」

陳翼龍是早已做好了「我以我血薦軒轅」的準備的。袁世凱派人刺殺了宋教仁後，孫中山、黃興憤而發動「二次革命」，北上討袁。陳翼龍積極配合，活動於北京、上海、天津，祕密籌畫武裝起義。

陳翼龍深知自己行為的危險性。行動之前，他找到北京大學學生顧頡剛，將他自己整理好的往來信件、檔案資料等裝入一個網籃，

鄭重託付給了顧頡剛。他說：「我想造反，但袁賊勢力大，我鬥不過他，十分之九要犧牲的，這些信箚，都是我和革命派往來的密件。現在交給你，希望你把它安置在北大。等我死了，你可把它們整理出來，寫一本書，待袁賊失敗後印出，留一點革命戰爭資料吧。」

沒想到陳翼龍走眼謬託，顧頡剛膽小如鼠。顧幾十年後承認：「我明知他凶多吉少，泫然受了。風聲越來越緊，我心想，這個網籃藏在我的床底下，一經查出，我的性命從此休矣，這如何是好？我趁半夜人都睡著的時候，把一網籃的信箚分投到兩個井裡，滅了跡。我一生沒有做過對不起朋友的事情，這次竟辜負了死友的諄囑。『使死者復生，生者不愧乎其言，』我在這句話的前面是一個徹底的失敗者了。」

1913年7月23日，陳翼龍剛從上海籌款回到北京，便被京師員警所偵緝隊逮捕，進而被送到軍政執法總處毒刑訊審。8月6日，陳翼龍被判處死刑，慘遭殺害。

陳翼龍死後的第二天，袁世凱便發佈大總統令，下令查禁社會黨總部、支部的所有活動，緝拿社會黨骨幹分子。通緝令上，李大釗的名字赫然排在第二位。北京也待不住了，李大釗跑回樂亭躲了起來。後來，在立憲派代表人物孫洪伊和民主黨人湯化龍的資助下，於1913年底赴日本留學，這才逃出了袁世凱的魔掌。

李大釗「大江歌罷掉頭東」，毅然別婦離子，東渡扶桑，以就「問難天地、索居寡歡」的留學生活，展現的是一個「好男兒志在四方」的寬廣胸懷。李大釗的難處別人難以想像，弱妻幼子，家居貧寒，他又不事工作、掙錢養家，只能說明他在物質生活上的追求淡而又淡，情感的表達也是克制而含蓄。沒有斬斷兒女情長、拋卻卿卿我我的決絕情懷，李大釗是走不出家事的羈絆，投身於救國救危的大業之中的。

在日本，李大釗處處得幸運之神的眷顧。

他先是結識了對他以後的事業產生重大影響的章士釗。

「二次革命」失敗，章士釗逃亡日本。這個曾在國內主編《獨立週報》的報人，怎甘在日本寂寥無聲？稍事安頓，章士釗便著手創辦《甲寅》月刊。在刊行前的廣告中，章士釗說：本志以條陳時弊，樸實說理為主旨。欲下論斷，先事考求；每曰主張，寧言商榷；既乏架空之論，尤無偏黨之懷。惟以己之心，證天下人之心，確見心同理同，即本以立說。故本志一面為社會寫實，一面為社會陳情而已。

正借住於留學生宿舍，預習日文，為考取早稻田大學做準備的李大釗，於寂寞與無聊之中，看到《甲寅》創刊的廣告，十分興奮，提筆寫了〈風俗〉一文，附在寫給章士釗的短信之後，一併寄去。短信云：

> 記者足下：
>
> 　　僕向者喜讀《獨立週報》，因於足下及率群先生，敬慕之情，兼乎師友……

章士釗收到署名「李守常」的〈風俗〉一文，「驚其溫文醇懿，神似歐公」，便在周圍朋友中打聽，有誰認識李守常。因李大釗初到日本，又署的是字，而不是名，無人知曉李守常何許人也。章士釗只好按來稿的地址，給李大釗寫了封信，約他前來會面。

李大釗接信後，立即按照約定，前往《甲寅》編輯部——位於東京小石川林區的一間斗室中，見到了大名鼎鼎的章士釗。

章士釗萬沒有想到，來人竟是一個25歲的年輕學生，更沒有想到他竟然署的是字，而不是名。問其何故？李大釗謙遜地說：「先

生名釗，我何敢名釗！」這足見李大釗的城府和人品。自此，章士釗與李大釗開始了長達十四年的友誼。章士釗回憶道：

> 吾二人交誼，以士相見之禮意而開始，以迄守常見危致命於北京，互十有四年，從無間斷。兩人政見，初若相合，卒乃相去彌遠，而從不以公害私，始終情同昆季，遞晚尤篤。蓋守常乃一剛毅木訥人也，其生平才不如識，識不如德……

這是章士釗就李大釗自身優劣的一個遞進評論法。就是說，就李大釗而言，他的才華不如他的識見，他的識見不如他的品德。在李大釗身上，最寶貴的是他的人品道德。

這種評論之法，在中國的士子文人身上常有所見。臺灣大學教授、哲學家殷海光特立獨行，業精思銳，頗得學生好評。他的得意門生林毓生、陳鼓應、張灝等常在背後議論，殷先生「文章不如講課，講課不如演講，演講不如聊天」。

《甲寅》月刊的作者和讀者隊伍，都是一群精英之士。通過「甲寅」，李大釗知道了陳獨秀、張東蓀、高一涵等，有些在日本謀過面，有些當時並未相識，但神交已在，意氣相投，為後來的相識相知，共同奮鬥，打下了深厚的思想基礎。

如果從李大釗的心路歷程分析，他在日本的最大收穫，是接觸到了社會主義理論。這是他日後成為一個共產黨人的精神準備。可以這樣說，如果不是早稻田大學幾位教授的影響，李大釗不一定會成為一名共產黨員，至多會是孫中山三民主義的追隨者。

1914年9月8日，是早稻田大學新學年的開始之日。也正是在這一天，李大釗進入早稻田大學政治經濟學本科一年級學習。

早稻田大學的政治經濟學科，是該校享有盛譽的重點學科，

師資十分雄厚，學術成就令人刮目相看。李大釗入學的前一年，早稻田大學政治經濟學科的41位教師中，有教授32名，講師9名，其中，具有博士學位的18人。

課程安排十分緊湊。李大釗在第一個學年必修課程有國家學原理、帝國憲法、應用經濟學、經濟學原理、近代政治史、民法要論、刑法要論、政治經濟學原著研究、古典經濟學原著研究及英文練習、日語作文等十餘門。第二學年的必修課程有國法學、行政泛論、政治學史、社會政策、英文練習（社會文獻講讀）等。

從課程設置便可看出，中日兩國100年前高等教育水準和意識的巨大落差。

浮田和民、有賀長雄、大隈重信（後任日本首相）、安部磯雄、片山潛等，這些在日本近代史上大名鼎鼎的人物，都曾給李大釗上過課。安部磯雄是一個虔誠的基督教徒，發起成立過社會主義研究會和社會主義協會。1901年，安部組建了日本社會民主黨，以爭取社會主義和民主主義的實現為該黨的奮鬥目標。

李大釗聽過安部磯雄的課後，留下深刻印象。他多次到安部住處請教，探討學術問題。安部的社會主義思想及後來對俄國布爾什維克革命的關注，給了李大釗極大的影響。

李大釗在早稻田大學的學習並不順利。就在他入學的當月，日本宣示加入第一次世界大戰，並悍然在中國青島登陸，擊敗德國守軍，全線佔據了膠濟鐵路，控制了青島全城。攫取了德國在山東半島的勢力範圍和殖民利益。

是年底，日本政府又罔顧世界公理和中國主權，向袁世凱政府提出了處理山東及東北問題的「二十一條」意見書。

「二十一」條用心險惡，意圖骯髒，意在控制中國的經濟命脈，進而扼住中國的咽喉，置中國於日本的完全殖民之下。

　　「二十一條」的主要內容是：中國政府承認日本接收德國在山東享有的一切權益；日本在中國「南滿」和「蒙古東部」享有特殊權利；漢冶萍公司由中日合辦；由中國方面答應所有中國沿海港灣和島嶼概不讓與或租於他國；中國政府須聘日本人擔任政治、財政、軍事等方面的顧問；給予中國內地日本人開設的醫院、寺院、學校等以土地所有權；中日合辦員警、軍械廠；將若干鐵路建設權給予日本等等。

　　袁世凱再昏庸無能，也不會拿著絞索往自己脖子上套。他畢竟是久歷官場，權謀攻訐之術了然於心。袁世凱明白，單憑中國一己之力完全無法抵擋日本的無理要求，只有借助列強及世界輿論，才能使中國有轉寰之地。日本方面要求袁世凱在簽訂「二十一條」之前嚴格保密，但狡黠的袁世凱還是通過記者將「二十一條」的主要內容捅到了國外媒體上。於是，國際輿論一片大嘩。

　　1915年2月11日，3000名中國留日學生在東京神田區基督教青年會舉行抗議大會。「與會者無不有亡國大痛之感」。有人慷慨演說，有人失聲痛哭，激憤者甚至要到中國駐日使館，對駐日大使陸宗輿「以老拳餉之」。

　　大會通過了會議籌備會提出的五條建議：（一）電政府立拒日人要求並請宣佈該條約內容；（二）發佈印刷物警告父老；（三）自國民立腳點，對於友邦發表國人所持之態度；（四）派遣代表回滬組織暫時機關，聯海內外愛國之士，合籌對外辦法；（五）籌備全體學生回國之事。

　　其中，撰寫《警告全國父老書》的任務，光榮地落到了李大釗的肩上。

　　李大釗情潤豪尖，飽蘸激憤，以泣血瀝膽的忠勇之心，寫下了這篇具有強烈感染力的戰鬥檄文：

寅卯之交，天發殺機，龍蛇起陸，婱呰鶉火。戰雲四飛，倭族乘機，逼我夏宇。我舉國父老兄弟姊妹十餘年來隱憂惕栗，夢寐弗忘之亡國慘禍，挾歐洲之彈煙血雨以俱來。噩耗即布，義電交馳。軍士變色於疆場，學子憤慨於庠序，商賈喧噪於廛市，農夫激怒於畎郊。凡有血氣，莫不痛心，忠義之民，願為國死。同人等羈身異域，切齒國仇，回望神州，仰天悲憤。以謂有國可亡，有人可死，已無投鼠忌器之顧慮，宜有破釜沉舟之決心。萬一橫逆之來，迫我於絕境，則當率我四萬萬忠義勇健之同胞，出其丹心碧血，染吾黃帝以降列祖列宗光榮歷史之末頁。事極寇深，危險萬狀，謹陳斯義，布於有從，皇天后土，實式憑之。

　　接下來，李大釗寫得揮揮灑灑，恣肆汪洋。回顧歷史，描畫現狀，揭露列強醜惡嘴臉，呼籲民眾愛國熱情，整篇文章近7000字，一氣呵成，一貫到底，有感情，有氣勢。留日學生總會將這篇《警告全國父老書》印成小冊子，廣為散發，並被帶回國內，鼓舞國人抗爭的鬥志。撰文之時，李大釗不足26周歲。

　　1915年7月，李大釗完成了在早稻田大學第一學年的學習。期末考試之後，他的11門功課的成績分別是：國家學原理77分；帝國憲法（政治學）75分；應用經濟學（經濟學）85分；經濟學原理（財政學）65分；近代政治史（史學）70分；民法要論60分；刑法要論（法學）55分。總分是736分，平均每門66.9分。在總共106名同學中排第40位，成績列為丙等。

　　看來，李大釗不是一個讀死書、死讀書的學生。他關注的領域十分廣泛，社會活動頻仍，尤其是參加反對「二十一條」的鬥爭，撰寫各類文章和宣傳材料，占去了他的大量時間。李大釗不在乎這些卷面的成績，他看重的是運用所學知識，關照社會現實，解決實際問題。

　　第二學年開學不久，便傳來了袁世凱妄圖恢復帝制、重登皇位的聒噪。李大釗義憤填膺，立即投入了反袁鬥爭。

　　1916年1月底，李大釗為討袁事宜由橫濱乘船回到上海。在船上，他寫下了一首詩以表心志：「浩淼水東流，客心空太息。神州悲板蕩，喪亂安所極。八表正同昏，一夫終竊國。黯黯五采旗，自茲少顏色。……」

　　還在上海奔波之際，李大釗得知，2月2日，早稻田大學做出決定，鑒於他「長期欠席」，將他從早稻田大學除名了。

　　李大釗儘管深感遺憾，但他已不看重這些形式上的學歷、學位。國家正處於緊要關頭，「益感再造中國之不可緩」，他毅然返回日本，全身心投入到了主編留日學生總會機關刊物《民彝》雜誌的編輯工作。

　　千夫所指，無疾而終。做了83天皇帝夢的袁世凱，終於被迫宣佈遜位。此後不久，1916年6月6日，羞憤交迫的「洪憲皇帝」一命歸西了。李大釗感慨於反袁鬥爭的勝利，寄望於中國未來前途，以「青春」為美好形象，表達他勇往奮進、再造青春中華的歷史使命。他飽含激情撰寫的〈青春〉一文，發表於《新青年》第二卷第一號上：

　　　　春日載陽，東風解凍。遠從瀛島，反顧祖邦。肅殺鬱塞之
　　　　象，一變而為清和明媚之象矣；冰雪沍寒之天，一幻而為百
　　　　卉昭蘇之天矣。……彼幽閒貞靜之青春，攜來無限之希望、
　　　　無限之興趣，飄然貢其柔麗之姿於吾前途邈遠之青年之前，
　　　　而默許以獨享之權利。……縱子為盡瘁於子之高尚之理想，
　　　　聖神之使命，遠大之事業，艱巨之責任，而夙興夜寐，不遑
　　　　啟處，亦當於千忙萬迫之中，偷隙一盼，霽顏相向，領彼戀
　　　　子之殷情，贈子之韶華，俾以青年純潔之躬，飫嘗青春之甘

美，浹浴青春之恩澤，永續青春之生涯。致我為青春之我，我之家庭為青春之家庭，我之國家為青春之國家，我之民族為青春之民族。斯青春之我，乃不枉於遙遙百千萬劫中，為此一大因緣，與此多情多愛之青春，相邂逅於無盡青春中之一部分空間與時間也。

李大釗在為青春歡呼之際，轉身別過日本，於1916年5月回到上海。

李大釗對章士釗的謙恭和尊崇，終於在1918年1月得到回報。是年初，蔡元培聘章士釗為北京大學教授，主講邏輯學，同時請他兼任北大圖書館主任。章士釗熱心於政治活動，教學之外，他不想讓繁瑣而細緻的圖書館工作佔用他過多時間和精力，他向蔡元培力薦李大釗，章士釗說：「時校長為蔡子民，學長陳獨秀，兩君皆推重守常，當然一說即行。」然而，李大釗上任之初，迎來的並不都是友善的眼神，章士釗憶及此事時曾說：「守常先充圖書館主任，而後為教授，還有一段可笑之回憶，蓋守常雖學問優長，其時實至而聲不至。北大同僚皆擅有歐美大學之鍍金品質，獨守常無有。淺薄者流，致不免以樊噲視守常。」

無海外名牌大學學歷而側身於北大管理與教授行列，的確不是一件容易的事情。但那些把李大釗比做魯莽、粗野之屠夫之人，也實在刻薄到家了。

李大釗迎著這些懷疑和嘲諷，心地坦然地赴任履新。他以他慣有的嚴謹作風和踏實精神，擔負起了北大圖書館主任一職。上任伊始，李大釗便以現代圖書館的架構，為北大圖書館進行了新的圖書分目，制訂了新的借閱規則，使圖書的存放更加科學合理，使圖書的周轉更加便捷。李大釗在北大圖書館主任任上最大的業績，是主

持了圖書館的搬遷——由馬神廟舊址遷往沙灘紅樓。這項浩大的工程，因組織周密、安排細緻，既沒使圖書資料受到損失，也沒耽擱教授、學生們的圖書借閱。

1918年10月，毛澤東來到北京。經楊昌濟教授推薦，校長蔡元培批准同意，毛在李大釗手下擔任圖書館書記員。雖然職位不高，待遇菲薄，但毛澤東有了在北大旁聽學習的機會。毛澤東曾同美國記者斯諾談起過這段經歷：「我在李大釗手下擔任國立北京大學圖書館助理員的時候，曾經迅速地朝著馬克思主義的方向發展。」毛澤東的記憶大約有誤。1918年的時候，中國還沒有任何馬克思主義的文獻引進，馬克思主義在中國的傳播斯時還是一個空白。

但李大釗的友善、謙和、樂於助人等等美德，在學生中已是有口皆碑，他的圖書館主任辦公室，是學生們最愛去的地方。他們在這裡與李大釗討論問題，高談闊論，甚至就某些不同觀點爭論不休。

羅章龍回憶了他初次見到李大釗時的溫暖感受。北京大學規定，新生入學須有本校兩名教師簽章具保才能註冊報到。1918年9月羅章龍考入北大。初到北京，人地生疏，不知找誰具保，他想起在《新青年》上見到過李大釗的名字，便冒昧地徑往圖書館拜訪：

> 我走進紅樓他新遷的辦公室後，正值賓客滿座，工作很忙。我向他說明來意，他並未多加詢問，隨手在保證書上簽名蓋章後，囑我及時前往教務處辦理註冊手續，以免逾期。臨走時他又說：「你們南方同學來京上學很不容易，如果還有像你這樣急須具保的同學，你可介紹他們徑來找我。」寥寥數語，道出了李先生對青年學生關切之情。我第一次見他，就留下了李先生待人接物十分謙和的深刻印象，同學們也樂於去和他接觸。

李大釗總是要消弭「聲不至」的影響。投身學校的公益活動，便是他的一種實際行動。

「北大進德會」是校長蔡元培於1918年1月親自宣導的社團組織。蔡元培在《北大進德會旨趣書》中開列了三個等級的會員條件，任師生員工承諾選擇：甲種會員，不嫖，不賭，不娶妾。乙種會員，於前三戒外，加不作官吏、不作議員二戒。丙種會員，於前五戒外，加不吸煙、不飲酒、不食肉三戒。

李大釗積極報名加入「進德會」，並被選為「糾察員」。這件事本身也許沒有什麼特別之處，但是讀一讀1918年7月4日發表於《北京大學日刊》上的〈進德會啟事〉，我們會對一個現代會議的開法，表決議事方式，甚至它的記錄格式，有一種耳目全新之感：

> 七年六月二十九日，進德會評議員、糾察員第一次會議記錄。
>
> 本日到會者二十九人，姓名如左：蔡元培、沈尹默、傅斯年、羅家倫、陳寶鍔、高日采。以上六人評議員。
>
> 李煜瀛、鄭陽和、江智、錢玄同、陳大齊、李大釗、胡適、康白情、朱一鶚、王恩久、李辛白、徐之傑、王少石、蕭純錦、陳漢章、蔡鎮瀛、馬寅初、陳邦濟、江永一、黃中、廖書倉、梁展章、吳繼哲。以上二十三人糾察員。
>
> （一）李大釗君提議，改會名為「有不為會」。討論結果，贊成者少數，又以仍用舊名付表決，贊成者多數。
>
> （二）李君又以糾察員之職任與其職任之履行，頗不易做到，提議廢除糾察員之名。座中討論時，有提議以被舉之糾察員，悉改為評議員者，以舉手表決之，贊成者大多數，作為通過。

（三）議推書記二人，掌本會通訊記錄之事，當即推定江
智、傅斯年二君。

（四）議定本會刊行雜誌一種，大約每季一本，定名為《北
京大學進德會雜誌》，當即推定編輯四人：沈尹默、
錢玄同、李大釗、康白情。

（五）議決廢除原定甲、乙、丙等階級，以不嫖、不賭、不
納妾之條，為入會者必要條件，其餘五條戒律，由會
員自由任之。

　　簡單、明瞭、清晰，所議之事，所做決議，白紙黑字，永世留
存。多少年過去，翻閱者、引徵者，都不會有任何歧義。

　　這有著明顯的「羅伯特議事規則」的影子。

　　美國南北戰爭期間，25歲的年輕軍官羅伯特，主持一個會議
討論有關事項。由於分歧太大，會議吵得一塌糊塗，誰也無法順
暢、全面地表達意見，會議竟至不歡而散。會後，羅伯特仔細查
詢，美國竟然沒有一個關於會議開法、議題設置、議題討論及表決
的規則。他潛心思考，仔細研究，動手制訂了一個「羅伯特議事規
則」。後經幾十年的實踐、修改，日臻完善，成為美國人乃至世界
許多國家開會議事的守則。更是一種民主表達的有效方式。到了晚
年以至身後，「羅伯特將軍」沒人知曉，而「羅伯特議事規則」卻
是風行世界，流傳至今。

　　胡適回憶道：他剛到北大就職教授時，有人也瞧不起他這個年
輕人，故意讓他主持會議，以測試他的水準。胡適說，幸虧他瞭解
羅伯特議事規則，在美國的學校中也是按照這個規則來開會、議事
的，這才使他不致於丟醜，很順利地將會議主持下來，經討論、表
決，形成決議，解決了問題。

時至今日，大陸宇內，不會開會，開不好會，議而不決，記錄不當的會議，比比皆是。我們正在向現代國家邁進。只要問一下，國人中有多少人知曉「羅伯特議事規則」，或者說知曉民主及權利的有效表達方式，就能知道我們離現代文明有多遠。

當然，消弭「聲不至」，達到實至而名歸的地步，單靠公益活動，單靠擔任進德會的評議員，是無法服眾的。高等院校中，學術水準是重要的評價標準。李大釗在這方面，用足了心思，抓住了機遇。

一戰結束，舉世歡騰。中國做為戰爭後期宣佈加入協約國參戰的國家之一，幸運地列入了戰勝國的行列。徐世昌大總統發佈命令說：「我協商國士兵人民，不憚躬冒艱險，卒以公理敵強權而獲此最後之勝利。吾國力排眾難，加入戰團，與茲盛舉，是堪欣幸。」真是「欣幸」，我國未出一兵一卒，未靡一槍一彈，勝利來得如此容易。但這也擋不住全國人民的歡慶衝動。

一戰和平協定簽署的第三天，即1918年11月14日，北京大學便在天安門前搭起平臺，名流大宿連續兩天輪流登臺講演，宣示勝利的意義，鼓動民眾的熱情。蔡元培、胡適、陶孟和等都大聲稱頌正義、平等的勝利。蔡元培講演《勞工神聖》，他認為，中國有15萬在法國工作的華工加入大戰，「此後的世界，全是勞工的世界」，「我們都是勞工，我們要自己認識勞工的價值：勞工神聖！」

11月底，全國放假慶祝之際，北大又在天安門旁的中央公園舉辦演講會，連續三個下午邀人登臺講演。正是在這某一個下午，李大釗登臺宣示他的《庶民的勝利》。

戰火停熄，和約甫簽，協約國、同盟國究竟誰戰勝了誰？誰是真正的獲勝者？李大釗的回答出人意料，不同凡響。他認為，這是「庶民的勝利」。

　　這回戰勝的，不是聯合國的武力，是世界人類的新精神；不是哪一國的軍閥或資本家的政府，是全世界的庶民。

　　李大釗認為，「這回大戰，有兩個結果：一個是政治的，一個是社會的。」政治的結果是各類大主義失敗，民主主義勝利。社會的結果是資本主義失敗，勞工主義戰勝。

　　一戰結束之前，李大釗就開始關注俄國的十月革命。在《庶民的勝利》講演後不久，他在《新青年》上發表了〈布林什維的勝利〉，進一步表明他的社會主義觀：

> 他們主張一切男女都應該工作，工作的男女都應該組入一個聯合，每個聯合都應該有的中央統治會議，這等會議，應該組織世界所有的政府，沒有康格雷（即美國議會），沒有巴力門（即英國議會），沒有大總統，沒有總理，沒有內閣，沒有立法部，沒有統治者，但有勞工聯合的會議，什麼事都歸他們決定。一切產業都歸在那產業裡的作工的人所有，此外不許更有所有權。他們將要聯合世界的無產庶民，拿他們最大、最強的抵抗力，創造一自由鄉土，先造歐洲聯邦民主國，做世界聯邦的基礎。這是布林什維的主義。這是二十世紀世界革命的新信條。

　　文章的最後，李大釗飽蘸激情寫道：

> 由今以後，到處所見的，都是布林什維戰勝的旗。到處所聞的，都是布林什維的凱歌的聲。人道的警鐘響了！自由的曙光現了！試看將來的環球，必是赤旗的世界！

轉過年來的五四運動，沒有李大釗的身影。《新青年》、《每週評論》的過激言論和赤色宣傳，已經引起當局的關注，李大釗獲悉，他與陳獨秀等人，已受到員警的監視和跟蹤。五四過後不久，李大釗帶著家人回到了河北老家躲避。

在家鄉的一個多月時間裡，李大釗隱居於昌黎縣五峰山韓文公祠內，潛心撰寫他的長篇文章〈我的馬克思主義觀〉。這篇兩萬六千多字的長文，分兩次刊登在《新青年》雜誌上。

李大釗的〈我的馬克思主義觀〉，得到了日本教授河上肇的幫助，或者說，是以河上肇的文章為藍本的。但無論怎樣，這是中國最早介紹馬克思思想、理論、信仰、社會和政治研究的文章。正是因為李大釗將馬克思作為一個流派來關照，而不是作為無產階級的精神領袖來膜拜，在文章中，李大釗甚至對馬克思主義的不足，提出了「救正」的意見。

五四運動期間，當局全力彈壓，大批學生被捕。陳獨秀氣憤不過，撰寫了《北京市民宣言》，油印後親自上街散發。6月11日夜，正在北京新世界屋頂花園散發傳單的陳獨秀被員警逮捕，在關押、審訊了90多天後，於9月16日釋放出獄。

也許是因為沒有與陳獨秀一同站在鬥爭一線，一同被捕、一同受訊，李大釗為表達自己的愧疚心情，破例寫了一首自由詩，迎接陳獨秀出獄：

> 你今出獄了，
> 我們很歡喜！
> 他們的強權和威力，
> 終竟戰不勝真理。
> 什麼監獄什麼死，

都不能屈服了你；
因為你擁護真理，
所以真理擁護你。

你今出獄了，
我們很歡喜！
相別才有幾十日，
這裡有了許多更易：
從前我們的「隻眼」忽然喪失，
我們的報便缺了光明，減了價值；
如今「隻眼」的光明復啟，
卻不見了你和我們手中的報紙！
可是你不必感慨，不必歎息，
我們現在有了很多的化身，同時奮起：
好像花草的種子，
被風吹散在遍地。

你今出獄了，
我們很歡喜！
有許多的好青年，
已經實行了你那句言語：
「出了研究室便入監獄，
出了監獄便入研究室。」
他們都入了監獄，
監獄便成了研究室；
你便久住在監獄裡，
也不須愁著孤寂沒有伴侶。

章士釗對這一時期李大釗的言行洞若觀火。他說：「時北京民主運動正在萌芽，守常志在得北大一席，以便發蹤指示。……守常一入北大，比於臨淮治軍，旌旗色變。」

　　連一介學子都能看明白的事情，怎能逃得過鼓動世界革命，輸出蘇俄模式的蘇聯共產黨的眼光呢？

　　李大釗就這樣進入了蘇共駐中國代表的眼簾之中。

　　充分的史料已經證明，中國共產黨的創立，完全是在共產國際即蘇共的指導、督促甚至是資助下完成的。而蘇聯共產黨最早看中的人是李大釗。

　　陳獨秀儘管是中國新文化運動的先驅，「是五四運動時期的總司令」，但在研究、介紹社會主義革命及馬克思主義方面，他遠不及李大釗清晰和系統，陳獨秀甚至有一些資產階級民主革命的意識。因而，在李大釗發表了〈我的馬克思主義觀〉之後，最早被蘇共的代表找上門去。

　　鮑立維是共產國際駐天津的文化聯絡員，他每週有兩天到北京大學為學生授課，完全瞭解李大釗擁護俄國革命的態度和贊同馬克思主義的主張。鮑立維同李大釗的接觸，應該在1919年下半年的某一天，具體時間與地點、交談的內容，已無從考證。

　　1924年，李大釗、彭述之作為中共中央的代表，一同赴莫斯科出席共產國際第五次代表大會。會議期間，李大釗詳細向彭述之講述了中國共產黨的創建經過。李大釗說：

　　　那是一九二〇年年初時節，我同往常一樣，正在北京大學的辦公室裡工作，突然有人敲門。我說：「請進來！」他說：「我就是鮑立維先生向您提起的俄國人，我名叫荷荷諾夫金，李大釗同志，我向您致敬！……」這位俄人是共產黨黨

員，他竟把我也當做一個共產黨人來看待！好一個突擊技術！我馬上表示抗議：「哦！不敢當，我不敢自稱是你們的同志，至少目前還不是呢！」可是，我這位客人反駁道：「好了，好了！不必客氣啦！我們早就知道您是一位真誠的馬克思主義者，您已經在中國傳播馬克思主義思想，對布爾什維克革命的勝利，您又是多麼熱烈歡呼，怎麼能叫我們不把您當做自己人呢？」

　　他說是受到在伊爾庫斯克第三國際遠東局的委託前來同我聯繫的，目的是在中國創立一個共產黨。我從來沒有過這樣的設想，心緒頓時被攪動了。他提出的問題，我必須有點時間來思考一下，我即將這個意思告訴他，並向他說明反正我不是他心目中的適當人物。

　　他表示很不同意我的看法，像個雄辯家似的，大發議論道：「據我所知，自從『五四』以來，在中國出現了許多刊物，長篇大論地研討社會主義，有些刊物已經明目張膽地掛起社會主義的招牌，您呢，您是『五四』領袖中的佼佼者，不但公開讚揚俄國革命勝利，而且還毫不遲疑地接受了馬克思主義，在這樣的情形下，難道不該是在中國成立共產黨的時機嗎？難道您不是發動這一事業最可勝任的人嗎！李大釗同志，沒有共產黨，社會主義只是一句空話！」

　　荷荷諾夫金的話打動了我的心，我感覺到他說得有理，但是他提到的這件事情太嚴重了，我不能單獨地解決，於是我這樣答覆他：「在中國惟一有魄力發動創立共產黨這一壯舉的人物是陳獨秀。陳獨秀是一位社會主義者，或者更確切地說，他是傾向社會主義的。然而，我曉得他同我一樣，還從來沒有起過組織什麼政黨的念頭，可惜他已離開北京去上海了，因此我只能用通信方式同他商討您代表共產國際向我們提出的建議。這是需要一些時日的，您是

否可以延長在北京的居留時間，以便讓我們作出一個決定？一有著落，我會馬上通知您。」

荷荷諾夫金叫我放心，他有耐心等待我們的答覆，我就立即去信給獨秀，起初，獨秀的反應也是慎重的，表示要好好考慮一下，然後才決定是否「下水」。不久，他的猶疑漸漸地消散了，我們一致認為對於共產國際的建議再也沒有什麼嚴肅的理由加以推卻了。我一收到他肯定的答覆，立即告知荷荷諾夫金，他欣喜極了，急忙趕回伊爾庫斯克，成為陳獨秀和我倆人接受共產國際建議這個佳訊的傳遞者。不多日，我在京見到另一位第三國際代表魏金斯基同志，我催促他即速啟程去上海……

史料記載，陳獨秀因傳單事件被捕入獄，9月16日釋放之後，一直在員警的嚴密監視下滯留北京。1920年1月初，孫中山的廣東軍政府決定撥款100萬元，籌辦西南大學，負責人有汪精衛、章士釗等人，他們多次寫信邀陳獨秀來滬共商西南大學籌辦事宜。陳獨秀經不起創建大學的誘惑，於1920年1月29日，祕密離京，抵達上海。在滬期間，不甘寂寞的陳獨秀「書生氣」大發，應邀去武昌文華大學為畢業生做演講，他2月2日乘「大通輪」溯江而上，4日下午到達漢口。武漢各界熱烈歡迎。5日下午，6日上午，7日上午、下午，陳獨秀接連演講四場，內容涉及〈社會改造的方法與信仰〉〈知識教育與情感教育問題〉〈新教育之精神〉等等，武漢報紙紛紛刊登陳獨秀的「卓識讜論」，令湖北官吏大為不滿，他們勒令陳獨秀立即停止講演，速離武漢。忿忿中的陳獨秀7日晚乘車北上，9日早抵京回家。

北洋政府從報紙上知道陳獨秀在武漢演講的消息，才知陳獨秀已離京南下，立即派員警前去查問。可巧陳獨秀已經到家，掩飾了過去。員警將信將疑，便在陳獨秀家門口加派了崗哨。陳自知此次凶多吉少，他偷偷跑到了李大釗家裡避難。李大釗將陳獨秀化妝成

伙夫,他扮成下鄉收帳的帳房先生,雇了一輛驢車,將陳獨秀從北京祕密送到天津,從天津乘船南下去了上海。

荷荷諾夫金正是在這前後找到李大釗談建立中國共產黨之事的。有人說,是李大釗與陳獨秀在逃亡天津的路上,商談了建黨事宜。這一路上,可能會涉及這一話題,但危難之機,妝扮潛行,心緒不定,不見得能談得多麼深透。後來,南陳北李,信函往還,細緻討論,比較符合歷史實際。

在北京,蘇共及共產國際的行動一刻也沒有停止。1920年4月,他們派來了全權代表維經斯基和他的夫人庫茲涅佐娃。維經斯基頻繁會見李大釗及進步學生張國燾、羅章龍、李梅羹、劉仁靜等。維經斯基還主持召開了北京共產主義小組成立大會,他以第三國際代表身分宣佈「同意應邀參加座談會的人是共產黨員,這將向共產國際彙報。」李大釗參加了會議並致詞,他說:「我們這些人只是幾顆革命種子,以後要好好耕作,把種子栽培起來,將來是一定會有收穫的。」

維經斯基南下上海,會見了陳獨秀,大大促進了中國共產黨創建的步伐。1920年8月,上海共產黨組織建立。陳獨秀對黨的名稱還有猶豫,他想叫「社會黨」。李大釗徵求了維經斯基的意見,讓張申府給陳獨秀回信說,俄國社會民主黨已經改稱「共產黨」了,其他一些原先叫「社會黨」的,也已經或準備叫「共產黨」。共產國際的意見,中國也叫「共產黨」。

黨的名稱便這樣定了下來。

青年學子們感佩李大釗、陳獨秀的識見和氣魄,譽之為:「北李南陳,兩大星辰;漫漫長夜,吾輩仰承。」

據說,陳獨秀聽到「南陳北李」的說法後,羞愧地喟歎:「南陳」徒有虛名,「北李」確如北斗。

1921年7月23日晚8時，中國共產黨第一次全國代表大會在上海法租界貝勒路樹德里3號舉行，十幾名神態莊重的年輕人圍坐在一張長方型餐桌旁，宣佈了這個祕密政黨的誕生。

當其時也，籌建中國共產黨的兩個最重要的代表人物陳獨秀、李大釗居然沒有出席成立大會。陳獨秀剛到廣州，任廣州大學預科校長，正為校舍、經費忙得不亦樂乎，無法抽身。而李大釗正領導北大教職員工的索薪鬥爭，難以離京。他是讓張國燾陪同共產國際的代表馬林和尼科爾斯基到上海的。儘管陳獨秀沒有到會，他還是被推舉為會議主席，並在會議結束時被選為中國共產黨的總書記。

這是一個內容大於形式的會議。各地會議代表的推選也不甚嚴格，方法也不一致。甚至對於會議召開的具體時間，也沒有一個準確的記錄，以至於十幾年後，在確定中國共產黨的建立之日時，毛澤東與董必武商議，就定為7月1日吧。新中國成立後，經多方查找資料，交叉認證，才最終確認會議舉行的日子為1921年7月23日。

中共「二大」之後，中國共產黨決定加入共產國際，成為了它的一個支部，並接受共產國際的資助。這樣一來，中國共產黨的所有工作，都在共產國際即蘇共的領導、指揮之下。

此時，蘇共在中國的代表是馬林。

日俄關係，糾葛源遠。日本在華勢力，自有它的代理人，即奉系軍閥張作霖和北洋政府的段祺瑞。為與日本抗衡，蘇聯急於在中國尋找自己的代表人物，一為攫取在華利益，二為輸出俄國革命。蘇共起初根本沒有看好孫中山，認為孫偏於南中國一隅，絲毫無法與北洋政府抗衡，西方列強，包括蘇聯在內，承認並與之建交的，是居於北京的北洋政府。馬林這樣認為，「在赤塔的俄國人堅信，為了中國的民族主義運動可以合作的人物是吳佩孚，而不是孫中山，他們認為孫中山是不管用的夢幻家。」

　　五四運動中，吳佩孚的確風光了一陣子，他接二連三地發表通電，反對在「巴黎和約」上簽字，主張取消中日密約，支持學生愛國運動。吳氏讀過私塾，中過秀才，連年征戰，浴血沙場，見慣了慘烈的死亡和勝利的血腥，他的文字，大氣而淡定，從容而公允，情發於中，而憤溢於外，很受國人喜愛。

　　1919年5月9日，正是五四運動風起雲湧之時，吳佩孚通電全國：

> 大好河山，任人宰割，稍有人心，誰無義憤？彼莘莘學子，激於愛國熱忱而奔走呼號，前仆後繼，以草擊鐘，以卵擊石……其心可憫，其志可嘉，其情更可有原！

　　5月15日，吳佩孚又聯合南北將領，通電政府反對簽約，這便是轟動一時的「刪電」（「刪」為15日代稱）：

> 頃接京電，驚悉青島主權簽字靈耗，五衷摧裂，誓難承認！……某等眷懷祖國，義憤填胸，痛禹甸之沉淪，憫華胄之奴隸。聖賢桑梓，染成異族腥膻；齊魯封疆，遍來淫娃木屐。雖虺蛇已具吞象之野心，而南北尚知同仇以敵愾。與其一日縱敵，不若鋌而走險；與其強制簽字，貽羞萬國，毋寧悉索敝賦，背城借一。軍人衛國，責無旁貸，共作後盾，願效前驅！

　　吳佩孚的態度，博得了輿論與國人的一致好評，致使「吳氏之大名，遂無人不知，吳氏之行為，無人不注意」，有人甚至將其捧為「救時之偉人」。共產國際決定聯合吳佩孚，便是順理成章之事了。

　　馬林指示李大釗，與吳佩孚接洽，探討資助吳佩孚統一中國，

建立一個親俄政府。

李大釗只有服從。1922年6月、9月和10月，短短幾個月內，李大釗與吳佩孚三次會面，一次在保定，兩次在洛陽。

吳佩孚玩起了政客的手腕，周旋於蘇俄與孫中山之間。他想借助蘇俄的力量，聯手孫中山，除掉他的宿敵、奉系軍閥張作霖。而孫中山一直對張作霖抱有幻想，不想與這個他心目中的盟友決裂。吳佩孚眼見自己的大本營內工人運動蓬勃開始，大有燎原之勢，便一舉中斷了與蘇俄及中共的聯繫，瘋狂舉起屠刀，下令鎮壓江漢鐵路工人的罷工運動。1923年2月7日，在江岸車站，30多名工人慘遭殺害，200多名罷工工人受傷，林祥謙等罷工領導人壯烈犧牲，共產黨員施洋被捕後遇害。李大釗聞聽凶訊，悲憤交加。共產國際也如夢方醒，幻滅了與吳佩孚的「聯合」之想。嗜血的軍閥，從來就不是人民革命的同路人和保護神。

1923年10月6日，共產國際代表鮑羅廷來到中國。他與上一任共產國際代表馬林不同的是，鮑羅廷將赴中國南方開展革命工作。

鮑羅廷的任命是史達林親自提議的。1923年7月，史達林建議俄共（布）中央政治局派鮑羅廷到中國的南方去工作。8月2日，俄共（布）中央政治局正式通過如下決議：

（1）任命鮑羅廷同志為孫逸仙的政治顧問，建議他星期四與加拉罕同志一起赴任。

（2）責成鮑羅廷同志在與孫逸仙的工作中遵循中國民族解放運動的利益，決不要迷戀於在中國培植共產主義的目的。

（3）責成鮑羅廷同志與蘇聯駐北京的全權代表協調自己的工作，並通過後者同莫斯科進行書信往來。

（4）責成鮑羅廷同志定期向莫斯科送交工作報告（盡可能每月一次）。

三個「責成」，任務明確，要求嚴格。這是蘇共依據自身利益在中國布下的戰略棋子。

這其中至少包含兩層含義。其一，蘇共沒有將中國共產黨放在眼裡。它認為，中共成立不久，人數少，無實力，還領導不了中國的革命運動。其二，蘇聯政府一面與北洋政府保持著外交關係，維持著表面上的睦鄰友好，一面派出祕密使者，與北洋政府的對立面相聯繫，培植北洋政府的反對派。

孫中山的最大心願是由他來統一中國，實行三民主義。只要能說明他實現這個目標，他誰都可以合作。蘇聯政府出鉅資幫他統一中國，他當然願意對蘇聯人言聽計從。

但是，鮑羅廷看到了一個鬆散的、軟弱的，無組織、無綱領的國民黨。這樣的政黨，不可能率領群眾，領導革命。而陳獨秀、李大釗等人又對蘇共棄中共而就國民黨的行為十分不滿。鮑羅廷想到了一個萬全之策，請中國共產黨來幫助改組國民黨，實行兩黨合作。當然，鑒於莫斯科給他的明確指令，他要求中共黨員以個人身分加入國民黨，幫助國民黨實現改組。

孫中山從他的實用主義立場出發，接受了鮑羅廷的建議，而國民黨其他元老卻怎麼也想不通。

中共這方面，陳獨秀發起了牛脾氣，堅決不同國民黨合作。共產國際便命李大釗攜部分中共黨員赴廣州參加國民黨的改組事宜。

李大釗還是只有服從。

1924年1月20日，改組後的中國國民黨第一次全國代表大會在廣州開幕。出席開幕式的代表共165人，其中有共產黨員20多人。包括李大釗、瞿秋白、張國燾、譚平山、毛澤東、李立三等。

鮑羅廷親自起草了《中國國民黨第一次全國代表大會宣言》，做為這次大會的「精神生命」。

在討論《宣言》和國民黨總章的審查報告時，廣州代表方瑞麟忽然要求發言，他說，「本黨黨員不得加入他黨應有明文規定。」此前一個晚上，在國民黨章程審查委員會會議上，上海代表何世楨亦曾提出：「任何其他政黨的成員，不得成為國民黨黨員。」其意思很明確，國民黨內不能有跨黨黨員存在。加入國民黨的共產黨人，要麼退出國民黨，要麼退出共產黨。

肩負著共產國際的要求，李大釗只好站出來發言，表明態度，闡釋立場：

> 諸位同志們：兄弟深不願在本黨改造的新運中，潛植下猜疑與不安的種子，所以不能不就我個人及一班青年同志們加入本黨的理由及其原委，並我們在本黨中的工作及態度，誠懇地講幾句話。

兄弟們到廣州來，承本黨總理及黨中先進諸同志歡悅的接受，令我們在國民革命的工作上得有盡其綿薄的機會，我等不能不敬服本黨總理及黨中先進諸同志熱誠的促進負有國民革命的使命的國民黨的精神。但有少數先進的同志終不免對於我等加入本黨致其懷疑者，使此懷疑不能渙然冰釋，則於本黨改造的新機中，即預伏一種妨害將來發展的危機，此斷非吾之所願，想亦非先進諸同志之所願。用是不能不將我等加入本黨的理由開誠佈公的講出來，以求得一共同的瞭解而消除那方在潛萌的危機。

李大釗只好暫且放下共產黨的綱領，去迎合國民革命的奮鬥目標。他說：

> 我等之加入本黨，是為有所貢獻於本黨，以貢獻於國民革命的事業而來的，斷乎不是為取巧討便宜，借國民黨的名義作

> 共產黨的運動而來的。因為在今日經濟落後淪為帝國主義下
> 半殖民地的中國，只有國民革命是我民族唯一的生路，所以
> 國民革命的事業，便是我們的事業，本黨主張的勝利，即是
> 我們的勝利。我們以此理由，不但自己願來加入本黨，並願
> 全國國民一齊加入本黨。這種發展本黨的責任，是要先進諸
> 同志與我們共同擔負的。

李大釗極力打消國民黨中的部分骨幹分子對中國共產黨的疑慮和戒心：

> 有一部分同志疑惑因為我們加入了本黨，本黨便成了共產黨，
> 這亦是一種誤會。我們加入本黨是來接收本黨的政綱，不是強本黨
> 接受共產黨的黨綱。試看本黨新定的政綱，絲毫沒有共產主義在
> 內，便知本黨並沒有因為我們一部分人加入便變成共產黨了。

國共一經合作，氣象煥然一新。國民黨的民族、民權、民生的「三民主義」和「聯俄、聯共、扶助農工」的三大政策，一時間響遍大江南北，成為一種時尚，一個標誌──進步和革命的標誌。

李大釗的公開身分是國民黨中央委員、北方區特別市黨部政治委員，他的祕密身分是中國共產黨北京地區執行委員會委員長。他周圍的共產黨員和進步學生，以為革命高潮已經到來，興高采烈、大張旗鼓地從事革命宣傳和革命活動。李大釗也逐漸從一個學者，轉向為職業革命家。

1924年第二次直奉大戰期間，直系將軍馮玉祥陣前倒戈，將所率第三軍更名國民軍，趁畿輔空虛之機，殺進北京，發動政變，攪得中國政局一片混亂。

馮玉祥想投機革命，又不願得罪軍閥。他同時電邀孫中山、段祺瑞進京共商國是。他本意，是想讓孫中山主政，段祺瑞主軍。列強背

後操縱，軍閥勾心鬥角，孫中山又不幸病逝，這種孫段共持國柄的設想成為泡影，段祺瑞就任臨時執政。「段執政」一說便由此而來。

張作霖一直不甘心讓馮玉祥摘了這個大桃子，蠢蠢欲動，極欲進京主政。1926年年初，奉系軍隊大舉進兵關內，軍艦直接駛入了天津大沽口。馮玉祥的國民軍封鎖了大沽水道，不許艦船駛入。張作霖求助於他的洋後臺日本。3月12日，日本出動兩艘軍艦掩護奉軍船隻擅闖大沽口，並向岸上的國民軍發炮轟擊。國民軍奮力還擊。日本公使以此為藉口，聲稱中國政府違背了《辛丑合約》。3月16日，日公使聯合英、美、法、意、荷、比、西班牙等國，向北洋政府發出「最後通牒」，要求國民軍撤去大沽口防禦設施，否則，「決採取必要之手段」。這實在是欺人太甚。當然，正是自家不和，才致外人欺侮。

> 北洋政府還算有骨氣，接到最後通牒後，經緊急磋商，於當日午夜回復八國：稱「最後通牒」的內容「超越《辛丑合約》之範圍」，所以「不能認為適當」。按《辛丑合約》，只有大沽口至北京一線的炮臺應予削平，卻沒有相關條文對水道進行規定。

北京各界群眾被徹底激怒了。千百萬人同仇敵愾，眾口一聲，反對最後通牒，驅逐八國公使，廢除一切不平等條約！

國民黨北方區負責人徐謙和共產黨北方支部委員長李大釗商議決定，3月18日舉行群眾集會及示威遊行，表達愛國熱情，反對列強干政。

群眾集會開得群情激昂，演講、通電，順序進行。會後，集會學生遊行至鐵獅子胡同北洋政府所在地。守衛部隊竟向示威學生瘋

狂射擊，當場打死47人，傷200多人。魯迅稱之為「民國以來最黑暗的一天」。

據說，段祺瑞當時不在執政府內，也未下令開槍。在得知政府衛隊打死徒手請願的學生之後，段急忙趕到現場，頓足長歎：「一世清名，毀於一旦。」面對死者長跪不起，發誓一生吃素，以示懺悔。

這一天，李大釗險中脫身，但頭部和雙手受傷。魯迅記載：「一九二六年三月十八日，段祺瑞們槍擊徒手請願的學生那一次，他也在群眾中，給一個士兵抓住了，問他是何等樣人。答說是『做買賣的』。兵道：『那麼，到這裡來幹什麼？滾你的罷！』一推，他總算逃得了性命。」

關於「三‧一八」慘案，最能載入史冊的是魯迅的那篇名文《紀念劉和珍君》。

在各界壓力下，段執政下令撫恤死者，國會也通過了屠殺首犯「應聽候國民處分」的決議。

但對國民革命活動，段祺瑞視若大敵，決不姑息手軟，他連夜主持內閣會議，通過《臨時執政令》，第二天3月19日公開發佈，對徐謙、李大釗、李石曾、易培基、顧孟餘5人發出通緝。

在蘇共同志的建議下，李大釗帶領家人和部分共產黨員、進步學生等50多人，躲進了蘇聯駐華大使館一座廢棄的兵營中。

4月18日，張作霖殺氣騰騰進入北京。5月2日，發佈保安辦法十七條，稱，「宣傳赤化，主張共產，不分首從，一律處死刑。」其實，在此之前，張作霖已經動手了。4月26日清晨，槍殺了《京報》社長邵飄萍。張學良逮捕了女共產黨員郭隆真，然後，擅闖北大、女師大、中俄大學等，查禁進步書刊，搜捕進步人士。《保安辦法》發佈後，8月6日，《社會日報》社長林白水被槍殺。一天之

後，《世界日報》主編成舍我被捕。若不是成的家人星夜托孫寶琦求情，成舍我也必定步邵飄萍、林白水後塵，在一個月朗星稀的凌晨，飲彈天橋刑場。

白色恐怖讓北京的秋天提早來臨，一派肅殺。

李大釗的好友、北京大學教授沈尹默，匆匆趕到孔德中學，悄悄把正在聽課的李大釗之子李葆華叫出來，神色凝重地說：「轉告你的父親，要他一定加倍小心，張作霖這個紅鬍子是殺人不眨眼的啊！」

羅章龍回憶：「一九二六年九月，上海中央來信給北方區委，說是國民軍出師北伐，進行頗為順利，不久即將攻克武漢，急需人開闢工作，準備成立武漢中央分局，要守常和我離開北方，去武漢工作，並要我陪同他一道南行。行期已近，守常臨時改變計畫，要我先走。我勸他同行，他仍在猶豫，考慮今後北方區工作，遲遲不決。當時去武漢要繞道上海，長江又被帝國主義軍艦封鎖，只有分段而行，敵人搜查很嚴，守常一口北方話，極易引人注意，如無南方人同行料理，很容易發生危險。因而，我數次延期等他，直到最後中央再次電催，並囑我們急速帶一批幹部南下時，守常決計不離開北方，我只得先行。」

李大釗的「不離北方」有多方面的原因。一是拖家帶口，行動不便。如他隻身南下，妻子體弱多病，且已有孕，即將臨產；孩子幼小無依，今後的生活是個大問題。二是工作確實需要。北方區委的工作要有人主持，有人謀劃。當然，最主要的原因，是李大釗過於相信了他所居處的地方，外交使館內應絕對安全。過去幾十年裡，他見多了各類人物躲進東交民巷而安全無虞的先例：康有為、梁啟超、黎元洪、段祺瑞，甚至連張勳這樣的復辟小丑，也可在使領館內保平安。李大釗低估了張作霖的胡作非為、無法無天；也低

估了西方列強對社會主義蘇維埃的仇視與恐懼。

住進蘇聯大使館舊俄兵營裡的共產黨人，以為進了保險箱，整日興奮不已，高談闊論。白天出去忙工作，搞革命，晚上回來開會，討論，甚至就某些問題爭論不休。這種喧嘩，引起了隔壁日本公使館的關注，他們迅速將這一異常情況告訴了張作霖。張派人祕密偵察，證實了李大釗等人就在蘇聯使館內，並詳細繪就了蘇聯大使館的平面圖，標注了大門、館舍、武官室、兵營等具體位置。為最後確認李大釗是否還在其內，竟派人假冒李大釗的朋友，托關係找到了蘇聯使館秘書畢德諾，說是有封信要交給李大釗。那信其實就是一張紙條，既無上款，也無署名，只一句話：「外面對你風聲甚緊，請多加注意。」畢德諾看了一眼，也未多想，就把使館內的一個中國雇員叫來，讓他把信送到西院兵營，交給李大釗。這使張作霖確信，李大釗還未遁形出京，仍在使館之內。

1927年4月初，張作霖決意動手了。他從鄭州前線招回了兒子張學良，讓張學良親率他的軍團捉拿李大釗等人。這畢竟事涉外交，非同兒戲。張作霖令外交部暗中通告英、美、日等公使，並征得了外交使團領袖、荷蘭公使歐登科的同意。

4月4日晚，北京。

楊度在太平湖飯店參加朋友女兒的婚宴，巧遇曾任外交總長的汪大燮。楊度有意無意地問：「外交方面可有新聞？」汪大燮沾沾自喜：「亦可說有，亦可說無。」「此話怎講？」「張大帥已派我與東交民巷外交使團打了招呼，政府要派人進俄國兵營搜查，望各國公使諒解。」汪大燮不無自豪地說。

楊度聞訊，找了個藉口，迅速離去。當天晚上，他找到了國民黨北京特別支部書記胡鄂公，讓他把這個消息「趕忙通報俄營中黨人」。

李大釗接報後，仍是坦然鎮定，將信將疑：「消息也許不盡可靠，張作霖無此大膽。即使可靠，只怕便衣偵探早在東交民巷布下天羅地網，要走是走不了了，一走反去送死。但是同志們有人願意離開的，不妨離開。」當晚便有數人避走，在最後關頭逃出生天。

　　4月6日，清明節。清晨起，300多便衣員警和軍人，將蘇聯駐華大使館嚴密包圍了起來，他們每人懷揣手槍，衣服上繫一紅繩，互打暗號，遙相呼應。10時許，一聲令下，他們分頭突入，按事先的任務劃分，或赴武官室，或向官邸，或往兵營。事發突然，藏匿於兵營內的共產黨人及其家屬全部被捕。李大釗翻出一支手槍，欲向武官室奔去，被員警堵在屋門口，繳槍被綁。其實，就是跑到武官室也逃不出去。蘇聯同志出於警覺，在武官室內將文件澆上煤油，點火焚燒。奉軍士兵破門而入，滅火搶文章，舉槍抓俄人。此次行動，共抓獲李大釗等中國黨人40餘人，蘇聯共產黨人13人。拿到了蘇聯共產黨支持中國革命的證據，張作霖憤然宣佈，與蘇俄斷絕外交關係，並驅逐了使館人員。

　　4月8日《世界日報》報導，被捕時，「李著灰棉袍，青布馬褂，滿臉髭鬚，精神甚是煥發，態度極為鎮靜，自稱馬克斯（思）學說崇信者，對於其他之一切行為，則謂概不知曉云云。」

　　囹圄中，李大釗坦然自若，三易其稿，寫下了〈獄中自述〉。他說：

> 釗自束髮受書，即矢志努力於民族解放之事業，實踐其所信，勵行其所知，為功為罪，所不暇計。今既被逮，惟有直言。倘因此而重獲罪戾，則釗實當負其全責。惟望當局對於此等愛國青年寬大處理，不事株連，則釗感且不盡矣！

　　當然，李大釗明白張作霖對共產黨的切齒痛恨。他只承認自己國民黨員的身分，並儘量與蘇共撇清關係。審訊記錄這樣記載：

　　問：你黨經費若干？你的薪金若干及經費之來源？

　　答：我的月薪是一百五十元。我黨經費是舒啟昌管理。經費議決案月支二千元，向由遠東銀行、中國銀行自南方匯來，請查搜出帳簿便知。

　　問：你受俄人津貼若干？

　　答：我黨中自有經費，不須俄人津貼。

　　李大釗怕政府不明白，專門就經費問題做過供述：

　　年來黨中在北方用款均由國民政府匯來，此項匯款多經由遠東銀行至於。黨與蘇聯之經濟關係皆係在廣州辦理。北京政治委員會用款，從前每月定額二千元。自軍興以來，已數月不能撥付，最近才匯到數千元。所供是實。

　　李大釗被捕之後，社會各界積極營救。北京9個國立大學校長開會討論，推選北大校長余文璨、北師大校長張貽惠為代表走訪張學良。新聞界也廣造輿論。《世界日報》刊登市民李公俠致張學良的公開信，列舉十條寬赦李大釗的理由，其第八條為：「且李氏私德尚醇。如冬不衣皮襖，常年不乘洋車，盡散月入，以助貧苦學生，終日伏案面究各種學究……」

　　蘇聯的抗議更是義正辭嚴。列強各國也對張作霖擅闖使領館、擴大搜查範圍心存不滿。張作霖感到了來自各方的壓力，有意對李大釗從輕發落。

　　返回鄭州前線的張學良倒是不依不饒了。他向張作霖發電催促：「前方既宣明討赤，後方捕獲赤化要犯，久延不殺，恐不足以服各將領之心。」

　　張作霖於是痛下殺李決心，命各審判官立即開庭，審訊判決。

4月28日上午，特別法庭在警廳開庭，經草草70分鐘的判決，便判處李大釗等20人絞刑。當天下午，押送至北京市看守所執行絞刑。兩人一組，拍照受刑。李大釗身穿被捕時的灰色棉袍，從容鎮定，引頸就戮，時年38歲。

　　細察李大釗短暫的一生，「死」是他生命中躲不過去的一個噩結。

　　出生之前，生父去世。一歲半時，母親歸西。10歲結婚，與趙紉蘭一生共孕育了九個孩子，四個夭折，失去孩子的痛苦不時折磨著他。18歲時，最疼愛他的祖父逝世，天塌一般令李大釗不知所措。22歲時，同學蔣衛平被俄人所殺。辛亥首義後，地理教師白毓昆在灤州起義中壯烈犧牲。此後不久，在北京結識陳翼龍，毅然加入社會黨，但壯志未酬，黨首陳翼龍便被北洋政府殘酷殺害。

　　「三・一八」慘案也許是對李大釗最大的刺激。他帶去的請願學生，就在他的身旁，被彈雨擊中，喋血在政府的大門前！大約在那一刻，李大釗心死了。豈止是心死，他渴望著肉體的死亡。此後的一年多，他幾乎是迎著死神走過去的。他要用一死來喚起民眾，用一死來祭奠英烈，祭奠民族，祭奠革命⋯⋯

　　死神面前，李大釗毫無懼色。他知道，多少次他已與「它」擦肩而過；多少次他已預感到「它」的來臨。《順天時報》報導：李就刑時，則呼天字。

　　「天哪⋯⋯」大事未竟，幼子繈褓，這如何是好？

主要參考文獻

《李大釗傳》朱志敏著　紅旗出版社　2009年5月第一版

《李大釗思想評傳》劉建軍等著　福建人民出版社　2011年2月第一版

《李大釗北京十年》王潔主編　中央編譯出版社　2012年1月第一版

《李大釗被捕犧牲安葬資料選編》李繼華、常進軍、李權興編著　線裝書
　　局　2011年11月第一版
《解密檔案中的孫中山》姚金果著　東方出版社　2011年10月第一版

瞿秋白

江南舊夢已如煙

瞿秋白・江南舊夢已如煙

2013年10月1日，中華人民共和國的國慶日。

常州。

上午10點多，我走進常州市延陵路上的瞿秋白故居。

這是一片傳統的江南老建築，黑瓦白牆，挑簷木門，在周邊的一片高樓的包圍下靜靜蟄伏，顯得那樣突兀和不合時宜。

我是乘著高鐵一路南下，專程來拜謁的。選擇這一天走進常州，走進延陵路上的這處小院，純屬巧合。除了「黃金周」，我沒有時間可以請假，可以外出。

走近瞿秋白，或者大言一點說，走進瞿秋白，是我多年的一個心結。我真的想探究，作為記者、作家、革命家的瞿秋白，在他短暫的一生當中，在公認的偉大和不凡的身後，經受了多少磨難，遭受了多少委曲和不公正的對待；他的〈多餘的話〉是怎樣的一種心曲的獨吟和奏鳴；他孤寂的心靈在天堂裡歸於安詳了嗎……

於是，這一天，我終於走進了他的故居。

瞿秋白故居，實際上是常州「城西瞿氏宗祠」。宗祠是家族公產，本不應由哪家單獨使用。只有窮困潦倒、衣食無著的落魄者，族人同情，族長同意，才可暫厝祠堂，遮風避雨，聊以為生。瞿秋白家正是這樣一戶落魄的瞿氏人家。自1913年秋日至1916年年底，瞿秋白在這裡生活了三年多一點。這是屈辱的三年，是瞿秋白生活遭受重大變故的三年，也是他從懵懂少年走向知識青年、走向革命的啟蒙三年……

瞿秋白來到這個世界的時候，瞿家的狀況並不是這樣。那是何等的富貴榮華、歌舞昇平、輕吟低唱、徐斟慢啜⋯⋯

　　瞿家是常州城裡的簪纓之家，「世代讀書，也世代為官」，至清朝末年，瞿秋白的叔祖瞿廷韶是瞿氏家族中最後一個朝廷高官。

　　瞿廷韶同治年間入官，歷任宜昌知府，湖北按察使、布政使，被賞賜頭品頂戴，晉都陛見，三次入宮召對。他輔佐湖廣總督張之洞推行新政，興辦工業，深得張之洞賞識。張之洞在向朝廷奏保瞿廷韶時，稱讚他「治行卓越，器識閎通，有守有為，無偏無黨，為同道中第一人員」。瞿廷韶去世時，正在京籌辦商約的張之洞，聞訃後馳電漢口，輓聯相吊：人琴懷舊三千里，風浪同舟十五年。可謂情真意切。

　　瞿秋白的祖父瞿廷儀，經這個做大官的弟弟保舉，實授江西知縣。1882年，在江西省垣候任時，暴病身亡。

　　此時，瞿廷韶購買了常州青果巷八桂堂這處豪宅，欲做辭官回鄉的養老之處。他不忍心看到孤嫂親侄家道中落，便將八桂堂修葺一新，交由嫂子一家居住、使用。

　　瞿秋白的父親瞿世瑋，雖是家中么子，但瞿世瑋的哥哥有的在外為官，有的留學日本，兩個姐姐已經出閣，只好由他這個小兒子陪伴著母親莊太夫人住進了八桂堂。

　　有瞿廷韶的按時接濟，八桂堂裡可謂錦衣玉食，僕役齊備，深宅大門，好不氣派。安穩、消停的日子過了幾年，莊太夫人張羅著要給小兒子瞿世瑋招親了。

　　經親戚介紹，曾任廣東鹽大使、致仕後回家鄉江蘇江陰西鄉大岸上村閒賦的金心薌，願將次女金璇嫁入瞿家。

　　金家亦非等閒之族，金心薌也曾任高官，族中官至道員的也有幾人。金心薌視金璇為掌上明珠，自幼延師教讀。金璇熟讀詩書，

對詩文有相當高的鑒賞能力，還能填詞，寫信作文，落筆成章，一手漂亮俊秀的小楷也令人稱道。金璇溫良賢淑，嫻靜自如，又志存高遠，心氣超凡，這正是她悲劇命運的誘發因素。

金心薌夫婦怕女兒嫁入異鄉人地生疏，特將金璇的貼身丫鬟徐氏陪嫁了過去，隨時伺候在金璇左右。

1898年春天，瞿世瑋、金璇隆重成婚，新婚燕爾的一對新人，住進了八桂堂天香樓。

第二年的1月29日，瞿秋白誕生了。又一年，瞿秋白的大妹妹瞿軼群接踵而至。此後幾年，五個弟弟妹妹先後來到人間。除了一弟一妹夭折外，瞿秋白有了一個妹妹，四個弟弟。

按瞿氏宗譜，瞿秋白是「懋」字輩，譜名懋淼，字熊伯。瞿秋白出生時，頭頂為雙旋，遂取乳名「阿雙」。由「雙」衍生為「爽」、「霜」。瞿秋白特別喜歡「霜」字晶瑩純淨、一塵不染的清虛意境，由「霜」字取別號「秋白」。「瞿秋白」便成了他一生中最珍愛的名字。

13歲時，瞿秋白寫過一首詠菊詩，將他的名、號全都嵌在了詩中：

> 今歲花開盛，栽宜白玉盆。
> 只緣秋色淡，無處覓霜痕。

淡泊、高雅，與一個13歲玩童的心境相去甚遠。早熟的痕跡渲染在字裡行間。

早熟，是生活所迫。

1903年7月，瞿秋白的叔祖瞿廷韶在湖北任上去世。當年底，家眷扶柩回歸故里。第二年春節過後，瞿廷韶的諸子回鄉協定析

產，深宅大院八桂堂被瓜分得七零八落。各房兒子對房產都有自己的處置方式，有的出租，有的拆賣，有的自住。做為侄子的瞿世瑋再無待下去的理由，只好帶著母親、妻子搬到了青果巷對面的一處窄小房屋中落腳。後來，莊太夫人的娘家堂弟幫忙，瞿世瑋租下了織機坊星聚堂的一處宅院落腳。

瞿世瑋生性散淡，不事稼穡，不問家事，整天癡迷於他的山水畫的研習，是一個典型的眼高手低、於世無爭，恥於勞作、自許甚高的窮酸文人。瞿世瑋倒是真有些許文人的靈氣。他的山水畫在當時頗有一些影響，1929年出版的《現代畫家傳略》中，就有瞿世瑋的條目。瞿世瑋還研讀老莊，信奉道教，學過劍術，習過中醫之學，懂一點望聞問切，會一些民間驗方。當然，這一切都不足以養家糊口，更不能發家致富。在杭州為官的瞿世瑋的大哥，從贍養老母考慮，每年給瞿世瑋一些資助，瞿世瑋就靠這點錢財慘澹度日。終至有一天，連星聚堂的租金也付不出了，瞿世瑋扶著老母，攜著妻小，住進了免費的瞿氏宗祠。實質上，他們一家，幾乎就是宗祠裡收留的流浪漢。

宗祠的側房，是瞿秋白父母的臥室，小弟小妹們與父母同擠在這裡入睡。北向一間潮濕寒冷的小屋，是瞿秋白的住房。全家吃飯的地方，是宗祠議事堂的一角，而瞿世瑋的書櫥和畫桌，就擱在東過道的一側。他就在這過道之中，執卷讀書，展紙繪畫。瞿秋白也是在這張畫桌上，跟著父親臨魏碑，學畫畫，接受最早的啟蒙教育。

金璿知道，日子不能再這樣過下去了。她幾次三番勸丈夫外出工作，掙錢養家。瞿世瑋散漫懶惰，敷衍拖延，他甚至搬出老母親為擋箭牌，說是要侍奉莊太夫人，無暇外出做工。金璿一不做二不休，致信杭州的大伯哥，提出讓婆婆過去暫住一段時日，這裡生活稍有起色，便將婆母接回養老。這一日，在將婆婆送去碼頭登船之際，莊太夫人懼怕他鄉水土不服、飲食不周，又忌恨金璿

主事強硬、不容轉圜，竟對小兒媳爆了粗口，大罵金璿「不孝」、「不尊」，竟將婆婆趕出家門。看著遠去的渡船，金璿委曲得淚流滿面。她想，待婆婆回轉之後，再向老人家解釋道歉。可上天沒有給她這個機會。莊太夫人去杭州兩年之後，竟一病不起，最終歿於「天堂」。大伯哥一怒之下，斷了對小弟家的全部資助，瞿世瑋家的日子更難過了。一年夏初，瞿秋白幼時的夥伴、丫鬟徐氏之子羊牧之來到瞿氏宗祠，看到瞿秋白正在整理一包衣服，準備拿去典當。瞿秋白無奈地說：「這些是母親暫時不穿的一件綢棉襖和幾件陪嫁時的舊衣服。」羊牧之關切地問：「天一冷，沒有棉襖怎麼辦？」瞿秋白語氣沉重地說：「天下凍餓人何止我母親，到那時候再說吧！」

瞿秋白小的時候體弱多病，面黃肌瘦。孱弱的瞿秋白，在學校，卻是一個好學上進的學生。瞿秋白6歲時，由私塾轉入常州冠英兩等小學堂讀書。11歲時，小學畢業，考入了常州府中學堂。在這所常州唯一的新式學校中，瞿秋白刻苦學習，長進很快。他還熱心參加學校組織的課餘文化活動，學吹簫，工篆刻。他的洞簫吹得婉轉悽楚；他的治印，漸有了浙派的風韻，又兼收了皖派的古拙。

還是一個「窮」字，無情地打碎了瞿秋白的求學之夢。1915年7月，瞿秋白在常州府中學堂上完這學期的最後一堂課，戀戀不捨地離開了校園。還差半年就要拿到畢業文憑了，但他知道，下個學期，他是無法回到校園讀書了。家裡太窮了，再也負擔不起他的學費了。常州府中學堂的學費、住宿費、膳食費、雜費，加在一起，每年要幾十元。而家中，父母為瞿秋白表姐生孩子請接生婆的五元大洋都籌措不到。

輟學在家的瞿秋白，心緒極差，精神不振，作息無常，又致舊病復發。他不敢聲張，更不能行於言表，只是強忍病痛，每日默默埋頭讀書。母親習常對人歎息：「阿雙本來是可以造就的，現在弄

得他連中學堂也沒有畢業，實在可歎！」

　　閑賦半年之後，表姐夫輾轉托人，為瞿秋白在無錫江陰國民學校謀到了一個教員的位置，月薪10元，但對方要求先去面談。10元收入，也足以貼補家用。瞿秋白立馬動身，前往無錫面試。

　　此時，年關已近，討債的人陸續上門催要欠款。金璇連哄帶求地打發走了要債人，呆坐家中，一籌莫展。

　　遠赴湖北堂兄弟家求援的瞿世瑋回來了。沒想到他也是兩手空空，分毫未有帶回家中。瞿世瑋搖著頭，連連歎息，鑽進他的「過道書房」，又沉湎在書畫裡了。金璇最後的一點生活希望，被周身的寒徹和沉重的債務徹底擊碎了。

　　深夜，瞿軼群一覺醒來發現，瞿秋白的屋內還亮著燈光。哥哥並不在家，誰在那兒呢？軼群悄悄推門看到，母親正在燈下寫著什麼，一臉肅穆。軼群未敢開口，回到床上，倒頭睡下。朦朧中，她感覺到媽媽來到床前，逐一為孩子們披了披被子。

　　這天是初五剛過，年的意味仍舊濃厚。

　　凌晨，瞿氏宗祠裡突然傳出瞿世瑋絕望的哭喊聲。孩子們聞訊起床，發現母親已昏迷多時。軼群與弟弟們拼命嘶喊：「娘娘——」，母親痛苦掙扎著，氣力漸衰。

　　原來，半夜時分，金璇逐一寫下遺囑和對親朋好友的交待，就著半瓶虎骨酒，吞下了一大包紅磷火柴頭。此刻，毒性發作，正痛苦萬分。

　　瞿世瑋驚慌失措地跑去縣城求醫生，但因是春節期間，醫院概不接診。瞿世瑋萬般求告，找到了一位外科醫生來到家中。這醫生束手無策，於事無補。金璇在全家的痛苦哀號中，輾轉折騰了一整天，到下午六點，咽下了她的最後一口氣。臨死之時，滿面赤紅，雙目圓睜。死時年僅41歲。

金心薌痛恨女婿的無能、無為，一生都沒有原諒瞿世瑋。金心薌晚年雙目失明。他發狠地自責說：「我把女兒許配這種人，怎得眼睛不瞎呢！」

母親死後，「一家星散，東漂西零」。弟弟們分送親戚撫養，父親遠赴山東，為在平原縣任知事的堂弟瞿世玖做帳房先生。瞿秋白則決心外出闖蕩，自謀生路。

離開常州之際，瞿秋白去墳前祭奠母親，寫下了〈哭母〉一詩：

親到貧時不算親，藍衫添得淚痕新。
饑寒此日無人管，落上靈前愛子身。

瞿秋白孤身闖進了京城，他是奔著堂兄瞿純白去的。此時的瞿純白，應聘在北洋政府外交部做翻譯。

以瞿秋白敏銳的生活感悟和細膩的人文情懷，他對文學，有一種天然的親近感。他是揣著他的文學夢來到北京的。他想考入北京大學，由堂兄資助他一些生活費用，大學畢業之後，謀一個教書的穩定工作，一邊教課，一邊研究他的文學。瞿純白力不能逮。他供不起一個大學生的所有花費。他要瞿秋白先解決吃飯問題，他讓秋白去參加了文官考試。毫無社會閱歷與生活經驗的瞿秋白，自然名落孫山，未被錄取。

幾個月過去了，生活無著的瞿秋白情緒低落。

夏天，北洋政府外交部俄文專修館開始招生。在這裡學習，一不用交學費，二來畢業後也容易找工作。瞿純白動員瞿秋白去試試。

瞿秋白是1917年9月入俄文專修館讀書的，那時，「十月革命」還沒有爆發。也就是說，瞿秋白不是因為政治理想和革命熱情而青睞俄國的。他完全是為了稻粱謀，完全是為生活所迫。

在俄文專修館，瞿秋白學習刻苦，進步很快。他自己講，一天要學習十一個小時以上。瞿秋白有一點語言天賦，俄語成績總是名列前茅。俄文專修館的教材，大部分是普希金、托爾斯泰、屠格涅夫、契訶夫等俄國著名作家的作品，日漸精進、耳濡目染，瞿秋白對俄國文學、俄國歷史產生了濃厚的興趣。

這個由江南膏腴之地來到寒冷北方的孱弱青年，1919年遭遇了一個重大不幸。這一年，瞿秋白患上了肺結核，俗稱「吐血病」。這是一個在當時沒有辦法治癒且死亡率極高的可怕疾病。瞿秋白用年輕的軀體與病魔展開了殊死抗爭。生活的磨難，疾病的折磨，形成了瞿秋白的「二元人生觀」，既肩負著「世間的」責任，又努力於「出世間」的功德。自然，出世的功德是自幼對他影響極大的佛教學說，「不為自己求安樂，但願眾生得離苦」。那「世間的」責任，便是年輕人的一腔愛國之情，報國之志。因而，「五四」運動期間，瞿秋白忘我地置身其中，奔走呼號。

三年多的俄文學習，使瞿秋白基本馴服了這一門難以駕馭的外國語言，他翻譯的托爾斯泰等人的作品，已在國內的一些報刊上與讀者見面。

1920年冬天，梁啟超創辦並大力支持的上海《時事新報》、北京《晨報》，商討共同派駐歐洲記者，發回第一手消息，報導歐洲各國重大新聞。理所當然地，瞿秋白成為了駐俄國記者的最佳人選。

朋友們極力阻止瞿秋白擔綱此職。一是他身患重病，身體虛弱，俄羅斯嚴寒的冬天對瞿秋白將是一個嚴峻的考驗。二來俄文專修館即將畢業，以瞿秋白的成績，留外交部任職，謀一個穩定的職業不成問題。堂兄瞿純白說他是「自趨絕地」。

瞿秋白決心已定，堅決要去俄國做駐外記者。他對朋友們說：「用不著我和你們辯論。我們各自照著自己能力的限度，適應自己

心靈的要求，破棄一切去著手進行。」「我現在有了我的餓鄉了，
——蘇維埃俄國。俄國怎樣沒有吃，沒有穿，……饑，寒……暫且
不管，……是世界第一個社會革命的國家，世界革命的中心點，東
西文化的接觸地……我已決定走的了。」

在那樣一個歷史關頭，在那樣一個風雲激盪的年代，相信每一
個有志青年，都會作出與瞿秋白同樣的抉擇——親赴俄國，看個究
竟。於是，瞿秋白啟程了：「向著紅光裡去」。

步入1920年代的俄國，正經歷著革命勝利之初的緊張、興奮、
忙碌，甚至略微有些混亂。糧食短缺，市政管理滯後，副食品斷
檔，工廠開工不足……瞿秋白以記者的勤奮，奔走在莫斯科的不同
部門，採訪著上至政府官員、下至普通百姓的各類人群，短短一
年，便有五六十篇通訊發回國內，刊於《晨報》和《時事新報》
上。在俄羅斯這片紅色的土地上，瞿秋白迅速左轉，全盤接受了無
產階級革命的理論和主張。

1921年6月，張太雷來到莫斯科，出席共產國際的代表大會。
張太雷長瞿秋白一歲，同為常州老鄉，他鄉遇故知，自是喜出望
外。張太雷敏銳察覺到了瞿秋白的進步，介紹他加入了中國共產
黨。此時，中國共產黨第一次代表大會尚未舉行，但不少地方的共
產黨組織已經建立。1920年，陳獨秀還主持召開過各地共產黨聯合
會議，已經標誌著中國共產黨的誕生和從事活動。瞿秋白正是中共
創建前後的早期黨員之一。

入了黨的瞿秋白，立即去採訪共產國際第三次代表大會。共產
國際三大在莫斯科大劇院舉行了隆重的開幕儀式後，移到克里姆林
宮安德萊廳舉行論壇會議。7月6日，對於瞿秋白來說，是個值得紀
念的日子。這一天，在安德萊廳，瞿秋白見到了無產階級革命的傳
奇人物——列寧。列寧是到安德萊廳出席會議的，瞿秋白的筆下，

對列寧的記敘生動而傳神：

> 列寧出席發言三四次，德法語非常流利，談吐沉著果斷，演說時絕沒有大學教授的態度，而一種誠摯果毅的政治家態度流露於自然之中……

安德萊廳每逢列寧演說，台前擁擠不堪，椅上、桌上都站堆著人山。電氣照相燈開時，列寧偉大的頭影投射在共產國際、「世界無產階級聯合起來」、俄羅斯社會主義聯邦蘇維埃共和國等標語題詞上，又襯著紅綾奇畫——另成一新奇的感想，特異的象徵。

列寧的演說，篇末數句往往為霹靂的鼓掌聲所吞沒。

一天，在安德萊廳的走廊上，瞿秋白意外地與列寧邂逅。瞿秋白立即趨身向前，向列寧請教關於東方民族和殖民地問題。列寧指點瞿秋白去閱讀幾篇東方問題的材料，並簡單交流了幾句。列寧實在是太忙了，他道了一聲抱歉，便匆匆離去。

這一年的11月7日，瞿秋白來到第三電力勞工工廠，去參加慶祝十月革命四周年大會。會議開始之際，列寧突然出現在工人群眾面前，並精神昂揚地向講臺走去。瞿秋白同工人兄弟們一起，又經歷了一個難忘的時刻：

> 工人群眾的眼光……都注射在列寧身上。大家用心盡力聽著演說，一字不肯放過。列寧演說時，用極明顯的比喻，證明蘇維埃政府之為勞動者自己的政府，在勞工群眾之心中，這層意義一天比一天增勝，一天比一天明瞭：
>
> ——「拿著軍器的人」，向來是勞動群眾心目中一可怕的東西，現在不但不覺他——赤軍——可怕，而且還是自己的保護者。

1922年11月，陳獨秀作為中國共產黨的代表，來到俄國參加共產國際第四次代會大會。這是陳獨秀與瞿秋白的第一次見面。朝夕相處一個月，陳瞿惺惺相惜，大有相見恨晚之意。回國之前，陳獨秀力邀瞿秋白一同歸國，從事中國共產黨的建設工作。

當時的瞿秋白，還有兩個職業選擇，一是繼續留在莫斯科，為《晨報》擔任特派記者；一是去符拉迪沃斯托克，作共產國際遠東局負責人維經斯基的助手。瞿秋白幾乎沒有猶豫，迅即選擇了與陳獨秀一同回國。

23歲的瞿秋白，以風流倜儻、青年才俊的形象，與闊別多年的國內朋友再次相見。杭州的四伯父器重瞿秋白，見他學有所成，聊以自慰。常對親朋好友誇讚這個侄兒：「秋白的俄國話比俄國人說得還好些。」陳獨秀要瞿秋白主管黨內的宣傳工作，主編《新青年》季刊。胡適欣賞瞿秋白俄羅斯文學的造詣，親筆寫信給王雲五，介紹瞿秋白去商務印書館當編輯、做學問。

瞿秋白自有打算。黨的工作他義不容辭，瞿秋白婉拒了胡適的雅意，大步邁進了上海青島路309號那狹窄的弄堂，走進了上海大學的校門，儘管「薪俸是極薄的」。

上海大學原是私立東南高等師範專科學校，創辦於1922年春天，設有國文、英文和美術專修科，學生僅160多人，號稱來自全國各地，大半是安徽生源。學校管理混亂，師資薄弱，引發學生不滿。校長王理堂竟卷著學生的學膳費跑到了日本。1923年10月5日，上海大學爆發學潮，要求驅逐校長，重整校務。學生要求，由革命黨來接管學校，並指名由陳獨秀、章太炎、于右任三人中的一人擔任校長。

國共兩黨正在第一次合作前的「熱戀」之中。中共中央分析，以當時的力量和影響，由國民黨接管大學比較適宜。於是，國民黨元老于右任走馬上任，掌校執政，並將學校更名為「上海大學」。

國民黨一大後，孫中山將上海大學定為國民黨黨立學校，親任名譽校董，在資金上給予定期補貼。

瞿秋白正是在上海大學草創之時，接受黨的指派，來到上大任教。他先是任學務長，後任社會學系主任。

上海大學被稱為「弄堂大學」，校舍是老式石庫門二層樓房，只有十幾個房間。但師生們不嫌棄學校的簡陋，看中的是上海大學的革故鼎新之氣。

瞿秋白在上海大學主講《社會哲學概論》和《現代社會學》兩門課程。每逢瞿秋白上課，除了本班學生，前來旁聽的學生總能將教室擠得滿滿的，甚至窗外和門口也站上了人。瞿秋白總是先把講義發給學生，然後，脫稿而講，既滔滔不絕，又娓娓道來，講課邏輯嚴密，資訊廣大，很受學生歡迎。田漢與瞿同在上大任教。田漢口訥於言，不善表達，與瞿秋白形成鮮明對比。上大學生施蟄存多年後寫詩回憶：滔滔不竭瞿秋白，訥訥難言田壽昌。六月青雲同侍講，當時背景未曾忘。

瞿秋白在上海大學收穫了他的初戀。

上海大學有兩個出類拔萃的女學生。一個是來自湖南的丁玲，一個是來自四川的王劍虹。王劍虹長丁玲兩歲。雖是四川、湖南不同省份，但她們兩家只是一條沅江相隔，早年，她們同是湖南桃源縣第二女子師範學校的學生。來到上海大學後，她倆同住一個宿舍，成為無話不說的摯友和閨密。

瞿秋白下課之後，常常踏著鵝卵石的小徑，來到丁玲、王劍虹租住的簡陋亭子間宿舍，教她倆學俄文，聊俄羅斯見聞，聊文學，聊社會，歡快的笑語，不時飛出窗外，在弄堂裡迴盪。

不久，瞿秋白、王劍虹都有了一些微妙的變化。瞿秋白在與丁玲、王劍虹或是其他作家朋友一起時，常常魂不守舍，有時甚至不

打招呼便悄然離去。

　　若是哪天瞿秋白沒有來到丁玲、王劍虹的亭子間，王劍虹便捧著書本，兩眼呆直，夜至深沉，仍無睡意。

　　一天晚上，王劍虹突然對丁玲說，她要隨父親回四川老家。她避開丁玲詢問的目光，苦笑一下說：「一個人的思想會變化的，請你原諒我。」她甩開丁玲，獨自出門了。

　　不一會兒，樓梯上響起熟悉的腳步聲，瞿秋白來了。丁玲打開房門，沒好氣地說：「我們不學俄文了，你走吧！再也不要來！」將莫名其妙的瞿秋白拒之門外。

　　氣鼓鼓的丁玲返身躺在床上。她不明白，好端端的生活怎麼一下子全亂了套。她發現，王劍虹的枕下有幾張布紋紙，抽出來一看，竟然是火辣辣的情詩。她明白了，劍虹戀著秋白，又羞於表達，這才如此地折磨自己。

　　丁玲拿著王劍虹的情詩去找瞿秋白。瞿秋白正在家中吃飯。他讓弟弟雲白先帶丁玲上樓去，他自己匆匆扒了幾口飯便跟上樓來。在瞿秋白臥室兼書房的房間裡，瞿秋白接過丁玲遞過來的王劍虹的詩稿，讀了好長時間。他抬起頭來激動地問：「這是劍虹寫的？」丁玲點頭說：「劍虹是世界上最珍貴的人，你去吧，到我們的宿舍去，她在那裡……」瞿秋白本也是情愛纏身，不能自已。他對丁玲說了聲「謝謝！」，便向王劍虹的宿舍奔去。

　　兩個小時後，丁玲回到宿舍。但見桌上攤著紙筆，上面寫滿了情話。顯然，兩顆年輕的心已經在愛意的碰撞中擦出了火花。

　　熱戀當中的瞿秋白，被黨派去廣州籌備國民黨一大，這讓瞿秋白飽受了分別之苦。

　　1924年1月初，瞿秋白趕回上海，與王劍虹共赴婚約，兩人搬進了上海大學附近的慕爾鳴路彬興里307號。蜜月裡，黨指派瞿秋

白出席國民黨第一次代表大會。一對新婚夫婦，只好勞燕分離。瞿
秋白將他的一腔思念，傾注在愛的信箋之上：

　　……你偏偏愛我，我偏偏愛你——這是冤家，這是「幸福」。
　　唉！我恨不得插翅飛回……

　　愛戀未必要計較什麼幸福不幸福。愛戀生成是先天的……這是
人間何等高尚的感覺！我現在或者可以算是半個「人」了。
　　瞿秋白細膩的情感，靈動的文字，最適合作愛的表白。他寫道：

　　我們要一個共同生活相親相愛的社會，不是要一所機器的棧
　　房呵。這一點愛苗是人類將來的希望。
　　要愛，我們大家都要愛——是不是？
　　——沒有愛便沒有生命；誰怕愛，
　　誰躲避愛，他不是自由人，
　　他不是自由花魂。

　　很少有女孩子，不被瞿秋白熾熱的愛的表白打動心扉。王劍虹
一直處於這種被愛的強大暖流之中。
　　春節來了，瞿秋白為王劍虹送上了一首七絕詩：

　　萬郊怒綠鬥寒潮，檢點新泥築舊巢。
　　我是江南第一燕，為銜春色上雲梢。

　　春夏之際，王劍虹身體不適。朋友們以為她懷孕了。看過醫
生之後，結論令人震驚而絕望，她得了肺結核！7月，王劍虹竟病

重而逝！這對剛剛結婚半年多一點的恩愛夫妻，便生生被死神拆散了。瞿秋白更是隱隱有一絲自責，他懷疑是自己將肺結核傳染給了王劍虹。這樣一個奇女子，這樣一個「美女如玉劍如虹」的川妹子，生命之花還未綻放，便過早地凋敝了。這給瞿秋白的精神和身體造成了極大的摧殘。

王劍虹去世不久，瞿秋白收穫了他的第二次愛情。這次，向他大膽「進攻」的仍是他的學生，名叫楊之華。看來，在上海大學，瞿秋白頗有師生之緣。

楊之華是浙江蕭山人，小瞿秋白兩歲。她已在家鄉嫁入大戶沈家，與沈家公子沈劍龍生了一個女兒。1924年初，楊之華不甘心做一輩子「少奶奶」，她擺脫家庭束縛，隻身一人闖來上海，入上海大學社會學系讀書。

瞿秋白認真接受了楊之華的感情。1924年11月中旬，楊之華與瞿秋白回到蕭山，與沈家與沈劍龍談判婚姻之事。在楊之華家，沈劍龍紳士般地出現了，他向瞿秋白伸出右手，客氣地招呼「坐、坐」。楊之華、瞿秋白、沈劍龍閉門長談整整一夜，天亮時，他們各自如釋重負地走出了家門，走入了晨曦之中。

1924年11月27日，上海《民國日報》同時刊出了三條意味深長的啟事：

楊之華沈劍龍啟事：

自一九二四年十一月十八日起，我們脫離戀愛的關係。

瞿秋白楊之華啟事：

自一九二四年十一月十八日起，我們正式結合戀愛的關係。

沈劍龍瞿秋白啟事：

自一九二四年十一月十八日起，我們正式結合朋友的關係。

一對原有的夫妻友好分手；一對新人在前夫面前正式戀愛；前

夫與現夫居然聲明成為朋友，這堪稱戀愛史上的奇事一樁。也許只有瞿秋白這樣的纖細文人能夠想得出，做得出。

自此，瞿秋白將全部情感傾注到了楊之華母女身上。他將楊之華與沈劍龍生的女兒，取名瞿獨伊，意思是就要這一個女兒了，像我親生的一樣。他給楊之華刻了一枚印章，「秋之白華」，將兩人的名字巧妙地嵌了進去，楊之華喜愛不已，珍藏終生。瞿秋白打算，有空閒的時間，他還要再刻「秋白之華」、「秋華之白」兩枚印章，將他們的名字反覆嵌入。可惜，國民黨的罪惡子彈，打碎了瞿秋白的美好心願。

大革命的失敗，將年幼和懵懂的中國共產黨人打得暈頭轉向、不知所措：原本的一切都是按照共產國際的指示進行的，國共合作，與國民黨共同北伐，動員和組織群眾加入國民革命……國民黨怎麼能向自己的同盟軍舉起屠刀呢？問題究竟出在哪裡？

史達林和共產國際當然不會認錯。他們拎出陳獨秀做替罪羊，指責他的「右傾機會主義路線」。瞿秋白被指定為中國共產黨的實際負責人。「八七會議」之前，中共黨內就開展了對陳獨秀的批判。左右為難的這位中共中央負責人，對他的老師、中共黨內的「老頭子」，採取了一種無可奈何的兩面態度，「夜裡，瞿秋白很虛心地與陳秀討論領導革命的戰略和策略；白天，他就按照國際代表的意見批判陳獨秀」。8月7日，瞿秋白在漢口主持召開了中共中央「八七會議」，清算陳獨秀的錯誤。陳被剝奪了出席會議的權利，也就是剝奪了他為自己辯護的權利。當然，這都是共產國際的意見。長期處在「老頭子」的權力陰影之下，瞿秋白還真不知道如何行使他的職責。以至於瞿秋白在向躲在漢口一紙莊樓上的陳獨秀通報「八七會議」情況時，表現得是那樣忐忑和不安。

批判了陳獨秀的右傾機會主義路線，只能亮出比陳更左的旗

幟。共產國際代表羅米那茲與瞿秋白為首的中共中央，達成了革命「高漲論」的共識。瞿秋白立即下發了《關於全國軍閥混戰局面和黨的暴動政策》的通告，號召發動全國暴動，爭取在中心城市取得勝利，進而奪取全國政權。

廣州暴動便在這種背景下祕密籌備進行。

1927年12月11日凌晨，張太雷、黃平、葉挺、周文雍、葉劍英、楊殷等在廣州發起了武裝暴動。經過幾個小時的戰鬥，很快控制了珠江北岸的大部分地區。黎明時分，張太雷宣佈廣州蘇維埃政府成立。

消息傳到上海，瞿秋白立即寫下了〈偉大的廣州工農暴動！〉一文，盛讚這一中國歷史上空前的壯舉。

由於敵我力量懸殊太大，加之國民黨能臣陳公博正任職廣東省政府主席。陳親臨戰場，調集部隊，整合軍力，經過三天激戰，暴動隊伍被打散。張太雷英勇犧牲，5700多名工農兵士被殺害，蘇聯駐廣州總領事也被亂軍所戕，國民黨政府宣佈與蘇聯絕交。

瞿秋白以悲痛的心情，寫下悼文，紀念他的戰友與同鄉張太雷，「張太雷同志死在幾萬暴動的廣州工農兵群眾與反革命軍閥搏戰之中……他死時，還是希望自己的鮮血，將要是中國蘇維埃革命勝利之淵泉！」

事實證明，在大城舉行武裝起義，一舉奪取政權，只能是天方夜譚，不可能成功。

共產國際不得不又出面糾正瞿秋白的左傾盲動主義路線。

共產國際決定，1928年6月，在莫斯科召開中國共產黨第六次全國代表大會，並指名要陳獨秀與會。陳獨秀明白，這將是一次有去無回的單程旅行，拒不執行國際的決定。

瞿秋白費盡周折，自這一年的4月份開始，分批將出席中共六大的百餘名代表從不同口岸送往蘇聯。瞿秋白還精心起草了六大的

政治報告和其他決議。

　　6月18日下午，中共六大在莫斯科郊外納羅福明斯克地區五一村帕爾科瓦亞大街18號隆重開幕。瞿秋白作完政治報告之後，便陷入了代表們的無情批評之中。與會代表譴責了陳獨秀的右傾機會主義路線和瞿秋白的左傾盲動主義路線，指責他們對中國革命造成了重大損失。

　　大會閉幕時，選舉了新的中央委員會36人，其中22人是工人出身。共產國際已放出信號，準備放棄知識分子對中國共產黨的領導。瞿秋白、張國燾、蔡和森五屆常委雖然也被選進了六屆中委，但得票都很少。布哈林已經在中共六大會上敲山震虎地點名批評瞿秋白和張國燾，說如果他們兩個「大知識分子」再爭吵不休，就要由工人幹部來代替他們。

　　果然，在六屆一中全會上，瞿秋白、張國燾都未能進入政治局及其常委會。政治局常委會由蘇兆徵、向忠發、項英、周恩來、蔡和森組成。共產國際提名向忠發為中央政治局主席，周恩來為中央政治局秘書長。

　　為避免前任領導對中共中央工作的干擾，共產國際武斷決定，瞿秋白、張國燾、鄧中夏、王若飛等人作為中共駐共產國際的代表留駐莫斯科。這實際上是切斷了瞿秋白與國內中國共產黨的直接聯繫。

　　瞿秋白在蘇聯一呆就是兩年。這兩年，是瞿秋白政治上的失意期，卻是他生活上的愜意期。楊之華帶著女兒與他在莫斯科團聚，一家人其樂融融，共用天倫。楊之華讓瞿獨伊叫瞿秋白「好爸爸」，瞿秋白從聽話的女兒身上得到極大的幸福和滿足。這兩年中，瞿秋白的肺結核又一次嚴重復發，在蘇聯醫生的精心治療下，病情再一次得到控制，身體又在恢復當中。蘇聯醫生甚至還安排瞿秋白去黑海海濱及庫爾斯克休息、療養。

在療養院裡，病中的瞿秋白思念著楊之華，這是他唯一的心靈慰藉和精神支柱。瞿秋白不停地用筆向楊之華傾訴：

> 之華，我只是想著你，想著你的心──這是多麼甜蜜和陶醉。我的愛是日益的增長著，像火山的噴烈……

遠方的中國共產黨，不停地給共產國際「製造麻煩」。六大之後，選舉了工人出身的向忠發擔任中國共產黨的總書記，但中央的實際領導權，在中宣部長李立三的手中。李立三仍舊搞的是左傾路線。李立三的冒險主義，比瞿秋白有過之而無不及。1930年6月，李立三主持中央政治局會議，通過了他起草的《新的革命高潮於一省或數省的首先勝利》的決議。按照這個「六月決議」，李立三幻想，在武漢、南京舉行暴動，成立中央蘇維埃政府；在廣州、香港舉行暴動，引發帝國主義國家與蘇聯的戰爭，推進世界革命。

瞿秋白在莫斯科看到李立三的這個決議後，直覺告訴他：李立三簡直瘋了。

1930年7月底，共產國際命瞿秋白和正在莫斯科公幹的周恩來，立即回國，糾正李立三左傾冒險主義錯誤。

獨伊太小，旅途勞頓，國內兇險，不宜將她帶在身邊。瞿秋白楊之華，將獨伊託付給鮑羅廷夫婦照看。沒有想到，這一別，竟是瞿秋白與心愛女兒的永訣。

也許是瞿秋白、周恩來的懦弱性格使然；也許是瞿秋白痛心地看到，年輕的中國共產黨創建不足十年，路線之爭頻仍，殘酷鬥爭不斷，領導人走馬燈似的你方唱罷我登場，於黨的長遠建設十分不利。瞿秋白、周恩來心照不宣，對李立三採取了暗中保護的態度，沒有召開會議對李立三大張旗鼓地批判、討伐，沒有對李立三撤職

處分，而是仍由他主持中央工作，逐步糾正左傾冒險錯誤。

消息傳到莫斯科，共產國際非常震怒。他們將最骯髒的咒語，兜頭潑向瞿秋白：兩面派，不是老實人，陽奉陰違，對共產國際的指示當面一套，背後一套。共產國際決心徹底拋棄瞿秋白了。共產國際東方部部長、王明的老師米夫，於1930年12月殺氣騰騰奔中國而來。米夫是祕密潛入中國的，而且，他居然沒有向中共中央透露一絲資訊。足見共產國際對瞿秋白的極度不信任。在上海的一次黨內會議上，瞿秋白看到突然出現的米夫，竟驚訝得說不出話來。在來年1月舉行的中共六屆四中全會上，米夫掏出了共產國際欽定的名單，改選了中國共產黨中央委員會。向忠發仍為名義上的中共中央總書記，米夫的得意門生王明，一步兩階，由一個普通黨員，進入中央委員會，並進而進入政治局，任中國共產黨最大的基層組織中共江南省委書記，實際上掌握了中共中央的最高領導權。

瞿秋白、李立三被趕出了中央政治局。

按照共產國際的慣例，犯了錯誤的李立三被召到莫斯科，深刻反省自己的問題。沒想到李立三在莫斯科反戈一擊，大批瞿秋白，獲得共產國際的肯定和饒恕，並收穫了蘇聯姑娘李莎的芳心，竟在莫斯科娶妻生女，長久住了下去。

瞿秋白被趕下高臺後，在上海祕密潛伏下來，他自己選擇了從事左翼文化工作。這一華麗轉身，竟讓瞿秋白如魚入水中，愉快而輕鬆地生活了一段美好時光。

瞿秋白的文化工作是被迫進行的，是用來打發百無聊賴的寂寞生活。中央最初的決定是，每月發給瞿秋白十六、七元錢，讓他在家休養、反省。瞿秋白與楊之華，在上海搬來搬去，祕密潛伏。這十六七元，僅僅是上海中等工人月收入的一半。他們倆，僅用這一點點錢維持著最低的生活水準。瞿秋白倒豁達和從容，他對楊之華

說：「革命需要我們做的工作多得很，在這種情況下，我們要學會獨立工作，要自覺地、主動地尋找合適的工作去做。」

最合適瞿秋白的當然是文化工作。很快，瞿秋白便與茅盾、沈澤民、馮雪峰、丁玲等取得了聯繫。與丁玲相見時，瞿秋白感慨萬千：「士別三日，當刮目相看，你現在是一個有名的作家了。」

瞿秋白滿腔熱忱地投入了左翼文化工作之中。早年的文學基因被再一次喚醒，早年的文學之夢再一次蓬勃萌生。儘管身體時常不好，有時坐久了腰也會痛，但瞿秋白以筆為武器，愉快而堅定地投身了新的戰場。

茅盾正在構思長篇小說《子夜》，瞿秋白與他討論提綱，設置情節，甚至對人物刻畫和故事細節也提出了很好的建議。茅盾將瞿秋白的這些意見、建議，一一納入了《子夜》之中。

瞿秋白為左翼機關刊物《北斗》寫了不少雜文和書評。瞿秋白的雜文，一如他熾熱的革命理想和文學激情。在〈匪徒〉一文中，他寫道：

> 他們雖然用著最舊式的武器，甚至於沒有武器，他們雖然餓著凍著，他們雖然「沒有教育」——然而他們學會了新興階級的戰鬥精神，學會了組織和團結，有規劃地整頓自己的隊伍，有系統地進行自己的戰鬥，……只有他們——這些所謂「匪徒」，能夠打勝帝國主義，能夠解放中國，能夠創造真正幾萬萬民眾自己的中國！

顯然，瞿秋白筆下的「匪徒」，正是蘇區中艱難戰鬥著的紅軍。

在這些好朋友和文化人中間，瞿秋白也偶爾抖一下他的幽默和調侃。鄭振鐸結婚，托人求瞿秋白為新婚夫婦治一對印章，瞿秋白

開價：每方50元。鄭振鐸拿不出這筆錢，便轉求了他人。婚禮這一天，瞿秋白提著一個小布袋參加婚禮，聲稱送賀禮100元。眾人驚異於賀禮之豐厚。打開一看，是瞿秋白為鄭振鐸夫婦精心篆刻的印章。

瞿秋白與魯迅神交已久。每讀到魯迅犀利的雜文，瞿秋白總是感歎：「寫得好，究竟是魯迅！」1931年9月，魯迅從日文轉譯了蘇聯作家法捷耶夫的長篇小說《毀滅》，以「三閒書屋」的名義，自費印行。魯迅寄了一本給瞿秋白。瞿秋白將魯迅的譯本與俄文原版進行了校讀，提筆給魯迅寫了一封長信。瞿秋白說：「你譯的《毀滅》出版，當然是中國文藝生活裡面的極可紀念的事蹟。翻譯世界無產階級的名著，並且有系統地介紹給中國讀者……這是中國普洛文學者的重要任務之一。」瞿秋白忠肯地認為，魯文的譯文，「做到了『正確』，還沒有做到『絕對的白話』」。他還指出了魯迅譯本中的一兩處誤譯。瞿秋白說：

> 所有這些話，我都這樣不客氣地說著，彷彿自稱自贊的。對於一班庸俗的人，這自然是「沒有禮貌」。但是，我們是這樣親密的人，沒有見面的時候就這樣親密的人。這種感覺，使我對於你說話的時候，和對自己說話一樣，自己和自己商量一樣。

魯迅十分看重瞿秋白的這封長信，親擬標題「論翻譯」，分兩次刊登在他與馮雪峰合編的刊物《十字街頭》上。

這次通信幾乎一年之後，1932年夏天，瞿秋白前往北四川路194號拉摩斯公寓，拜訪居住在這裡的魯迅一家。這是魯迅與瞿秋白的第一次見面。許廣平1923年在北平聆聽過剛從莫斯科歸來的瞿

秋白的演講。與十年前相比，瞿秋白的沉穩和裝束，看上去似乎是變了一個人。

瞿秋白與魯迅有著說不完的話。從淞滬戰爭、各自遭遇、文學界的情況，無話不談。中午，魯迅夫婦留瞿秋白午餐，瞿秋白破例喝了一點酒，臉上泛著紅暈。飯後接著傾心相談，直到暮上西窗。

9月1日上午，在淅瀝的秋雨中，魯迅一家三口回訪瞿秋白。楊之華特意去菜館叫了幾個菜，可魯迅與瞿秋白談興甚濃，及至就餐時，菜已涼了，味道也不算十分地好，這讓楊之華非常過意不去。魯迅不計較這些，回到家中，認真寫下日記：「午前同廣平攜海嬰訪何家夫婦，在其寓午餐。」「何家夫婦」即瞿秋白夫婦。瞿秋白從事祕密工作時，曾用「何」姓。

上海黨組織屢遭破壞，形勢數度危機。接到轉移的警告後，瞿秋白楊之華走投無路，兩次去魯迅家避難，而且一住就是十天半月。魯迅毫無懼色，挺身相助，甚至將家中最好的房間讓給瞿秋白夫婦，他和許廣平寧肯打地鋪，睡地板。瞿秋白事後對黨內同志黃文容說：「我是在危難中去他家，他那種親切與同志式的勉慰，臨危不懼的精神，實在感人至深。」

1933年2月，魯迅索性托日本友人內山完造出面租房，要為瞿秋白尋找一處安全的住所。3月初，魯迅親自相中了東照里12號的一處仿日式房屋，決定為瞿秋白租下。瞿與楊住下後，魯迅還登門祝賀喬遷之喜。不久，又送來他親筆撰寫的條幅：人生得一知己足矣，斯世當以同懷視之。魯迅將瞿秋白當作親兄弟來看待了。這是魯迅少有的感情流露。

瞿秋白在此時得到的關懷和幫助，大多來自黨外，來自左翼的作家朋友們。在黨內，他是動輒得咎，屢遭打擊。1932年1月21日，臨時中央政治局在上海創辦了黨內刊物《鬥爭》，張聞天擔任

主編。瞿秋白積極為《鬥爭》撰稿，以「狄康」的筆名，在《鬥爭》上發表了〈國民黨棉麥大借款的目的〉、〈臨死的呼號〉、〈又是一筆賣國賬〉、〈廬山會議的大陰謀〉、〈寧可送熱河，不可失南昌〉、〈狗搶骨頭吃〉、〈國際反帝大會——反對國民黨外債政策〉等文章。沒想到，這些冷嘲熱諷、喜笑怒罵的雜文式文章，竟惹惱了黨內的一些極左派分子，以上海市委書記李竹聲為代表，對瞿秋白展開了一輪上綱上線的無情打擊。他們誣衊瞿的文章是系統的機會主義，是敵人在黨內的應聲蟲，是腐朽的自由主義以及缺乏布林塞維克的警惕性……

9月22日，臨時中央政治局甚至作出了〈中央關於狄康同志的錯誤的決定〉，從四個方面嚴厲譴責和批判了瞿秋白。

迫於壓力，瞿秋白寫出了〈我的錯誤〉一文，既有檢討，也有辯解。在黨的小組會上，瞿秋白申述自己的不同意見，沒想到李竹聲憤怒地喊到：「像你這樣的人，我只有把你一棍子敲出黨外去！」

懦弱的瞿秋白只好屈服。回到家中，埋頭寫下了3000多字的〈我對於錯誤的認識〉，違心地檢討了自己的問題。

瞿秋白在上海的「好日子」，在1933年年底結束了。

這一年的年末，有人來通知瞿秋白：「中央有電報來，要你去中央蘇區。」瞿秋白謹慎地問：「之華可以同去嗎？」那人回答：「我可以把意見反映給組織。」第二天，那人又來了，委婉地說：「之華去蘇區的問題，要等有人代替她的工作才能走，請你先去吧。」瞿秋白明白，這是另一種方式對他的懲罰。

此時的中國共產黨，由王明在莫斯科遙控指揮，國內的國際少壯派們，在博古的帶領下，已於1933年1月，頤指氣使地來到中央蘇區。朱、毛立即靠邊站了，博古、周恩來、李德組成了最後三人團，統領了中央蘇區的最高權力。張聞天任中央蘇維埃政府主席，

毛澤東在政府中的權力也被架空了。這些人大抵這樣思忖，我們在蘇區拼搏打殺，艱苦工作，怎麼能讓你瞿秋白在十裡洋場享清福呢？於是，一紙電報召瞿入贛……

上海。一對恩愛夫妻陷入生離死別的痛苦之中。

瞿秋白抓緊進行著行前的準備。他去與魯迅告別，他去見了茅盾，他整理了三年來的文稿，對沒有譯完《茨岡》深感遺憾……

臨行的前一天晚上。早已整理好的一隻箱子靜靜地立在角落裡，而心思纖細的瞿秋白還在忙碌著。他拿起楊之華為他買的十本黑漆布面筆記本，一分為二，遞給楊之華五本：「這是你的，另外五本是我的。我們離開後不能通信，就把要說的話寫在上面，等再見面時交換看。」他又指著桌子上的一疊書說：「這是你要讀的書，我給你理出來了，還幫你訂了半年的讀書計畫。」瞿秋白看著楊之華，有些傷感：「這些書我很愛讀，希望你快點來，如有可能把這些書也帶來。可是不知什麼時候才能相見……」

楊之華感覺到了瞿秋白的擔憂，安慰他說：「不要緊的，過去我們離開過六次，不是都重見了嗎？這次當然也會一樣的。」

1934年1月12日清晨。天還未亮，出發的時間到了。護送的交通員已經就位。瞿秋白提著箱子走下樓去。弄堂裡陰沉沉的，寒風撲面而來。楊之華站在門口，目送著瞿秋白離去。走到弄堂口的路燈昏暗處，瞿秋白突然轉過身來，向楊之華緊走了幾步，緩緩地說：「之華，我走了！」

他去了。但是，他們誰也不知道，這是永訣！

瞿秋白化妝成醫生，由交通員護送，在上海十六鋪碼頭登上了開往香港的輪船。船抵香港後，再換乘輪船去汕頭。然後由汕頭乘火車去潮安，再改乘祕密交通站的小船沿韓江北上，進入福建，而後江西。這一路，時而步行，時而乘船，時而穿行於崇山峻嶺，時

而迂迴在敵人的崗哨之間。脫離險境、即將進入蘇區之時，瞿秋白激動地找了一張小紙條，匆匆給楊之華寫了幾個字：我將到我們的「老家」，很快會看見親兄弟，那是一個不可想像的天堂，快來！

2月5日，瞿秋白到達瑞金。

輾轉千里迢迢，涉險來到蘇區，居然是讓瞿秋白來就任中央蘇維埃政府的教育人民委員（教育部長）。十個月裡，瞿秋白陷在瑣碎的事務性工作之中，編教材，編報紙，組織劇團排練，開班識字掃盲……忙忙碌碌，乏善可陳。

1935年10月初，紅軍第五次反「圍剿」失敗，中央蘇區守不住了，主力部隊將做戰略轉移。從部隊到地方政府，善後工作在緊張進行著。瞿秋白本以為會跟大部隊一同轉移，可突然傳來指示，最高三人團決定瞿秋白留下來堅持敵後工作。

瞿秋白心情十分不平靜，他有想法，卻沒有公開表露。他與莫斯科的舊相識、國民經濟部副部長吳亮平一起吃了頓飯，還喝了不少酒。瞿秋白激奮地說：「你們走了，祝你們一路順利。我們留下來的人，會努力工作的。我個人的命運，以後不知怎樣，但是可以向戰友們保證，一定要為革命奮鬥到底。同志們可以相信，我雖然歷史上犯過錯誤，但為黨為革命之心，始終不渝。」瞿秋白似乎已預見到了自己未來的結局。他是在向戰友和同志們做最後的交待。

吳亮平向有關部門交涉，認為瞿秋白這樣的黨的曾經的領導人，怎麼可以不帶走，聽候命運的擺佈？其他一些領導同志也提出了這一同樣的疑問。但沒有人能改變最高三人團的決定。身患重病、手無縛雞之力、高度近視又完全無法掩飾自己身分的瞿秋白，說白了，已經被他自己的組織拋棄了。

瞿秋白深知這一切。他傾其所有，為轉移的同志提供幫助。他將自己的好馬，換給了年長的徐特立。他脫下自己的長衫，披在了

馮雪峰身上。他特別對馮雪峰說：「雪峰，這件長衫伴我戰鬥七八
年了，留有與魯迅先生共同戰鬥過的痕跡，現在給你做個紀念。」
他端起酒杯為戰友們送行，說：「這酒杯是之華在上海給我的紀念
品，讓我們一起為革命勝利乾杯！」

　　中央紅軍撤出瑞金後，留守的部隊和機關很快被敵人打散。項
英決定一部分老弱病人員，如瞿秋白、何叔衡、鄧子恢，以及幾個
懷孕的女同志，由一個警衛排護送，東進汕頭，然後轉移香港。瞿
秋白拖著浮腫而發燒的身體，與一群老弱及孕婦，晝伏夜出，東奔
西突，艱難行軍。2月21日，一行人在長汀被敵人發現，經一番激
戰，何叔衡飲彈自盡，鄧子恢衝出重圍，肺病復發的瞿秋白喘息不
止，行動緩慢，與幾個女同志一同被敵人俘虜，關押在上杭監獄。

　　瞿秋白最初化名林祺祥，辯稱自己是個醫生。後經叛徒出賣，
身分暴露。瞿秋白坦然一笑，說：「既經指認，我就不用『冒混』
了。我就是瞿秋白。我在上杭筆述的供錄，算是作了一篇小說。」

　　駐紮長汀的三十六師師長宋希濂，是黃埔一期的學生。宋仰慕
瞿秋白的道德文章，聞訊立即去囚室察看。見瞿秋白病重身虛，便
要軍醫為瞿秋白治病。瞿淡然答道：用點藥減輕病痛即可，認真的
治療就完全沒有必要。

　　宋希濂想勸降瞿秋白，為國民黨立一大功。他下令，給瞿秋白
「優裕生活」，囚室中放置書桌，供給紙筆硯墨，古詩詞文集；新
買白布褲褂兩套，布鞋一雙；按三十六師官長伙食標準供食，需煙
酒時另備；每天允許在囚室外的天井內散步兩次，指定一名副官和
軍醫負責照料生活和治療，囚室門前，白天不設武裝看守；自他本
人以下，一律對瞿秋白稱先生；禁用鐐銬和刑罰。

　　這些「攻心之策」，完全沒有打動瞿秋白，他利用這難得的
清閒，寫詩填詞，篆刻書法。5月17日開始，經過深思熟慮，瞿秋

白動筆寫作《多餘的話》，當天完成了《何必說——代序》，20日寫完《「歷史的誤會」》、《脆弱的二元人物》、《我和馬克思主義》、《盲動主義和立三路線》四章，22日寫完《「文人」》、《告別》最後兩章。用時六天，全文七章，近兩萬字。

寫作期間，宋希濂單獨帶瞿秋白去他的辦公室問話，香茶雅室，笑臉相迎，希圖突破瞿的心扉，讓他回心轉意。瞿秋白淡淡地說：「重複的話，我不想說。我正在寫東西，我的時候不多了。」可見瞿秋白對寫作《多餘的話》的認真和急迫。

蔣介石見勸降不成，遂下達命令：瞿匪秋白即在閩就地槍決，照相呈驗。

6月17日中午，三十六師參謀長向賢矩走進瞿秋白的囚室，跟隨其後的一名勤務兵，將一大盤酒菜放在了桌上。瞿秋白正在刻印，見此情形，心中已明白了八九分，「要送我上路？」向賢矩回答：「你多次說過，被俘後就沒打算活著出去，現在可以成全你了。」瞿秋白毫無懼色，「我早就準備這一天了。」

瞿秋白得知第二天行刑。頭天晚上，他仍安然入睡。18日晨起，讀唐詩，突發靈感，隨即伏案揮筆，書寫絕筆之作：

一九三五年六月十七日晚，夢行小徑中，夕陽明滅，寒流嗚咽，如置身仙境。翌日讀唐人詩，忽見「夕陽明滅亂山中」句，因集句得〈偶成〉一首：

夕陽明滅亂山中，落葉寒泉聽不窮。
已忍伶俜十年事，心持半偈萬緣空。

此時，特務連長余冰已入囚室，向瞿秋白出示了執行槍決的命令。瞿秋白趕緊奮筆疾書：

方欲提筆錄出，而畢命之令已下，甚可念也。秋白曾有句：
「眼底煙雲過盡時，正我逍遙處。」此非詞讖，乃獄中言
志耳。

秋白絕筆

敵人押著瞿秋白向長汀中山公園走去。在公園的涼亭前，長
汀園藝照相館賴韶九和許蔭秋為瞿秋白拍下了他生前的最後一張照
片。瞿秋白身著中式黑色對襟衫，下穿白色抵膝短褲，黑長筒線
襪，黑布鞋。鏡頭前，他背著雙手，瀟灑地前出右腿，恬淡嫻靜中
透著莊嚴與肅穆。

天津《大公報》記者，有一段現場描寫：瞿秋白來到中山公
園，「全園為之寂靜，鳥雀停息呻吟。信步行至亭前，已見菲菜四
碟，美酒一甕，彼獨坐其上，自斟自飲，談笑自若，神色無異。酒
半乃言曰：『人之公餘稍憩，為小快樂；夜間安眠，為大快樂；
辭世長逝，為真快樂！』繼而高唱《國際歌》，以打破沉默之空
氣……」

送行酒吃罷，瞿秋白手夾香煙，神閒氣定，向刑場羅漢嶺走
去。在嶺下一片茵茵的草坪上，瞿秋白微笑點頭：「此地甚好！」
然後盤腿坐下。他對行刑者說，我不能屈膝跪著死，我要坐著；不
能打我的頭。

罪惡的槍聲響了。瞿秋白的靈魂飛升了。這一年，他36歲。

1950年，《瞿秋白文集》四卷本出版之前，楊之華致信毛澤
東，請他為文集的出版寫幾句話，毛澤東欣然命筆，寫下了一篇
「序言」般的文字：

瞿秋白同志死去十五年了。在他生前許多人不瞭解他，或者反對他，但他為人民工作的勇氣並沒有挫下來。他在革命困難的年月裡，堅持了英雄的立場，寧願向劊子手的屠刀下走去，不願屈服。他的這種為人民工作的精神，這種臨難不屈的意志和他在文字中保存下來的思想，將永遠活著，不會死去。瞿秋白同志是肯用腦子想問題的，他是有思想的。他的遺集的出版，將有益於青年們，有益於人民的集體事業，特別是在文化事業方面。

毛澤東

一九五〇年十二月三十一日

　　寫完之後，毛澤東將此文裝入信封，清晰地寫下了「送交楊之華收啟」幾個大字。

　　然而，這封信並沒有送出去。在毛澤東那兒一放就是30年。直到他逝世之後的1980年，人們才在檔案中發現了這封塵封數十年的寫而未發之信。

　　是什麼原因讓毛澤東壓下了這封信呢？大抵是因為《多餘的話》。

　　有人說，瞿秋白《多餘的話》是自白書和懺悔錄，因而，將瞿秋白定為了「叛徒」。

　　《多餘的話》究竟說了些什麼呢？

　　瞿秋白是一個矛盾的人。政治上、思想上、生活中的種種矛盾，源於他懦弱的性格。在他短暫的一生當中，充滿了不幸，也讓他習慣於逆來順受。這種人，在生命的最後時刻，調集起體內的所有勇氣，來一個總爆發，是不乏先例的。瞿秋白正是在這種情形下，勇敢地提起筆，決絕地說出久藏心中的真話：

　　話既然是多餘的，又何必說呢？已經是走到了生命的盡期，餘剩的日子，不但不能按照年份來算，甚至不能按星期來算了。就是有話，也是可說可不說的了。

　　……

　　現在我已經完全被解除了武裝，被拉出了隊伍，只剩得我自己了，心上有不能自己的衝動和需要。說一說內心的話，徹底暴露內心的真相。布爾什維克所討厭的小資產階級知識者的自我分析的脾氣，不能夠不發作了。

　　瞿秋白是一個嚴謹的人。他嚴於律己，修身自省，嚮往著中國傳統知識分子「修齊治平」的最高境界。但是，十幾年的革命鬥爭、黨的建設，讓他命運坎坷，屢遭打擊。他厭於這種黨內紛爭，更不想陷入派系的爭鬥，他脆弱的性格，經受不起這種熾熱的政治鬥爭的炙烤，他深深感到，他捲入政治，是一種「歷史的誤會」。

　　大革命失敗，陳獨秀倒臺，瞿秋白掌權。那是黨的一個特殊時期，「那時自己就感覺到空談無聊，但是一轉念要退出領導地位，又感到好像是拆臺。」

　　一九二八年六月間共產黨開第六次大會的時候，許多同志反對我，也有許多同志贊成我。我的進退成為黨的政治主張的聯帶問題。所以，我雖然屢次想說「你們饒了我吧，我實在沒有興趣和能力負擔這個領導工作了」。但是，終於沒有說出口。

　　瞿秋白承認，「我其實是一個很平凡的文人，竟虛負了某某黨的領袖的名聲十來年，這不是『歷史的誤會』是什麼呢？」「一九三一年一月的共產黨四中全會開除了我的政治局委員之後，我的精神狀態的確是『心中空無所有』的情形，直到現在還是如此。」

我每次開會或者做文章的時候，都覺得很麻煩，總在急急於結束，好「回到自己那裡去」休息。我每每幻想著：我願意到隨便一個小市鎮去當一個教員，並不是為著發展什麼教育，只不過求得一口飽飯罷了。在餘的時候，讀讀自己所愛讀的書，文藝、小說、詩詞、歌曲之類，這不是很逍遙的嗎？

　　瞿秋白是一個真誠的人。他將自己定位於一個小資產階級知識分子。他一直在努力進行著思想改造，但最終未能成為一個堅定的無產階級革命者。因而，在生命的最後時刻，他不想玷污革命烈士的崇高榮譽，他不想忝列於英烈們的「名人堂」。他說的是真心話，他剖析的是真感情。只不過，這種剖析過於苛刻、過於自責而已：

> 你們去算帳罷，你們在鬥爭中勇猛精進著，我可以羨慕你們，祝賀你們，但是已經不能夠跟隨你們了。我不覺得可惜，同樣，我也不覺得後悔，雖然我枉費了一生心力在我所不感興味的政治上。

　　不論我自由不自由，你們早就有權利認為我也是叛徒的一種。如果不幸而我沒有機會告訴你們我的最坦白最真實的態度而驟然死了，那你們也許還把我當一個共產主義的烈士。……雖然我現在很容易裝腔作勢慷慨激昂而死，可是我不敢這樣做。歷史是不能夠，也不應當欺騙的。我騙著我一個人的身後虛名不要緊，叫革命同志誤認叛徒為烈士卻是大大不應該的。所以雖反正是一死，同樣是結束我的生命，而我決不願意冒充烈士而死。

　　永別了，親愛的同志們！——這是我最後叫你們「同志」的一次。我是不配再叫你們「同志」的了。告訴你們：我實質上離開了你們的隊伍好久了。

　　瞿秋白本質上是一個文人。他懦弱的性格幾乎是與生俱來的。在《多餘的話》中，他對自己的這種性格做過無情剖析：

　　可笑的很，我做過所謂「殺人放火」的共產黨的領袖？可是，我確是一個最懦怯的「婆婆媽媽」的書生，殺一隻老鼠都不會的，不敢的。

　　但是，真正的懦怯不在這裡。首先是差不多完全沒有自信力，每一個見解都是動搖的，站不穩的。總希望有一個依靠。記得布哈林初次和我談話的時侯，說過這麼一句俏皮話：「你怎麼和三層樓上的小姐一樣，總那麼客氣，說起話來，不是『或是』，就是『也許』、『也難說』……等」。其實，這倒是真心話。可惜的是人家往往把我的坦白當作「客氣」或者「狡猾」。

　　……

　　我有許多標本的「弱者的道德」──忍耐，躲避講和氣，希望大家安靜些，仁慈些等等。固然從少年時候起，我就憎惡貪污、卑鄙……以致一切惡濁的社會現象，但是我從來沒有想做俠客。我只願意自己不做那些罪惡。有可能呢，去勸勸他們不要再那樣做；沒有可能呢，讓他們去罷，他們也有他們的不得已的苦衷罷！

　　瞿秋白是一個感情細膩的人。他最後時刻的「無畏」和「至愛」，令人感動，令人心慟：

　　　　我留下這幾頁給你們──我最後的最坦白的老實話。永別了！判斷一切的，當然是你們，而不是我。我只要休息。

　　　一生沒有什麼朋友，親愛的人是很少的幾個。而且除開我的之華以外，我對你們也始終不是完全坦白的。就是對於之華，我也只露過一點口風。我始終帶著假面具。我早已說過：揭穿假面具是最

痛快的事情，不但對於動手去揭穿別人的痛快，就是對於被揭穿的也很痛快，尤其是自己能夠揭穿。現在我丟掉了最後一層假面具。你們應當祝賀我。我去休息了，永久去休息了，你們更應當祝賀我。

……

我留戀什麼？我最親愛的人，我曾經依傍著她度過了這十年的生命。是的，我不能沒有依傍。不但在政治生活裡，我其實從沒有做過一切鬥爭的先鋒，每次總要先找著某種依傍。不但如此，就是在私生活裡，我也沒有「生存競爭」的勇氣，我不會組織自己的生活，我不會做極簡單極平常的瑣事。我一直是依傍著我得十分難受，因為我許多次對不起我這個親人，尤其是我的精神上的懦怯，使我對於她也終究沒有徹底的坦白，但願她從此厭惡我，忘記我，使我心安罷。

瞿秋白深深熱愛著這個世界，眷戀著生活中的一切：

> 這世界對於我仍然是非常美麗的。一切新的、鬥爭的、勇敢的都在前進。那麼好的花朵、果子，那麼清秀的山和水，那麼雄偉的工廠和煙囪，月亮的光似乎也比從前更光明了。

但是，永別了，美麗的世界！

一生的精力已經用盡，剩下一個軀殼。

這軀殼依舊是光明的，這軀殼依舊是偉大的，這軀殼依舊是文化的。生命的最後時刻，瞿秋白依舊沒有忘記讀書。他不忘提醒後人：

> 俄國高爾基的《四十年》、《克里摩·薩摩京的生活》，屠格涅夫的《羅亭》，托爾斯泰的《安娜·卡裡寧娜》，中國魯迅的《阿Q正傳》，茅盾的《動搖》，曹雪芹的《紅樓夢》，都很可以再讀一讀。

多麼溫馨而雋永的遺言。

郭沫若當年在評價蔡文姬的《胡笳十八拍》時，說過這樣一段話：「真是好詩，百讀不厭，非親身經歷不能作此。」

讓所有對《多餘的話》說三道四的批評者、構陷者、曲解者、質疑者閉嘴吧！你經受過那種殘酷鬥爭、無情打擊的黨內生活嗎？你體味過被組織和大部隊拋棄，扔進深山、拖著病體，自顧逃生的淒涼嗎？你有面對敵人的酷刑和鞭笞而致的透徹骨髓的痛苦嗎？面對劊子手舉起的黑洞洞的槍口，你能坦然面對，神色自如嗎？「此地甚好」，這是凝聚著千鈞之力說出的驚天地、泣鬼神的最豪邁的臨終箴言！

將死之時，將一個真實的自我「裸露」給這個世界，「裸露」給組織、同志和後人，瞿秋白的勇氣無人可及，《多餘的話》彌足珍貴。

我們只能感歎：

　　偉大的瞿秋白永朽不垂！
　　偉大的瞿秋白因為《多餘的話》更加永垂不朽！

1932年，瞿秋白曾將早年在北京寫的一首七絕〈雪意〉書贈魯迅。詩曰：

　　雪意淒其心惘然，
　　江南舊夢已如煙。
　　天寒沽酒長安市，
　　猶折梅花伴醉眠。

詩意頹唐，無奈，顯露著貴族的懺悔。書贈魯迅之時，正是瞿秋白勉為其難，「犬耕」在政治舞臺之際。「歷史的誤會」是瞿秋白一生最大的悲劇。「一為文人，便無足觀」，這是瞿秋白對自己的嚴苛之詞。假如歷史可以重新演進一遍，也許，我們會失去一個政治家，但是，我們會得到一個敏感、細膩、儒雅、俊朗的好作家，好文人。

　　「江南舊夢已如煙」。歷史不能假設。生活就是這樣殘酷。

主要參考文獻

《瞿秋白傳》主編王鐵山　人民出版社　2011年6月第一版

《解密檔案中的瞿秋白》張秋實著　東方出版社　2011年7月第一版

《梁衡評點歷史人物》梁衡著　湖南人民出版社　2011年12月第一版

《陳獨秀全傳》唐寶林著　社會科學文獻出版社　2013年7月第一版

王明

共產國際馬前卒

王明・共產國際馬前卒

王明是中國共產黨內的一樁公案。

他的崛起，反襯了中共初創時期的幼稚和不成熟。

他的衰落，是歷史發展的必然趨勢。領袖是在實踐和苦鬥的摸爬滾打中勝出的。叢林法則不會容忍一個手無縛雞之力、毫無實際鬥爭經驗的白面書生執掌權柄，號令三軍。

王明的興衰，與共產國際對中國共產黨及中國革命的領導和干預，有著再明顯不過的因果關係。

1904年5月23日，王明出生於安徽省六安縣金家寨鎮下碼頭村。

王明家本姓陳。王明的父親陳聘之，為人純樸，主持公道，樂於助人，算是城鎮貧民，一生從事過多種職業，教過私塾，開過店鋪，後來在鄂豫皖革命根據地投入革命洪流。

王明的母親喻幼華，雖為女流之輩，但思想開明，眼界遼遠，她力主子女讀書，改變命運。1924年國共合作之際，她提議在家鄉辦了女子學校，自任校長，專門招收窮苦女孩子入校讀書，成為一時佳話。王明正是在母親的影響和督導下，自幼刻苦讀書，勤奮好學。

陳聘之喻幼華一共生育了5個孩子，二男三女。王明原名陳紹禹，排行老二，他上邊有一個姐姐，身下有兩個妹妹，一個弟弟。

5歲時，王明在家中跟著父親讀書識字。父親規矩森嚴，他從《百家姓》教起，要王明每天學5個字，不僅要會讀，還要用毛筆一筆一畫地寫下來。7歲時，王明已學完了《百家姓》和《三字經》。

陳聘之發現兒子天資聰穎，他自己學識平平，再教下去，恐誤了孩子前程。一咬牙，陳聘之拿出家中積攢的銀兩，送王明進了私塾。

開塾館的是王明的叔外祖公喻南森。喻老先生為測試王明的學業程度，入學第一天就讓他上臺讀書，7歲的王明將《百家姓》讀得一字不差，深得老人家的賞識。

王明9歲時，喻南森為學生講《論語》，講到宰予白天睡覺（宰予晝寢），被孔子批為「朽木不可雕也」時，王明心下不服。下課後，他寫了首打油詩質疑孔子：

先生非朽木，學生豈糞土？
這大熱天氣，誰不打中午？

「打中午」是金家寨方言，意為睡午覺。同學們在課堂傳看王明的詩，嘻笑不已。喻南森發現後，收去讀完大笑：「寫得好！這大熱天氣，不打中午還了得？！」

王明小小年紀，便有了挑戰權威、質疑大家的意識。

也就是從這一年開始，王明為鄰里鄉親寫春節貼在門上的對聯。他個子小，夠不到桌面，常常要站在凳子上揮毫。一年臘月裡，理髮匠徐從丙請王明寫對子。王明得知徐從丙借租在地主蕭殿香的碓房裡，便為他運筆道：

不羨他良田萬頃，暫住我破屋兩間。

1919年，金家寨名流李少山想寫一副對聯，他琢磨出了上聯，可居然自己也對不出下聯了。他公開徵對，來了十多個人，都沒有

對上。李少山自以為會是絕對，好不得意。15歲的王明不服氣，苦思冥想，決心要對出下聯。

李少山的上聯是：

山海關虎嘯龍吟，漫道風雲難際會；

王明終於對出了他的下聯：

子午谷鳥飛兔走，須知日月易蹉跎。

這副對聯，難在對好地名。山海關在河北遼寧交界處，號稱天下第一關。王明對出的子午谷在陝西秦嶺山中。三國時魏延曾建議孔明在此奇襲魏軍，《三國演義》有此記載。李少山見王明如此工整地對出下聯，拍案大叫說：「小朋友，對得好。你這鳥兔日月之類，當然在我意中。不知為什麼我未想到子午谷這個地名，所以未對成。真是『後生可畏，焉知來者不如今也』！」李少山竟叫上了一席酒菜，宴請王明。

辛亥革命之後，新式學堂遍地開花，很受學生和家長們歡迎。1919年夏天，王明進入了公立志誠小學讀書。

志誠小學有300多名師生，是一所規模較大的地方公立小學，校址在河南省固始縣東南區。王明的家鄉金家寨鎮，地跨兩省三縣，鎮大街西首的牆上，鑲嵌著六安、商城、固始三縣界碑，是個「雞鳴聽兩省，狗咬聞三縣」的地方。所以，雖說是在河南上學，離家還是相當近的。

王明有著系統、扎實的私塾底子，在志誠小學唯讀了一年，重點學習了白話文的閱讀和寫作之後，就離校而去，考入了更高一級

的學校。

這更高一級的學校是安徽省立第三甲種農業學校，簡稱「三農」。

這是一個中等專業學校，由安徽教育界的進步人士朱蘊山等人於1919年春天創辦。王明是「三農」的第二屆學生。學校就設在王明的家鄉六安縣。

「三農」吸引了不少當時的優秀教師。王明的國語教員就是錢杏邨。錢杏邨在國文課教學中，反對尊孔讀經，極力宣導白話文，這給王明不小的影響。

王明的同班同學王逸常回憶：

> 我與陳紹禹都是班上學習較好的同學。當時老師批改的作文本，每次都按寫作的好壞次序發放，最好的放在第一本。每次發放的第一本，不是我的，就是陳紹禹的。凡寫文言文時，往往我是第一本，凡寫白話文時，陳紹禹往往是第一本。他的白話文寫得很生動。

在「三農」苦讀四年之後，王明考入了國立武昌商科大學。「商大」創辦於1920年，是武漢大學的前身。王明報考商科大學，主要考慮的是商大為國立大學，公費就讀，花費相對少一些。這對家境貧寒的王明來說，「省錢」是重要的選擇因素。儘管如此，路費、行裝和最低生活費用，還是愁壞了王明全家。王明不僅在金家寨向親朋好友借錢湊盤纏，甚至跑到距家15里之外的袁家嶺向友人借錢。他東借西湊，無奈仍是不足。母親喻幼華只好將半生積攢的七塊大洋拿了出來。王明見狀，含淚寫下了〈七塊大洋〉一詩，抒發對慈母的感激之情：

　　　枕邊摸索七元洋，慈母交兒淚兩行；

　　　知道此錢新學少，半生辛苦積私房。

　　王明入商大後，發憤考取了獎學金。這樣一來，學費、伙食費基本就不用家裡負擔了。

　　1924年的武漢，革命激情在醞釀，革命思想在傳播。這一年，中國共產黨成立已逾三載；這一年，國共合作後的第一次國民黨全國代表大會已在廣州召開，孫中山在共產國際和蘇聯資助下，轉向民主革命，提出了聯俄、聯共、扶助農工的三大政策。南方的革命形勢日益熱烈，與北京的北洋政府成南北對峙之勢。

　　王明年輕氣盛，思想激進，積極接受新思想，適應新時代，很快便成為學生中的活躍分子。1924年9月，王明與同班同學詹禹生發起成立了「豫皖青年同學會」，吸收商大安徽籍、河南籍的同學參加，探討和研究救國之途和學習之路，王明被推選為「豫皖青年同學會」的事務部主任。

　　「豫皖青年同學會」宣導同學們組織起來，深入社會，深入鄉村，宣傳群眾，瞭解國情。1924年寒假，借回鄉省親之際，王明到家鄉四周的農村訪問調查，親眼目睹了農民的艱辛生活，寫了一首〈訪農家〉，記敘他的見聞和體會：

　　　茅屋三間聊禦寒，布衣百補賽僧衫。

　　　年年送稻愁無稻，代代耕田盼有田。

　　　雨水下多愁地澇，陽光曬久怕天乾。

　　　窮人總有出頭日，家家戶戶盼變天。

此時的王明，思想是自由的，精神是振奮的。他已從舊體詩的平仄對仗、煉字遣詞的陋習中走了出來。形式服從於內容。只要能表達他的強烈的思想感情，一切禁忌都可以打破。因而，在他的這首〈訪農家〉中，重複用字，平仄不合，對仗不工的問題便十分明顯。王明是顧不得這一切了。

這個時期的王明，將理論學習的方向，轉向了馬克思主義和社會主義。1925年5月，王明撰寫了〈社會、社會學、社會科學、社會問題、社會主義底淺釋〉一文，層層遞進地闡釋了標題中所列的各項問題。

至於社會，王明認為：

> 社會是生存和幸福上必需的團體，是求食和禦敵的機關。因求食、禦敵、生殖三者的必需而發生，起源於家庭；變遷於人類生產力；隨人類生存上必需資料和供給需要的範圍而擴大；由家庭而遞變為部落，由部落而都市而國家；今日世界即社會。

在解釋了社會、社會學、社會科學、社會問題這些基本概念之後，王明在文中開始談論他對於社會主義的理解。

王明認為：「社會主義是病態社會的根本救濟法。」由於「現在社會的病態」，「生產方法有兩大缺點：（一）是資本私有；（二）是生產過剩」。「社會主義採用的生產方法：資本歸公，人人都有工作生產的機會，生產機關共有，誰也不能籍私有生產機關收取利益；可以救濟現代生產方法的第一大缺點；一切生產品的產額及交換，都是公共機關統計調節；私人不得投機營業，避免形成生產過剩的恐慌，可以救濟現代生產方法的第二大缺點。」

王明的論證和論述都是膚淺的，許多觀點是直接從書上扒下

來的，帶有概念解釋的特徵。但在中國當時的社會環境，普及這些最基礎的社會學、社會主義的常識，還是十分必要和可貴的。更何況，此時的王明，還僅僅是一個21歲的在校大學生。

基於王明的積極表現，1925年夏天，經同學許鴻介紹，王明加入了中國共產黨。隨後，又以共產黨員身分參加了中國國民黨，擔任國民黨湖北省黨部宣傳幹事。

人的一生當中，不知何時邁出的哪一步，會對他的生命歷程和生活經歷產生轉折般的重大影響。就王明來說，加入國共合作時期的國民黨，是他在青年時期邁出的重要一步。有了這一步做踏板，他才能走出國門，來到蘇聯，投入共產國際的懷抱，逐步邁上了中國共產黨負責人的高位。

這一切，應該從莫斯科的「中國孫逸仙勞動大學」說起。

1922年陳炯明叛變革命後，對孫中山精神上的打擊是難以估量的。眼見著革命成功遙遙無期，中華民國岌岌可危，孫中山願意抓住任何一根伸過來的稻草以自救。他想到了以前並不情願接觸的蘇聯，向這個北方鄰國搖起了橄欖枝。

史達林指定共產國際派出祕密代表與孫中山會談。孫中山心急於獲得軍事援助，以打敗陳炯明，既雪心頭之恨，又促進中國革命繼續前行，他開口向蘇聯索要200萬金盧布。

經過幾輪祕密協商，並報請蘇共中央批准後，1923年5月1日，共產國際代表越飛致電孫中山，高興地通知他，孫中山的合作條件基本獲得批准，不僅提供200萬金盧布、部分槍支彈藥，蘇共還提出「利用我國援助的軍事物資和教練員建立一個包括各兵種的內部軍校」。

孫中山喜出望外，立即開始了與蘇聯的戰略聯盟。1924年1月，國共合作後的國民黨第一次全國代表大會在廣州順利舉行，許多中共黨員以個人身分參加國民黨，一些人還被選為國民黨中央

委員。6月，黃埔軍校整訓完成，在廣州黃埔島正式舉行了開學典禮。一批充滿血性的革命青年在這裡接受軍事理論和實戰的訓育。其中不乏國共兩黨的精英之才，如劉戡、李之龍、陳賡、林彪、何應欽等等。

黃埔軍校的成功舉辦，令蘇聯方面非常滿意，他們決定在莫斯科再辦一所以孫中山的名字命名的革命大學，為國共兩黨培養黨的理論人才和各類幹部。蘇共設想，每年招收培養300人，學習三至五年後，將為中國革命輸送一大批具有蘇維埃思想和理念的中國革命的領導骨幹。

1925年10月7日，共產國際駐中國代表、國民政府首席政治顧問鮑羅廷，在國民黨中央政治局第26次會議上，正式宣佈中山大學成立（儘管正式名稱是「中國孫逸仙勞動大學」，但國內的同志習慣簡稱為「中山大學」）。

首批學生300人，廣州分到了147名，從報名的1030名優秀青年中考試選拔。廣州之外的地區，分配了名額，由各地國民黨組織祕密推薦選派。

湖北省的國民黨組織分到10個名額，經推薦選派，沒有王明。王明畢竟是由安徽考入武漢商科大學，來湖北讀書也僅僅一年，知名度還不高，黨內基礎還不牢固。

王明一心想去莫斯科中山大學讀書，他決不甘心放棄這一千載難逢的大好機會。湖北沒有希望了，他立即跑去南昌，找到他的入黨介紹人許鴻，希望佔用江西省的一個名額，無奈江西也已推薦完畢，名額已滿，從江西出國的希望落空了。

中山大學招生的消息，在國民黨的公開和祕密組織當中都引起了極大的反響，這是有志青年走上革命道路的一條康莊大道。去蘇聯留學一時成為時尚。一些國民黨要人更是紛紛把自己的子女寫進

了留學生的名單。這其中有，蔣介石的兒子蔣經國，馮玉祥的兒子馮洪國，邵力子的兒子邵志剛，葉楚倫的兒子葉楠，于右任的女兒于秀芝，汪精衛的內侄陳春圃，李宗仁的弟弟李宗義……這一切，都強烈地刺激著王明那根爭強好勝的敏感神經，他下定決心，破釜沉舟，無論用什麼方法，一定要達到去莫斯科中山大學的目的。

王明隨著湖北推選的10名學生一起到了上海。國民黨湖北省委秘書長姜長林已先期抵滬，正給赴蘇留學的人員辦理相關手續。

湖北留學生負責人找到姜長林說，我們來了11個人，多了一個。原本沒有陳紹禹，他是安徽人，在湖北讀書，非要去中山大學留學，能不能通融，11個人都去？

姜長林手頭只有10個名額，他乾脆地回答，11人不行，陳紹禹不能去。

這個負責人回去告訴了王明，說人家不同意你去。

王明便盯上了姜長林，三番五次去找他。

他先是哭泣，哀求，姜長林不為所動，只告訴他，各省的名額是一定的，湖北省怎麼能多去一人呢？

此計不成，王明又改為恐嚇、威脅。這一天，他找到姜長林，惡狠狠地說：「你們不讓我去，我就報告巡捕房，大家都去不成。」

姜長林也火了：「你報告去好啦，這樣帝國主義對你會更嚴厲！」

王明不解：「這是為什麼？」

「我不去蘇聯，不害怕。你要去蘇聯，帝國主義就會抓你。」

王明聞聽，不吱聲了。

王明的執著，還是打動了姜長林，他找到中共江浙區委反映了王明的心願。他們分頭查對了國共兩黨分配到各省的名額，果然發現有的省沒有用足，於是，佔用了別省的一個名額，湖北省去了

11個人。王明的不懈努力，終於有了一個完滿的結果。1925年11月末，在大雪紛飛之中，王明與俞秀松、董亦湘、張聞天、烏蘭夫、王稼祥、伍修權等人一起，來到了位於莫斯科近郊沃爾洪卡大街16號的中山大學。

王明對十月革命勝利後的蘇聯佩服得五體投地，他也知道，蘇聯共產黨實際上是世界各國共產黨的領袖。他全身心地投入進了對列寧主義理論與實踐的學習研究。

王明舌胎突突的，學習外語的先天條件並不佔優勢。但他肯吃苦，敢張口，加上頭腦靈活，記憶力極好，俄語水準進步很快，竟成了班裡的佼佼者。他的同位莊東曉回憶：「每逢上列寧主義課，他總是爭著第一個發言。看他緊張的面頰青筋暴出，口水四濺。為了避免王明的口水濺到我的臉上，他發言時我只得把臉扭轉一邊，側背而坐。」

中山大學副校長兼教務長米夫，很快發現了積極上進、對共產國際絕對忠誠的王明。他視王明為「天才」，一定要把王明培養成為中共黨內傑出的馬克思主義理論家。

1927年1月，米夫率聯共（布）宣傳家代表團來華訪問，指定王明作隨團翻譯。

1927年9月，中山大學第一批學生畢業，王明留校任教，並擔任了共產國際東方部秘書，成為了共產國際與中國共產黨聯繫的紐帶，成了遙控中共的關鍵人物。人們稱他為「無冠之王」。

大革命的突然失敗，讓年幼的中國共產黨遭受了滅頂之災。從血跡中爬起來的倖存的中共黨員，根本沒有搞明白革命失敗的真正原因。瞿秋白接替陳獨秀成為中共最高領導人後，於1927年11月召開政治局擴大會議，通過了《中國現狀與共產黨的任務決議案》。這個決議案錯誤地分析了形勢，過低估計了國民黨，過高估計了共

產黨及工人階級。決議案認為，國民黨立業未穩，在大城市的控制力十分不足，中國革命的形勢「不斷高漲」，黨的工作總策略是組織全國總暴動，奪取政權，統一中國。

12月，共產國際派來的「暴動專家」紐曼親自指揮了廣州起義。起義部隊及起義當天成立的「廣州蘇維埃政府」，僅僅存在了三天便遭到殘酷鎮壓。被絞殺的共產黨人和起義群眾達七八千人，起義總指揮張太雷英勇犧牲。

遠在莫斯科的王明，根本不瞭解中國的鬥爭實際，他從列寧著作的本本出發，認定社會主義革命可以通過中心城市的暴動取得勝利。他奮筆撰寫了四萬多字的《廣州暴動紀實》，為這一不切實際的冒險行為搖旗吶喊。王明的文章極富煽動性和蠱惑力：

> 在共產黨宣言公佈的七十九年後，在「巴黎公社」鬥爭的五十六年末，在全世界無產階級和被壓迫民族同聲慶祝「十月革命」十周年紀念的歡欣鼓舞中，在以老大落後著名的中國的領土內，在帝國主義、買辦、地主、資產階級的老巢，同時又是民族革命及工農運動的策源地的廣州城裡，於1927年12月11日上午3時30分爆發了由中國共產黨直接領導，為創造蘇維埃政權的工農兵聯合大暴動！這一暴動公開的告訴全世界人們：共產主義這個「怪物」已經不僅是在歐洲徘徊著，他已吞噬了落後的遠東大陸；奪取政權這種「藝術」，已經不僅是巴黎工人具有決心去進行的事業，他已成為了「文化落後」、「還不夠管理國家的程度的民族」的「夥計」、「苦力」們的直接行動；蘇維埃這面旗幟已經不僅飄揚在占地球六分之一面積的舊俄領土上，他已變成了幾千萬中國勞苦群眾解放鬥爭的紅色目標！

王明的這些觀點，當然不是他自己的發明。他是從聯共布的教科書和共產國際對中國革命的決議中轉抄來的。

1929年3月，王明回國。

他是被共產國際派回國內工作的。

米夫對通過王明改善中國共產黨的領導寄予厚望。王明回國前，米夫就以共產國際東方部的名義致電中共中央，明確指示對王明的工作給予妥善安排。

王明回國的行程和旅途細節，米夫還進行了特別關照：

> 由莫斯科到符拉迪沃斯托克的火車，王明坐的是頭等車廂，兩人一個包間，拉著窗簾，外人看不見。這在蘇聯，是蘇共中央委員享受的待遇。在中共黨內，只有瞿秋白少數政治局委員訪蘇歸國時享受這種待遇。抵符拉迪沃斯托克換乘輪船時，王明是二等艙，而留學生回國都是三等艙。

一路躊躇滿志的王明，在3月中旬乘船到達上海後，禁不住賦詩一首〈抵上海〉，表達他的豪情壯志：

> 方酣春意獨還鄉，別意離懷萬里長。
> 西問天鷹歌織女，東聽河鼓笑牛郎。
> 域中鄉市爭江白，滬上風雲搏暗光。
> 到此一心為戰鬥，衝霄壯心正昂揚；
> 正昂揚。

彼時年幼的中國共產黨，不知吃了什麼熊心豹子膽，偏偏不買共產國際的賬。他們以王明毫無國內鬥爭經驗為依據，沒有對王明

的工作給予特別安排，而是參照留學生回國工作的慣例，由中共中央組織部具體負責。

中組部當然要求王明從基層做起。他被分配到了上海滬西區委做宣傳工作。7月底，王明又被調到中共滬東區委任宣傳幹事，兼任《紅旗》報通訊員。

王明在滬東區委也只呆了三個月，便被抽調到了中共中央宣傳部，在中共機關報《紅旗》報社工作。畢竟，在那樣一個年代，中共黨內懂得馬克思主義理論，又能字通句順地撰寫文章的青年才俊，真的是少之又少。王明的這一特長很快便有了用武之地。

《紅旗》報社在上海威海路永吉里設立了一個資料科，搜集了許多國民黨區域出版的圖書、期刊、報紙，供中共中央機關和宣傳部門的同志參閱。在白色恐怖嚴酷的上海市中心，王鐵江、羅曉江、邵珍三人沉著機智地在這裡工作。王明知道了這個資料科，便經常跑來讀書、寫作，後來乾脆就搬了過去。

幾十年後，邵珍回憶當時的情景：「我們機關住四人，王鐵江、羅曉江、陳紹禹和我。」「當時，陳紹禹和我們住在一塊兒，他一個人住在機關的亭子間裡。……每天陳紹禹都在亭子間裡看書報，看材料，看得很用心，很少出來，吃飯時還看書。有時我把飯菜送他桌子上，他也不看看好壞，還是專心看書，一邊看書，一邊吃飯。我們故意給他拿些不好的菜，他看也不看就咽肚裡去了。」

羅曉江回憶說：「王明經常來寫文章，主編《紅旗》。他寫文章的特點是長，一寫就寫到半夜。我與邵大姐住前後客堂，王明太晚就住後樓。」

這一年，王明剛剛25歲。

年幼的中國共產黨，一直在尋找一位成熟而堅定的黨的最高領導人。陳獨秀、瞿秋白相繼倒臺之後，中共中央遵照共產國際的意

見，從上海工人階級出身的黨員中選擇向忠發接任了黨的又一任總書記。向忠發識不了幾個字，理論水準不高，戰略思維更是無從談起，中共中央的最高領導權，實際上是在中央常委兼中宣部長的李立三手中。

李立三生吞活剝蘇聯革命的成功經驗，於1930年6月11日主持召開中共中央政治局會議，通過了《目前政治任務的決議——新的革命高潮與一省或幾省的首先勝利》，根據這個決議，制定了以武漢為中心的全國總暴動的冒險計畫。這仍是一個不顧革命實際的左傾主義路線。

李立三決意在全黨貫徹這個決議。7月9日，他召集中央機關人員討論6月11日《決議》。令李立三料想不到的是，他精心制定的暴動計畫，竟遭到了許多同志的反對。何孟雄、博古、何子述、王稼祥談了不同意見後，王明慷慨激昂地發表了長篇演講。王明掏出馬列經典著作和共產國際的決議，擺到桌子上，引經據典，咬文嚼字，與李立三展開了一場學院式的爭論。

李立三根本不是王明的對手，很快就被王明批駁得無言以對。

霸道專制的李立三惱羞成怒，拿出「家長」的威嚴，指責王明是右傾機會主義，搞小團體活動，他當場要求向忠發宣佈，撤銷了王明中宣部秘書的職務。

會後，李立三又動用組織手段，給予王明留黨察看6個月的處分，並下放至中共江蘇省委宣傳部接受鍛鍊。

當時的江蘇省委書記是李維漢，宣傳部長是夏秉曦，宣傳部秘書是李初梨。7月底的一天，李立三專門去了李初梨家，交待對王明的使用和安排。

李立三說：「現在派一個理論家到你那工作好不好？是全黨有名的理論家。」

李初梨問：「是誰呀？」

李立三答道：「是陳紹禹。他們反中央，到了你那裡要好好地幫助他，注意他。」

不久，李初梨看到，「穿著長袍馬褂，帶著瓜皮帽，上有一個紅頂子」的王明來到了江蘇省委宣傳部，在李初梨手下當幹事。

王明話不多，默默地跟著李初梨工作。9月的某一天，也就是王明下放到江蘇省委宣傳部近兩個月後，李初梨饒有興趣地問王明：「你們在中央鬧什麼？同我講一講。」

王明認真地拒絕說：「中央打過招呼，不許我外傳。」

李初梨反駁道：「你在我這裡工作，我當然應該瞭解你的情況。」

王明反問：「你敢負責？」

李初梨肯定地點點頭：「我當然負責。」

於是，王明打開了話匣子，滔滔不絕地講了起來。

李初梨的印象是：「他很善談，一講就是半天，長江大河一般。我同意他的觀點。」

看來，王明不僅善談善辯，還有很能打動人的思想魅力和邏輯力量。

這一年，精力旺盛的王明，在組織上受到處理和打擊之後，卻在情感的角逐中開闢了自己新的戰場。

王明追逐的對象是孟慶樹。

孟慶樹是安徽省壽縣田家集孟家圍子人，地主出身。但她從小接受現代教育，思想進步，傾向革命。孟慶樹是莫斯科中山大學的第三屆學生，入校時才16周歲，23歲的王明在校時便對孟慶樹展開了愛情攻勢，無奈孟慶樹嫌他個子矮，沒將王明放在眼裡。王明回國的第二年，孟慶樹也學成畢業，回到國內，被組織上分配到上海

滬東區委婦委會工作。王明又有了接近孟慶樹的機會。他殷勤地請孟慶樹下飯店吃飯、逛馬路、看電影等。

孟慶樹還是沒有下定與王明交往的決心，有一段時間，她甚至悄悄退掉了租住的房間，另尋住處，刻意躲避王明的糾纏。

1930年7月30日，孟慶樹不幸被捕，被敵人關進了龍華看守所。這讓王明焦急萬分，也給了他一次表現的機會。

王明冒著極大的風險，於10月19日、10月26日、11月2日，三次化妝與孟慶樹的二叔孟涵之去看守所探望孟慶樹。這讓孟慶樹深受感動，終於在出獄的當天答應了王明的求婚。心急的王明當即決定，第二天舉行婚禮，與孟慶樹共締百年之好。在結婚一周年的紀念日裡，王明賦詩一首表達情感：

> 出獄兩天便結婚，雙心結合勝千軍。
> 三年多少悲歡劇，銀漢女郎不可分。

王明三年堅持不懈的愛情長路，終於修成了婚姻正果。

確鑿的資料表明，王明與孟慶樹是初戀，他們彼此是一生中唯一的愛人。在愛情觀上，王明、孟慶樹值得受人尊重。

王明的確是一個文章高手。他不但文筆流暢，文字組織得又快又好，而且，邏輯思維嚴密，思想深刻，理論系統。

1930年10月，共產國際否定了李立三6月11日政治局會議通過的《目前政治任務的決議》，並寫來了「十月來信」，嚴厲批評了李立三的左傾機會主義錯誤。

王明從共產國際東方部及莫斯科歸來的同學那兒讀到了「十月來信」後，喜出望外，情緒振奮。他立即整理思路，搜集資料，突擊撰寫了〈兩條路線〉一文。

　　王明回憶說，〈兩條路線〉「差不多費了半個月時間寫成的。寫的時候，多半是寫一點被同志們拿去看一點。」可以這樣說，這篇文章，是王明等志同道合的十幾個人集體修改、補正的。

　　〈兩條路線〉洋洋六萬多字，是王明的傑作。是王明等人向中共中央提出的意見書，也是批判「立三路線」的戰鬥檄文。此文此後多次印成小冊子在黨內發放，王明將它更名為《為中共更加布林塞維克化而鬥爭》。這本小冊子影響深遠，也為王明贏得了極大聲譽。在當時的中共黨內，提筆為文，動輒萬言、數萬言者，除了王明，沒有第二個人。

　　共產國際下定決心要扶持王明上臺，執掌中共中央的領導權。

　　1929年3月王明回國之時，便是打算接印掌權的，李立三大權獨攬，不肯分杯中之羹，竟將王明派去了基層，還給予了紀律處分。共產國際又派瞿秋白、周恩來回國糾正立三錯誤，提升王明在中共黨內的領導地位。瞿、週二人非但沒有完成國際的重托，甚至李立三給王明的處分也沒有撤銷。李立三變本加利，又下令王明等人到中央蘇區工作。共產國際大為惱火：無論如何，這是不能夠接受的。

　　1930年12月中旬，共產國際代表、東方部副部長米夫突然來華。米夫來華的目的只有一個，扶持王明上臺，接掌中共中央的領導權。

　　此時的中共黨內，正在瞿秋白的實際領導下，準備召開緊急會議，貫徹共產國際十月來信精神，批判李立三的左傾機會主義路線。

　　米夫武斷地否決了中共中央的決定，提議召開中共六屆四中全會。

　　會議通知匆忙下發，會議內容和議題不作說明，會期緊迫，會議本身只舉行一天。以至於遠在東北的中央委員唐宏經趕到上海時，六屆四中全會已經結束了。

這次匆忙召開的中央全會，於1931年1月7日在上海武定路修德坊6號祕密舉行。出席會議的中央委員有向忠發、瞿秋白、周恩來、李維漢、賀昌、任弼時、羅登賢、顧順章、余飛、徐錫根、張金寶、陳郁、關向應、溫裕成等14人；候補中央委員有羅章龍、王克全、王鳳飛、史文彬、徐蘭芝、袁炳輝、陳雲、周秀珠等8人；另外，米夫指定全總黨團、海總黨團、鐵總黨團、江蘇省委、團中央等組織出席會議的代表王明、博古、沈澤民、夏曦、王稼祥、陳原道、何孟雄、韓連會、徐畏三、肖道德、袁乃祥、顧作霖、柯慶施等15人。

明眼人一看便知，這些指定出席會議的代表中，許多人是莫斯科中山大學的畢業生，是米夫、王明小團體中的中堅力量。

六屆四中全會由早上7點一直開到晚上10點，連續開了15個小時。

會議議程共有八項：一、宣佈開會；二、追悼為革命犧牲的烈士；三、推選主席團；四、向忠發作政治報告；五、討論；六、國際代表總結；七、補選中央委員和改選政治局；八、閉會。

在米夫的心目中，四中全會的議程其實只有一個，即補選中央委員和改選政治局。他決不會讓其他議題沖淡了人事安排的主題。

日暮時分，僅僅18人做了發言，還有十幾個人要求講話。米夫斷然干預，討論必須在19點半之前結束。他提議，此後的發言，每人不得超過5分鐘。

終於到了選舉議題。米夫從懷中掏出了共產國際提出的名單，指定王明、沈澤民、夏曦等9人為新的中央委員候選人，王明等5人為新的中央政治局委員候選人。這意味著，從未擔任過中央領導職務的王明，一步兩階，由中央委員會直接進入了政治局。

會議的爭論達到了高潮。

　　韓連會、史文彬分別提出了自己的政治局委員候選人名單。這兩個名單，對原政治局委員採取全盤否定的態度，一鞭趕地轟下臺。令與會的中央委員難以接受。

　　米夫拿出了家長的架勢。他強調，他提出的補選中央委員和政治局委員的名單，是共產國際遠東部的意見，這是一份國際認可的名單。按照共產國際的組織紀律，理應為中共中央接受和通過。

　　米夫強行付諸表決。羅章龍氣憤地起身，欲離會而去，被人攔住，勉強坐下。袁乃祥則氣得拍案咆哮，吵鬧不止，被勒令退出會場。

　　六屆四中全會的選舉結果是：

　　王明、沈澤民、夏曦、韓連會、沈先定、徐畏三、王盡仁、黃蘇、曾炳春9人當選為新的中央委員，羅邁（李維漢）、賀昌二人退出中央委員會；王明、陳郁、任弼時、劉少奇、王克全5人當選為新的政治局委員和候補委員，李立三、瞿秋白、羅邁退出政治局。

　　瞿秋白自此遠離了他極不適應的政治鬥爭漩渦，為自己的心靈放了一個長假，做了精神上的閑雲野鶴，放浪於江湖，遁形於寂靜。

　　六屆四中全會後，形成了新的中央領導機構：

中共中央總書記向忠發，

中央政治局委員兼江南省委書記王明，

中央宣傳部長沈澤民、張聞天，

中央組織部長康生，

中央軍事部長周恩來，

中央職工部長盧福坦，

中央婦女部長周秀珠，

中央農民部長張聞天，

中央黨報編輯委員會主任王稼祥，

中央駐共產國際代表林育英，

團中央書記博古，

全國總工會黨團書記羅登賢。

向忠發的總書記職務是掛名的，共產國際看中的是他的工人身分，以表明中國共產黨的無產階級性質。中國共產黨的實際領導權，掌握在王明手中。

四中全會後僅僅3個多月，中共特科負責人顧順章被捕叛變，並供出了向忠發。

6月22日，向忠發被國民黨上海警備司令部逮捕。24日，蔣介石下令槍決了這個中國共產黨的總書記，並懸賞500大洋捉拿王明。白色恐怖在上海一時陰氣森森。

共產國際決意保護王明。

10月18日，王明同妻子孟慶樹祕密乘船奔赴蘇聯。王明此次赴蘇聯的頭銜是：中共駐共產國際代表，並參與共產國際的領導工作。

王明去國後，24歲的博古被指定為中共中央政治局負責人。

這個中共黨內的少壯派，隨即在中央蘇區掀起了一番軒然大波。

1933年初，少年得志、意氣風發的博古，帶著張聞天、王稼祥等一干國際派，頤指氣使地來到中央蘇區。朱德、毛澤東靠邊站了。博古、周恩來、蘇聯顧問李德組成了最高三人團，全權負責中共蘇區的軍事、政治鬥爭。張聞天擔任了中央蘇維埃政府主席，毛澤東在政府中的領導地位被排擠掉了。這些洋學生們，捧著教科書打仗，陣地戰、反擊戰等等，很快便在戰場上敗下陣來。第四次反圍剿失敗後，沒有認真反思，總結教訓，又接連在第五次反圍剿中失利。戰場上的接連受挫，根據地的不斷縮小，致使瑞金蘇區保不住了，只好進行戰略轉移，這就是中共歷史上「長征」的肇始。兩萬五千里，歷時一年多，東奔西突，疲於應戰，鑽山溝，涉險水，

爬雪山，入沼澤，環境惡劣，條件艱苦，不但發報設備遭到損壞，連與共產國際聯繫的密碼也丟失了。長時間內，居然得不到共產國際的任何指令，中共只能獨木以支，孤軍奮戰。

1931年「九一八事變」，懵懂中的中國共產黨不知如何應對。長城抗戰、華北事變之際，中國工農紅軍正在為自身的生存苦苦掙扎。遠在莫斯科的王明，從國際大勢著眼，從中國實際出發，提出了建立中國抗日民族統一戰線的主張。1935年8月1日，王明起草並發佈了著名的《八一宣言》。

《八一宣言》開宗明義：

> 今當我亡國滅種大禍迫在眉睫之時，共產黨和蘇維埃政府再一次向全體同胞呼籲：無論各黨派間過去和現在有任何政見和利害不同，無論各界同胞間有任何意見上或利益上的差異，無論各軍隊間過去和現在有任何敵對行動，大家都應當有「兄弟鬩於牆外禦其侮」的真誠覺悟，首先大家都應當停止內戰，以便集中一切國力（人力、物力、財力、武力等）去為抗日救國的神聖事業而奮鬥。蘇維埃政府和共產黨特再一次鄭重宣言：只要國民黨軍隊停止進攻蘇區行動，只要任何部隊實行對日抗戰，不管過去和現在他們與紅軍之間有任何舊仇宿怨，不管他們與紅軍之間在對內問題上有任何分歧，紅軍不僅立刻對之停止敵對行動，而且願意與之親密攜手共同救國。

《八一宣言》透露出了共產黨人的大度和殷殷愛國之情。

「七七事變」之後，中共召開洛川會議求對策。會上，愛國主義情緒空前高漲。周恩來、博古、朱德、張國燾、彭德懷等人力主國共合作，軍隊合一，共同抗日，以禦外敵。

毛澤東的頭腦異常清醒。他為之憂慮的是共產黨和紅軍的利益。他認為，國民黨的抗戰必然失敗。中國共產黨及其軍隊，不能綁在國民黨的軍艦上，一同沉於失敗之海。

毛澤東認為，黨內的愛國主義情緒過於熱烈了，國共精誠合作的願望過於樂觀了。中國共產黨要置身事外，一旦國民黨歸於失敗，陷入滅頂之災，中共就要取而代之，在全國起領導作用。

當然，這一切，毛澤東只默念在心裡，不便公開宣稱。

因而，這一時期，毛澤東的講話和發給各地的電報，便有了模棱兩可的意味。

8月9日，在延安幹部會議上，毛澤東指出，「紅軍應當實行獨立自主的指揮與分散的游擊戰爭。……防人之心不可無，應有戒心。」8月10日，毛澤東致電彭雪楓，具體指導與國民黨方面的交涉，「要有謙遜的態度」，「不可隱瞞紅軍若干不應該隱瞞的缺點」，「例如只會打游擊戰，不會打陣地戰；只會打山地戰，不會打平原戰；只宜於在總的戰略下進行獨立自主的指揮，不宜於以戰役戰術上的集中指揮去束縛」。以毛澤東的孤傲性情，他一生中未向任何人、任何勢力示過弱。此時的向國民黨服軟，公開講出紅軍的許多弱點和不足，實在是一種心理戰術。它的潛臺詞只有一句，就是不願紅軍與國民黨軍隊一起在正規、正面戰場上與日軍死拼死打。

平型關大戰之前，毛澤東生怕紅軍部隊被人利用、遭受損失，他幾次三番飛檄傳書朱德、任弼時、周恩來：「目前紅軍不宜過早暴露，尤不宜過早派遣戰術支隊，……暴露紅軍目標，引起敵人注意，那是不利的。」「請暫時把我軍兵力一概隱蔽並養精蓄銳，待必要條件具備實行。」

一一五師沒有遵從毛澤東的指示，國共兩軍在平型關伏擊了日軍板垣師團二十一旅團，斃敵千餘人，打了一個大勝仗，給不可一

世的日本王牌軍迎頭一擊，全國人民為之振奮。仗雖然打勝了，但毛澤東的怨氣一直未消，兩個月後，他公開批評軍隊工作，譴責軍隊中的「新軍閥主義的傾向」，稱「八路軍中有人以接受國民黨委任為榮耀」。

「七七」事變之後，史達林深懼日本以中國為踏板，發動對蘇聯的戰爭。他希望中國盡全力拖住日本，使日本陷入遠東的泥淖而無力自拔。這個艱巨的歷史責任，弱小的中國共產黨自然擔當不起。史達林急切要求中共與國民黨建立統一戰線，推動全面抗日，以解蘇聯東顧之憂。

對史達林和共產國際的指示言聽計從、心領神會的王明，立即無條件轉向，由先前的暴力反抗國民黨的左傾路線，轉身向右，不但倡言與國民黨建立抗戰救國統一戰線，甚至露骨諂媚：「一切經過統一戰線，一切服從統一戰線。」王明擔心他的聯合抗日的主張在中國共產黨內得不到認真、徹底的貫徹執行，便向共產國際提出了回國工作的請求。史達林樂得在此時有一個國際的堅定執行者返歸中國，立即批准了王明回國。

毛澤東明白，昆侖山上的神仙下凡了。

1937年11月29日，王明、康生、陳雲等在蘇聯顧問陪同下，乘蘇聯大型軍用飛機抵達延安。毛澤東與張聞天、周恩來、張國燾等領導人及延安千余名幹部戰士到機場迎接。歡迎大會隆重而熱烈，毛澤東發表了熱情講話，將王明稱作是「馬克思給我們送來了天兵天將」。而內心裡，毛對今後與王明的合作共事充滿疑慮。一個現實問題：誰來主導中國共產黨的工作？

撤出南京的國民政府，於1938年春天在武漢召開國民參政會議，邀請中共首腦參加。毛澤東便送瘟神般地將王明送去了武漢。

在武漢，王明一貫的自私、偏狹的毛病再一次暴露。在這裡，

他遇到了一個陳獨秀是否重回黨內的棘手問題。

這實在是一個歷史的誤會。或者說，是一場毫不相干的陰差陽錯。1937年盛夏，日機轟炸南京，首都行將不保，國民政府釋放了大批政治犯，包括1932年被捕的陳獨秀。陳獨秀當年託派組織的屬下羅漢，私自輾轉去了西安，找到了八路軍西安辦事處，商討陳獨秀能否重回黨內、前往延安的問題。

大革命失敗之後，陳獨秀與中共主流分道揚鑣，公開亮起了托洛茨基派的旗幟，成立了中國的託派組織。1930年代中期，史達林開始對托洛茨基反對派深惡痛絕，他派人在墨西哥暗殺了托洛茨基，在蘇共黨內開始了恐怖絕倫的大清洗。王明的老師、共產國際東方部負責人米夫也在大清洗中被處決，季米特洛夫接替了米夫的工作。此刻的王明，急於撇乾淨他與米夫的親密關係，急於表現他反託派的堅定立場。

他拿陳獨秀祭刀了。他堅決反對陳獨秀重回黨內，並指使康生寫文章，將陳獨秀誣為日本的走卒、漢奸，欲將陳獨秀徹底搞臭。

拙劣的康生便手搖筆桿，信口雌黃，將最骯髒的污水潑向了陳獨秀：

> 1931年，九一八事變，日本帝國主義佔領了我們的東三省，同時，上海的日本偵探機關，經過親日派唐有壬的介紹，與由陳獨秀、彭述之、羅漢等所組織的托匪「中央」進行了共同合作的談判。當時唐有壬代表日本偵探機關，陳獨秀、羅漢代表托匪組織。談判的結果是：托洛茨基匪徒「不阻礙日本侵略中國」，而日本給陳獨秀的「托匪中央」每月300元的津貼，待有成效後再增加之。這一賣國的談判確實，日本津貼由陳獨秀托匪中央的組織部長羅漢領取了，於是中國的

托匪和托洛茨基匪首，在日寇的指示下在各方面扮演著不同
的角色，就大唱其幫助日本侵略中國的雙簧戲。

康生的血口噴人的確令人又可氣又可笑。在同一篇文章中，康
生寫道，日本資助張慕陶每月五萬元。連區區反對派張慕陶都可以
獲數萬資助，陳獨秀及其託派中央怎麼可能只有每月300元？情急
之下，康生連賬都算不清楚了。他的另一個可惡之處是，拉出唐有
壬為陳獨秀派對日談判的牽線人。而唐早在1935年便因投日行徑被
軍統在上海暗殺。死無對證，沒有人能站出來為陳獨秀說話。

張國燾回憶，那時王明要下決心把陳獨秀搞成漢奸。在一次高
層會議上，有人對陳獨秀是日本間諜提出疑義，王明堅持說，「史
達林正在雷厲風行的反託派，而我們卻要聯絡託派，那還了得；如
果史達林知道了，後果是不堪設想的。」他還說，「反對託派，不
能有仁慈觀念，陳獨秀即使不是日本間諜也應說成是日本間諜。」

本來，陳獨秀出獄後不想再加入任何政治派別，包括中國託派
組織，也不想在黨派爭論上費心思、寫文章。他只能以民族大義為
重，聚民心、談抗日。「間諜」、「漢奸」、領取日本津貼之說，
大傷了陳獨秀之心。1938年3月中旬，他不得不在報紙上發表文
章，反駁康生對他的誣陷。他說，現在並非無政府時代，任何人發
現漢奸，只應該向政府提出證據，由政府依法辦理。在政府機關來
判定是否漢奸以前，任何私人無權決定他人為漢奸，更不容許人人
相互妄指他人為漢奸，以為政治鬥爭的宣傳手段。

陳獨秀在文章中特別表明了他的黨派立場及觀點：

　　我在南京和劍英談話時，曾聲明：我的意見，除陳獨秀外，
　　不代表任何人。我要為中國大多數人說話，不願意為任何黨

派所拘束。來武漢後，一直到今天，還是這樣的態度。為避
免增加抗戰中的糾紛計，一直未參加任何黨派，未自辦刊
物。我所有的言論，各黨各派的刊物，我都送去發表。我的
政治態度，武漢人士大都知道，事實勝於雄辯，我以為任何
聲明都是畫蛇添足。

　　從容走出老虎橋監獄的陳獨秀，放下了心中的「小我」，成為
了一個堅定的抗戰鼓動者，奔走於江南各地，發表慷慨激昂的抗日
演說。此時的王明，在對待陳獨秀的態度上，委實有點小人伎倆。
　　毛澤東終於等來了對王明的致命一擊。
　　在毛王的纏鬥中，毛澤東最大的同盟者，甚至可以說「救命恩
人」是王稼祥。
　　王稼祥1937年6月祕密赴蘇聯治病，5個月後，王明回國，王稼
祥接替王明任中國共產黨駐共產國際的代表。局外人不知道的是，
王稼祥還肩負著另一項重大使命，向共產國際介紹中國革命的情
況，以及他本人對中國黨的領導的看法。
　　1938年8月，王稼祥回國前夕，與季米特洛夫進行了一次深入
交談。季米特洛夫明確表示：「在（中共）領導機關中要在毛澤東
為首的領導下解決，領導機關要有親密團結的空氣。」
　　據王稼祥說，季米特洛夫還講了如下一段話：
　　「應該支持毛澤東為中國共產黨的領導人」，「他是實際鬥爭
中鍛鍊出來的領袖」，「其他人如王明，不要再爭當領導人了」。
　　這是王稼祥帶回來的季米特洛夫的「口信」，未見任何文字記
載和檔案佐證。今天有人質疑「口信」的真實性，但在1938年8月
的延安，這足以引起巨大的轟動，足以將毛澤東推向中共最高領導
人的寶座。

　　1935年1月遵義會議之後，中國共產黨的總書記是張聞天。無論張聞天性格如何懦弱，氣質如何文雅，組織原則畢竟是組織原則。儘管毛澤東霸氣外露，形成了自然領袖；儘管王明是天仙下凡，手握尚方寶劍，中央政治局會議，還得張聞天主持，政治局會議的地點，只能是張聞天的窯洞。王稼祥的口信傳達之後，知趣的張聞天立即將政治局會議的地點挪到了毛澤東在楊家嶺的窯洞中進行，會議也順理成章地由毛澤東主持了。

　　1938年9月，距「王明下凡」十個月之後，毛澤東再次站在延安飛機場上，迎接王明的到來。這是時間和條件都發生了顛覆性變化的兩次接機。上一次，王明從蘇聯回中國；這一次，王明由武漢返延安。上一次，王明的錦囊裡不知藏著何種「聖旨」，令人忐忑；這一次，王明是應召返回，參加中共六屆六中全會。

　　應該說，9月29日開始舉行的中共六屆六中全會，是迄今為止毛澤東主持的最為愉快的一次會議。當然，毛澤東明白，不可操之過急，不可立馬切斷與王明主導時的所有聯繫。在這次全會上，毛澤東作了《論新階段》的報告。這個報告是說給史達林聽的。史達林高度重視中國的抗日民族統一戰線。毛澤東的報告，幾乎重複了王明的觀點，「抗戰的發動與堅持，離開國民黨是不可想像的」；中國抗日民族統一戰線的形成，「國民黨居於領導與基幹的地位」，毛澤東鄭重號召全黨必須「全體一致誠心誠意擁護蔣委員長」。當然，毛澤東明白《論新階段》這種應景報告的歷史使命。多年後，在編輯出版《毛澤東選集》時，便毫不可惜地將它剔除了出去。而且，此文留下的痕跡抹得越平越好。

　　六中全會召開的當天，毛澤東還給蔣介石寫了一封親筆信，表示對蔣介石「欽佩無既」，並稱「先生盛德」，「凡在國人，無不崇仰」。信中，毛澤東表達了改善國共關係的誠意，向國民黨提

議，共產黨員在保留中共黨籍的條件下，公開參加國民黨。毛澤東保證，中共不在國民黨軍隊中組織黨支部，也不在國民黨黨員中徵收共產黨員。

蔣介石從來就沒有相信過共產黨，正如毛澤東從來沒相信過國民黨一樣。收到毛澤東親筆信的當天，蔣介石一眼便看穿了毛澤東的意圖，他在日記中寫道：

> 毛澤東這封親筆手書的措詞，開口「兩黨長期合作」，閉口是「中華民族統一團結」，完全不是共黨素來口吻，反使我產生疑慮。於是我知道這是中共企圖第二次大規模滲透本黨的陰謀。我們依據民國十三年到十六年的慘痛經驗，是不能再上當了。

佔據中國共產黨的組織高地，這只是毛澤東全部願景中的第一步。更大、更高的一步是佔領中國共產黨的思想與理論高地，即獲得馬克思主義對中國革命的解釋權。

將近十年了，這幫共產國際的年輕後生，將毛澤東在理論上壓抑得太久了。他們從蘇聯留學歸來，外語流暢，經典翻遍。張聞天時不時地就有大報告、大總結出手；王明更是行文如流水，幾萬字的長篇大論，指日可待。王明在延安給幹部們講課，會讓秘書搬去幾箱子書，隨手翻開誦讀，旁徵博引，侃侃而談。他們實在沒有瞧得上毛澤東等這批土生土長的農民領袖，王明曾不無鄙夷地說：「山溝溝裡出不來馬列主義。」

毛澤東苦思冥想，提出了馬克思主義中國化的嶄新命題。他決心開展黨內的整風運動，以打掉以王明為首的國際派身上的神祕光環。他甚至找到了甩向國際派的三塊銳利的石頭：反對主觀主義以

整頓學風;反對宗派主義以整頓黨風;反對黨八股以整頓文風。明眼人一看便知,整風運動的矛頭所向,是再清楚不過的了。

在強大的政治攻勢和輿論壓力之下,博古、張聞天、任弼時、周恩來、王稼祥等人,都作了自我批評,寫出了深刻的檢討,以對自己的全盤否定,獲得治病救人的整風效果。

王明不作自我批評,不承認自己先左後右的機會主義路線,堅持六屆四中全會的路線。但是,面對黨內的廣泛批評之聲,面對毛澤東蒸蒸日上的崇高聲譽,王明只好一改傲慢、自大的習氣,拱手向毛澤東稱臣了。1940年5月3日,延安「澤東青年幹部學校」舉行開學典禮,王明親臨會場,登臺演講,大唱毛澤東的頌歌。他說,「毛澤東同志現在不僅是共產黨中央和共產黨全黨團結的核心,不僅是八路軍和新四軍團結的中流砥柱,而且是全中國無產階級和人民大眾眾望所歸的團結中心」;「在農民工作中,他是一個有名的農民工作大王,在軍事工作中,他是偉大的戰略家,在政權工作中,他是天才的政治家,在黨的工作中,他是公認的領袖」,在理論上,「比我們黨內任何同志都學得多,比我們黨內任何同志都學得好,真正地學習了馬列主義,真正地善於把馬列主義靈活地應用到中國革命的實踐中」。

這種全方位的恭維,絲毫沒有打動毛澤東。毛澤東想要完成的,是徹底剝下王明等人的理論偽裝,讓這些小資產階級知識分子的臭皮囊,晾曬在無產階級大眾面前。1941年5月19日,毛澤東在延安高級幹部會議上,作了《改造我們的學習》的報告。毛澤東尖銳指出:「許多同志的學習馬克思列寧主義似乎並不是為了革命實踐的需要,而是為了單純的學習。所以,雖然讀了,但是消化不了。只會片面地引用馬克思、恩格斯、列寧、史達林的個別詞句,而不會運用他們的立場、觀點和方法,來具體地研究中國的現狀和

中國的歷史，具體地分析中國革命問題和解決中國革命問題。這種對待馬克思列寧主義的態度是非常有害的，特別是對於中級以上的幹部，害處更大。」

毛澤東在這篇報告中，用尖刻的文字，給王明等人畫了像：「或作講演，則甲乙丙丁、一二三四一大串；或作文章，則誇誇其談一大篇。無實事求是之意，有嘩眾取寵之心。華而不實，脆而不堅。自以為是，老子天下第一，『欽差大臣』滿天飛。這就是我們隊伍中若干同志的作風。這種作風，拿了律己，則害了自己；拿了教人，則害了別人；拿了指導革命，則害了革命。」

如果說上述引文尖酸刻薄的話，在編輯《毛選》時刪掉的那段話，才夠得上罵得酣暢淋漓：

> 他們一不會耕田，二不會做工，三不會打仗，四不會辦事……只要你認得了三五千字，學會了翻字典，手中又有一個什麼書，公家又給了你小米吃，你就可以搖頭晃腦的讀起來。書是不會走路的，也可隨便把它打開或關起。這是世界上最容易的事，這比大師傅煮飯容易得多，比他殺豬更容易。你要捉豬，豬會跑，殺它，它會叫，一本書擺在桌子上，既不會跑，又不會叫，隨你怎樣擺佈都可以。……那些將馬列主義當宗教教條看待的人，就是這種蒙昧無知的人。對於這種人，應該老實對他說，你的教條沒有什麼用處，說句不客氣的話，實在比屎還沒有用。我們看，狗屎可以肥田，人屎可以喂狗。教條呢，既不能肥田，又不能喂狗，有什麼用處呢？

也許是恥於與王明、博古、張聞天這類宗教教條主義者為伍，在毛澤東漫長的讀書歲月裡，他極少去通讀馬克思、恩格斯、列寧、

史達林的經典著作，更不去背誦他們的閃光警句。更多的時間，毛澤東是斜臥在床上，手捧線裝書，沉浸在諸子百家、二十四史、資治通鑑、容齋隨筆、昭明文選、古文觀止、唐詩宋詞的陳舊氛圍之中，他出口而來的典故，張嘴背出的詩詞，大多不離這個範圍。既然洋教條、留蘇派是「連豬都不如的蠢貨」，誰還趨之若鶩呢！

1941年10月初，共產國際東方部負責人季米特洛夫打電報給中共中央，提出了十五個問題要中共回答。其中有中共準備採取什麼措施在德國法西斯繼續進攻蘇聯的情況下，在中日戰場打擊日軍，從而使日本不可能開闢第二戰場打擊蘇聯；中共對抗日民族統一戰線的團結究竟採取什麼立場等。王明看到這封電報，如獲至寶，覺得反擊毛澤東的機會到來了。

10月7日晚，毛澤東偕同任弼時、王稼祥，來到王明的住所，商討如何復電季米特洛夫，王明大發感慨，直陳對中央工作路線的不同意見。王明認為，「我黨已處於孤立，與日蔣兩面戰爭，無同盟者，國共對立。原因何在？黨的方針太左，新民主主義論左」。王明說，「我黨的黃金時代是抗戰之初的武漢時期，1937年12月會議前和1938年10月六屆六中全會以後，這兩頭的政策皆是錯誤的」。

10月8日晚，毛澤東在楊家嶺自家窯洞裡，召開中央書記處工作會議，作了精心準備的王明，進行了長篇發言，集中談了三個問題。第一，批評中共（實指毛澤東）有些地方政策「過左」，「妨礙統一戰線」。王明說，「對地方實力派消滅過分，對地主搞得太過火」，「今後階級鬥爭要採用新的方式，使黨不站在鬥爭的前線，而使廣大群眾出面，黨居於仲裁地位，可有迴旋餘地」。王明提出，在中國與蘇聯都異常困難的形勢下，中共不僅應與民族資產階級搞好關係，而且還應與國民黨把關係搞好，此「既有必要，也有可能」。第二，對毛澤東的《新民主主義論》提出異議。王明

認為，「在目前統一戰線時期，國共雙方都要避免兩面戰鬥，要把反帝反封建加以區別。含混並舉是不妥的」。王明指出，「新民主主義只是我們的奮鬥目標，今天主要是共同打日本」。第三，對毛澤東就1937年12月政治局會議對長江局的指控提出反駁。王明宣稱「十二月會議與六中全會的政治路線是一致的」，長江局總的路線是對的，只是在「個別問題上有錯誤」，如「強調鬥爭性不夠」，「在客觀上形成半獨立自主」（指與延安的關係），但王明緊接著又強調，「我在武漢工作時是講獨立性的」（指與國民黨的關係）。

毛澤東不打算讓王明再在黨內誇誇其談，搖旗吶喊，他當場反擊了王明的進攻。毛說，王明認為我們太左了，恰恰相反，我們認為王明的觀點太右了。毛澤東指出，王明同志在武漢時期的許多錯誤，我們是等待了他許久，等待他慢慢的瞭解，直到現在還沒有向國際報告過。前幾天與他談話指出了武漢時期有這幾個錯誤：一、對形勢估計，主要表現是過於樂觀；二、對處理國共關係，沒堅持獨立性與鬥爭性；三、軍事戰略，助長了反對洛川會議的獨立自主的山地游擊戰的方針；四、在組織上，長江局與中央的關係是不正常的，常用個人名義打電報給中央與前總，有些是帶指示性的電報，不得中央的同意，用中央的名義發表了許多檔，這些都是極不對的。

毛澤東初步做了定論後，要求與會的同志發表看法。

參加會議的任弼時、康生、張聞天、陳雲、王稼祥、凱豐紛紛表態，一致批評王明，擁護毛澤東的發言。國際派的聯盟，或者說國際派的小宗派，在這一時刻土崩瓦解。王明深切感到，他大勢已去了。無論在國際那裡，或是中共黨內，再無他的高位與輝煌了。

毛澤東言猶未盡。他準備了一個詳細的提綱，準備在10月12日召開的政治局會議上再批王明。狡黠的王明不再給毛澤東任何機會，他稱病在家，拒不參加任何會議和活動。毛澤東精心準備的

「炮彈」，居然沒有派上用場。

　　此後幾年，王明或入院治療，或在家養病，反反覆覆地診治他的腸胃病和肝病。他散佈消息說，毛澤東指使醫生下毒，有意要害死他。

　　王明的自我感覺略好了一點。對於他這樣一個「落水狗」，實在不必要冒著風險置他於死地。以毛澤東的性格，留下這樣一個反面教員，時常拎出來教育全黨，是再好不過的了。從政治鬥爭的角度考量，讓失敗的對手活著接受羞辱，比一殺了之更痛苦。

　　中共中央的調查表明，王明的「中毒」都是醫療事故，或用藥劑量不准，或醫護人員責任心不強。當然，面對人人共憤之的黨內錯誤路線的頭子，長期不工作，泡病號，你讓醫護人員打起精神，悉心醫療、護理，也的確太難。

　　1945年4月23日，中國共產黨第七次全國代表大會在延安舉行。會議開幕前半個小時，毛澤東來到了王明住處。

　　毛澤東走到王明床前，很有禮貌地說：「王明同志，我代表大會全體代表、中央委員、政治局和我個人，請你出席即將開幕的我黨第七次全國代表大會。」

　　王明回答說：「我有病，你看，我躺在床上，怎麼能出席大會呢？」

　　「和我一起來了兩位優秀的擔架手，他們抬來了做好的沙發擔架。請孟慶樹同志給你穿好衣服，他們就把你抬走。」毛澤東還是用禮貌的語調說。

　　「即使把我抬去了，我也不能長時間在那裡躺著。」

　　毛澤東耐心地說：「你在那裡躺上十五分鐘參加個開幕式就行了。如果你能多躺一會，聽聽我的報告，那就更好。王明同志，我衷心邀請你出席。我們七大的口號是全黨團結的大會。你要是不

去，就不能表明七大是團結的大會。」

王明果然被擔架抬進了七大會場，果然聽了15分鐘開幕式後又被抬回家中。

勝利者的憐憫必定是一種十分舒暢的感覺。毛澤東幾次三番向七大代表做工作，要求能讓王明進入中央委員會。會議閉幕選舉時，王明果然當選為中央委員。但是，是所有中央委員的最後一名。

中共七大的成功，有兩個明顯的歷史性標誌：毛澤東思想成為中國共產黨的指導思想；王明等共產國際的少壯派們被徹底的打垮，分化瓦解。

從1938年9月的六屆六中全會，到1945年4月的中共七大，毛澤東用了七年半的時間，通過延安整風運動，最終確立了在中共黨內的絕對領導地位。從七大開始直到他去世的31當中，沒有任何人能對他在中國共產黨內的地位提出任何挑戰。

王明被邊緣化了，擔任了一些閒職，如中央法律問題研究委員會主任等。

全國解放後，王明主持起草了第一部婚姻法。除此之外，乏善可陳。在新中國，他的主要事情就是養病。在國內養，去蘇聯養。

1950年10月25日至1953年12月9日，王明第一次赴蘇治病。在蘇聯前後住了三年多時間。

1956年1月30日，王明從北京出發，再次赴蘇治病。這一次出國，他再也沒有回來。他在蘇聯，與中國共產黨公開決裂，撰文大罵中共和毛澤東。

1974年，王明完成了《中共50年》一書，書中除了攻擊和謾罵，就是怨婦般地喋喋不休，標榜自己的正確、揭露中共及毛澤東的錯誤，在歷史的幻想中不能自拔。此書完成四天之後，1974年3月27日，王明病逝於莫斯科，享年70歲。新華社發了一條簡訊，標

題更是直截了當地蔑視：「王明死了」。

　　王明是個小個子，身高不足一米六。他精力充沛，心思縝密，出言滔滔，下筆成文。小個子成大事者，中外古今的歷史上，不乏其人。無論是功成名就，還是暴得大名，小個子們的能量，實在不小。對於王明，我們也有一種似曾相識之感。

主要參考文獻

《中共50年》王明著　東方出版社2004年3月第一版
《紅太陽是怎樣升起的》高華著　香港中文大學出版社　2011年第一版
《王明傳》戴茂林、曹仲彬著　中共黨史出版社　2008年11月第一版

張聞天

還汝潔白漫天雪

張聞天・還汝潔白漫天雪

「說不盡的張聞天」，這是幾年前出現在《北京日報》上的一篇文章的標題。編輯的神來之筆，點明了張聞天一生的厚重和不盡的糾結。

天下沒有說不盡的事情。打開暗箱，曝於陽光之下，所有的陰暗角落都昭然於世，所有的背後伎倆都是雕蟲小技。凡「說不盡」者，必別有隱憂，另有苦衷。當歷史的真相刺破包裹著假像的氣球，人們驀然發現，原來碩大的氣球，除了一層薄薄的皮囊，居然什麼也沒有。

張聞天的說不盡，是因為他在自己的隊伍中，倒在了自家的槍口下。

飲彈在衝鋒路上的，是英勇的戰士。匍倒在自家槍口之下的，更是無畏的英雄。

張聞天的偉大，蓋源於此。

1933年1月，博古、張聞天、任弼時、王稼祥、顧作霖等一大批中共高級幹部，從中共中央所在地上海，進入了江西瑞金蘇區。這是一批被共產國際看好的、有著留蘇背景的年輕幹部。毛澤東、朱德帶領的這支農民起義軍，一直被共產國際認為是缺少理論素養、沒有革命方針的散兵游勇。他們所創建的中央蘇區，不是完全意義的革命根據地，急需用列寧與史達林的理論進行改造和完善。王明就曾不屑地說過：「山溝溝裡出不來馬列主義。」

從這一刻起，中央蘇區瀰漫著「以俄為師」、全盤俄化的氣

氛，而蘇區的創造者、黨與軍隊的元老毛澤東則倍受壓抑和冷落。張聞天一到蘇區，便在蘇維埃政府中實行嚴格的軍事管理，早晨要出操，作息要定時，起床、熄燈都要吹號。這對於習慣了白天睡覺，夜晚工作的毛澤東來說，真還難以適應，他發火道：「哪裡來的新兵要管我？連朱總司令都沒管過我呢！」

這一年，博古只有25歲，張聞天33歲，王稼祥26歲，長駐莫斯科遙控指揮中共工作的王明27歲，而毛澤東此時已經是40歲了。

這不是年齡差距帶來的分歧和鴻溝，而是家庭出身、教育背景、性格氣質、學識修養諸方面形成的文化衝突。這種衝突，從本質上說，是不可調合的。

張聞天1900年8月30日出生於江蘇南匯縣（今上海浦東區）一個書香之家。這樣的本份家庭，秉持著「耕讀傳家、詩書繼世」的傳統，十分重視對子女的教育。張聞天從小入私塾學習。辛亥既成，民國興起，新式教育開始在中國出現，張聞天進入了一所技工學校，讀水產專業。1917年，17歲的張聞天考入了南京的「全國水利局河海工程專門學校」。這是一所民國四年（1915年）春天剛剛開辦的現代學校，是國內第一所培養中國自己現代水利專門人才的高等學府。學校的倡立人是當時的全國水利局總裁、著名憲政人物張謇，籌辦人是教育專家黃炎培。學校的入學考試相當嚴格，考試科目有國文、英文、代數、平立幾何、物理、化學等，沒有一定的新式教育基礎，是絕不能考入「河海專科」的。張聞天儘管是「河海專科」的第三屆學生，但學校已經形成了自己獨樹一幟的教學與學習方法，這就是「於教員則必求其富有工程經驗而熱心教育者，於教科則廣儲儀器以供學生之實驗，於教授則必使學生能活用學理而不專致於記誦。」這樣一所現代理念且遵崇科學精神的學校，必然思想開明，自由活躍，善於實踐，勇於探索。「五四」風潮席捲

全國時，「河海專科」的學生成為南京學運的骨幹，也就沒什麼可奇怪的了。

　　張聞天就是南京學生運動的骨幹之一。當北京「五四」運動刮起的愛國風潮漫捲全國之後，張聞天與同學們率先走上南京街頭，《申報》報導，「南京學生亦已虎虎然有不甘獨後之勢」，南京學生聯合會召開特別會議，通電北京，拒簽和約，並宣佈實行全市學生總罷課。張聞天積極參與了《南京學生聯合會日刊》的編輯工作，並成為它的重要撰稿人。他在「日刊」上撰寫的「隨感錄」和「雜評」，尖銳潑辣，言簡意賅，有著明顯的《申報》「雜評」和《新青年》「隨感錄」的痕跡。一個不足19周歲的青年，在革命大潮中挺身而出，以文章喚醒民眾，實屬不易。

　　張聞天在《中華民國平民注意》中，啟發「吾們中國幾萬萬忠厚可憐的小百姓」細細想想，「為什麼弄得你們這樣地步？」他召喚平民們覺醒起來，做「自立的而非奴隸的」、「進取的而非保守的」、「世界的而非局部的」、「科學的而非想像的」、「實利的而非空文」的國民，「想別的法子，去做犧牲也不要怕」，以「掃除以前種種痛苦」。

　　張聞天的「別的法子」是什麼呢？當然是革命。張聞天表述為：「武力政治，強橫的中央集權，賣國賊、安福系、腐敗的政黨，一切廢除，然後建設這健全的民主共和國。」張聞天結合以往的群眾革命運動，清醒地指出：「（一）不聲不響無用，（二）空文鼓吹無用，（三）電報戰爭無用，（四）切實勸告無用，（五）奔走呼號無用，（六）奔都請願無用。」他激憤地說：「這無用的，現在吾們不要去做他」。

　　「河海專科」兩年學習的最大收穫，是啟蒙了張聞天的民主思想。經過「五四」運動的洗禮，張聞天的眼界更加開闊，理想更愈

遠大，他毅然離開了「全國水利局河海工程專門學校」，投考上海留法勤工儉學預備科，1919年9月下旬，被錄取在乙組學習。

張聞天最終沒去法國。1920年7月他去日本留學，半年後回到國內。1921年8月，張聞天進入中華書局，以他扎實的國文根底和嫻熟的外文功夫，擔任了「新文化叢書」編輯，翻譯、介紹了包括馬克思主義經典著作在內的西方政治、哲學、經濟等學說。

1922年8月，張聞天又從中華書局辭職而去，橫渡太平洋，去美國勤工儉學。他經康白情介紹，先在三藩市華僑報紙《大同晨報》做編譯，後又到加利福尼亞大學一邊讀書，一邊著譯。在美國一年半的時間裡，張聞天鑽研了哲學、政治學、經濟學，更多的興趣是在文學方面，完成了《生命的跳躍——對於中國文壇的感想》這篇重要論文。

自美國回國後，張聞天加入了中國共產黨。1925年10月，黨將張聞天派往莫斯科，先後在莫斯科中山大學、紅色教授學院學習，畢業後留教於中山大學，並在共產國際東方部工作。

這樣的遊學和工作經歷，張聞天與自稱為「土包子」、「野蠻人」的毛澤東比起來，說是天淵之別似乎一點也不過分。

來到中央蘇區的博古，一把抓去了黨權、軍權，他與蘇聯顧問李德、中共元老周恩來，組成最高三人團，決定著中央蘇區的所有重大事項。張聞天靠在政府工作上。瑞金蘇維埃政府主席原本是毛澤東，1934年1月的中共六屆五中全會，決定將政府主席一職一分為二，張聞天擔任人民委員會主席，毛澤東擔任執行委員會主席。實質上，毛澤東在政府工作中靠邊站了。

張聞天負責政府工作，同毛澤東的接觸逐漸多了起來。他們一同辦公，後來甚至一同住進了雲山古寺。這是兩個性格秉賦完全相反之人。張聞天溫文爾雅，隨和包容；毛澤東剛烈好鬥，固執剛

愎。但不斷的接觸和溝通，讓他們兩人之間逐漸有了瞭解和認識。

廣昌戰役失利之後，標誌著第五次反圍剿的徹底失敗。中央蘇區保不住了，紅軍只有撤退、跑路。中共政治局責成張聞天撰寫一篇社論，從理論上對紅軍戰略大轉移作出闡釋。也就是說，是張聞天代表中共中央宣佈，主力紅軍即將離開中央根據地，進行戰略大轉移了。

博古本想將張聞天、毛澤東和紅軍政治部主任王稼祥分到各部隊去隨軍轉移，三人堅決不同意，只好將他們留在了中央隊。這樣，紅軍長征路上，就形成了兩個「三人團」。一個是博、李、周的「最高三人團」，一個是張、毛、王的「中央隊三人團」。博古一生中若有幾大後悔的話，同意中央隊三人團一同行軍，大約是他的「悔事」之一。

博古、李德、周恩來最初制定的轉移路線是向西突圍，與紅二、六軍團會合，再謀大計。但湘江一戰，便遭當頭一棒。在數倍於紅軍的敵軍阻截之下，紅軍損失慘重。長征之初的八萬之眾，勉力殺過湘江之後，只剩下不足三萬人馬。

對於這種被動局面，張聞天、毛澤東、王稼祥十分不滿，常在一起議論和歎息。長征之初，毛澤東瘧疾剛好，身體虛弱，是躺在擔架上行軍的。而王稼祥槍傷未愈，無法行走，也是由士兵用擔架抬著趕路。美國著名記者哈里森‧索爾茲伯里在五十年後重走長征路，撰寫他的史詩般的著作《長征——前所未聞的故事》時，將張、毛、王的這段經歷，風趣地喻為「擔架上的陰謀」。

無論「陰謀」也好，「陽謀」也好，這種「謀」終於見到了成效。

1935年1月，疲憊的紅軍到達遵義後，張聞天等人力主召開中央政治局會議，討論紅軍的出路和前途。

會上，博古做了主題報告，周恩來做了副報告。他們在報告中，仍舊堅持「最高三人團」的戰略主張，不承認過去的左傾主義和指揮失誤，仍堅持突破重圍，西進湘西。

　　張聞天率先站了出來，逐條批駁了博古的報告，會議稱張聞天的報告為「反報告」。張聞天講完之後，毛澤東又就錯誤的軍事指揮做了長篇發言。

　　會議決定，免除博古的中共中央總書記職務，張聞天為黨的總負責，取消最高三人團，增補毛澤東為常委，協助周恩來指揮軍事。遵義會議的決議表述為：「澤東同志為恩來同志的軍事指揮上的幫助者」。而遵義會議決議的起草人，就是張聞天。

　　還在遵義會議召開之前，1934年12月20日，在行軍到黃平縣的一片橘林休息時，張聞天就同王稼祥談到，毛澤東軍事上有一套，指揮打仗是把好手，應該由他來協助軍事工作。王稼祥迅速將張聞天的這個想法在部隊的軍事指揮員中傳播開來。遵義會議之後，張聞天成為了中國共產黨的實際上的總書記，他越來越感到周恩來領導戰爭無把握，決定組建前敵指揮部，由毛澤東任前敵總指揮，巧妙地將軍事指揮權由周恩來手中轉到了毛澤東手中。

　　大權在手，毛澤東如魚得水，號令三軍，用他最有心得的運動戰，與圍追堵截的重重敵人著力周旋。四渡赤水之後，又搶渡金沙江，一舉跳出了敵人的包圍圈，把數十萬敵軍遠遠地甩在了身後。據說，穿越天險劍門關時，毛澤東高聲吟哦了唐代將軍詩人岑參的兩句行旅詩：朝登劍閣雲隨馬，夜渡巴江雨洗兵。勝利情懷，溢於言表。

　　在黨的七大的一次大會上，毛澤東說：「遵義會議是一個關鍵，對革命的影響非常之大。但是，大家要知道，如果沒有洛甫（張聞天）、王稼祥兩同志從第三次『左』傾路線分化出來，就不

可能開好遵義會議。」

　　1964年4月16日，毛澤東在一次談話中又提到，在他之前中共有五朝書記：陳獨秀、瞿秋白、向忠發（實際工作是李立三）、博古、張聞天。張算是第五朝了。毛澤東戲稱張聞天是「明君」，他是「大帥」。張聞天「明」在哪裡？明在知人善任。在那樣一個黨和紅軍的危難時刻，他賦於毛澤東以最大的軍事指揮權，才使中國革命化險為夷，逐步走上坦途。

　　西安事變，是張學良、楊虎城不滿意蔣介石的消極抵抗主義，在西安扣壓了蔣介石，通電全國，提出「改組南京政府」、「停止一切內戰」。毛澤東興奮不已，主張審蔣。張聞天連續主持中央常委會和政治局會議，力主放蔣，維護抗日民主統一戰線。事後證明，張聞天的主張是正確的，這是全國的共識和共議。這一正確主張，避免了中國陷入更大規模的內戰。

　　歷史已經毫無疑義地證明，張聞天有功於中國革命，有恩於毛澤東本人。當然，公義不可能必然地轉化為私誼。有些人可以共患危難，但不能共渡承平。在以後的歲月中，張聞天與毛澤東的嫌隙越來越大，這其中既有工作路線、工作方法的衝突，很大程度上，也有性格與文化的衝突。

　　張聞天與毛澤東的第一次正面衝突，竟然是為了毛澤東個人感情方面的私事。賀子珍與毛澤東鬧不和，憤而離家出走，去蘇聯治病去了。江青1937年赴延安，很快與毛澤東相識，由談藝術、談讀書，進而轉入談生活、談感情的地步。1938年8月，毛澤東將江青調入軍委辦公室，任檔案秘書。大家都明白，這江青要取賀子珍而代之，登堂入室做毛澤東的夫人了。黨內高層當時一片反對之聲，甚至連遠在敵後的中央常委項英也發來長電，反對毛與江結婚。大家是擔心江青的歷史和在上海的風流表現，會使中國共產黨蒙羞，

並為仍在蘇聯治病的賀子珍抱不平。意見反映到張聞天那裡，做為黨的總負責，他覺得有必要向毛澤東提醒一下，於是便綜合同志們的意見，給毛澤東寫了一封信，勸他慎重考慮。沒想到毛澤東看信後勃然大怒，他幾把將信扯得粉碎。說，老子就是要同江青結婚，就是共產黨不幹了，也要同江青結婚。他放出話來：「我明天就結婚，誰管得著？」他第二天就在供銷社擺酒，請了兩桌客人，宣佈他與江青情到禮成，結為琴瑟之好。在請的客人之中，毛澤東獨獨不請張聞天。

有人說，這是張與毛的第一次結怨，毛澤東記下了這個仇。從此兩人愈走愈遠，竟致不能共事。這種分析未免主觀，也太小瞧了這兩個偉大人物的襟懷和氣度。

其實，毛澤東一生當中的最大自卑是沒有受過正式教育。源自這種自卑的不自信，幾乎糾纏了他整個生命過程。從加入中國共產黨的那天起，他就對科班出身的知識分子有一種近乎天然的對立。

張聞天則像愛惜羽毛般地珍惜自己的理論家身分，他隔三差五地就有大報告問世，這給毛澤東造成了巨大的心理壓力。1938年，周恩來從蘇聯療傷歸來，向毛澤東轉述了共產國際負責人的話，說張聞天是難得的理論家。毛澤東不屑一顧，憤而說：「什麼理論家，背回一口袋教條。」

如何駁倒這「一口袋教條」？毛澤東苦思冥想。他沒出過洋，又不懂外語，馬列的經典著作沒讀幾部，難以在闡釋原理上與張聞天一較高下。在中共六屆六中全會上，毛澤東提出了「馬克思主義的中國化」這一重大命題。這是他長期醞釀、思考的結果。這是他打倒張聞天、王明等留蘇勢力，剷除黨內根深蒂固的對蘇聯和史達林的崇拜，確立他自己在中共黨內「導師」地位的一大法寶。

1938年的10月，在中共六屆六中全會的講臺上，毛澤東佈道般

地宣講他的「馬克思主義的中國化」概念：

> 我們這個大民族數千年的歷史，有它的發展法則，有它的民
> 族特點，有它的許多珍貴品……共產黨員是國際主義的馬克
> 思主義者，但馬克思主義必須通過民族形式才能實現。……
> 離開中國特點來談馬克思主義，只是抽象的空洞的馬克思主
> 義。因此，馬克思主義的中國化，使之在其每一表現中帶著
> 中國的特性，即是說，按照中國的特點去應用它，成為全黨
> 急待瞭解並急待解決的問題。洋八股必須廢止，空洞抽象的
> 調頭必須少唱，教條主義必須休息，而代之以新鮮活潑的，
> 為中國老百姓所喜聞樂見的中國作風與中國氣派。

1938年的毛澤東，意氣風發，揚眉吐氣，他是完全有理由站
在中國共產黨的最高講臺上，指手劃腳，發號施令的。因為，共產
國際發出指令，明確指出，中國共產黨應以毛澤東為首領。這一年
的8月，王稼祥從莫斯科返回延安，帶回共產國際總書記季米特洛
夫關於「承認」毛澤東為中共領袖的重要口信：「在（中共）領導
機關中要在毛澤東為首的領導下解決，領導機關要有親密團結的
空氣。」這猶如在以留蘇為背景的中共領導層中扔下了一顆重磅炸
彈，引起的震動難以想像。

以張聞天的謙謙君子之氣，決不會與共產國際分庭抗禮，更
不會與毛澤東一爭高下。以延安當時的習慣，誰是主要領導，政治
局會議就在誰的窯洞裡召開。張聞天後來說：「六中全會期間我雖
未把總書記一職讓掉，但我的方針還是把工作逐漸轉移，而不是把
持不放。……我即把政治局會議地點移到楊家嶺毛澤東同志的住處
開，我只在形式上當主席，一切重大問題均由毛主席決定。」

中共六屆六中全會之後，張聞天雖然仍舊擔任政治局委員和書記處書記，但其工作範圍只限於延安的黨的意識形態部門。毛澤東與張聞天的關係就此發生了重大變化，張聞天失去了作為毛澤東第一合作者的地位，「明君」早已名不符實，甚至可以說，「君」「臣」地位發生了乾坤大逆轉。毛澤東開始對張聞天「橫挑鼻子豎挑眼」了。據師哲稱，四十年代初期，毛澤東曾對張聞天「大而化之」的「工作作風」，「提出過批評」。1941年春天之後，毛澤東對張聞天更加咄咄逼人，對張聞天負責的工作百般挑剔。張聞天起草的關於幹部教育的幾個指示都曾事先經毛澤東看過，再由中央書記處的名義發出，均是經中央決議通過的。毛澤東經常出爾反爾，不認前賬，訓斥張聞天，將他起草的指示批得一無是處。毛動輒出口傷人，罵張聞天「一事不懂」。

1941年9月，在政治局擴大會議上，毛澤東提出要「實行兩條路線的鬥爭，反對主觀主義和宗派主義」。這實際上是「延安整風」的前奏。明眼人一看便知毛所說的「主觀主義」、「宗派主義」指的是什麼。

「國際派」就是毛澤東全力要打倒的宗派團隊。9月10日的講話中，他多次將批評的矛頭指向張聞天。毛澤東尖銳批評張聞天負責的幹部學習活動是「同實事求是的馬克思主義相對抗的」，毛嘲弄張聞天，「對於理論脫離實際的人，提議取消他的『理論家』資格」。

張聞天首先示弱。他一改過去固守「中央政治路線是正確的」態度，承認蘇維埃後期「當時的路線是錯誤的」。張聞天的認錯，有著特殊的意義。蘇維埃後期，李立三、博古正是在批判了毛澤東的「狹隘經驗主義」之後，將他趕出了中央核心層的。他主動表示，「我是主要的負責人之一，應當承認錯誤，特別是在宣傳錯誤

政策上我應負更多的責任」。

退讓不是解決政治鬥爭的方法,對手要的是心服口服地認錯服輸。張聞天打起背包,帶上老婆,率領「延安農村調查團」赴陝北、晉西北開展調查研究,這一去就是400多天。這是我黨歷史上絕無僅有的一次長時間調研。所為何故?就是迎著毛澤東的嘲諷,補上缺少實際工作經驗這一課,以實際行動參加整風運動。

毛澤東大約是吃夠了張聞天、王明、博古這些留蘇派的苦頭。他們早期對他的蔑視、小瞧、不屑一顧,在毛澤東掌握了黨的最高領導權後,到了善惡有報的時候了!1941年5月,毛澤東在《改造我們的學習》的演講中,當著留蘇派的面,怒斥他們是「言必稱希臘」的留聲機,控訴他們用教條主義毒害青年,「十七八歲的娃娃,教他們啃《資本論》,啃《反杜林論》」。一年後,在《整頓黨風、學風、文風》和《反對黨八股》的演說中,毛澤東又對留蘇派及黨內知識分子冷嘲熱諷,他歷數了中共黨內的蘇俄崇拜情結在文化、宣傳工作中的八大罪惡,將延安這些科班出身的知識分子,貶斥為「連豬都不如的蠢貨」。毛澤東痛快淋漓,口無遮攔地說道:

> 他們一不會耕田,二不會做工,三不會打仗,四不會辦事……只要你認得了三五千字,學會了翻字典,手中又有一個什麼書,公家又給了你小米吃,你就可以搖頭晃腦的讀起來。書是不會走路的,也可以隨便把它打開或者關起。這是世界上最容易的事,這比大師傅煮飯容易得多,比他殺豬更容易。你要捉豬,豬會跑,殺它,它會叫,一本書擺在桌子上,既不會跑,又不會叫,隨你怎樣擺佈都可以。……那些將馬列主義當宗教教條看待的人,就是這種蒙昧無知的人。對於這種人,應該老實對他說,你的教條沒有什麼用處,說

句不客氣的話，實在比屎還沒有用。我們看，狗屎可以肥田，人屎可以餵狗。教條，既不能肥田，又不能喂狗，有什麼用處呢？

　　張聞天原本自視甚高。他在文學和理論方面都有相當的造詣。他有自信的資本。年輕時他是一個熱情高漲的文藝青年，二十多歲便投入了普羅文學的創作，寫了幾部「革命加戀愛」的小說、戲劇，其中，《飄零的黃葉》《旅途》《青春的夢》發表後，都產生了相當影響。22歲時，張聞天以「歌特」的筆名發表的3萬字的長篇文學評論《歌德的浮士德》，是我國最早評介歌德及其作品的文章之一。參加革命之後，特別在蘇聯共產國際工作期間，張聞天研讀了大量馬列經典原著，並動手翻譯了許多重要文章和著作。所有這些知識分子引以為豪的創作和譯作，在毛澤東的話語霸權當中，被批得七零八落，一文不值。張聞天只有繳械投降了。

　　延安整風運動當中，張聞天做了深刻反省和檢討。他首先將自己形容成一個對革命成事不足，敗事有餘，一貫給革命造成危害的小資產階級知識分子，本沒有資格擔任領導，只是被「超級的提拔」，才進入了中央領導機構。張聞天說：

　　在這次整風運動中，首先使我深刻感覺到的，就是我過去自高自大，自以為是的驕傲態度，曾經妨礙了我認真學習毛澤東同志的思想與作風，……關於我過去教條主義，左傾機會主義，宗派主義等錯誤的尖銳與深刻的批評，使我的驕病有了轉機。這裡，我首先應該感謝毛澤東同志、劉少奇同志對於我的幫助。……為了真理，我曾經必須從我自己的身上撕去一切用虛假的「面子」與「威信」所織成的外衣，以赤裸裸的暴露我自己的一切醜相，我曾經必須打倒把我高懸在半空中的「地位」與「頭銜」的支柱所搭成的空

架子，使我從天上直摔到地下。……我的無產階級的靈魂，就是這樣，悄悄地在鬥爭中占了上風。

這個認輸了的對手，讓毛澤東有了極大的勝利感。他毫不留情地蹂躪他，貶斥他。性情之下，毛澤東送給張聞天五個字：狹、高、空、怯、私。無論怎樣講，這五個字言重了。張聞天本是一個顧大局、有雅量，不戀棧權力之人。長征途中，張國燾的紅四方面軍不同意中央的北上陝北戰略，執意南下，入川藏荒蕪之地建立根據地。為保住紅四方面軍這支中國紅軍的驍勇之師，為說服張國燾回心轉意，北上抗日，張聞天多次主動提出，讓出這個黨中央的總書記，由張國燾來領導全黨，指揮軍隊。由此看來，張聞天是一個識大體、講團結，不計個人得失，維護黨的利益的襟懷坦白之人。

中共七大之後，張聞天僅僅保留了一個中央政治局委員，他被擠出了權力核心層，逐步地邊緣化了。

張聞天是個識趣之人。他向中央提出，去東北根據地開闢工作，搞經濟調研，為即將成立的新中國摸索和探討管理經濟工作的經驗和模式。毛澤東同意了張聞天的請求，派他去東北最小的合江省任省委書記。張聞天不計較權力大小，官職高低，只要有工作幹就行。

張聞天在東北深入研究城市工作，提出了「城市領導鄉村」的戰略構想。他在具體分析了城市階級關係和經濟結構的基礎上，闡明了中國共產黨在城市工作中的階級路線。很快，張聞天完成了《關於東北經濟構成及經濟建設基本方針的提綱》。在這個提綱中，張聞天具體分析了構成東北經濟的五種成分，即國營經濟、合作社經濟、國家資本主義經濟、私人資本主義經濟、小商品經濟，提出了經濟建設的基本方針，這就是「城市領導鄉村」，要把城市工作看得和農村工作同樣重要，甚至比農村工作更重要。

這些提綱和講話、檔，全都一一報到中央，引起了黨內高層的關注。

1948年9月裡的一天，毛澤東喜氣洋洋地拿著張聞天寫給中央的報告，來到了劉少奇辦公室。報告中，張聞天對東北五種經濟成分的分析和生產建設經驗的總結，同樣引起了劉少奇的強烈共鳴。這兩位中共核心人物認為，這是此後新中國經濟建設指導方針的有力參考。

僅僅是參考而已。大權獨攬的毛澤東，在新中國成立後的政治、軍事、外交、經濟、組織、宣傳等幹部安排上，絲毫沒有考慮張聞天的位置。在合江省工作了一年多一點之後，1949年5月，一紙調令又將張聞天派到了安東（今丹東），擔任遼東省委書記。

1950年1月初，正在蘇聯訪問的毛澤東，突然想起要派代表團去聯合國，驅逐國民黨的代表，安放下中華人民共和國的座席。1月18日下午五時半，毛澤東電告留守北京的劉少奇，赴聯合國首席代表為張聞天，併發去了起草好的致聯合國的聲明。毛指示：「請於明十九日發出並公開發表。」

1950年1月19日清晨，遠在遼東的張聞天從廣播中得知自己被任命為駐聯合國首席代表，感到十分突然且不摸頭腦。他馬上打電話給劉少奇，辯解說他不懂外交，葉劍英、李克農都比他更合適做外交工作，他是不是可以不去。劉少奇回答他：主席和中央已經研究決定了，你不能換。

張聞天只好領命。他馬上帶領聯合國代表團開展工作，並主持起草了伍修權在聯合國大會上的發言。這一年的聯大，在美國的把持與干擾下，沒有通過驅逐中華民國、接納中華人民共和國為聯大成員的決議，中華人民共和國駐聯合國代表團，在完成了既定任務後返回國內。

　　張聞天的工作，又沒了著落。

　　1951年3月21日，中央人民政府發佈消息，任命張聞天為中華人民共和國駐蘇維埃聯盟共和國特命全權大使。儘管蘇聯與中國的關係非同一般，但由一政治局委員擔任駐外大使，實屬罕見。這應該看做是毛澤東對張聞天的羞辱。

　　更大的羞辱還在後面。

　　1952年10月，劉少奇率中共代表團出席蘇共十九大。代表團團員有，中央委員饒漱石、陳毅、王稼祥，中央候補委員劉長勝。而身為中央政治局委員的駐蘇大使張聞天，竟不是代表團成員。這不是疏漏，這是明顯的政治歧視，人格歧視。一個政治局委員，以大使的身分跑前跑後，為中央委員和候補委員服務，而在任何正式場合，上不了檯面，這是何等的尷尬。

　　張聞天一直留心於新中國的經濟建設，他十分想在經濟領域中施展一下他的抱負和才能。他向陳雲表示，希望回國改行去經濟部門工作。陳雲向他透露，轉行搞經濟工作這件事就不要再提了，毛主席對你還是有意見。毛的意思，不拿下你的政治局委員，不會給你安排工作的。

　　對張聞天的隨意擺佈仍在進行當中。

　　1955年1月，張聞天卸任駐蘇大使，回國擔任外交部常務副部長。對於張聞天的突然離去，就像他的突然到任一樣，令蘇聯方面非常不解。駐蘇四年，張聞天與蘇聯各界建立了良好的關係，莫斯科畢竟是他20年前曾經學習和工作過的地方，舊雨曾識、新朋不斷。蘇聯外長莫洛托夫很想挽留張聞天，但又不知張離任的真正原因，遂命蘇聯駐華大使羅申在北京摸底細，探口風。為此，羅申專門邀請了師哲喝茶聊天，打探消息。當得知張聞天的確是因為個人意願，而且回國擔任外交部常務副部長，協助周恩來主持外交工

作，便不再挽留，並為張聞天舉行了盛大的歡送宴會。

張聞天回國「履新」之際，毛澤東的腦袋已經開始發熱，而且是熱得發燙了。他的浪漫主義情懷豪情勃發，越長江、走東海，到處鼓動社會主義建設的新高潮，建國初期的新民主主義論，建設民主主義國家而暫不向社會主義過渡的承諾，早已被他拋到爪哇國去了。農村，由合作社而一步跨入人民公社，糧食產量接連在各地放衛星，畝產幾千斤、上萬斤，甚至十幾萬斤。人有多大膽，地有多大產。韶山衝田埂踏出來的毛澤東，怎麼能相信中國貧瘠的土地能產出這麼多的糧食？他在自欺，還是享受著被人欺騙的樂趣？工業，毛澤東一聲號令，鋼鐵元帥升帳。村村點火，處處冒煙，煉鐵爐遍佈城鄉，甚至連機關大院內也砌爐鼓風，「鐵水」四溢。毛澤東放出豪言：十五年趕上英國，三十年超過美國，跑步進入共產主義。

毛澤東從馬克思那裡找依據，為他的大幹快上、「放大炮」尋找理論基礎。他說，「要快之事，馬克思也犯過不少錯誤。我搬出馬克思來，使同志們得到一點安慰。這個馬克思，天天想革命快，一見形勢來了就說歐洲革命來了，無產階級革命來了，後頭又沒有來，過一陣又說要來，又沒有來。總之，反反覆覆。馬克思死了好多年，列寧時代才來。那還不是急性病？『小資產階級狂熱性』？馬克思也有啊！」

規律是不以人的意志為轉移的。這原本是毛澤東的話，此刻站出來懲罰他的革命急性病了。國民經濟的平衡被打破了，「共產風」刮得全國一片混亂。1956年的中央南寧工作會議上，周恩來小心翼翼地提出了「反冒進」問題，沒想到惹得毛澤東雷霆震怒，痛批周恩來是「小腳女人」。周恩來在驚出了一身身冷汗、做了多次檢討之後才勉強過關。但毛澤東卻將周恩來「反冒進」的小辮子緊緊揪了好多年，逢會必講，反右運動時還舊話重提，說你周恩來離

右派「只差五十步」。「反冒進」非但沒有糾偏，反而反出了更大規模的一哄而上。「大躍進」就是在這樣的背景下橫空出世。

張聞天的可貴在於他理論上的清醒。他的良知還沒有泯滅。所有馬克思主義的實踐和理論告訴他，「大躍進」式的經濟建設，既不是社會主義的題中應有之意，更不是實現共產主義的基本條件。至於浮誇風、吹牛皮，弄虛作假，邀功請賞，更不是共產黨的作風。1958年秋天，他去東北考察，所見所聞令他擔心。10月26日返回北京，見外交部院子裡幾個小高爐爐火正紅，副部長及司局長們，帶領機關幹部晝夜奮戰，大煉鋼鐵。張聞天立即讓停下來：原料沒有，煤炭沒有，硬要煉，不是白貼錢嗎?!

停掉外交部的煉鋼小高爐，張聞天是冒著極大風險的。因為半年之前，毛澤東剛剛敲打了他。1958年4月，張聞天在上海、江浙一帶考察，感受到了基層群眾的生產積極性，也發現了一些不切實際、亂提指標、浮誇作假的問題。他提筆向毛澤東寫信，原想一談感受，二提問題。寫至一半，他猶豫再三，想到毛澤東正在興頭上，此時潑冷水，必定不會有好臉色，便按下筆頭，沒再言說。這樣一來，這封信便成了單純談感受、說成績的「歌德」之信。毛澤東看後十分高興，少有地給張聞天回了一信，當然，主旨還是冷嘲熱諷加訓斥，通篇是毛澤東辛辣、刻薄的行文風格。毛寫道：「你這個人通了，我表示熱烈的祝賀。我一直不大滿意你。在延安曾對你有五個字的批評，你記得嗎？進城後我對恩來、陳雲幾次說過，你有嚴重的書生氣，不大懂實際。記得也對你當面說過。今天看了你的報告引起我對你的熱情。」但毛澤東筆鋒一轉，說：「可能對你估計過高，即書生氣，大少爺氣，還沒有完全去掉，還沒有完全實際化。若果如此，也不要緊，你繼續進步就是了。」這居高臨下的姿態，實在是沒把張聞天放在眼裡。毛澤東延安時「狹、高、

空、怯、私」的五字批評，張聞天怎能忘卻，那應該是刻骨銘心的精神創痛。

時隔半年，張聞天不顧毛澤東言猶在耳，毅然停掉外交部的煉鋼小高爐，只能說，這個襟懷坦白的革命者，服膺的不是權威，而是真理。

廬山一場較量，方顯張聞天英雄本色，準確說，應該是書生本色。儘管毛澤東從來對書生多有惡聲，說「書生多端寡要」。但在中國近代史上，真正能堅持真理，挑戰權威，反對專制，不惜以生命和鮮血維護主張的，大多是書生。

「大躍進」帶來的一系列問題，在黨內和社會上引起不小的反響，毛澤東也感到事情有了偏差，在不動聲色中糾偏、糾錯。待到1959年上半年，形勢略有好轉。毛自己早早地從沉悶中走了出來，心情多雲轉晴。他決定，盛夏季節，到廬山開一個「神仙會」。

何謂「神仙會」？夏天到廬山開會，可以避暑，遠離塵囂，精神和身體都放鬆一下，過一陣較閒適的生活。廬山天下名山，富歷史古跡，多神仙故事，權且讓各地領導來當一回「神仙」吧！

毛澤東相當自信。他認為，許多問題在解決中，形勢已開始好轉，可以讓大家來開懷暢談，總結一下經驗教訓，安排好今後工作，以便繼續鼓勁幹下去。毛親自擬定了13個討論題，後來又增加了5個，達到18個。如：如何看待形勢？何時好轉？虛報浮誇、隨風倒等如何認識、怎樣解決？今年的任務，包括農業、輕工業、重工業、商業、運輸、勞動。明年的任務，指標如何定？……

張聞天對廬山會議相當重視，會前他做了大量的調查研究，掌握來自社會和基層的第一手資料，他是帶著想法上廬山的，他想在這次會議上，解決黨的作風、黨內民主、黨領導經濟建設的指導思想等一系列重大問題。

　　彭德懷也是幾個月前從基層歸來，帶著滿腦子問題上山赴會。

　　會議開了十天，問題還沒有議透，就要準備著閉會了。張聞天深感憂慮。他對毛澤東聽不得不同意見，與會領導們不願多談缺點和教訓，深為不安。他讓秘書起草給毛澤東的信，稿子擬就了，大約不合他意，擱在了一邊。

　　7月12日，張聞天在彭德懷處聊天，兩人對會議的結果都不滿意，認為問題談得不深不透，認識沒有統一。彭德懷說起了要給毛澤東寫信的想法，張聞天表示贊同。

　　7月14日，彭德懷將自己的想法，整理成一封信，交給了毛澤東。這就是著名的彭德懷上書言事的「萬言書」。讀信之後，毛澤東的惱怒心情可想而知。他立即決定，會議延期，專門討論彭德懷的萬言書。7月16日，他在彭德懷信上加了一個帶有傾向性的標題：「彭德懷同志的意見書」，印發全體與會人員，要大家「評論這封信的性質」。至此，會議的風向變了，轉向了批彭，轉向了反右傾。

　　在這個同仇敵愾，一片喊打的氛圍當中，張聞天的頭腦卻愈加冷靜，他精心準備了自己的發言提綱，要在小組會上闡明自己的觀點。

　　7月20日晚，張聞天精心準備了幾天的講話提綱終於完成。他手撫講稿對秘書說：「比較成熟，估計要能駁倒這個講話也難。」

　　田家英聽說他要發言，連忙打來電話，告訴他，「大煉鋼鐵」的事千萬別說。他放下電話沉吟片刻：「不去管它！」7月21日一早，胡喬木又來電話，勸他這個時候還是不說為好，一定要說也少講缺點。張聞天表示，吾意已決。這天上午，他把發言稿做了最後的梳理，站起來堅定地說：「我準備的就是這樣了。」

　　7月21日下午，張聞天吩咐秘書仔細記錄，便拿著他認真準備

的發言提綱，走出177號別墅，走向華東組會場。「又一顆炸彈將在廬山爆炸」。

這天下午華東組的討論，就張聞天一個人講。他一氣講了三個小時。張聞天的發言一共談了13個問題。1、大躍進的成績；2、缺點；3、缺點的後果；4、對缺點的估計；5、產生缺點的原因；6、主觀主義和片面性；7、政治和經濟；8、三種所有制的關係；9、民主和集中；10、缺點講透很必要；11、光明前途問題；12、關於彭德懷同志的意見書；13、成績和缺點的關係。

張聞天的發言，不但講缺點、擺問題有事實，有依據，而且在總結教訓時有高度、有理論。他從哲學的高度，闡釋了主觀和客觀的關係問題，強調主觀願望必須符合客觀實際：

> 對於主觀和客觀、精神和物質關係的瞭解有片面性。有一個時期，把主觀能動性強調到荒謬的程度。幹勁雖大，但是強調得過了分，還反對講條件，這就造成了主觀主義。這是違反馬列主義哲學的基本原理的。有良好的願望是好的，但是還要考慮實際可能。好大喜功也是好的，但要合乎實際，否則就會弄巧成拙，欲速不達，好事變壞事。說壞事也可以變成好事，是就可以接受經驗教訓而言。壞事本身並不是好事，我們要盡可能不辦壞事。

張聞天高度重視黨內民主建設。他認為，這是執政黨成敗存亡的重大問題。而新中國成立後，隨著毛澤東在黨內威望的不斷提高，不民主、一言堂，甚至個人崇拜的苗頭，都讓張聞天深深憂慮。他專門拿出一節來談「民主和集中」：

講一下黨內民主作風問題。主席常說，要敢於提不同意見，要捨得一身剮，不怕殺頭等等。這是對的。但是，光要求不怕殺頭還不行。人總是怕殺頭的，被國民黨殺頭不要緊，被共產黨殺頭還要遺臭萬年。所以，問題的另一面是要領導上造成一種空氣、環境，使得下面敢於發表不同意見，形成生動活潑、能夠自由交換意見的局面。

　　張聞天的發言，由會議秘書處整理為8000多字，兩天後便在會議簡報上全文刊出。有阿諛奉迎、溜鬚拍馬者，馬上讓秘書做了分類統計：講成績只有270多字，不足篇幅的3%。用了39個「但」字，「『但』字以前虛晃一槍，以後便大做缺點的文章」；13個「比例失調」；12個「生產緊張」；108個「很大損失」；以及「太高」、「太急」、「太快」、「太多」等一大批「太」字。

　　7月23日、8月2日、8月11日，毛澤東連續召集全體會議，發表談話，聲色俱厲地批判彭德懷、張聞天等人。

　　對於彭德懷，毛澤東的痛斥近似於詈罵了：「你說華北會議操了你40天的娘，你在這裡還只操了20天，還操不得？現在我說要滿足40天，不然我們還欠20天的賬，我還加5天，盡你操，滿足你操娘的願望。」「那麼多的錯誤，那麼多的問題，我成了始作俑者。你們看，『始作俑者，其無後乎』。我無後乎？中國的習慣，男孩叫有後，女孩不算。我一個兒子打死了，一個兒子瘋了。我看是沒有後的。」下邊聽得毛骨悚然，不知毛澤東意欲何為。

　　對於張聞天，毛澤東罵他是「舊病復發」。「我看你是有病，要大喝一聲，……出身汗，就好了。」毛澤東專門寫了一封《給張聞天的信》，並立即在會上印發，信中正式提出了「軍事俱樂部」這個名稱，而且標題中索性將「同志」二字省略了。毛在信中劈

頭就說：「怎麼搞的，你陷入那個軍事俱樂部裡去了。真是物以類聚，人以群分。」這封信極盡嬉笑怒罵，諷刺挖苦，保留了一貫的對張聞天說話的不屑口吻：「你這次安的是什麼主意？那樣四面八方，勤勞艱苦，找出那些漆黑一團的材料。真是好寶貝！你是不是跑到東海龍王敖廣那裡取來的？不然，何其多也！然而一展覽，盡是假的。」「昔人詠瘧疾詞云：冷來時冷在冰凌上臥，熱來時熱的蒸籠裡坐，痛時節痛的天靈破，戰時節戰的牙關挫。真是個害殺人也麼哥，真是個害殺人也麼哥，真是個寒來暑往人難過。同志，是不是？如果是，那就好了。你這個人很需要大病一場。」毛澤東在信中說，張聞天害的病與楚太子相似，建議病人一讀枚乘《七發》，可以要言妙道說而去也，「涊然汗去，霍然病已」。「你把馬克思主義的要言妙道通通忘記了，如是乎跑進了軍事俱樂部，真是文武合璧，相得益彰。」

毛澤東金口一開，「軍事俱樂部」便成定案。彭德懷、黃克誠、張聞天、周小舟便一起落難了。

如果說彭德懷是誤打誤撞「撞」在槍口上的話，那麼，張聞天是在毛澤東舉槍之後，主動迎著槍口撲了過去。張聞天的偉大正在這裡。

從盧山下來，回到北京，倚門而望的夫人劉英埋怨張聞天：你做外交工作，經濟問題何必去多講呢？張聞天淡然回答：不上山也可能不發這個言，但那是偶然性，有意見要講，則是必然。「物不得其平則鳴」，腦袋裡裝了那麼多東西，心裡有那麼多話，能夠不說嗎？

張聞天的大度，讓人欽佩。講透了「偶然」、「必然」的關係，他自己也心底釋然。

是的，張聞天、彭德懷上盧山也的確有些偶然。上盧山之前，6月中旬，張聞天剛動了一個手術，他本可以請假。彭德懷則出訪

八國剛剛歸來，很累，不準備上山。張聞天勸他，當此「總結經驗，糾正錯誤」之時，不可不去，哪怕聽一聽也好。不成想，結伴上山，雙雙罹禍。「在劫難逃」，這句古話千真萬確。張聞天、彭德懷躲過了廬山，不一定能躲得過「黃山」、「泰山」、「華山」，以及其他什麼山……其實，在張聞天發言之後，毛澤東就在私下裡忿忿地說：朱德是個老右派，張聞天也是。

廬山一鬥，毛澤東與張聞天徹底決裂，幾十年的戰友情、同志誼就此完結。毛張之間，廬山一別，竟至永訣。

回到北京，在外交部又批判了一通、特別是追查了張聞天「裡通外國」的罪行之後，被撤銷了外交部副部長職務。

如此從山巔墜入泥潭的翻天覆地的大變故，有幾個人能泰然處置，心靜氣平？更何況，這種批判和處理是強暴的，專制的，不許分辯和解釋的，是欲加之罪，何患無辭。張聞天急火攻心，大病了一場。這一躺，就是半年。

1960年春天，張聞天大病初愈。他想工作，不想就此虛度歲月。他知道，毛澤東在全黨、全國、全軍已然是一言九鼎。他寫信給毛，希望給安排一點工作，毛不理。他去找了中共中央書記處總書記鄧小平，鄧說可以研究點國際問題。他又去找劉少奇。劉少奇說，還是搞經濟吧，最好不要去碰中蘇關係。張聞天這才明白，他還是脫不了「裡通外國」的嫌疑。按照劉少奇的建議，張聞天去找了分管經濟工作的副總理李富春。李富春說，正缺你這樣的人。可三天後，李回話表示不敢使用。

後來，中組部一紙檔下來，讓張聞天去經濟研究所當一個「特約研究員」。

看來，張聞天的確是書生氣重了一些。他對自己還缺少一個「正確」的認識。他把自己看得太高了。

張聞天將家中書桌上英文版、俄文版的外交方面的書籍，一古腦地換成經濟類專著，心地坦然地去經濟研究所報到了。

經研所所長孫冶方十分歡迎張聞天的到來。三十多年前，他們曾同乘一艘運煤船離開上海前往莫斯科，曾同在蘇聯東方大學、中山大學學習和工作。孫冶方帶著秘書孫尚清與張聞天親切見面。孫尚清回憶：「……我們的談話變成了無拘無束的學術座談會，一直談下去，竟足足談了三個半天。因此他在我心目中的印象發生了急劇的改變，由我原設想的一個受打擊的混日子的『大官』，變成了一個學識淵博、謙虛好學、善於與人平等地討論問題的令人尊敬的學者。」

張聞天在經濟研究所參加的最重要的學術活動，就是《社會主義經濟論》審稿座談會。這是孫冶方親自主持，歷時將近兩年才編著完成的一部重要著作，力圖創建社會主義政治經濟學的新體系。審稿會前，張聞天做了認真準備，閱讀了大量蘇聯、中國各類版本的政治經濟學著作，甚至重新通讀了一遍《資本論》。香山審稿會期間，孫冶方原想請張聞天只參加一些他感興趣的專題討論會。張聞天卻說，所有經濟理論問題他都有興趣，堅持和一般研究人員一樣，在香山住下來。兩個多月中，只有取書、拿衣服回了幾趟家，參加了全部審稿、討論活動。

1962年春夏之交，張聞天到江蘇、上海、浙江、湖南三省一市調研了兩個多月，親自動手完成了一篇《關於集市貿易等問題的一些意見》的研究報告，遞交給黨中央。報告體現著張聞天慣有的縝密思維、理論根基和對實際情況的準確把握及切實可行的工作建議。對張聞天來說，這是一個共產黨員對黨和國家事業應有的忠誠和責任。而對中央高層來說，這是堅持錯誤，為右傾路線張目，為廬山錯誤翻案。立即被取消了參加中央會議和閱讀一切文件的權利。

　　「文革」風暴驟起，張聞天連一張可做研究的書桌也沒有了。他必須接受紅衛兵和造反派的「勒令」，去中央機關和北京市的多處場合接受批判。周恩來嚴令，不得對張聞天動手和搞「噴氣式」。紅衛兵小將們便夾成窄窄的一道，待張聞天從他們面前走過時，每人往他的頭上拍一巴掌。他已經是68歲的老人了，經常是每天早晨穿戴整齊，懷揣月票，擠上公共汽車，準時到指定地點去接受批鬥。家中，同樣是長征走過來的老紅軍妻子劉英，坐立不安，提心吊膽，盼著他平安歸來。1968年的七、八、九三個月，張聞天就被批鬥了十六七場。他對「文革」狂歡般的民主和無政府的狀態很不理解。法國大革命的教訓就在眼前，無論是「群眾運動」還是「運動群眾」，都不能實現完全意義上的社會變革和社會進步。張聞天將列寧的一段話抄在檯曆上，作為自己的座右銘：「為了能夠分析和考察各個不同的情況，應該在肩膀上長著自己的腦袋。」

　　1969年10月20日，中央辦公廳通知張聞天，他將與劉英一起被遣送廣東肇慶，限三日內啟程。張聞天的名字停止使用，化名張普。此次遣送要嚴格保密，今後只能同直系親屬通信。

　　肇慶的囚禁之地叫牛岡，比北京的牛棚大一點。這本是部隊的一處農場，張聞天寄寓其間，既能聞雞犬牛羊的咩吠鳴叫，也天天聽得見高音喇叭裡的最高指示和「兩報一刊」社論。只有夜深人靜之時，才是他自己的思考時間。

　　思想家的偉大，在於他永不停息的思考。只要他一息尚存，他縝密的大腦總會邏輯清晰地湧流出思想的浪花，匯聚成人類精神的長河。張聞天就是這樣偉大的思想家。無論精神的摧殘和身體的磨難，都禁錮不住他那顆睿智大腦的靈光閃現。他知道他要在煉獄中繼續煎熬，他也知道他的思想和文章真正昭告天下的那一天也許還很久遠。但他相信歷史，相信人民。總有一天，他會從泥淖中爬

起，撢乾淨身上的污垢，還世人一個清白的身影。

　　張聞天從魯迅那裡尋找力量。他把魯迅的兩段話抄在卡片上，置於案頭。

　　一段是魯迅在〈三閑集《近代世界短篇小說集》小引〉中的一句：

> 只要能培一朵花，就不妨做做會朽的腐草。

　　一段是魯迅〈答楊邨人先生公開信的公開信〉中表達的犧牲與忍耐精神：

> 革命者為達目的，可用任何手段的話，我是以為不錯的。所以即使因為我罪孽深重，革命文學的第一步，必須拿我來開刀，我也敢於咬著牙關忍受。殺不掉，我就退進野草裡，自己舐盡了傷口上的血痕，絕不煩別人敷藥。

　　林彪折戟沉沙之後，實質上已經宣告了「無產階級專政下繼續革命」理論的謬誤和「無產階級文化大革命」的失敗。張聞天自知已是風燭殘年，他要將自己的思考付諸文字，留給後人。

　　從1971年10月12日他伏案動筆那天算起，到1975年，四年多的時間裡，張聞天在極其困難的條件下，寫下《論社會主義和共產主義》《無產階級專政下的政治和經濟》《論我國無產階級專政下的有關階級和階級鬥爭的一些問題（學習筆記）》《社會主義社會內公私關係》共四篇文稿，八萬多字。後來，在選編《張聞天文集》時，整理為《人民群眾是主人》《無產階級專政下的政治和經濟》《衡量黨的路線政策的最高尺度》《黨內鬥爭要正確進行》《社會

主義社會內的公私關係》等五篇文章，史稱「肇慶文稿」。

　　「肇慶文稿」的理論深度和冷靜思考，今天讀來都令人如聞黃鐘，如聽大呂，振聾發聵，心緒難平：

> 在無產階級取得政權以後，把社會主義和共產主義的區別加以強調是非常必要的。應該清醒地看到，我們今天的社會主義離開共產主義的目的還很遠。把兩者混淆起來，是錯誤的；決不能超越這個階段而企圖直接進入共產主義。急於進入共產主義的嘗試，是錯誤的。

　　爭取無產階級的物質利益是一個馬克思主義的原則，任何離開無產階級和勞動人民的物質利益的所謂政治，決不是無產階級政治。可是，現在有人卻怕談或有意回避無產階級和人民群眾的經濟的、物質的利益，似乎這樣說了，就是離經叛道，就應該戴上修正主義、經濟主義、福利主義、改良主義之類的帽子！同志們，再沒有比這更糊塗、更愚蠢、更有害的了。

　　物質產品的極大豐富，是向共產主義過渡的根本條件。沒有這樣的條件，生產落後、人民生活貧困，居然也要向共產主義「過渡，只會使人民的事業受到挫折。如果不去努力提高社會生產力和人民群眾的生活，而一味醉心於「共產主義」的高調，那麼，共產主義就只能被糟蹋成畫餅充飢的魔術。

　　黨內矛盾的性質不僅是人民內部的矛盾，而且是為共產主義事業奮鬥的革命同志之間的矛盾，解決這種矛盾，只能採用批評和自我批評的方法，即思想批判或思想鬥爭的方法，而決不能用鎮壓的辦法。

　　黨內常常出現的知而不言、言而不盡的情況，同黨內那種言者有罪、聞者不戒的家長作風、軍閥作風有直接的關係。

為了堅持真理，每個黨員都要有不怕撤職、不怕開除黨籍、不怕坐牢、不怕殺頭的氣概，必須同壓制批評、打擊報復的錯誤做法，特別是同誣陷同志、妄圖達到某種不可告人目的的錯誤做法，進行堅決的鬥爭。

　　張聞天似乎是在撰寫論戰的檄文，筆鋒常帶感情。是的，他是在總結黨的思想、組織、作風、民主集中制方面的錯誤和教訓；他是在反思廬山的那一場鬥爭。應該說，對於那場爭論，張聞天從來就沒有認輸。當年在廬山，他是顧全大局，違心地作了檢討，那一萬多字的檢討未被通過時，他破例向中辦要了輛汽車，直奔廬山之巔的望江亭，暮色中眺望遠山近水，心緒惆悵難平。他知道，他這樣堅持下去，會議就沒有結束的那一天。黨性和黨的利益，在他的心中再次佔據了主導地位，他又重新修改檢討。但他從來沒有認為，「大躍進」的狂熱和此類黨內殘酷鬥爭是正確的，是馬列主義的。

　　張聞天又犯了一次「書生之氣」。望著已經完成的手稿，他對自己的外孫女說，希望有一天，這些文稿能帶到會上去念念。

　　念與不念那是後話，文稿的妥善保管才是眼下的重大問題。張聞天有一個侄子叫馬文奇，在復旦大學當教師，時常去肇慶看望他。這一次，馬文奇找來一個紙盒子，將文稿仔細放在最下邊，又買來十幾斤鮮荔枝壓在上面，才偷偷將文稿帶到上海。馬文奇又將文稿抄了三份，分別放在不同地點。他又從原稿中抽出一些不連貫的章節，以資證明是張聞天書寫，其他的原稿，只好忍痛銷毀了。

　　一個曾經的共產黨的總書記，就在共和國的朗朗乾坤之下，要保留自己的肺腑之言，精神財富，居然要拿出解放前對付國民黨特務的辦法，豈非天大的笑話！但，這就真真切切地發生在1975年的中國大地上。那真是一個瘋狂而扭曲的年代！

　　1975年的某一天，劉英去北京看望老戰友、任弼時夫人陳琮

英。在陳琮英這兒，她意外地遇見了王震。幾年不見，王震十分關心張聞天夫婦，馬上對劉英說，你在這兒啊，談一談。劉英沒說別的，先談起張聞天有一批文稿，很怕被沒收和銷毀，不知如何是好。王震說，這是一批黨的寶貴材料，放你們那兒不安全，放我這裡。正是王震的挺身而出，「肇慶文稿」得以重見天日。

當聽說張聞天重病纏身時，王震提議，可向毛主席申請來北京治療，傳遞信件的事情包在他身上。

劉英趕回肇慶，向張聞天轉達了王震的話。張聞天是一個按原則辦事，輕易不低頭，輕易不求人的人。可他已經75歲了，嚴重的冠心病會隨時要了他的老命。再看三個子女，大女兒在上海羽獸毛廠做臨時工，二女兒在上海自行車廠當打字員，唯一的兒子遠在新疆務農。張聞天不得已地給毛澤東寫了一封信，希望能回北京居住、治病。毛澤東批示：「到北京住，恐不合適，可另換一地方居住。」張聞天提出去上海。政治局研究後答覆，不可以。中小城市可選一個。無奈之下，張聞天選擇了無錫。

1975年8月，結束了肇慶流放，張聞天、劉英在無錫安下了家。

兒子從新疆回來看他，臨走時，他將兒子送出老遠。兒子在前邊走，他就在後邊跟著。一直就這樣走，滿眼是不捨和親情。實在走不動了，他就坐在路邊，看著兒子遠去。張聞天明白，他與孩子們的任何一次離別，都有可能是最後一次。

在無錫，恢復了張聞天夫婦的工資，那可不是個小數目。在黨內，像他們這樣的長征夫妻不是太多，他倆的工資加起來，應該是黨內最高的幾個人之一。補發的工資有十幾萬元，按當時的價格，能在北京買十幾個四合院。張聞天卻說，從廬山會議到現在，他有十幾年沒怎麼正兒八經地工作了，未能報效國家和人民。這補發的工資不能留，他死後，要做為黨費交給組織。

1976年7月1日，張聞天在無錫因心臟病客死他鄉，享年76歲。

兩個月又八天後，長他七歲的毛澤東在北京撒手西去，享年83歲。

不知這兩個「夙敵」在天堂裡是否還會唇槍舌箭，干戈不休。

有人說，張聞天是毛澤東忌憚一生的人。這話大約毛澤東不會同意。如果毛還活著，聞聽此言，以他「山大王」的性格，他會雙眼一瞪，頗不服氣地說：什麼？老子怕他？這才是鬼話哩！

怕與不怕，忌憚與否，不是臧否歷史人物的標準。好在時間與歷史已經證明，在中國革命和建設的過程中，毛與張，誰的錯誤更多一些，更嚴重一些。

《人民日報》原副總編輯梁衡，對張聞天有一段到位的描寫：張聞天一生三次讓位，品高功偉；但又三次受辱，長期沉埋。在延安時因勸毛勿娶江青，被當面訓斥，整風中又屢作檢查，此為一辱；盧山會議勸毛反思「大躍進」，被打成反黨集團，此為二辱；「文革」被整、被關、被流放，死而不得復其名，此為三辱。大半生都是「人為刀俎，我為魚肉」，低房檐下難展身。但他一辱見其量，有大量，從容辭去總書記，到基層工作；二辱見其節，有大節，不低頭，不屈服，轉而去潛心研究經濟理論，為治國富民探一條路；三辱見其志，不改共產主義的大志，雖為斗室之囚，卻靜心推演社會進步之理，最後留下雄文四卷，一百一十萬言。

1979年8月25日，中共中央隆重舉行張聞天同志追悼會，為張聞天徹底平反。鄧小平含淚致悼詞，對張聞天的一生給予了極高評價。

為一個人平反昭雪容易，剝去層層謬誤和政治附著物，重現歷史真實卻難上加難。令人寬慰的是，歷史畢竟在一步步前行。重塑真實的黨史、國史，已是全黨和全國人民的共識。2011年《人民日報》出版的新年第一期《文史參考》雜誌，封面主題是：「遵義會

議後中共最高領導人不是毛澤東而是張聞天。」

又一個一元復始之日，梁衡再訪廬山，去尋找那段歷史，去沉澱那段反思。清晨醒來，好一場大雪。一夜無聲，滿山皆白。他想去最後看一眼1959年張聞天住過的177號別墅，主人回答，已經拆了，翻建了兩座新別墅，以適應旅遊業的發展。梁衡失意之際，心中吟詠著這樣的句子：「憑子吊子，惆悵我懷。尋子訪子，舊居不再。飄飄灑灑，雪從天來。撫其辱痕，還汝潔白。水打山崖，風過林海。斯人遠去，魂兮歸來！」

這一天，是2011年元旦。

這一年，是中國共產黨誕生90周年。

這一年，是張聞天誕辰111周年。

百年滄桑誰憑說，萬家憂樂到心頭。

主要參考文獻

《說不盡的張聞天》程中原著　中央文獻出版社　2008年3月第一版

《梁衡評點中國歷史人物》梁衡著　湖南人民出版社　2011年12月第一版

《廬山會議實錄（增訂本）》李銳著　河南人民出版社　1998年11月版

《直言——李銳六十年的憂與思》李銳著　今日中國出版社　1998年10月
　　第一版

《長征——前所未聞的故事》（美）哈里森・　索爾茲伯里著　過家鼎
　　程鎮球　張援遠等譯　解放軍出版社　1994年12月第二版　1996年3月
　　（北京）第二次印刷

《紅太陽是怎樣升起的——延安整風運動的來龍去脈》高華著

五十以後才明白——代跋

　　我的寫作，是從五十歲以後開始的。

　　中國人很早就喜歡用年齡來劃分不同的生命階段和不同的生存狀態。

　　2500多年前，孔子說了句流傳至今的名言：「吾十有五而志於學，三十而立，四十而不惑，五十而知天命，六十而耳順，七十而從心所欲，不逾矩。」

　　當代學者葉嘉瑩教授八十壽誕時，有人問她：「八十以後如何？」葉嘉瑩沉吟半晌，用莊子的一句話作答：「獨與天地精神往來。」

　　在精神境界的追求上，古人和今者是相通的。

　　多年前，歌手程琳唱紅了一首歌：《三十以後才明白》。侯德健為程琳量身定制的這首歌曲，歌詞含有些許哲學的意味：「三十以後，才明白，要來的早晚會來；三十以後，才明白，想愛的儘管去愛；……三十個春天看不到第三十一次花開，三十個秋天收不著第三十一籮小麥；……三十以後，才明白，一切都不會太壞；……誰也贏不了和時間的比賽，誰也輸不掉，曾經付出過的愛。……」

　　很遺憾，我是五十以後才明白。

　　半百之年，我明白了什麼呢？我終於明白了，要寫一點自己的文字、自己的思想。

　　那是剛剛跨入2005年的一個冬日。「非典」的驚悚還在心頭徘徊。我得到了一套兩卷本的《李慎之文集》。李先生正是在「非

典」肆虐最猖狂的時候痛別這個世界的，以至於坊間盛傳，李慎之先生也是「非典」的受害者之一。李先生的朋友和學生，在他西歸之後不久，歸攏了他的文章和談話，刊行了先生彌足珍貴的思想。

孤燈寒夜，捧讀《李慎之文集》，一種異樣的衝動湧上心頭。李先生的文章，如《風雨蒼黃五十年》，以前曾經讀過；李先生的名言：決不在刺刀底下做官。過去曾經耳聞。但結集成冊，彙編成卷，思想的份量立即凸顯。《文集》是不容於當局的，這自然是「非法」出版物。正因其「另類」，才昭現著精神的光芒。我突然憶起了金聖歎的那句名言：雪夜擁被讀禁書，豈不快哉！

放下《李慎之文集》，我立即鋪開了稿紙——迄今為止，我一直是用筆寫作的，我認為，運思於腦，運筆如手，聽筆尖摩擦稿紙的「沙沙」之聲，是一種莫大的享受——以每天平均1500字的進度，用了大約100天的時候，完成了一部《李慎之評傳》的文稿。

我不是為了出版而寫這部書的。殺青之後，我將列印好的書稿裝入了一個大大的牛皮紙信封，擱在了書架之上。

過了一年。2006年仲春的一個溫煦的夜晚。《書屋》前主編周實來到青島。一幫志趣相投的朋友薄酒一杯，圍桌神聊。那天恰巧是李慎之先生逝世三週年的忌日，由此聊出了我的那部書稿。聚會後不久，我的兩位年輕同事要去《李慎之評傳》閱讀之後，他們告訴我：比預想的要好。他們認真地與我討論，先擱置《李慎之評傳》，何時出版，尚待時機。為什麼不集中精力寫一本馬上可以出版的書呢？

寫什麼？我苦思冥想。

我的這兩位同事，當時正兼職為營盤兄弟公司辦著一間文化工作室。他們使出了「釣魚」的手段，拿出了專業編輯擠壓業餘作者的伎倆，將我誘上了痛苦的寫作之路。

他們勸我，你喜歡寫隨筆，就出一本隨筆集吧。人物隨筆，思想隨筆都可以。

我信以為真。回到家中，翻撿出過去寫的一些長短不一、題材各異的所謂隨筆，交編輯過目。他們虛晃一槍：再寫幾篇新的就差不多了。

我根本不知道出版一本書需要多少篇文章、多少字。便挑選著自己喜愛的人物寫了起來。每寫完一篇，便像學生交作業般交上去。得到的答覆總是「差不多了，差不多了！」最終，我原先寫下的那些東西被逐篇剔除在外，結集出版的都是重新寫就的十四篇人物隨筆。這更像「攢」出來的一本混合之物，既有歷史的，也有現代的；既有中國的，也有外國的。以賽亞·伯林、湯瑪斯·傑弗遜、雷蒙·阿隆、薩特、哈耶克、傅斯年、羅家倫、王芸生、殷海光、張灝……真是一個大混編的譜系。承蒙中國海洋大學出版社不棄，出版了這本取名為《幽暗的航行》的小書。這是我的第一本書。拿到樣書時，很有一番激動。敝帚自珍，大抵如此。

業餘寫作，興趣是關鍵因素。在謀劃我的第二本書時，我自然地想到了我的專業——新聞。我浸潤在這個行業幾十年，感悟了其中三昧，積累了大量資料。我把我的筆觸，順理成章地伸向了我尊崇的美國新聞界同行。林達的寫作，讓人們在讀故事中感觸美國的歷史、社會、文化、法律。這給了我足夠的影響和啟發。

英國歷史學家E·H·卡爾斷言，歷史就是我們生活中需要的事實。因而，卡爾十分推崇偉大的自由主義新聞記者斯科特的名言：事實是神聖的，解釋是自由的。

美利堅是一個幸運的國度。它從來就沒有受到過禁止言論自由的種種弊端的限制。它的開國元勳們從一開始就制定了嚴格的法律體系，以保障公民和社會團體表達自己思想和主張的自由。《獨立

宣言》的起草者、美國第三任總統湯瑪斯‧傑弗遜，早在1787年就
強調指出了大眾言論、新聞自由的重要性。他說：「我們政府的基
礎是人民的輿論，如果要我決定我們應該要一個沒有報紙的政府，
還是要沒有政府的報紙，我片刻也不猶豫，寧選後者。」後來，人
們將傑弗遜的這段話作了高度凝煉：「寧要沒有政府的報紙，不要
沒有報紙的政府。」

　　環境造就人。在美國這片沃土上誕生出一大批著名新聞人，不
足為奇。我追尋著這些人，閱讀著這些人，思考著這些人，於是，
《美國報人》便水到渠成地面世了。書中，一文不名闖蕩美國、最
終成為全美第一報業大亨、創立了永世不朽的「普利策新聞獎」
的約瑟夫‧普利策；一枝纖筆論天下、影響了幾代美國總統內外政
策的新聞評論家沃爾特‧李普曼；以天才般的創意創辦《時代》週
刊、壘下時代傳媒帝國第一塊基石的固執的亨利‧盧斯；將默默
無聞的《華盛頓郵報》打造成美國頂級報紙之一的菲爾‧格雷厄姆
和他的太太；在西部閉塞的荒漠上譜寫了《洛杉磯時報》神話的
哈裡‧錢德勒及他的兒子；實現了《紐約時報》華麗轉身、完成中
興之變的阿道夫‧奧克斯和他的女婿；一生以新聞為職業、寫就了
自己「美好人生」的《華盛頓郵報》總編輯本傑明‧布萊德利；在
《紐約客》中發表那些人們爭相閱讀的意境散淡、文字飄逸、感情
細膩的美國式隨筆的專欄作家埃爾溫‧布魯克‧懷特；蘭登書屋的
締造者、生性活潑幽默、與眾多世界最偉大作家有著密切交往的出
版人貝內特‧瑟夫——九個傳奇人物列成一隊，足以演繹一道美國
近代新聞史上的風景線。

　　《老照片》叢書的創意人之一、山東畫報出版社資深編輯馮克
力，親自擔綱了《美國報人》的責任編輯。此書市場反響尚好。現
在已經很難在網路書店和實體書店中搜到它的身影了。

由《美國報人》走到《中國報人》，是接踵連袂之事。黨派報紙，難以成就歷史標杆式的人物。民間報紙和報人的實踐、探索、成長、發展，是近代中國歷史上的一段華美樂章。

　　《中國報人》我寫了十四篇，十五個人物。因為其中一篇，我寫了同為中國新聞史上傳奇人物的陳銘德鄧季惺夫婦。完整意義上的中國共產黨的新聞工作者，我只寫了穆青一人。儘管我對這位藹然長者充滿著敬意，與他有過愉快而睿智的交談，我仍願將他歸入宣傳家的行列，而非一個現代意義上的職業記者。在此書中，我重新演繹了王芸生，使之比在《幽暗的航行》中更充實、更生動。

　　相比於《美國報人》，《中國報人》寫作的難度更大，更具挑戰性。這不僅僅是過去動盪不安的年代給歷史人物造成的評價和定性的困惑，更有海峽兩岸長時間的隔絕、史料散佚的捉襟見肘的難堪。大量的閱讀之後是痛苦的提煉，有時一個多月才能完成一篇兩萬字左右的文章。

　　全書成稿之後，在整理「中國報人」們的政治態度、辦報方略、歷史演進和時代更替時，我不禁暗暗吃了一驚，一股巨大的怵然掠過我的心頭：十五個人當中的絕大多數，命運多舛，經歷坎坷。他們是冒著極大的風險，甚至是付出了生命的代價，才成就了他們的職業生涯的。

　　邵飄萍、林白水、史量才，直接倒在了軍閥和特務們噴火的槍口之下；鄒韜奮以「七君子」之一的身分，蹲過國民黨的監獄，所辦的刊物、報紙屢遭封門、查禁，為躲避特務的迫害，在勝利的曙光即將衝破黎明前的黑暗之際，化妝出走，流離海外，顛沛無常，終生惡疾，英年早逝於戰亂的上海；成舍我早年從張宗昌的槍口下僥倖逃脫，後來的辦報主張，不見容於當局，汪精衛親自下令封了他的報館，成舍我仍然不低頭：「他汪先生不能當一輩子行政院

長，而我可以當一輩子新聞記者。」輾轉入台後，國民黨的戒嚴令禁止民間辦報，成舍我鬱鬱寡歡，終了孤島。

歸屬新中國的革命報人，也是命運充滿了悲劇色彩。極「左」路線的殘酷迫害，讓許多人蒙受了不白之冤。當年《大公報》記者、曾任《人民日報》社社長的范長江，1952年正當壯年之際，便被迫離開了他摯愛的新聞事業，穿梭於多個閒職、空耗了15年寶貴時光後，於「文革」期間自殺於「五七」幹校；解放前殫精竭慮辦《觀察》、解放後短暫出任《光明日報》總編輯的儲安平，崇尚「文人論政」、「文章報國」，反右期間自然難逃羅網，「文革」高潮中受不了精神折磨和肉體摧殘，離家出走，至今生不見人，死不見屍；《文匯報》的徐鑄成，《新民報》的陳銘德、鄧季惺夫婦，《南京人報》的張友鸞，都被戴上右派分子的帽子，打入另冊，勞動改造，他們傾畢生精力和財富辦的民間報紙，被重新定性，公私合營，進而成為黨和人民的喉舌，不再是私人的言論陣地和資本家賺錢的工具；《大公報》的王芸生本來思想右傾，但最高領袖網開一面，幸運地躲過了反右一劫，但也與黨和政府形同陌路，不再受寵。尤其是讓這個《大公報》的元老執筆寫為《大公報》抹黑畫醜的「大公報史」，那猶如在向王芸生被撕裂的傷口上撒鹽……

但是，當我們景仰的先賢們義無反顧地走上職業報人的荊棘之路時，他們無一例外地反覆宣示著各自新聞救國的理念和宗旨。這既是一種自我保護和無奈姿態，更是災難來臨時「立此存照」的泣血宣言。

邵飄萍在《京報》創刊的當日，親自手書「鐵肩辣手」四個大字，張掛於辦公室的牆上。史量才的辦報原則擲地有聲：貧賤不能移，富貴不能淫，威武不能屈；人有人格，報有報格，國有國格。「你有百萬軍隊，我有百萬讀者」……他認為，辦報乃「非尋

常業務，是莊嚴偉大之事業，需要抱大無畏之精神，抱大犧牲之決心」。林白水本一落拓文人，但他的名士做派卻絲毫沒有影響到他《社會日報》的尖銳和潑辣，「新聞記者應該說人話，不說鬼話；應該說真話，不說假話！」胡政之、張季鸞在新記《大公報》上，公開祭起了「不黨不賣不私不盲」的中立辦報方針，要做民間輿論的代表。成舍我感歎：我們真不幸，做了這一時代的報人！……但從另一角度看，我們也真太幸運了，做了這一時代的報人！……過去凡是我們所反對的，無一不徹底消滅。王芸生的理想，是實現一代知識精英的文章報國之志。「敢說、敢做、敢擔當，是自由人的風度；敢記、敢言、敢負責，是自由報人的作風」。儲安平寄厚望於《觀察》，誠心實意地打造一個心平氣和地表達各種意見的平臺。徐鑄成是在意氣風發中將《文匯報》推向高峰的。國民黨當局已經將它置於死地，上海解放的隆隆炮聲是《文匯報》再次新生的禮讚。當然，徐鑄成絕對沒有想到，邁上高峰的《文匯報》，之後便是急遽的下墜……

我們所有後來的新聞從業者們，都是沿著先賢們血染的路標前行的。我是故意用「新聞從業者」這個中性的、沒有比較級的辭彙的。我知道，我們當中的大多數人，是把「記者」「編輯」做為稻粱謀的，是職業，是謀生的手段。在應付了不得不寫的奉命文章，在完成了這裡車禍、那裡命案的應景新聞之後，閒暇之際，夜深人靜之時，我們拍著自己的胸口自問一句：我具備普世情懷的理想嗎？我有「文章報國」的精神準備嗎？「道義」是否在肩、「辣手」還能著文嗎？一句話，我是一個真正的報人嗎？我時常告誡自己：夤夜發問，當有所思。

2010年11月，新星出版社出版了《中國報人》。腰封上的推薦語是：「以散文的柔美，學術的剛毅，重現20世紀中國現代報人的

風采軼事」。我知道,這是編輯的鼓勵。又得臺灣秀威出版公司蔡登山先生抬愛,在新星出版社付梓發行的同時,繁體字版《中國報人》亦在臺灣上市了。清秀的封面,精緻的裝幀,還是多少顯現了兩岸出版理念的不同。

我的第四本書是《大變局中的轉捩點》,編輯加了一個副題「一九四〇年代的新聞事件背後」,一下子界定了「時間」和「事件」兩大主旨。如果說,《美國報人》、《中國報人》以記人為主,以人物帶出事件和歷史背景的話,那麼,這本《大變局中的轉捩點》,則是從新聞事件入手,以反映處於歷史大變局中重大新聞事件裡的人的活動、人的風采、人的細節、人的語言。我從來倦於宏大敘事,只想見微知著,以小映大。

上個世紀的四十年代,中國發生了一系列足以引起國際關注的重大歷史事件,我從中梳理出了這樣幾樁:中原饑饉、訪問延安、公債舞弊、東北劫掠、重慶談判、沈崇事件、呼籲民主、長春之圍、上海「打虎」。

事件和事件之間,看似互不關聯,毫無瓜葛。若干年後,時空穿越了長長的隧道,驀然回首,你會發現,所有的事件都不是孤立的,它們之間由一種神祕莫測的紐帶連接著。這些事件,像標誌一樣立在那裡,讓我們回望來路時,有一種標定路徑的感覺。事實上,這些事件本身,就是一場大變局的前奏或是歷史行進的拐點,只是當時之人沒有完全意識到罷了。

我偏愛這本書中的「長春之圍」。那是林彪指揮他的東北野戰軍將長春城鐵桶般地死死圍困之後,圍而不打。林彪下達的死命令是:「不給敵人一粒糧食一根草,把長春蔣匪軍困死在城裡。」久困半年之後,城中糧草皆盡。一座死城演繹了人間地獄的生活萬象。軍隊明火執仗,強徵糧秣;老百姓或懸樑斃,或人相食。城破

之日，餓殍遍地，十室九空。將軍決戰在戰場，也雪恥在戰場。林彪這是錙銖必較，一雪他三年前被孫立人追著屁股，一氣從四平撞到哈爾濱的奇恥大辱。在政治決鬥的戰場上，百姓的性命和利益，像草芥一樣視之無物，棄之不顧。

寫作，似乎成了我生命中的一顆「恒星」，我所有的業餘生活，都是圍繞著它來旋轉的。雙休日、小長假，甚至是難得的「黃金周」，我基本上都是在書寫和碼字中度過的。我陶醉於用0.7毫米的簽字筆在195格的稿紙上奮筆疾書的感覺。粗略計算，這麼多年來，百頁一本的稿紙，我大約用掉了70本以上，寫光的簽字筆，也有200支了。路遙寫完《平凡的世界》時，抓起桌上用過的圓珠筆，使勁扔向了窗外。而我喜歡將用完的簽字筆保存下來。現在，一個粗大的木製筆筒已經放不下了……

我的第五本書是《啟蒙者——西方思想家群像》，這又回到了讀書筆記的習慣寫作之路。組成這部書的十五篇文章是：華盛頓的戰爭、傑弗遜的民主、普希金的憂傷、托克維爾的平等、林肯的悲憫、赫爾岑的往事、福澤諭吉的智慧、威爾遜的風範、韋伯的社會、斯蒂芬斯的良知、愛因斯坦的世界、熊彼特的創新、帕斯捷爾納克的懺悔、哈耶克的救贖和伯林的情感。

周國平曾說，只有你走進了書籍的寶庫，品嚐到了與書中優秀靈魂交談的快樂，你才會知道不讀好書是多麼大的損失。正是在持續的閱讀當中，我與這15位了不起的人物邂逅於書籍的林間小道。他們不是同一類人物。他們當中有作家、藝術家、詩人、社會學家、經濟學家、政治學家，有平民百姓，有達官貴人，甚至顯赫為美國總統……不，所有的這一切都不重要。唯一能夠吸引我的，是他們的啟蒙者身分。他們彷彿是東方天際線上那顆明亮的啟明星，看到它，那就是意味著：天，就要亮了！

　　我堅持將帕斯捷爾納克和愛因斯坦寫進「啟蒙者」的行列。對於帕斯捷爾納克，這個俄羅斯「白銀時代」作家的傑出代表，我們所知甚少。他的「懺悔」，是對專制和獨裁的最憤怒的反抗。帕斯捷爾納克堅持認為，十月革命之後，俄羅斯人民在罪惡中生活，與虐待和不公同行，這是要付出代價的。因而，「恐怖和戰爭曾經是俄羅斯民族之魂必要的滌罪煉獄。」對於愛因斯坦，僅僅把他看作是一個天才的物理學家，是何等的偏狹。我們幾乎無法用文字來描繪偉大的阿爾伯特・愛因斯坦。在所有書寫愛因斯坦的書卷裡，在所有描摩這位巨星般的科學家的文字裡，字裡行間，除了崇拜，還是崇拜。而愛因斯坦以他虛懷若谷的偉大情懷，回報著這個世界和所有熱愛他的人們。他說：「我每天上百次地提醒自己：我的精神生活和物質生活都依靠著別人的勞動，我必須盡力以同樣的分量來報償我所領受了的和至今還在領受著的東西。」他不認為他驚世駭俗的偉大發現有什麼了不起，他低調說：「所有的科學理念無非是人們每日所思所想的精華提煉。」當然，愛因斯坦天生是一個哲學家，他對人的真正價值的把握始終是清晰而準確的：「一個人的真正價值首先決定了他在什麼程度上和什麼意義上從自我中解放出來。」我們應該讚美上帝。他讓我們人類在這樣一個時刻、這樣一個節點上擁有了愛因斯坦，何其有幸，何其榮耀！

　　剛剛收筆的《叛逆者》一書，又是耗費了我整整一年的業餘時間完成的。還未經過編輯過目，不知能否順利面世。我為這本書加了一個非常感性的副題：「國共兩黨的人傑鬼雄」。孫中山、汪精衛、陳公博、周佛海、陳獨秀、李大釗、瞿秋白、王明、張聞天，哪一個不是呼風喚雨的黑煞無常、人間豪傑？這是一群真正的「叛逆者」。風雲際會，陰差陽錯，他們與自己的組織、自己的體制、自己的社會，在政治上、精神上決絕而去，一刀兩斷，不惜血灑沙

場，甚至不惜身敗名裂。

叛逆是歷史進步的前提。但革命黨人的叛逆，是與暴力、流血、毀滅、動盪伴生伴隨的。我突然意識到，我這部《叛逆者》，應該是為革命黨人撰寫的輓歌。現代文明社會，讓我們遠離革命，遠離暴烈的行為，以改良和改革，以民主與和平的方式，解決社會爭端，達成各界共識；用充分的協商，完成政府更替和社會變革。讓一切革命黨人的叛逆漸行漸遠，漸唱漸衰……

生活變軌和行為改變，往往是不經意的突發事件激發了精神和心靈的嬗變。據說，「9.11」慘劇之後，美國人在度過了最初的驚悸之後，紛紛跑回家中，瘋狂做愛，享受生活。據說，二次大戰阿拉曼戰役結束後，路透社有個記者問第八集團軍一個英國士兵：「戰爭結束後，你第一件事幹什麼？」「操我老婆。」那個士兵不假思索地回答。「第二呢？」「把這雙他娘的平頭釘靴扔掉。」美國萊維特父子公司敏銳地感覺到了戰後的結婚潮即將到來。他們用流水線同時建造17500套標準住房。一聲號令，一排一排的推土機齊頭並進；紅旗一揮，推土機拐彎，混凝土機澆注地面。緊接著，汽車卸下牆板，工人組房架屋，電工、水暖工、木工輪番上陣……速成的房屋造就了千百萬速成的家庭。印第安那大學艾爾弗雷德·金西博士統計，在激動而瘋狂的1944年，有五千五百三十一萬一千六百六十七個美國男人結了婚，每週性交次數高達一億三千六百六十六萬六千零六十次，或者說，每千分之四點八秒就有人射精一次，每七秒鐘就有一名婦女懷孕。這是多麼瘋狂的美國。這是多麼瞠目的生活巨變。

2003年的「非典」事件，給我造成了極大的心理陰影。那一年，距我五十周歲還差兩步。那一年，「非典」逞兇最惡劣的時刻，深深的恐懼感壓在每一個中國人的心頭。朋友李潔對我說：

「太可怕了。今天見了面，明天也許就是永別。」生命的脆弱和無常，讓即將知天命的我，有了一種緊迫感和壓力感。

於是，我被旋進了寫作的渦流，為的是急於表達自己的一些不成熟的想法，就教於同仁、同好。今天，在我寫下這篇文字時，距我的五十八周歲還有五天。整八年，六本書。孜孜於自由主義知識分子和近代人文的研讀、寫作，致力於中國憲政社會的探討和評說。唐德剛說，中國民主的航船已經衝出夔門，越過三峽。自1840年以降的二百年航程只剩下了最後三十年的路程！曙光在望！欣喜在心！

我對自己說：此生有幸，五十以後才明白。

蔡曉濱

2013年12月於青島

Do人物25　PC0466

巨流下的叛逆者
──改變民初歷史的九位革命家

作　　　者／蔡曉濱
主　　　編／蔡登山
責任編輯／段松秀
圖文排版／莊皓云
封面設計／楊廣榕

出版策劃／獨立作家
發 行 人／宋政坤
法律顧問／毛國樑　律師
製作發行／秀威資訊科技股份有限公司
　　　　　地址：114 台北市內湖區瑞光路76巷65號1樓
　　　　　電話：+886-2-2796-3638　傳真：+886-2-2796-1377
　　　　　服務信箱：service@showwe.com.tw
展售門市／國家書店【松江門市】
　　　　　地址：104 台北市中山區松江路209號1樓
　　　　　電話：+886-2-2518-0207　傳真：+886-2-2518-0778
網路訂購／秀威網路書店：https://store.showwe.tw
　　　　　國家網路書店：https://www.govbooks.com.tw

出版日期／2015年5月　BOD一版　定價／490元

獨立作家
independent Author

寫自己的故事，唱自己的歌

巨流下的叛逆者：改變民初歷史的九位革命家 /
蔡曉濱著. -- 一版. -- 臺北市：獨立作家, 2015.05
　　面；　公分. -- (Do人物；PC0466)
BOD版
ISBN 978-986-5729-74-5(平裝)

1. 傳記 2. 民國史 3. 中國

782.18　　　　　　　　　　　104004584

國家圖書館出版品預行編目

讀者回函卡

感謝您購買本書，為提升服務品質，請填妥以下資料，將讀者回函卡直接寄回或傳真本公司，收到您的寶貴意見後，我們會收藏記錄及檢討，謝謝！如您需要了解本公司最新出版書目、購書優惠或企劃活動，歡迎您上網查詢或下載相關資料：http:// www.showwe.com.tw

您購買的書名：_____

出生日期：_____年_____月_____日

學歷：□高中 (含) 以下　　□大專　　□研究所 (含) 以上

職業：□製造業　□金融業　□資訊業　□軍警　□傳播業　□自由業
　　　□服務業　□公務員　□教職　　□學生　□家管　　□其它_____

購書地點：□網路書店　□實體書店　□書展　□郵購　□贈閱　□其他

您從何得知本書的消息？

　□網路書店　□實體書店　□網路搜尋　□電子報　□書訊　□雜誌
　□傳播媒體　□親友推薦　□網站推薦　□部落格　□其他_____

您對本書的評價：（請填代號　1.非常滿意　2.滿意　3.尚可　4.再改進）

　封面設計____　版面編排____　內容____　文／譯筆____　價格____

讀完書後您覺得：

　□很有收穫　□有收穫　□收穫不多　□沒收穫

對我們的建議：_____

_____

_____

_____

11466
台北市內湖區瑞光路 76 巷 65 號 1 樓

獨立作家讀者服務部　　　收

....

（請沿線對折寄回，謝謝！）

姓　　名：＿＿＿＿＿＿＿＿＿　年齡：＿＿＿＿＿　性別：□女　□男

郵遞區號：□□□□□

地　　址：＿＿＿＿＿＿＿＿＿＿＿＿＿＿＿＿＿＿＿＿＿

聯絡電話：(日)＿＿＿＿＿＿＿＿＿　(夜)＿＿＿＿＿＿＿＿＿

E-mail：＿＿＿＿＿＿＿＿＿＿＿＿＿＿＿＿＿＿＿＿＿